UTB 3771

Eine Arbeitsgemeinschaft der Verlage

Böhlau Verlag · Wien · Köln · Weimar
Verlag Barbara Budrich · Opladen · Toronto
facultas.wuv · Wien
Wilhelm Fink · Paderborn
A. Francke Verlag · Tübingen
Haupt Verlag · Bern
Verlag Julius Klinkhardt · Bad Heilbrunn
Mohr Siebeck · Tübingen
Nomos Verlagsgesellschaft · Baden-Baden
Ernst Reinhardt Verlag · München · Basel
Ferdinand Schöningh · Paderborn
Eugen Ulmer Verlag · Stuttgart
UVK Verlagsgesellschaft · Konstanz, mit UVK/Lucius · München
Vandenhoeck & Ruprecht · Göttingen · Bristol
vdf Hochschulverlag AG an der ETH Zürich

Themen der Theologie

herausgegeben von
Christian Albrecht, Volker Henning Drecoll,
Hermut Löhr, Friederike Nüssel, Konrad Schmid

Band 7

Martin Laube (Hg.)

Freiheit

Mohr Siebeck

Martin Laube, geboren 1965; Studium der Ev. Theologie und Philosophie in Bethel, Heidelberg und München; 1995 Promotion; 1998 Ordination; 2005 Habilitation; 2008 Professor für Systematische Theologie an der Universität Bonn; seit 2011 Professor für Systematische Theologie an der Universität Göttingen.

ISBN 978-3-8252-3771-4 (UTB Band 3771)

Online-Angebote oder elektronische Ausgaben sind erhältlich unter *www.utb-shop.de*

Die Deutsche Nationalbibliothek verzeichnet diese Publikation in der Deutschen Nationalbibliographie; detaillierte bibliographische Daten sind im Internet über *http://dnb.dnb.de* abrufbar.

© 2014 Mohr Siebeck Tübingen. www.mohr.de

Das Werk einschließlich aller seiner Teile ist urheberrechtlich geschützt. Jede Verwertung außerhalb der engen Grenzen des Urheberrechtsgesetzes ist ohne Zustimmung des Verlags unzulässig und strafbar. Das gilt insbesondere für Vervielfältigungen, Übersetzungen, Mikroverfilmungen und die Einspeicherung und Verarbeitung in elektronischen Systemen.

Das Buch wurde von pagina in Tübingen gesetzt und von Hubert & Co. in Göttingen gedruckt und gebunden.

Inhalt

Einführung
Martin Laube: Freiheit als Thema der Theologie 1

1. Freiheit als Signatur von Christentum und Moderne . . 1
2. Zur Debattenlage um Begriff und Wirklichkeit der Freiheit 3
3. Überblick über die Beiträge des Bandes 9

Quellen- und Literaturverzeichnis 18

Altes Testament
Uwe Becker: Zwischen Befreiung und Autonomie.
Freiheitsvorstellungen im Alten Testament 21

1. Sprachlicher Befund 21
2. Soziale Freiheit 23
3. Exodus und Befreiung 26
4. Politische und religiöse Freiheit 29
5. Willens- und Entscheidungsfreiheit 32
6. Determination und Freiheit 34

Quellen- und Literaturverzeichnis 35

Neues Testament
Friedrich Wilhelm Horn: »Zur Freiheit hat uns Christus
befreit«. Neutestamentliche Perspektiven 39

1. Der neutestamentliche Befund 39
2. Zur Forschungsgeschichte 41
3. Kontexte von Freiheit in den Briefen des Paulus 43

Inhalt

    3.1. Die Korintherbriefe: Wo der Geist des Herrn ist, da ist Freiheit 45
    3.2. Der Galaterbrief: Die Freiheit in Christus und die Sklaverei unter dem Gesetz 49
    3.3. Der Römerbrief: Die Freiheit der Kinder Gottes .. 51
    3.4. Paulus – Theologe der Freiheit 54
4. Das Johannesevangelium: Die Wahrheit wird euch frei machen 55
5. Der Jakobusbrief: Das Gesetz der Freiheit 55

Quellen- und Literaturverzeichnis 56

Kirchengeschichte

Martin Ohst: Freiheit zum Glauben oder Freiheit des Glaubens – Freiheit der Kirche oder Freiheit des Christen. Historische Perspektiven 59

1. Antike Grundlagen 59
2. Frühes Christentum 61
    2.1. Paulus: Glaube als Freiheit 61
    2.2. Verpflichtete Freiheit 62
    2.3. Freiheit und Determinismus 64
3. Augustin 67
    3.1. Horizonte 67
    3.2. Entwicklungsstufen 68
    3.3. Kontroversen 74
    3.4. Der Lebensraum und die Lebensgestalten der Freiheit 75
    3.5. Rückblick und Ausblick 77
4. Die westliche katholische Kirche 78
    4.1. Die Willensfreiheit und die Gnade 78
        4.1.1. Die Kirche und die Gnade 78
        4.1.2. Theoretische Variationen 79
        4.1.3. Außenseiter 82
    4.2. Die Freiheit der Kirche 84
        4.2.1. Vorgeschichte 84

    4.2.2. Der Griff nach der Weltmacht 89
        4.2.2.1. Postulate 89
        4.2.2.2. Kämpfe 92
    4.2.3. Neue Konstellationen 94
  4.3. Askese als Freiheit 95
5. Die Reformation und ihre Wirkungen 97
  5.1. Der Umbruch 97
  5.2. Die Freiheit eines Christenmenschen statt der
      Freiheit der Kirche 101
  5.3. Gewissensfreiheit? 102
  5.4. Die Freiheit des Christen in der sozialen Welt . . . 103
  5.5. Die Freiheit im Glauben
      und das wirkliche Leben 106
6. Kontroverse Entfaltungen 107
  6.1. Freiheit und Gesetz 107
  6.2. Glaubensfreiheit und Wahlfreiheit 109

Quellen- und Literaturverzeichnis 112

Systematische Theologie
Martin Laube: Die Dialektik der Freiheit.
Systematisch-theologische Perspektiven 119

1. Der Freiheitsbegriff im Protestantismus 119
2. Die christentumsgeschichtliche Dimension:
   Die Wahrnehmung der Folgen von Freiheit 124
  2.1. Die Neuzeit als Realisierung der christlichen
      Freiheit 125
  2.2. Der Gegensatz von christlicher und neuzeitlicher
      Freiheit 127
  2.3. Die Vermittlung von christlicher und neuzeitlicher
      Freiheit 131
  2.4. Christliche Überbietung der neuzeitlichen
      Freiheit 134
3. Die dogmatische Dimension:
   Die Deutung der Dialektik von Freiheit 137

3.1. Die Anliegen der dogmatischen Tradition 137
3.2. Der neuzeitlich-idealistische Problemhorizont .. 140
   3.2.1. Freiheit als Spontaneität und
         Selbstbestimmung 143
   3.2.2. Freiheit als absolute Selbstsetzung 145
   3.2.3. Freiheit als Vermögen des Guten
         und Bösen 147
   3.2.4. Freiheit als sittliche Wirklichkeit 151
3.3. Dogmatische Umbildungen 155
   3.3.1. Die Endlichkeit der Freiheit 156
   3.3.2. Die Ohnmacht der Freiheit 158
   3.3.3. Das Ereignis der Freiheit 160
4. Die ethische Dimension:
Die Verantwortung für die Wirklichkeit von Freiheit .. 163
4.1. Das Ineinander von Erwählung und Gebot 165
4.2. Die Vermittlung von Gegebensein und Geben des
Lebens 169
4.3. Die Spannung zwischen Institution und Freiheit .. 174
5. Zur Aktualität des christlichen
Freiheitsverständnisses 178

Quellen- und Literaturverzeichnis 186

Praktische Theologie
Christian Albrecht: Das Pathos der Freiheit.
Praktisch-theologische Perspektiven 193

1. Freiheit als Randthema der Praktischen Theologie ... 193
2. Freiheit als Grundthema der Praktischen Theologie .. 204

Quellen- und Literaturverzeichnis 207

Praktische Philosophie
Gottfried Seebaß: Das Rätsel der Freiheit.
Der Freiheitsbegriff in der Praktischen Philosophie 211

1. Freiheit – ein fremdbeeinflusster Positivbegriff 211
2. Ansatz beim alltäglichen Sprachgebrauch 213
3. Der Gattungsbegriff der Freiheit 215
4. Implikationen des Gattungsbegriffs 217
5. Freiheit und Determinismus als Problem 219
6. Unzureichende Lösungsversuche 220
7. Indeterministisch spezifizierte Freiheitsbegriffe 223
8. Die konsequent deterministische Position und ihre Probleme 226

Quellen- und Literaturverzeichnis 229

Politische Philosophie
Beate Rössler: »Freiheit« in der sozialen und politischen Philosophie 233

1. Negative und positive Freiheit 234
2. Libertäre Positionen: Freiheit als negative Freiheit 237
3. Liberale Positionen: Freiheit und Gleichheit 240
4. Republikanische Positionen: Freiheit als die Freiheit von Unterdrückung 242
5. Die feministische Kritik: Freiheit für alle Personen ... 243
6. Freiheit und Autonomie: Das freie Subjekt 246
7. Politische Freiheit in der pluralistischen Gesellschaft .. 249

Quellen- und Literaturverzeichnis 251

Zusammenschau
Martin Laube: Tendenzen und Motive im Verständnis der Freiheit 255

1. Befreiung zur Freiheit 256
2. Endlichkeit der Freiheit 259
3. Ambivalenz der Freiheit 264

Quellen- und Literaturverzeichnis 267

Autoren 269

Personenregister 271

Sachregister 275

Einführung

Martin Laube

Freiheit als Thema der Theologie

1. Freiheit als Signatur von Christentum und Moderne

»Freiheit ist unser und der Gottheit Höchstes« (Schelling, *Urfassung der Philosophie der Offenbarung* 79) – in diesem emphatischen Leitspruch aus der Feder des idealistischen Philosophen Friedrich Wilhelm Joseph Schelling bündelt sich das Selbstverständnis der modernen Welt und Gesellschaft. Die Freiheit des Einzelnen, sein Recht zur individuellen Gestaltung des eigenen Lebens, gilt ihr als stolze Errungenschaft und höchster Wert gleichermaßen. In der politischen Arena wird um die angemessene Verwirklichung dieser Freiheit gestritten: Jede demokratische Partei schreibt sich den entschlossenen Einsatz für sie auf die Fahnen – sei es durch Maßnahmen zu ihrer rechtlichen Sicherung, sei es durch Schaffung der notwendigen sozial-ökonomischen Grundlagen, um sie für alle zugänglich zu machen. Nicht nur die aktuellen ethischen Debatten stehen im Bann des Ideals individueller Autonomie und Selbstbestimmung; jeder Einzelne nimmt geradezu selbstverständlich für sich in Anspruch, sein Leben selbst führen und gestalten zu können. Das schließt die Übernahme ethischer Werthaltungen und Bindungen nicht aus, wohl aber müssen diese als Ausdruck von statt als Widerspruch zu eigenen Einstellungen und Entscheidungen verstanden werden können. Ob schließlich im Feuilleton, in der Werbung oder auf dem Boulevard – die gleichsam ubiquitäre Imaginierung und Inszenierung der *Freiheit im Großen* und der *Freiheiten im Kleinen* prägt den kulturellen Lebensstil der Bürger, Kunden und Konsumenten. Über alle Unterschiede und Gräben hinweg findet die westliche Moderne im Symbol der Freiheit ihr charakteristisches Identitätsmerkmal. Dazu gehört nicht zuletzt die Deutung der eigenen Geschichte als religiöse, politische und soziale Freiheitsgeschichte: »Nur im Westen«, so nimmt der Soziologe Orlando Patterson die Losung Schellings auf, »stieg das Wort zu den kostbarsten Ausdrücken der ganzen Sprache auf, vergleichbar allenfalls noch mit dem Namen Gottes« (Patterson 2005: 168).

Der religiöse Oberton ist dabei alles andere als zufällig. Denn so sehr die Moderne als *Zeitalter der Freiheit* gilt, so sehr versteht sich nun zugleich das Christentum als *Religion der Freiheit*. Bereits im Alten Testament nimmt das Freiheitsmotiv eine zentrale Stellung ein. Die Befreiung aus der Knechtschaft in Ägypten bildet das Grunddatum der Geschichte Israels. Im Spiegel der Erinnerung an diese Rettungstat erscheint Israel als das von Jahwe erwählte und zur Freiheit berufene Gottesvolk. Das Neue Testament führt diese Linie fort. Hier ist es vor allem Paulus, der das in Christus vollbrachte Heil als ein Befreiungsgeschehen beschreibt: »Zur Freiheit hat uns Christus befreit« (Gal 5,1). Der Glaube versetzt den Menschen aus der Knechtschaft des Gesetzes in die Freiheit der Kinder Gottes (vgl. Röm 8,21); er erhält darin Anteil an der von Christus erwirkten Befreiung von den Mächten der Sünde und des Todes.

Die paulinische Hochschätzung der Freiheit übt nicht nur auf die altkirchliche Theologie einen maßgeblichen Einfluss aus; mit dem abendländischen Siegeszug des Christentums findet sie zudem Eingang in die institutionellen Fundamente der mittelalterlichen Kultur und Gesellschaft. Die Reformation markiert sodann eine neue Epoche in der Geschichte des christlichen Freiheitsgedankens. Sie erklärt die *libertas christiana* – die in Gott begründete Freiheit eines Christenmenschen – zum zentralen Kennzeichen des christlichen Glaubens. Dabei schreibt sie dieser Freiheit zugleich einen kritisch-emanzipativen Richtungssinn ein. »Der Christenmensch ist ein freier Herr über alle Dinge und niemandem untertan. Der Christenmensch ist ein dienstbarer Knecht aller Dinge und jedermann untertan« (Luther, *Von der Freiheit eines Christenmenschen* 239) – in diese berühmte Doppelthese bündelt Martin Luther das Leitmotiv christlicher Freiheit, im Glauben allen irdischen, auch kirchlichen Autoritäten enthoben und dadurch zu selbständig verantworteter Wahrnehmung des Christlichen im Dienst am Nächsten befreit zu sein. Die reformatorische Entdeckung, dass Religion und Freiheit elementar zusammengehören, prägt in der Folge das Selbstverständnis des Protestantismus auf seinem Weg in die Moderne. Dabei kann der Siegeszug des neuzeitlichen Autonomiegedankens ebenso nachdrücklich als Verwirklichung der christlichen Freiheit gefeiert wie umgekehrt als deren heillose Verkehrung gebrandmarkt werden. Über alle solchen Differenzen und Spaltungen hinweg ist es jedoch die gemeinsame Berufung auf die *libertas christiana,* welche das entscheidende Identitätsmerkmal des protestantischen Christentums ausmacht.

2. Zur Debattenlage um Begriff und Wirklichkeit der Freiheit

Doch so *unbestritten* der Freiheitsbegriff im Mittelpunkt von Moderne und Christentum steht, so *umstritten* ist zugleich, was daraus folgt – und was überhaupt jeweils unter Freiheit soll verstanden werden können. Auch wenn der Ruf nach Freiheit eine geradezu unwiderstehliche Faszinationskraft ausübt, bieten die zahlreichen und weitverzweigten Debatten um Begriff und Wirklichkeit der Freiheit ein irritierend unübersichtliches Bild.

Davon zeugt *zum Ersten* die schillernde und nur schwer greifbare Vieldeutigkeit des Freiheitsbegriffs selbst: Ob Unabhängigkeit, Spontaneität, Emanzipation oder Selbstbestimmung – er führt eine ganze Palette von Synonymen mit sich, die auf seine inhaltliche Mehrdimensionalität verweisen und zugleich je unterschiedliche Akzente setzen. So hat er seine geschichtlichen Wurzeln im *politisch-sozialen* Bereich. Erwachsen aus der elementaren Erfahrung von Unfreiheit und Unterdrückung, bezeichnet Freiheit zunächst die Unabhängigkeit von äußerem Zwang und das Recht zur individuellen Selbstbestimmung, das zugleich eine mögliche Beteiligung an der politischen Willensbildung einschließt. In diesem Sinne ist frei, wer tatsächlich *tun* kann, was er tun will. Die *subjektiv-praktische* Dimension des Freiheitsbegriffs verlagert den Blick demgegenüber nach innen. Nun geht es nicht mehr um die äußere, institutionell geordnete und rechtlich gesicherte Ebene der

*Handlungs*freiheit, sondern um die innere, nur dem Selbstverhältnis zugängliche Ebene der *Willens*freiheit. In Frage steht nicht mehr das Können, sondern vielmehr das Wollen: Frei ist, wer tatsächlich tun *will*, was er tun kann. Entsprechend wird Freiheit hier als Fähigkeit zur praktischen Selbstbestimmung gefasst. Sie kann ihren Niederschlag in einer inneren Unabhängigkeit gegenüber äußeren Ansprüchen und Zwängen finden. Vor allem aber wird sie überall dort sichtbar, wo sich der Einzelne als verantwortlicher Urheber seines Tuns begreift – und mithin zurechnet, aus freiem Willen und eigenem Entschluss heraus gehandelt zu haben. Die Frage nach dem Grund solcher Freiheit leitet schließlich zur *transzendentalen* Dimension des Freiheitsbegriffs über. Hier geht es darum, ob und in welcher Weise es des Rückgangs auf einen absoluten Grund bedarf, um die freie Willensentscheidung eines Menschen von deterministischem Zwang und zufälliger Willkür gleichermaßen unterscheiden zu können.

Erschwerend kommt *zweitens* hinzu, dass die Freiheit von einer elementaren Grundspannung durchzogen ist. Sie steht in der Gefahr permanenter Selbstverfehlung; im Zuge ihrer Verwirklichung kehrt sie sich gleichsam gegen sich selbst. So kann von Freiheit nur dort die Rede sein, wo ein Spektrum alternativer Handlungsoptionen offensteht. Zugleich gewinnt sie erst dann Gestalt, wenn eine dieser Optionen ergriffen und damit die anfängliche Auswahlmöglichkeit faktisch widerrufen wird. Anders formuliert: Freiheit setzt Alternativen voraus, realisiert sich aber gerade durch den Ausschluss von Alternativen. Das mag zunächst trivial erscheinen, verweist jedoch auf eine grundlegende Ambivalenz: Offenkundig trägt die Freiheit den Keim in sich, jederzeit in Unfreiheit umschlagen zu können. Der Ruf nach Verwirklichung und das Risiko der Verfehlung liegen eng beieinander. In der Unterscheidung von positiver und negativer Freiheit findet diese Ambivalenz ihren sichtbaren Ausdruck: Während sich die negative *Freiheit von* auf die bloße Abwesenheit äußerer und innerer Zwänge beschränkt – und insofern völlig inhaltsleer bleibt –, umfasst die positive *Freiheit zu* die Fähigkeit zur Umsetzung bestimmter Ziele und Interessen. Was dabei zunächst wie zwei einander ergänzende Aspekte des Freiheitsbegriffs erscheint – dort die Möglichkeit, hier die Wirklichkeit von Freiheit –, erweist sich bei genauerem Hinsehen als gegenläufiges Spannungsverhältnis. Die negative Freiheit bezeichnet einen Schutzraum, an dem äußere Herrschaftsansprüche ihre Grenzen finden; demgegenüber hebt die positive Freiheit darauf ab, eigene Wünsche und Entscheidungen auch durchsetzen zu können. Anders formuliert: Im einen Fall geht es um kritische Macht*beschränkung,* im anderen Fall um souveräne Macht*ausübung.* Die Schwierigkeit besteht nun darin, dass beide Seiten nicht voneinander getrennt werden können. So sehr jede Freiheit ein negatives Rückzugsmoment einschließt, so wenig ist umgekehrt eine Freiheit denkbar, die gänzlich ohne positive Gestaltungsmöglichkeiten auskäme. Damit gehört die fragile Balance zwischen Machtausübung und Machtbeschränkung zum Begriff der Freiheit selbst hinzu: Jeder Anspruch auf Realisierung von Freiheit gefährdet zugleich, was er zu schützen vorgibt.

Zur Unübersichtlichkeit der gegenwärtigen Diskussionslage trägt *drittens* die Disparatheit der vielerorts ausgetragenen Freiheitsdebatten bei. Nicht nur in der Theologie, Philosophie und Soziologie, sondern auch in den Literatur-, Wirtschafts- und Rechtswissenschaften werden intensive Auseinandersetzungen über das Verständnis von Freiheit geführt. Doch *zum einen* laufen diese Auseinandersetzungen nahezu berührungslos nebeneinander her: Bei der gegenwärtig abklingenden Kontroverse um die Willensfreiheit handelt es sich – aller öffentlichen Aufmerksamkeit zum Trotz – um einen klar umgrenzten fachphilosophischen Diskurs, der nicht einmal innerhalb der eigenen Disziplin anschlussfähig vernetzt ist. Im Gegenzug wird etwa die wirtschaftswissenschaftliche Frage nach dem systematischen Stellenwert der individuellen Wahl- und Handlungsfreiheit in der ökonomischen Theoriebildung ohne Rekurs auf entsprechende Diskussionen in benachbarten Fächern bearbeitet. *Zum anderen* scheint die einzige Gemeinsamkeit jener weitgefächerten Freiheitsdebatten darin zu bestehen, dass in ihnen höchst unterschiedliche, wenn nicht gar gegenläufige Interessenlagen und Zielsetzungen aufeinanderstoßen. Darin gelangt nicht zuletzt die notorische Unbestimmtheit des Freiheitsbegriffs zu sichtbarem Ausdruck. So ist ein erster Strang auf die Realisierung und Verwirklichung von Freiheit ausgerichtet. Nicht nur in der politischen Philosophie, sondern vor allem in der Ethik finden sich zahlreiche

Ansätze, welche auf die konsequente Ermöglichung und Durchsetzung individueller Freiheitsrechte gestimmt sind. Diesem Ruf nach einem *Mehr* an Freiheit treten im Gegenzug allerdings Positionen entgegen, die gerade ein *Zuviel* statt *Zuwenig* an Freiheit beklagen. Sie verweisen auf die problematischen Nebenwirkungen der Freiheit, welche sich individuell als Überforderung und gesellschaftlich als Desintegration äußerten. Die Agenda lautet hier auf Disziplinierung statt Realisierung der Freiheit. In diesem Sinne verschiebt sich etwa in der politischen Philosophie die Balance der französischen Trias von *liberté, égalité* und *fraternité* auffällig zugunsten der letzten beiden Glieder; die Sozialphilosophie betont die Angewiesenheit der Freiheit auf die fortdauernde Präsenz eines normativ-moralischen Hintergrundrahmens; und in der Rechtswissenschaft kreist die Grundrechtsdiskussion verstärkt um die Frage, ob angesichts der fortschreitenden Pluralisierung des gesellschaftlichen Lebens die Schutzbereiche der Freiheitsrechte nicht enger gezogen werden müssen. Ein dritter Strang nimmt hingegen den Begriff der Freiheit selbst in den Blick und arbeitet sich – nach dem Scheitern aller idealistischen Begründungsversuche – an der Einsicht in ihre paradoxe Fragilität ab: Sie ist sich selbst bleibend entzogen und hat doch die eigene Grundlosigkeit im aktuellen Vollzug immer schon überwunden – mit der Pointe freilich, dass sowohl die Bestimmungen, die sie aus sich entlässt, als auch die Bestimmungen, unter die sie sich stellt, nur durch den kontingenten Freiheitsvollzug selbst stabilisiert werden. Vor allem in der Theologie und Philosophie, aber auch in den Literaturwissenschaften gilt das Interesse so dem oszillierenden Ineinander von Freiheit und Ordnung, Kreativität und Form.

Schließlich fällt *viertens* eine eigentümliche Ambivalenz des gesellschaftlichen Freiheitsbewusstseins ins Auge. Auf der einen Seite gilt die Freiheit als höchste Errungenschaft und zentraler Leitwert der westlichen Moderne. In der eigenen Lebensführung wird sie geradezu selbstverständlich vorausgesetzt und in Anspruch genommen. Der Ruf nach gesellschaftlicher Realisierung von Freiheit prägt das weite Feld der politischen Auseinandersetzungen und Debatten. Auf der anderen Seite wird diese allgemeine Hochschätzung der Freiheit zugleich eigentümlich konterkariert. So mehren sich die Stimmen, welche die modernen Freiheitsräume des Einzelnen zunehmend als Belastung empfinden. Der massive Zuwachs an Handlungs- und Wahlmöglichkeiten verschärft die Nötigung, Entscheidungen treffen und Verzicht üben zu müssen. In der Folge schlägt die Freiheit nahezu ins Gegenteil um: Statt von Zwang und Last zu befreien, erscheint sie selbst als Zwang und Last. Daneben tritt der auffällige Umstand, dass im Rücken der politischen Freiheitsrhetorik ein naturalistisch-deterministisches Weltbild an Boden gewinnt, welches dem Menschen das Vermögen zu einer solchen Freiheit gerade bestreitet. Exemplarisch dafür stehen die Ambitionen der Hirnforschung, die menschliche Willensfreiheit als bloße Illusion zu entlarven. In diesen Zusammenhang gehören aber auch die zahlreichen Versuche, menschliche Entscheidungen auf entwicklungsbiologische, tiefenpsychologische oder genetische Faktoren und Determinanten zurückzuführen. Zugespitzt formuliert: »Das emanzipatorische freiheitsfördernde Interesse der Moderne wird durch ihre destruktiven Tendenzen konterkariert, die den Freiheitsgewinn des *homo politicus* im gleichen Zug durch die überaus skeptische Einschätzung seiner anthropologischen Möglichkeiten paralysieren. […] Der Begriff ›Freiheit‹ wird zum Schlüsselwort einer verbreiteten Einstellung, die lautstark etwas fordert, wozu sie dem Menschen insgeheim die Fähigkeit abspricht« (Schockenhoff 2007: 21–23).

Die skizzierte Vieldeutigkeit des Freiheitsbegriffs, seine innere Dialektik und die äußere Disparatheit der Beschäftigung mit ihm machen nun *zum einen* verständlich, warum es auch in der Theologie kein geschlossenes Lehrstück zum Thema ›Freiheit‹ gibt. Sie ist vielmehr ortlos und omnipräsent zugleich. Das neuzeitliche Selbstverständnis des Protestantismus als ›Religion der Freiheit‹ bringt es zwar mit sich, dass nahezu alle theologischen Debatten und Problemzusammenhänge auf hintergründig wirksame freiheitstheoretische Implikationen und Bezüge hin aufgeschlüsselt werden können. Eben deshalb entzieht sich die Freiheit aber zugleich allen Versuchen ihrer thematischen Disziplinierung. Es gibt keinen festumrissenen Lehrbestand, der als Rahmen genutzt werden könnte, um die vielfältigen theologischen Traditionslinien und Debattenstränge übersichtlich zu ordnen und auf die gegenwärtige, ihrerseits komplexe Diskussionslage zu beziehen.

Zum anderen schlägt sich darin der Umstand nieder, dass die Grundfrage nach dem Verhältnis des *christlichen* Freiheitsgedankens zum spezifisch *neuzeitlichen* Spektrum des Freiheitsbegriffs bisher keine allgemein geteilte Antwort gefunden hat. Lässt sich hier ein – wie spannungsvoll auch immer gelagerter – Zusammenhang aufweisen, oder stehen beide in einem unversöhnlichen Gegensatz zueinander? Die Frage ist keineswegs nur von geschichtlichem Interesse; mit ihr steht zugleich die Selbstverortung des Christentums im Horizont der eigenen Gegenwart zur Debatte. Findet die christliche Freiheit in der neuzeitlichen Autonomie ihre legitime Realisierungsgestalt, so dass die Moderne insgesamt als eine weitere Etappe innerhalb der Geschichte des Christentums begriffen werden kann? Oder verdankt sich die Durchsetzung des Autonomieideals gerade dem erklärten Widerspruch gegen die christliche Tradition und Überlieferung, so dass Moderne und Christentum einander mit wechselseitigen Überbietungsansprüchen gegenüberstehen? Mit der ungeklärten Debattenlage hängt schließlich noch ein letzter Punkt zusammen: Auch die Frage nach dem charakteristischen Profil oder spezifischen ›Mehrwert‹ des christlichen Freiheitsverständnisses setzt eine Verhältnisbestimmung zum neuzeitlich-modernen Freiheitsbegriff voraus. So wird man wohl von der Vorstellung Abstand nehmen müssen, dass dem Christentum als solchem ein höheres Wissen im Umgang mit der Freiheit eignet. Dazu haben sich die verschiedenen Traditionslinien zu sehr ineinander verwoben. Dennoch wird zu überlegen sein, ob ein besonderer Vorzug des christlichen Freiheitsverständnisses vielleicht darin liegen könnte, aus dem Bewusstsein um die Spannungen und Abgründe der Freiheit zugleich die Kraft für ihre lebendige Gestaltung zu schöpfen. Anders formuliert: Die christliche Freiheit erschließt eine Wirklichkeit von Freiheit, die allem Nachdenken über deren Möglichkeit uneinholbar vorausliegt.

3. Überblick über die Beiträge des Bandes

Dem Gesamtkonzept der Reihe entsprechend behandelt der vorliegende Band das Freiheitsthema entlang der klassischen theologischen Teildisziplinen. Damit verbindet sich die Erwartung, die überreiche Fülle an Gedankenfiguren, Entwicklungslinien und Theorieansätzen aus je fachspezifischer Perspektive heraus strukturieren und pointiert zur Darstellung bringen zu können. Ergänzend treten zwei philosophische Beiträge hinzu, die zum einen den aktuellen Problemstand der Willensfreiheitsdebatte resümieren, zum anderen einen Überblick über die politische Tradition des Freiheitsbegriffs geben.

Zum Auftakt skizziert *Uwe Becker* die Grundlinien des alttestamentlichen Freiheitsverständnisses. Auch wenn das Alte Testament den Begriff ›Freiheit‹ nicht kennt, ist die mit ihm bezeichnete Sache sehr wohl präsent. Gemeinhin wird dabei der Exodustradition (Ex 1–14) eine zentrale Stellung zugewiesen: Die Erinnerung an die von Jahwe bewirkte Befreiung aus der Knechtschaft Ägyptens bildet das Urbekenntnis Israels. Allerdings ist hier gegenüber historischen Rückschlüssen Vorsicht geboten; auch liegt der Akzent nicht auf der politischen Befreiung von äußerer Fremdherrschaft. Stattdessen gilt ›Ägypten‹ – vor allem in der deuteronomistischen Tradition – als Chiffre für Not, Elend und Unterdrückung überhaupt. Mithin geht es nicht um ein zurückliegendes Auszugsgeschehen; vielmehr bekennt die jüdische Gemeinde im Medium erinnernder Vergegenwärtigung des Exodus ihren Glauben an das zu neuem Leben befreiende Heilshandeln Gottes. Ein besonderes Charakteristikum bildet dabei die enge Verschränkung von erfahrener Befreiung und ethischer Verpflichtung. So stellt die Einleitung des Dekalogs (Dtn 5,6; Ex 20,2) das gebotene Handeln programmatisch unter das Vorzeichen der grundlegenden Befreiungstat Jahwes. Auch dem profanen Sklavenrecht wird durch den Verweis auf den Exodus zunehmend ein theologisches Bruderethos unterlegt: »Du sollst daran denken, dass auch du Knecht in Ägyptenland warst« (Dtn 5,15). Mit dem jahwistischen Schöpfungsbericht (Gen 2,4b–3,24) rückt sodann eine zweite Linie des alttestamentlichen Freiheitsverständnisses ins Blickfeld. Die Aufmerksamkeit gilt hier dem zu verantwortlichem Handeln aufgerufenen Menschen. Seine Freiheit ist zwar endlich und begrenzt, zudem liegt über ihr der Schatten der Verfehlung. Dennoch kann er ihr nicht entrinnen: Zu seiner Grundsituation gehört es, Entscheidungen treffen zu müssen – und mit dieser Aufgabe zugleich überfordert zu sein. In den späteren Texten des Alten Testaments machen sich schließlich vermehrt hellenistische Einflüsse bemerkbar. Während etwa die beiden Makkabäerbücher die griechische Tradition des politischen Freiheitsverständnisses aufnehmen, verhandelt Jesus Sirach das Problem des Verhältnisses von göttlicher Allmacht und menschlicher Freiheit. In deutlicher Abgrenzung zur Stoa werden beide Seiten hier nicht gegeneinander ausgespielt; vielmehr befähigt der von Gott verliehene Wille den Menschen zur Einhaltung der Tora (Sir 15,11–17).

Der neutestamentliche Beitrag von *Friedrich Wilhelm Horn* nimmt seinen Ausgang von dem auffälligen Befund, dass sich das Wort ›Freiheit‹ – von wenigen Ausnahmen abgesehen – allein in den paulinischen Briefen findet, dort jedoch eine zentrale Stellung einnimmt. Paulus hat insofern maßgeblich als Theologe der Freiheit zu gelten; ihm verdankt sich die Einführung des Freiheitsbegriffs in das christliche Denken. Dennoch ist umstritten, ob Paulus ein kohärentes eigenes Freiheitsverständnis entwirft und in welchem Maße er dabei auf Motive der stoisch-hellenistischen Tradition zurückgreift. Ihr gilt Freiheit vornehmlich als innere Unabhängigkeit von Begierden und Zwängen, die es im Gegenzug erlaubt, sich in die unabänderlichen Gegebenheiten der göttlichen Weltordnung einzufügen. Demgegenüber verankert Paulus die Freiheit nicht in der Natur des Menschen. Stattdessen gründet sie für ihn im Heilsereignis von Tod und Auferstehung Christi, kraft dessen der Mensch aus der Knechtschaft unter Sünde, Gesetz und Tod befreit worden ist. Allerdings darf diese Freiheit nicht mit blinder Willkür verwechselt werden, sondern realisiert sich gerade in der Bindung an Christus. Paulus kann sie daher sogar als Übergang in eine neue Knechtschaft beschreiben: Der von Christus Befreite ist zugleich der Sklave Christi (vgl. 1 Kor 7,22). Dieser Grundgedanke wird in den einzelnen Briefen sodann unterschiedlich akzentuiert. In den *Korintherbriefen* steht die innere Unabhängigkeit im Vordergrund. Sie erlaubt es, die gegebenen sozialen Verhältnisse als solche zu akzeptieren, da sie durch die Bindung an Christus zugleich ihre beherrschende Macht verloren haben (vgl. 1 Kor 7,21–23). Hingegen betont der *Galaterbrief* den passiven Geschenkcharakter der Freiheit und verknüpft damit die Mahnung, sie nicht wieder zu verlieren: »Zur Freiheit hat uns Christus befreit! So steht nun fest und lasst euch nicht wieder das Joch der Knechtschaft auflegen!« (Gal 5,1). Der *Römerbrief* schließlich rückt die durch Christi Befreiungstat erwirkte neue Lebensausrichtung in den Vordergrund. Im Vollzug der Taufe der Sünde abgestorben, verwirklicht sich die Freiheit des Christenmenschen im praktischen Dienst an der Gerechtigkeit. Damit wird erneut die paradoxe Grundstruktur des paulinischen Freiheitsverständnisses sichtbar: Freiheit und Bindung schließen einander nicht aus, sondern gehören zusammen. Die Befreiung von der Sünde bewährt sich in der Bindung an Christus: »Indem ihr nun frei geworden seid von der Sünde, seid ihr Knechte geworden der Gerechtigkeit« (Röm 6,18).

In seinem umfangreichen kirchengeschichtlichen Beitrag gibt *Martin Ohst* einen detaillierten Überblick über die weitverzweigten Entwicklungslinien und Debattenstränge des Freiheitsbegriffs vom frühen Christentum bis zum Ausgang der Reformationszeit. Die Darstellung Augustins markiert dabei einen ersten Schwerpunkt. Denn dieser hat mit seiner Entdeckung des unhintergehbar eigenen und zugleich faktisch immer schon missbrauchten Willens das Nachdenken über die Freiheit auf eine neue Ebene gehoben. Angetrieben durch die Frage nach der Herkunft des Bösen ringt Augustin um das Verhältnis von menschlicher Willensfreiheit und göttlicher Allwirksamkeit. Während er dem Menschen anfänglich ein durch die Sünde nur geschwächtes Vermögen freier Willensentscheidung zuschreibt, behauptet er später – unter dem Eindruck einer intensiven Beschäftigung mit Paulus – die völlige Unfähigkeit des Willens zum Guten. Allein die souveräne Gnade Gottes erwecke im Menschen den Glauben und schenke ihm die Freiheit, sich am Willen Gottes auszurichten. Auf der Kehrseite folgt daraus die harte Konsequenz einer doppelten Prädestination. Entlastung bietet hier allein die Kirche: In ihr wirkt nicht nur Gottes Heilswille; vielmehr leitet sie kraft ihres erzieherischen Wirkens den Einzelnen auf den rechten Weg und eröffnet ihm die Möglichkeit, seine Freiheit in innerer Selbstgestaltung zu verwirklichen. Augustin führt so die drei klassischen Bezugsfelder des Freiheitsbegriffs – Freiheit als äußere Unabhängigkeit, inneres Selbstverhältnis und willentliche Selbstbestimmung – auf neue Weise zusammen. Seine Weichenstellungen wirken über das Mittelalter bis in die Reformationszeit nach: Die von ihm der sichtbaren Kirche zugemessene zentrale Stellung mündet *erstens* in eine zunehmende Betonung ihrer politisch-sozialen Selbständigkeit. Freiheit wird als äußere Freiheit der römischen Papstkirche begriffen und bis zum Anspruch einer Überordnung der geistlichen über die weltliche Gewalt zugespitzt. Der *zweite* Strang findet seine Aufnahme in der mönchisch-asketischen Lebensform. Verzicht und Gehorsam konstituieren hier einen Freiheitsraum, in welchem der Einzelne allen selbstischen Affekten und sozialen Zwängen enthoben und mithin frei ist, sein ganzes Leben am Willen Gottes auszurichten. Die mittelalterlichen Streitigkeiten über Prädestination, Gnade und Willensfreiheit knüpfen schließlich an das *dritte* Moment des augustinischen Freiheitsverständnisses an. Die radikale Diastase von göttlicher Gnade und menschlicher Freiheit wird dabei auf unterschiedliche Weise zu vermitteln versucht. Die Reformation steht nun zwar in der Tradition dieser Freiheitsdiskurse, unterzieht sie aber zugleich einer tiefgreifenden Umbildung. Den Auftakt markiert Luthers Einsicht, dass die Freiheit keine konstatierbare Zuständlichkeit darstellt, sondern allein als geschenkhafte Befreiung aus vorgegebener Unfreiheit Ereignis wird. Im Glauben vollzieht sich für Luther jene Umwandlung des Gottesverhältnisses, welches den Menschen in die Gemeinschaft mit dem Willen Gottes versetzt und so zum selbstlosen Dienst am Nächsten befreit. Damit wird zum einen die Gehorsam fordernde Freiheit der Kirche abgelöst durch die innere Freiheit des Christenmenschen, an der alle weltlichen und nicht zuletzt klerikalen Ansprüche ihre Grenze finden. Zum anderen bedarf diese Freiheit nicht mehr des Rückzugs auf eine mönchisch-asketische Lebensweise, sondern verwirklicht sich in der nüchtern-vernünftigen Mitwirkung an den Gestaltungsaufgaben des politisch-sozialen Lebens.

Der systematisch-theologische Beitrag von *Martin Laube* nimmt die neuzeitlichen Entwicklungslinien der Freiheitsthematik in den Blick und sucht die überbordende Vielfalt von Positionen, Debatten und Perspektiven in einen systematischen Zusammenhang zu bringen. Ausgehend von der These, dass der neuzeitlichen Theologie vor allem an der Wahrung der begrifflichen Uneinholbarkeit von Freiheit einerseits, der Wahrnehmung ihrer elementarer Dialektik und Widersprüchlichkeit andererseits gelegen ist, skizziert er drei Stränge des theologischen Zugangs zur Freiheitsthematik. Der *erste, christentumsgeschichtliche Strang* bearbeitet das umstrittene Verhältnis zwischen christlich-protestantischem und neuzeitlichem Freiheitsverständnis. Hier steht zugleich die Selbstverortung des Christentums im Horizont der neuzeitlich-modernen Welt zur Debatte. Bei näherem Hinsehen lassen sich vier Narrative unterscheiden, die jeweils die Kontinuität, den Gegensatz, die Spannungen und die Überbietungen im Verhältnis von Christentum und Neuzeit betonen. Der *zweite, dogmatische Themenstrang* verhandelt die Freiheitsthematik im Rahmen des menschlichen Gottesverhältnisses. Der klassischen Dogmatik ist daran gelegen, die *Freiheit des Geschöpfs* gegenüber der Allmacht Gottes, die *Unfreiheit des Sünders* angesichts der Gnade Gottes und die *Befreiung des Glaubenden* durch die Heilstat Gottes zur Geltung zu bringen. Mit der Aufklärung und dem Zusammenbruch des metaphysischen Denkrahmens rücken diese Motive allerdings in einen neuen Problemhorizont. Er wird paradigmatisch abgesteckt durch die idealistischen Freiheitstheorien von Immanuel Kant, Johann Gottlieb Fichte, Friedrich Wilhelm Joseph Schelling und Georg Wilhelm Friedrich Hegel. Auf je unterschiedliche Weise schärfen sie die begriffliche Uneinholbarkeit und innere Dialektik der Freiheit ein. In der Folge werden die Anliegen der dogmatischen Tradition einer tiefgreifenden Umformung unterzogen: So überführt Friedrich Schleiermacher die altprotestantische Konkurrenz von göttlicher und menschlicher Freiheit in eine reflexive Selbstbesinnung auf das endliche Gegebensein der Freiheit; Sören Kierkegaard ersetzt die reformatorische Bestreitung der menschlichen Willensfreiheit durch den Aufweis ihrer inneren Widersprüchlichkeit; und Rudolf Bultmann entfaltet den dogmatischen Freispruch des Sünders im Glauben als symbolische Verschlüsselung des befreienden Ereignischarakters des Glaubens selbst. Mit dem *dritten, ethischen Themenstrang* tritt schließlich die Frage nach der Realisierung von Freiheit in den Mittelpunkt. Ein exemplarischer Durchgang durch die Freiheitstheorien von Karl Barth, Trutz Rendtorff und Wolfgang Huber macht deutlich, dass es in christlicher Perspektive nicht darum geht, Freiheit überhaupt erst *herzustellen*, sondern dafür Sorge zu tragen, wie ihr uneinholbares, je individuelles Gegebensein unter geschichtlich-sozialen Bedingungen fassbare *Gestalt* gewinnen kann. Das Augenmerk liegt hier auf der fragilen Balance zwischen Autonomie und Abhängigkeit, Freiheit und Ordnung, Selbständigkeit und Gemeinschaft. Entsprechend lautet die entscheidende Aufgabe, diese Spannungen nicht einseitig aufzulösen, sondern gerade in ihrer pulsierenden Unruhe präsent zu halten. Im zusammenfassenden Rückblick kristallisieren sich damit vier charakteristische Momente eines neuzeitlich verantworteten christlichen Freiheitsverständnisses heraus: Freiheit ist verdankte Freiheit. Daraus folgen *zum einen* ihre Unhintergehbarkeit und Uneinholbarkeit, *zum anderen* ihre – dialektisch geprägte – Endlichkeit. Zum christlichen Freiheitsverständnis gehört *drittens* das Bewusstsein um ihre permanente Selbstgefährdung; ein *vierter* Grundzug besteht schließlich in der betonten Ausrichtung auf die konkrete Wirklichkeit der Freiheit.

Im Mittelpunkt des praktisch-theologischen Beitrags von *Christian Albrecht* steht die gegenläufige Doppelthese, dass die Freiheit nur ein *Randthema* in der Praktischen Theologie darstellt und doch zugleich als ihr *Grundthema* zu gelten hat. Auf der einen Seite fungiert der Freiheitsbegriff in praktisch-theologischen Zusammenhängen lediglich als affirmativ besetzte Globalchiffre, um ebenso gezielt wie unbestimmt das protestantische Freiheitspathos aufzurufen. Seine inhaltlichen Konturen bleiben daher zumeist unscharf; eine selbständige praktisch-theologische Aufnahme und Aneignung findet nicht statt. Bei näherem Hinsehen lassen sich gleichwohl mehrere Verwendungskontexte des Freiheitsbegriffs unterscheiden. So wird er – exemplarisch in der Seelsorgelehre – als Zielbegriff der kirchlichen Praxis eingeführt. Übereinstimmend erklären etwa Friedrich Schleiermacher, Otto Haendler und Joachim Scharfenberg die Wiedergewinnung von Freiheit zur Aufgabe seelsorgerlichen Handelns. Dabei greifen sie auf je verschiedene Traditionslinien des Freiheitsbegriffs zurück, ohne diesen selbst zum Thema zu machen. Ebenfalls in der Seelsorgelehre findet sich dann auch ein kriteriologischer

Gebrauch des Freiheitsbegriffs: Im Umgang mit der notorischen Methodenvielfalt ist legitim, was Freiheitsgewinn verspricht. In anderen Zusammenhängen wiederum wandert der Freiheitsbegriff gleichsam auf dem Umweg einer außertheologischen Wirtstheorie in die Praktische Theologie ein – so etwa bei der Rezeption soziologischer Institutionentheorien in der praktisch-theologischen Kirchenlehre. Die Religionspädagogik hingegen nutzt den Freiheitsbegriff zur Abbreviatur eines christlichen Menschenbildes: Zur Freiheit sei der Mensch bestimmt; daran habe sich folglich auch die religionspädagogische Praxis zu bemessen. Nicht selten wird der Freiheitsbegriff schließlich als summarische Pathosformel in Anspruch genommen, um den pauschalen Richtungssinn eines bestimmten Ansatzes oder eines bestimmten Praxisfeldes anzugeben – ohne dass damit eine ausgearbeitete Freiheitstheorie verbunden wäre. Doch trotz dieser eigentümlich pauschal-rhetorischen Rezeption hat der Freiheitsbegriff auf der anderen Seite als das zentrale Grundthema der Praktischen Theologie zu gelten. Obgleich zumeist nur implizit mitgeführt, prägt er ihre Aufgabe und ihr Selbstverständnis. Die Praktische Theologie zielt auf eine umfassende Bildung ihrer Adressaten – in Kirche und Schule –, damit sie gegenüber normativen Ansprüchen und unmittelbaren Zumutungen Distanz gewinnen können und zu einem selbständig begründeten Urteil befähigt werden. In dem Maße, in dem sich die Praktische Theologie einer solchen Bildungsaufgabe verpflichtet weiß, gilt ihr Augenmerk also vor allem der mündigen Freiheit derer, die in ihrem Beruf für Kirche und Christentum eintreten.

Gottfried Seebaß verknüpft in seinem Beitrag die Aufarbeitung der philosophischen Willensfreiheitsdebatte mit einer gebündelten Darstellung seines eigenen Konzepts von Freiheit als Hindernisfreiheit. Zur Vermeidung vorschneller Vereinnahmungen und Umdeutungen setzt er beim alltäglichen Sprachgebrauch an: ›Freiheit‹ erscheint hier gerade nicht als normativer, sondern vielmehr als deskriptiver Begriff. In seinem Kern beschreibt er den einfachen Tatbestand, dass Personen oder Kollektive nicht daran gehindert werden, etwas Bestimmtes tun zu können. Seebaß leitet daraus den Gattungsbegriff einer Hindernisfreiheit ab, der allen weiteren Arten und Unterarten der Freiheit zugrunde liegt. Freilich ist nicht jedes

Hindernis in gleicher Weise freiheitsgefährdend. Ausgeschlossen sind vielmehr nur solche Beschränkungen, die jemanden daran hindern, so zu leben oder sich zu entfalten, wie es seiner ›Natur‹ oder seinem ›Wesen‹ entspricht. Daraus ergeben sich zwei zentrale Freiheitskriterien: Freiheit setzt *erstens* einen Spielraum offener Möglichkeiten voraus, der jedoch *zweitens* nur solche Möglichkeiten umfassen muss, die für die wesentlichen Belange einer Person relevant sind. Mit äußeren Bedingungen allein ist es dabei nicht getan; vielmehr gibt es auch innere Ressourcen – wie etwa bestimmte intellektuelle Fähigkeiten oder relevante Wissensbestände –, die für das Gegebensein von Freiheit unverzichtbar sind. Beide Kriterien führen nun beim klassischen Hauptproblem des Verhältnisses von Freiheit und Determinismus zu einer strikt inkompatibilistischen Position. Was das *Möglichkeitskriterium* betrifft, diskutiert Seebaß das breite Spektrum der Versuche, einen determinismusverträglichen Sinn der Rede von alternativen Möglichkeiten zu formulieren, und kommt zu dem Schluss: In einem deterministischen Universum kann es keinen offenen Möglichkeitsspielraum und mithin keine Freiheit geben. Das *Wesentlichkeitskriterium* hingegen setzt eine Klärung voraus, was für jemanden als wesentlich zu gelten hat. Eine solche Klärung lässt sich jedoch nicht von den eigenen Einschätzungen und Entscheidungen der jeweils handelnden Person abkoppeln und setzt damit ihrerseits wieder einen Spielraum alternativer Möglichkeiten voraus.

Der Beitrag von *Beate Rössler* widmet sich dem Freiheitsbegriff in der politischen Philosophie. Im Unterschied zur *Willensfreiheit* des Einzelnen geht es hier um die individuelle *Handlungsfreiheit* und die dafür notwendigen politisch-sozialen Rahmenbedingungen. Den orientierenden Rahmen bildet die von Gerald MacCallum entlehnte triadische Formel: ›X ist frei von Beschränkungen Y, um Handlungen Z zu tun‹. Ein umfassender Freiheitsbegriff hat insofern drei Elemente gleichermaßen zu berücksichtigen: Es bedarf eines autonomen Subjekts (X), das unbeeinträchtigt von relevanten Hindernissen (Y) die Möglichkeit hat, bestimmte Optionen wählen und eigene Ziele verfolgen zu können (Z). Im breiten Spektrum der politisch-sozialen Freiheitsdebatten werden dabei die Akzente höchst unterschiedlich gesetzt. Klassische *liberale* Positionen betonen den negativen Pol der Abwesenheit von Beschränkungen und Hindernissen. Aus der Sorge heraus, dass positive Freiheitskonzeptionen in paternalistische oder gar diktatorische Konsequenzen münden können, besteht Freiheit für sie in der Gewähr eines Schutzraums, in dem der Einzelne sich ohne Eingriffe des Staates oder der Gesellschaft bewegen kann. Der *Libertarismus* spitzt diese Tendenz auf eine möglichst ungestörte Verfolgung der je eigenen Interessen zu, übergeht jedoch die Frage nach notwendigen materiellen Ressourcen und zeigt keinen Sinn für institutionelle Sicherungsinstanzen der Freiheit. *Egalitär-liberale* Ansätze in der Nachfolge von John Rawls setzen hier anders an, indem sie den Freiheits- an den Gleichheitsbegriff binden und damit die Ebene der ökonomisch-sozialen Voraussetzungen für den Gebrauch von Freiheit in ihre Konzeptionen einbeziehen. In vergleichbarer Weise betont die *neo-hegelianische* Spielart des Liberalismus die unverzichtbare Bedeutung politisch-sozialer Institutionen für die Bewahrung der individuellen Freiheit. Demgegenüber legen *republikanische* Positionen den Akzent vorrangig auf den positiven Pol des Freiheitsbegriffs. Ihnen geht es darum, über die negative Macht*beschränkung* hinaus die positive Macht*ausübung* als zentrales Freiheitsmerkmal zur Geltung zu bringen. Wahrhaft frei ist nur, wer nicht lediglich Adressat, sondern vielmehr Autor der rechtlichen Ordnung einer Gesellschaft ist. Allerdings nähern sich liberale und republikanische Ansätze zunehmend in der Weise an, dass sie individuelle Freiheit und kollektive Selbstbestimmung nicht gegeneinander auszuspielen, sondern miteinander zu vermitteln suchen. Das zeigt sich nicht zuletzt in der gemeinsamen Betonung der politisch-sozialen Institutionen des liberal-demokratischen Staates, welche die negativen *Schutz*rechte und die positiven *Partizipations*rechte des freien Individuums gleichermaßen schützen und mit Leben erfüllen. Damit rückt nun das freie Subjekt selbst in den Blick. Die bisher skizzierten Freiheitskonzeptionen setzen voraus, dass der Einzelne fähig und in der Lage ist, auf der Grundlage eigenen Nachdenkens selbständig darüber zu entscheiden, wie er leben will, und sein Leben dann auch entsprechend einrichten und führen kann. Zur Freiheit gehört in diesem Sinne die Autonomie des Subjekts: Sie gewinnt nur Wirklichkeit, wenn sie vom Einzelnen auch gebraucht und gestaltet werden kann. Ihre kritische Spiegelung erfährt die skizzierte Trias von negativer, positiver und autonomer Freiheit schließlich durch die feministische Philosophie: Hier wird unter Berufung auf die negative Freiheit die Verweigerung der gleichen Freiheitsrechte für Frauen beklagt, im Namen der positiven Freiheit gerade umgekehrt die Anerkennung der selbständigen ›Andersheit‹ von Frauen gefordert oder eine neue, nicht einseitig rationalistische Konzeption von Autonomie propagiert, um die repressiven Strukturen der patriarchalischen Gesellschaft durchbrechen und auch für Frauen ein freies Leben ermöglichen zu können.

Die abschließende *Zusammenschau* unternimmt den Versuch, die einzelnen, durchaus pointiert angesetzten Beiträge auf ihre Konvergenzen und Divergenzen hin durchsichtig zu machen. Dabei geht es nicht darum, die zuvor aufgefächerte positionelle und inhaltliche Vielfalt im Zugriff auf die Freiheitsthematik gleichsam hinterrücks wieder einzuebnen. Stattdessen liegt das Augenmerk darauf, einige elementare Grundlinien, Motive und Problemstellungen zu präparieren, welche die Fülle der Ansätze und Theorien exemplarisch zu strukturieren erlauben. Damit verbindet sich zum einen die Absicht, die theologischen Beiträge – unbeschadet ihrer Unterschiede im Einzelnen – inhaltlich aufeinander zu beziehen. Zum anderen soll auf diese Weise ein Ansatzpunkt gewonnen werden, um die grundsätzlichen Differenzen zwischen theologischem und philosophischem Freiheitsdenken herauszuarbeiten, dabei aber zugleich die teils überraschenden, teils hintergründigen Gemeinsamkeiten aufscheinen zu lassen.

Quellen- und Literaturverzeichnis

1. Quellen

Luther, Martin: Von der Freiheit eines Christenmenschen (1520), in: ders.: Ausgewählte Schriften, Bd. 1: Aufbruch zur Reformation, hg. von Karin Bornkamm/Gerhard Ebeling, Frankfurt a.M. 1995, 238–263.

Schelling, Friedrich Wilhelm Joseph: Urfassung der Philosophie der Offenbarung, hg. von Walter E. Ehrhardt, Hamburg 1992.

2. Sekundärliteratur

Patterson 2005: Patterson, Orlando: Freiheit, Sklaverei und die moderne Konstruktion der Rechte, in: Joas, Hans/Wiegandt, Klaus (Hgg.): Die kulturellen Werte Europas, Frankfurt a.M. 2005, 164–218.

Schockenhoff 2007: Schockenhoff, Eberhard: Theologie der Freiheit, Freiburg i.Br. 2007.

Altes Testament

Uwe Becker

Zwischen Befreiung und Autonomie.
Freiheitsvorstellungen im Alten Testament

1. Sprachlicher Befund

Einen Begriff für »Freiheit« kennt das hebräisch-aramäische Alte Testament nicht. Die mit ihm bezeichnete Sache aber ist in vielen Textbereichen gegenwärtig, auch wenn man die vorwiegend neuzeitlich geprägte Vorstellung von Freiheit als Willensfreiheit oder als politische und soziale Autonomie nicht unmittelbar auf das Alte Testament übertragen kann. Auf den griechischen Begriff von ἐλευθερία (»Freiheit«) stößt man kaum zufällig in den späteren, teilweise bereits griechisch verfassten Weisheits- und Geschichtsbüchern des Alten Testaments (Jesus Sirach, 1–2Makk), in denen die Begegnung mit dem griechischen Geist – etwa mit dem Freiheitsverständnis der Stoa oder mit den aus der griechischen Polis stammenden Vorstellungen von politischer Autonomie – mit Händen zu greifen ist. So beziehen sich die wenigen Belege des Begriffs ἐλευθερία in der Septuaginta, der griechischen Bibel, entweder auf die Freiheit als Gegenbegriff zur Sklaverei (Lev 19,20; Sir 7,21; 33,26) oder aber auf den politischen Befreiungskampf der Makkabäer (1Makk 14,26). Der ἐλεύθερος (»Freie«) steht entsprechend dem Sklaven gegenüber (so in Ex 21,2–6.26f.; Dtn 15,12.13.18), kann aber auch den »Vornehmen« bezeichnen, der zu den Notabeln einer Stadt oder eines Landes gehört (vgl. 1Kön 20,8.11; Neh 13,17; Koh 10,17). Die unter der Herrschaft der Seleukiden im 2. vorchristlichen Jahrhundert geknechtete Stadt Jerusalem war einst eine »freie« Stadt (1Makk 2,11), zu der sie wieder werden soll (1 Makk 15,7; 2 Makk 9,14); die aus Judäa verschleppten Juden sollen zu »freien« Bürgern werden (1 Makk 10,33). Insoweit trifft das berühmte Diktum Rudolf Bultmanns, das Alte Testament habe »kein Wort, das dem griechischen Begriff von Freiheit entspricht« (Bultmann 1959: 44), nur sehr eingeschränkt zu, wenn man die Spätschriften des Alten Testaments einbezieht.

Blickt man nun auf die hebräischen Begriffe für das Wortfeld »Freiheit« oder »Befreiung«, so lassen sich mehrere Verben und Wendungen zusammentragen, die vornehmlich aus dem politisch-sozialen Bereich stammen. So wird die Befreiung aus dem »Sklavenhaus« Ägypten in der Überlieferung vom Exodus mit den Verben יצא (hif. jṣʾ/»herausführen«) (Ex 20,2), עלה (hif. ʿlh/»heraufführen«) und נצל (nṣl/»retten«) (Ex 3,8) sowie גאל (gʾl/»auslösen«) (Ex 6,6) beschrieben. Allein drei der vier genannten Verben sind in der priesterschriftlichen Mose-Berufung Ex 6,6 versammelt. Mit der Übertragung des juristischen Terminus פדה (pdh/»loskaufen«) auf das Exodusgeschehen im spät-deuteronomistischen Literaturbereich erhält die Herausführung aus Ägypten geradezu soteriologische Dimensionen (Dtn 7,8; 9,26; 13,6; 15,15; 24,18; vgl. 2 Sam 7,23; Mi 6,4). In jedem Fall zeigt sich bereits am Sprachgebrauch, dass mit dem Exodus mehr anvisiert ist als ein rein politisch zu verstehendes Befreiungsgeschehen.

Speziell aus dem Sklavenrecht kommt das relativ selten belegte Nomen חָפְשִׁי (ḥopšî/»Freigelassener«), das folglich in den Sklavengesetzen Ex 21,1–6.26f. sowie (davon abhängig) in Dtn 15,12–18, erstaunlicherweise aber nicht in der Exodusüberlieferung begegnet. Vielleicht war der Begriff aufgrund seiner engen sozialen Konnotation soteriologisch zu wenig anknüpfungsfähig. Er tritt dann noch einmal in dem späten Kapitel Jer 34,8–22 über den Widerruf der Sklavenfreilassung auf, das auf die Regelung in Ex 21 Bezug nimmt. Ob man bei den »Freigelassenen« mit einer sozial niederen Schicht der gerade aus der Sklaverei Entlassenen rechnen kann, ist umstritten und wohl eher zu verneinen (vgl. Lohfink 1982: 125). Theologisch interessant ist schließlich die Aufnahme des Begriffs in dem Klagelied Ps 88, wo es in V. 6 (textlich und inhaltlich freilich äußerst schwierig) heißt: »unter den Toten (bin ich) ein *Freigelassener*«, was wohl mit einer negativen Färbung verbunden ist (Neue Zürcher

Bibel: »ausgestoßen unter die Toten«). Die Septuaginta übersetzt den Begriff an dieser Stelle mit ἐλεύθερος (Ps 87,5), hält aber an der negativen Grundaussage im Sinne von »vogelfrei« fest.

Der hier skizzierte sprachliche Befund deckt jedoch nur einen Teil dessen ab, was das Alte Testament zum Thema »Freiheit« zu sagen hat, wie der folgende Überblick über die wichtigsten Themenfelder veranschaulichen soll.

2. Soziale Freiheit

Dass man in einer antiken vorderorientalischen Gesellschaft mit erheblichen sozialen Differenzierungen und damit auch mit dem Phänomen der Sklaverei zu tun hat, bedarf keiner weiteren Begründung. Die beiden Königtümer Israel und Juda partizipierten nicht nur religiös, sondern auch in ihrer gesellschaftlichen Verfasstheit an der altorientalischen Mitwelt. So ist es kein Wunder, dass die alttestamentliche Sklavengesetzgebung, soweit sie in der ältesten Gesetzessammlung, dem sogenannten Bundesbuch (Ex 20,22–23,33), enthalten ist, im Großen und Ganzen dem altorientalischen Gewohnheitsrecht entspricht, wie es etwa im berühmten Kodex Hammurapi (um 1700 v.Chr.) niedergelegt ist. Sklaven waren Unfreie, die ihre Herren nicht verlassen durften und rechtlich den Sachen gleichgestellt waren. Man durfte sie schlagen, verkaufen und sogar töten (vgl. mit Einschränkungen Ex 21,20f.). Die *Freilassung* von Sklaven ist demnach ein Rechtsakt, der der besonderen Regelung bedarf.

So legt Ex 21,2–6 fest, dass ein »hebräischer Sklave«, der möglicherweise durch Schuldsklaverei in seine Lage gekommen ist (um Kriegsgefangene geht es hier offensichtlich nicht), im siebten Jahr seines Dienstes freigelassen werden soll, aber auf eigenen Wunsch auch bei seinem Herrn verbleiben kann, dann freilich dauerhaft. In Ex 21,7–11 sind Regelungen über die Sklavin angefügt, die grundsätzlich nicht unter die Pflicht zur Freilassung im siebten Jahr fällt, jedoch unter bestimmten Bedingungen ausgelöst werden kann. Diese Regelungen zur Sklavenfreilassung fallen übrigens in gewisser Hinsicht hinter die viel älteren Bestimmungen des Kodex

Hammurapi zurück, der für den Fall, dass eine Frau, ein Sohn oder eine Tochter als Schuldsklave verkauft wird, eine Freilassung bereits im vierten Jahr vorsieht (§ 117, vgl. TUAT I, 56f.).

Es mag für heutige Leser überraschend sein, dass die alttestamentlichen Rechtstexte die Institution der Sklaverei nicht nur nicht kritisieren, sondern sie überhaupt nicht in Frage stellen. Sie gehörte offenbar zur gesellschaftlichen Realität, die indes in der Literatur- und Theologiebildung des Alten Testaments zunehmend vom Gedanken eines einheitlichen Gottesvolkes her umfassend relativiert oder gar missbilligt wird. Man muss demnach unterscheiden zwischen der empirischen sozio-ökonomischen Lage der Sklaven im antiken Israel und Juda, wie sie sich aus den besprochenen Rechtstexten, aber auch aus archäologischen Quellen rekonstruieren lässt, und der sich in den alttestamentlichen Texten niederschlagenden religiösen Theoriebildung. Letztere konnte und sollte zwar normsetzend auf die Realität einwirken und sie verändern, blieb aber dennoch in vielen Fällen *nur* Programm und Idee.

So ist die Vermutung nicht abwegig, dass die Freilassung eines Sklaven im siebten Jahr etwas mit dem Sabbat zu tun hat, es also auf eine schöpfungstheologische Verankerung der Sozialgesetze ankommt. Ob und inwieweit diese Gesetze jemals angewendet wurden, entzieht sich unserer Kenntnis. Deutlich ist jedenfalls, dass die Regelungen des Bundesbuches Ex 20–23 – unbeschadet älterer in ihm enthaltener Rechtsüberlieferungen – in ihrer vorliegenden Gestalt von einem gemeinsamen Bewusstsein des Gottesvolkes bestimmt sind. Bekräftigt wird dies maßgeblich durch ihre jetzige literarische Position im Exodusgeschehen. Denn der im Sklavengesetz angeredete Israelit (vgl. das »du« in Ex 21,2) wird im Horizont der vorliegenden Exoduserzählung als der eben erst aus der ägyptischen Knechtschaft Herausgeführte und Befreite angesprochen, und er wird aufgrund dieser *kollektiven Erfahrung* sogleich in die soziale Pflicht genommen. Die Sklavengesetze enthalten also in ihren konkreten Formulierungen und in ihrer jetzigen literarischen Einbettung weniger tatsächlich praktiziertes Recht als vielmehr theologisches Programm: Sie dienen der Grundlegung der spezifisch israelitischen Bruderethik. Insoweit spiegeln sie auch die theologische Verarbeitung und Bewertung einer offenbar nicht erst aus heutiger Sicht problematischen sozialgeschichtlichen Realität wider, wie man sie auch anderwärts im Alten Orient antreffen konnte.

Illustrieren lässt sich diese zunehmende Theologisierung ursprünglich profanen Sozialrechts durch einen Blick auf die innerbiblische Rezeptionsgeschichte der Sklavengesetze im deuteronomischen Gesetz (Dtn 12–26) einerseits und im Heiligkeitsgesetz (Lev 17–26) andererseits (vgl. dazu insgesamt Otto 1994). So wird das Sklavengesetz aus Ex 21 in seiner rechtstheologischen Revision in Dtn 15,12–18 im Horizont der deuteronomischen Bruderethik verschärft: Der Sklave soll bei seiner Entlassung reichlich belohnt werden. Und nach Lev 25,39–55 darf es einen »hebräischen Sklaven« gar nicht mehr geben: »Wenn dein Bruder (!) neben dir verarmt und sich dir verkaufen muss, sollst du ihn nicht als Sklaven arbeiten lassen« (V. 39). Nur ein Status als »Tagelöhner« ist »bis zum Jobeljahr«, also bis zur Freilassung im siebten Jahr, erlaubt. Auch hier steht die spezielle israelitische Bruderethik im Hintergrund, bei der man wiederum fragen kann, ob und inwieweit sie überhaupt über ein theologisches Programm hinausgekommen ist. Immerhin zeigen Texte wie Jer 34,8–22, dass es sich bei der in Ex 21 vorgesehenen allgemeinen Sklavenfreilassung im siebten Jahr kaum um eine allgemein anerkannte Praxis gehandelt haben kann.

Es ist schon notiert worden, dass die alttestamentlichen Gesetze über die Freilassung von Sklaven nicht zufällig im literarischen und sachlichen Zusammenhang der Herausführung des Gottesvolkes Israel aus Ägypten stehen: Weil Israel Sklave war im Land Ägypten und von Jahwe befreit worden ist, soll es sich – so explizit in der Geschichtstheologie des Deuteronomiums – um eine gute Behandlung der Sklaven (Dtn 15,15), ja der sozial Schwachen überhaupt bemühen. Hierin spiegelt sich eine besondere Hermeneutik der Erinnerung (zu diesem Phänomen vgl. Assmann 1992): Der Exodus als das Israel allererst konstituierende Befreiungshandeln Jahwes wird *erinnernd vergegenwärtigt und aktualisiert*, als sei jeder Israelit, auch Hunderte von Jahren später, selbst dabei gewesen. Erst durch diesen hermeneutischen Kunstgriff wird die Erfahrung des Exodus in ethisches Handeln transformiert. Damit ist bereits angedeutet, wie vielschichtig das Alte Testament die Überlieferung vom Exodus versteht.

3. Exodus und Befreiung

Nach dem Zeugnis des Alten Testaments steht die Befreiung aus der ägyptischen Knechtschaft und Sklaverei am Anfang der Geschichte des Volkes Israel: In der Fremde konstituiert sich das Gottesvolk, und in der Fremde wird Jahwe zum Gott Israels (vgl. Hos 12,10), so dass der Ägyptologe Jan Assmann formulieren konnte: »Exodus und Sinaioffenbarung als die zentralen Ursprungsbilder Israels beruhen auf dem Prinzip der Exterritorialität« (Assmann 1992: 201). Was Assmann als »Ursprungsbild« der israelitischen Religion bezeichnet, nennt man in der alttestamentlichen Wissenschaft das »Urbekenntnis«: Jahwe hat Israel aus Ägypten heraus- oder heraufgeführt (vgl. zum Folgenden mit unterschiedlicher Akzentuierung Crüsemann 2001 und Becker 2006).

Am Anfang war der Exodus, man könnte auch sagen: Am Anfang war die Befreiungstat Jahwes! Aber wie ist das genauer zu verstehen? Zwar gab und gibt es immer wieder Versuche, den Exodus historisch genauer zu fassen und überdies mit einem sozialrevolutionären Impuls zu versehen. So stand für Rainer Albertz am Beginn der Glaubensgeschichte Israels, noch in vorstaatlicher Zeit, »die Religion der befreiten Großgruppe« (Albertz 1992: 68–104). Sie setzte sich zusammen aus Kriegsgefangenen und gesellschaftlich Entwurzelten, die als Fronarbeiter im ramesidischen Ägypten tätig waren, dort ihrem Gott Jahwe, dem »Gott der Hebräer« (Ex 3,18) begegneten, unter der Führung Moses in die Freiheit zogen und ihren Freiheitsgedanken in die Stämme Israels einbrachten. Sieht man einmal von den heute problematisch gewordenen »befreiungstheologischen« Nebentönen dieses Konzeptes ab, kommt man bei einer kritischen Prüfung der Belege nicht um die Einsicht herum, dass die Exoduserzählung in Ex 1–14 kaum vor dem 7. Jahrhundert v.Chr. entstanden sein kann (vgl. Otto 2006: 27–42) und das sogenannte Urbekenntnis vom Auszug aus Ägypten weder alt noch umfassend ist. Denn die Glaubensformel findet sich fast ausnahmslos in späten, vor allem deuteronomistisch geprägten Literaturbereichen, ist also kaum vor dem 6. Jahrhundert v.Chr. belegt. Am häufigsten findet man sie im Buch Deuteronomium.

Nun ist das, was das Alte Testament über den Exodus zu erzählen weiß, sicherlich nicht gänzlich erfunden oder fiktiv; einen Anhalt an der Geschichte der ausgehenden Spätbronzezeit (ca. 1400–1200 v.Chr.) hat die Überlieferung durchaus. Denn in dem geographischen Raum, aus dem das spätere Israel hervorging, verband man mit dem Namen »Ägypten« vor allem zwei Dinge: Nahrung und Fronarbeit. In den Quellen gibt es Hinweise auf Fronarbeiter aus dem semitischen Raum; sie werden dort *Hapiru* genannt. Doch um im Dienste der Ägypter zu stehen, musste man nicht in Ägypten sein: Palästina selbst stand, wie die Amarna-Korrespondenz zwischen dem ägyptischen Hof und den kanaanäischen Stadtkönigen aus dem 14. Jahrhundert belegt (vgl. Weippert, *Historisches Textbuch zum Alten Testament* 125–147), in der damaligen Zeit unter der Oberherrschaft der Pharaonen, und selbstverständlich hatte die einheimische Bevölkerung – gewissermaßen die Vorfahren der späteren Israeliten – Frondienste zu leisten. Der allgemeine Erfahrungshintergrund für das, was einmal zur Exodustradition geworden ist, war also seit dem 13./12. vorchristlichen Jahrhundert durchaus gegeben. Mehr wissen wir freilich nicht. Denn allein darauf kommt es an: Wo immer und wann immer das Alte Testament vom Exodus redet, redet es im Modus des *Bekenntnisses*, und dies geschieht eher in späteren als in älteren Texten.

So ist der Exodus in der Geschichtstheologie des Deuteronomismus, also des Buches Deuteronomium und der davon inspirierten Literatur des Alten Testaments, zu einem grundlegenden Credo ausgestaltet worden, das Jahwes Gabe und Israels Aufgabe zugleich beschreibt. Seinen beispiellosen Aufstieg verdankt das Credo offenbar der Tatsache, dass mit ihm ein Lebens- und Glaubensgrund formuliert werden konnte, der in der jüdischen Gemeinde des zweiten Tempels, die auf den Zusammenbruch des Staates und der traditionellen Nationalreligion der Königszeit zurückblickte, neuen Halt bot. Dass man dabei auf die vorstaatliche *Urzeit* zurückgriff und den Gedanken der »Freiheit« in den Vordergrund rückte, ist kein Zufall. Man wird sicher nicht so weit gehen dürfen, die mit dem Exoduscredo evozierten Vorstellungen von »Freiheit« und »Befreiung« unmittelbar zeitgeschichtlich auszudeuten. Aber es ist doch mehr als auffällig, dass die jüdische Gemeinde in Zeiten der äußeren Bedrängnis und inneren Bescheidung verstärkt von einem *befreienden* Gott spricht, der sein Volk aus der Knechtschaft erlöst hat – und, so die Erwartung, auch künftig erlösen wird.

So wird Ägypten – namentlich im Buch Deuteronomium – nach und nach zu einem Symbol, zu einer Chiffre für Not, Unfreiheit und Elend jeglicher Art. Hier hat die Rede vom »Sklavenhaus« Ägypten (vgl. den Dekalog: Ex 20,2; Dtn 5,6) ihren Ort, die – wie oben bereits gesehen – sogar als Grundlegung der Ethik dienen kann: »Denkt daran, dass ihr selbst einst Sklaven in Ägypten wart!« (Dtn 5,15). Aus der kollektiven *Erinnerungserfahrung* der Befreiung folgt, wie der Dekalog im Einzelnen veranschaulicht, die Verpflichtung zum Einhalten der göttlichen Gebote (vgl. Hermisson 1985: 141–145; Köckert 2007: 44–48, 68–72). Befreiung und Verpflichtung gehören untrennbar zusammen; eine bindungslose Freiheit ist ausgeschlossen.

Doch die Reflexions- und Aktualisierungsleistung des Deuteronomismus geht noch weiter. Ein Beispiel aus einer späten literarhistorischen Stufe im Buch Deuteronomium: »Nicht weil ihr zahlreicher wärt als alle Völker, hat sich Jahwe an euch gehängt und euch erwählt – denn ihr seid das kleinste unter den Völkern –, sondern weil Jahwe euch liebt und seinen Eid hält, den er euren Vätern geschworen hat, hat Jahwe euch mit starker Hand aus Ägypten herausgeführt und dich freigekauft aus dem Sklavenhaus, aus der Hand des Pharao, des Königs von Ägypten« (Dtn 7,7 f.). Mit einem geschickten Kunstgriff gelingt es dem Verfasser, Vergangenheit und Gegenwart eins werden zu lassen, zur Deckung zu bringen. Die jüdische Glaubensgemeinde wird mit der Exodusgeneration *gleichzeitig*. Und dieser Gemeinde wird Unerhörtes ins Stammbuch geschrieben: Das Gottesvolk ist gewiss erwählt, doch es darf sich darauf nichts einbilden, denn vorzuweisen hat es rein gar nichts, weder Größe noch eigenes Verdienst. Es war nichts als die freie Gnade Gottes, der das Volk seine Sonderstellung unter den Völkern verdankt. Ja, nicht einmal auf die Befreiungstat Gottes im Exodus darf sich Israel etwas einbilden. Denn der Exodus wird hier in charakteristischer Weise neu ausgelegt und aktualisiert: Er gibt die *Richtung* an, aus der das Heil kommt; es kommt ohne eigenes Verdienst und von außen, gewissermaßen *sola gratia* (»allein aus Gnade«), auf Israel zu. Die Befreiung, die der Exodus gewährt, steht damit nicht mehr für ein äußerliches Auszugsgeschehen, sondern für das *extra nos* (»außerhalb von uns«) des Heils.

Das Alte Testament ist, so wird hier erkennbar, von einem wörtlichen, unmittelbaren Verständnis des Exodus weit entfernt. Wo es in theologisch produktiver Weise von ihm redet, redet es von der Freiheit als dem Lebensgrund des jüdischen Menschen, ja der jüdischen Gemeinde überhaupt. Und von der Freiheit Gottes zu reden, heißt, dem Menschen das *extra nos* seines Heils vor Augen zu führen. Dies geschieht explizit dort, wo »Ägypten« zur austauschbaren Chiffre für Bedrängnis jeglicher Art geworden ist: »Führe mich heraus aus dem Gefängnis, damit ich deinen Namen preise!« (Ps 142,8; vgl. auch Ps 25,15.17; 31,5; 66,12; 107,28). Hier sind nicht die Gefängnismauern aus Stein gemeint, sondern der Kerker des »in sich selbst verkrümmten Menschen« *(homo incurvatus in se)*, der keinen Ausweg mehr weiß und deshalb aus seiner geistigen Not »herausgeführt« wird. In eine ähnliche Richtung weist der eschatologische Ausblick in Jes 61,1, wo den Elenden und Gefangenen die frohe Botschaft der »Befreiung« und »Freilassung« zugesprochen wird (vgl. Jes 35,10; 51,11; Ps 146,7). Die »Befreiungstheologie« des Exodus ist damit vollends von einem Ereignis der erinnerten Vergangenheit zum Signum einer sehnsüchtig erwarteten Zukunft geworden.

4. Politische und religiöse Freiheit

Dass sich die Exoduserzählung Ex 1–14 in ihrer vorliegenden Gestalt *auch* als eine politische Befreiungsgeschichte lesen lässt, belegt die jüngere Auslegungsgeschichte (vgl. Crüsemann 2001). Zu denken ist hier nicht nur an die lateinamerikanische Befreiungstheologie und ihre Rezeption in Mitteleuropa, sondern auch an die sozialgeschichtliche Wende in der Bibelwissenschaft in den 1970er Jahren, die Jahwe primär als einen Gott der politischen und sozialen Befreiung verstanden wissen wollte und in der Exodusüberlieferung ihren Schlüsseltext fand. Ja, der Exodus wurde in seiner Bedeutung nicht selten mit dem Bekenntnis zur Auferstehung Jesu im Neuen Testament verglichen und damit zu einem Leitmotiv des Alten Testaments erhoben. Eine nüchterne Betrachtung der Texte zeigt indes, wie vielschichtig die Rede vom Exodus ist. Ohne Zweifel hat die Überlieferung – zumal die Erzählung Ex 1–14 – auch eine politische Dimension. So ist es eine ansprechende These, dass sich die Erzählung vom Exodus und seiner Leitfigur Mose kritisch und »subversiv« auf aktuelle politische Konstellationen beziehe. Mose etwa könnte bewusst als Gegenbild zum neuassyrischen Großkönig des 7. Jahrhunderts gezeichnet sein; auch die persische Reichsideologie des 5. und 4. Jahrhunderts mag ihre Spuren hinterlassen haben (vgl. Otto 2006: 35–64). In jedem Fall präsentiert die Exodusgeschichte eine, wenn man so will, *theokratische* Alternative zu bestehenden Herrschaftsformen, die natürlich auch herrschaftskritisch verstanden sein möchte. Die »Idee« von Freiheit als Befreiung von Fremdherrschaft ist in der Exoduserzählung also durchaus angelegt. Damit ist das griechische Verständnis von Freiheit als politischer Autonomie zwar noch nicht erreicht, aber doch in gewisser Weise vorbereitet.

Politische Freiheit als Unabhängigkeit von fremder Herrschaft wird erst in der Geschichtsschreibung der jüdisch-hellenistischen Zeit – namentlich in den ersten beiden Makkabäerbüchern – zu einem eigenen Thema ausgestaltet. Nach der Darstellung dieser beiden Geschichtsbücher kam es im 2. Jahrhundert v.Chr. infolge massiver Hellenisierungsbestrebungen der seleukidischen Herrscher (vor allem durch Antiochos IV.) in Judäa zu einer national-religiösen Revolte gegen die Fremdherrschaft (seit 166 v.Chr.). Sie wurde angeführt von der Familie der Makkabäer (bzw. später Hasmonäer), der es in teils zermürbenden militärischen Auseinandersetzungen gelang, nicht nur die Wiedereinweihung des Tempels (»Chanukkah«, 164 v.Chr.) zu erreichen, sondern im Laufe der Zeit Schritt für Schritt ein eigenständiges und autonomes Königtum in Judäa (faktisch seit 129 v.Chr.) zu errichten (vgl. 1 Makk 14,26; 15,7). Auch wenn sich die Freiheitskämpfe der Makkabäer nach der Darstellung der beiden Bücher primär gegen die hellenistische Politik der Seleukiden, aber auch der liberalen, hellenistisch gesinnten Juden in den eigenen Reihen richteten, so ist nicht zu übersehen, dass sich das Freiheitsverständnis ganz dem griechischen Denken verdankt (vgl. Kaiser 2003: 195–198). Dies lässt sich etwa an 1 Makk 2,7–13, einer Klage darüber, dass Jerusalem von einer »Freien« zu einer »Sklavin«

geworden ist, ablesen, aber auch an der feierlichen Abschiedsrede des Priesters Mattatias an seine Söhne in 1 Makk 2,49–68. Der Kampf um das Gesetz wird hier als ein heroischer Befreiungskampf stilisiert, der unsterblichen Ruhm zeitigen wird. Judas, der Anführer der Makkabäer, erscheint in der Erzählung beinahe wie ein antiker Freiheitsheld. Im 2. Makkabäerbuch schließlich wird erstmals die Sammlung und Heimführung der Diaspora mit dem griechischen Verb ἐλευθερόω (»befreien«) bezeichnet und als göttliche Befreiungstat verstanden: »Befreie die unter den Völkern Versklavten« (2 Makk 1,27). Politische Autonomie und religiöse Freiheit bilden in den Makkabäerkämpfen also eine untrennbare Einheit, was sich nicht zuletzt darin zeigt, dass die hasmonäischen Könige zeitweise zugleich das Hohepriesteramt in Jerusalem ausübten.

Als eine ideengeschichtlich gesehen milde Vorstufe der hier skizzierten politisch-religiösen Freiheit kann man das Konzept der *persischen Reichsautorisation* betrachten (vgl. Frei/Koch 1996). Darunter versteht man eine bestimmte religionspolitische Rechtspraxis im Perserreich, nach der lokales und partikulares Recht der abhängigen Völker (vor allem im religiösen Bereich) als persisches Reichsrecht anerkannt und autorisiert werden konnte. Auch die Formierung des Pentateuch, der Tora, wird gern von diesem Modell her interpretiert: Danach habe der Priester und Schriftgelehrte Esra gemäß einem Edikt des Königs Artaxerxes (Esr 7,12–26) um 400 v. Chr. in der kleinen Provinz Jehud die Tora eingeführt und mit persischer Sanktionsgewalt belegt. Damit hätte die persische Provinz Jehud im 4. Jahrhundert einen teilautonomen Status in Gestalt einer Bürger-Tempel-Gemeinde erreicht (vgl. zur Diskussion Karrer 2001). Indes lässt sich diese These, so ansprechend sie auf den ersten Blick erscheint, nicht halten: Weder ist die Tora auf direkte persische Einflussnahme hin entstanden, noch lässt sich das Edikt Esr 7 als historisches Zeugnis der Perserzeit auswerten (vgl. umfassend Grätz 2004). Vielmehr ist dieser Text als ein – wohl schon aus hellenistischer Zeit stammendes – theologisches Konzept zu verstehen, hinter dem sich letztlich eine Aufteilung von politischer und religiöser Herrschaft verbirgt: Die Perser als Oberherren garantieren – von Gott selbst dazu eingesetzt (Esr 1,1–4) – den Bestand der religiösen Gemeinschaft in Jehud, die sich um die

Tora versammelt und insoweit religiöse Autonomie besitzt. Dieses Konzept hat, wie man leicht erkennen kann, nur wenig mit dem griechischen Begriff der Freiheit zu tun, der sich gerade auf die Polis, die *politische* Gemeinde, bezog und sich nicht auf die rein religiösen Belange beschränkte.

5. Willens- und Entscheidungsfreiheit

Blickt man von der Polis wieder auf das Individuum und fragt, ob das Alte Testament mit einer Willens- und Entscheidungsfreiheit des Menschen rechnet, wie man sie aus der griechischen Tradition kennt, so kann man diese Frage in gewisser Hinsicht durchaus bejahen. Wenn Freiheit die Fähigkeit und die Möglichkeit bezeichnet, an Entscheidungen der Gemeinschaft aktiv teilzunehmen und sich in seinem individuellen Handeln von äußeren Einwirkungen frei entscheiden zu können, ist sie im Alten Testament – wenn auch in typischer Brechung – präsent. Dass die Belege nicht aus der Frühzeit der alttestamentlichen Literatur, sondern aus dem Umkreis der deuteronomistischen Verantwortungsethik und aus Texten der hellenistischen Zeit stammen, ist nicht überraschend.

So setzt etwa Jes 1,19 f., ein nachjesajanischer Reflexionstext, voraus, dass der Mensch die freie Wahl zwischen Gut und Böse habe und sich der jeweiligen Konsequenzen bewusst sei. Es geht hier (wie auch in dem späten Vers Jes 30,15) um die Stellung zu Gott, genauer: um die Haltung zur Tora. Besonders plastisch kommt die Entscheidungsfreiheit des Menschen in der Lehrrede Dtn 30,15–20 zum Ausdruck, die mit einer klaren Entscheidungsalternative beginnt: »Siehe, ich habe dir heute das Leben und das Glück vorgelegt, den Tod und das Unglück« (V. 15). Der Mensch kann also wählen zwischen dem Weg des Lebens, der in der Einhaltung der Tora besteht, und dem Weg des Todes, der ins Unglück, in die Gottesferne führt. Auch die Ablehnung der Tora ist also ein Akt der freien Entscheidung, wenngleich sie, wie der Text betont, in die Unfreiheit mündet und den Menschen ins Unglück, am Ende sogar in den Tod zieht (vgl. Lev 26,15–35; 1 Kön 9,6 f.; 1 Chr 28,9; Jer 8,9; 31,37; Ez 5,6).

Ganz eigene Wege, die (relative) Entscheidungsfreiheit des Menschen zu definieren, geht die sogenannte jahwistische Schöpfungserzählung Gen 2,4b–3,24. Man könnte sie unter die Überschrift »Freiheit und Begrenzung« stellen und hätte damit das anthropologische Grundproblem angemessen beschrieben. In den altorientalischen Schöpfungsmythen, die im Hintergrund der biblischen Überlieferungen stehen (etwa die Epen von Atramchasis oder Gilgamesch), ist die Erschaffung des Menschen ganz von den Bedürfnissen der Götter her gedacht: Der Mensch wird geschaffen, um den Göttern die mühevolle Arbeit abzunehmen, so dass man von einem entfremdeten Menschsein und einer im Prinzip »negativen Anthropologie« (Otto 1994: 62; ausführlich Zgoll 2012: 40–57) sprechen kann. Der Mensch ist Spielball der Götter, keiner eigenen Entscheidung fähig, damit aber auch »entschuldigt«, weil er keine Verantwortung für seine gegenwärtige Situation tragen muss. Vielleicht liegt sogar ein wesentliches Motiv für die Abfassung und Ausgestaltung der großen mythischen Erzählungen darin, den Menschen auf diese Weise zu »entlasten«.

Blickt man in die zweite Schöpfungsgeschichte, vernimmt man andere Töne. Denn hier steht der Mensch in seiner Freiheit und Entscheidungsfähigkeit im Mittelpunkt des Geschehens. Auf der einen Seite ist Adam, der Mensch an sich, frei und fähig, sein Leben selbsttätig zu gestalten, den Garten also nicht für Gott oder die Götter, sondern für sich selbst zu bebauen (Gen 2,8.15) und sich sein Gegenüber frei zu wählen (Gen 2,18–24). Auf der anderen Seite lässt die Erzählung keinen Zweifel daran, dass die Wahlfreiheit nur eine *relative* ist, denn sie ist in doppelter Weise eingeschränkt: Sie ist begrenzt von der Endlichkeit und Kreatürlichkeit des Menschen, und sie ist begrenzt durch die ur-menschliche Konstitution, die Sünde (Gen 2,16f.; 3,1–19). Die Sünde selbst liegt in nichts anderem als in der Übertretung des göttlichen Verbots, vom Baum der Erkenntnis von Gut und Böse zu essen, man könnte auch sagen: Sie liegt in der Nicht-Beachtung des Gottseins Gottes und damit zugleich in der Missachtung der Begrenzung des Menschen durch Gott. Denn darin liegt die eigentliche Verfehlung des Menschen: dass er sein Menschsein nicht anerkennt und über sich hinausgreift, also die Grenzen seiner Freiheit überschreitet. Dem Menschen wird also nicht nur ein begrenzter Lebensraum, sondern auch ein Entscheidungsspielraum zugewiesen, der seiner Endlichkeit und Kreatürlichkeit gemäß ist und der eigentümlichen Gebrochenheit des menschlichen Lebens entspricht (vgl. die sogenannten Fluchworte Gen 3,14–19).

Die Frage nach der Willens- und Entscheidungsfreiheit des Menschen ist, wie man nicht zuletzt an der Schöpfungserzählung sehen kann, eng verknüpft mit dem Problem, wie sich göttliche Vorherbestimmung bzw. Determination und menschliche Freiheit zueinander verhalten.

6. Determination und Freiheit

In der Weisheitsdichtung der hellenistischen Zeit, vor allem im Buch Jesus Sirach, bricht die Frage nach der Vorherbestimmung menschlichen Handelns, nach dem Verhältnis von göttlicher Allmacht und Entscheidungsfreiheit, wie sie schon die ältere Literatur beschäftigt hat, nun als ein eigenes Thema auf (Maier 1971; Wicke-Reuter 2000; Kaiser 2008; vgl. zum Problemfeld »Determinismus«, »Vorsehung« und »Schicksal« insgesamt Schrage 2005: 15–30 sowie den Sammelband von Kratz/Spieckermann 2008). Das Buch Jesus Sirach, von einem Schriftgelehrten und Weisen im Jerusalem des 2. vorchristlichen Jahrhunderts noch *vor* der Religionsnot unter Antiochos IV. verfasst, spiegelt in einzigartiger Weise die Begegnung der jüdischen Religion mit dem Hellenismus wider. Motive und Themen aus der griechischen Dichtung und Philosophie werden aufgenommen, abgewandelt und in die jüdische Theologie integriert, um aufzuzeigen, dass die jüdische Religion dem hellenistischen Denken ebenbürtig oder gar überlegen ist. Für den Verfasser ist es ein Grund-Satz, dass alle σοφία (»Weisheit«) von Gott stamme (Sir 1,1) und sie in Gestalt der göttlichen Weisung, der Tora, auf Erden ihre Wohnung gefunden habe.

So wird in Sir 15,11–20 – in deutlicher Abgrenzung gegen den Determinismus der Stoa – das Problem der *Entscheidungsfreiheit* ausführlich thematisiert und charakteristisch gelöst (vgl. Wicke-Reuter 2000: 106–142; Kaiser 2008): Gott hat den Menschen von der Schöpfung an in die Hand seines eigenen »Willens« (יֵצֶר/διαβούλιον) gegeben (Sir 15,14) und ihn damit entscheidungsfähig gemacht (zum Begriff des »Willens«, der hier offenbar erstmals in der alttestamentlich-jüdischen Tradition begegnet, vgl. Wicke-Reuter 2000: 116–119). Die Allmacht Gottes schließt also die Verantwortung des Menschen nicht aus, sondern gerade ein. Somit befähigt nach Ansicht des Siraciden der von Gott selbst verliehene (freie) Wille den Menschen zur Einhaltung der Tora (vgl. Sir 15,15–17).

Im Buch Jesus Sirach kommt demnach eine inneralttestamentliche Entwicklung zu einem vorläufigen Abschluss, die die Entscheidungsfreiheit des Menschen immer stärker mit dem Einhalten der göttlichen Gebote, der Tora, in Verbindung bringt. Gerade der von Gott selbst verliehene und ermöglichte freie Wille führt zur Einhaltung des Gotteswillens, zu dem nicht zuletzt der gesamte Bereich der theonomen Ethik gehört (vgl. beispielhaft den Dekalog Ex 20/Dtn 5).

Quellen- und Literaturverzeichnis

1. Quellen

TUAT: Texte aus der Umwelt des Alten Testaments, hg. von Otto Kaiser, Band I/1: Rechtsbücher, Gütersloh 1982.

Weippert, Manfred (Hg.): Historisches Textbuch zum Alten Testament (GAT 10), Göttingen 2010.

2. Sekundärliteratur

Albertz 1992: Albertz, Rainer: Religionsgeschichte Israels in alttestamentlicher Zeit. Teil 1: Von der Staatenbildungszeit bis zum Ende der Königszeit (GAT 8/1), Göttingen 1992.

Assmann 1992: Assmann, Jan: Das kulturelle Gedächtnis. Schrift, Erinnerung und politische Identität in frühen Hochkulturen, München 1992.

Becker 2006: Becker, Uwe: Das Exodus-Credo. Historischer Haftpunkt und Geschichte einer alttestamentlichen Glaubensformel, in: ders./van Oorschot, Jürgen (Hgg.): Das Alte Testament – ein Geschichtsbuch?! Geschichtsschreibung und Geschichtsüberlieferung im antiken Israel (Arbeiten zur Bibel und ihrer Geschichte 17), Leipzig 2006², 81–100.

Bultmann 1959: Bultmann, Rudolf: Der Gedanke der Freiheit nach antikem und christlichem Verständnis [1959], in: ders.: Glauben und Verstehen. Gesammelte Aufsätze, Bd. 4, Tübingen 1965, 42–51.

Crüsemann 2001: Crüsemann, Frank: Freiheit durch Erzählen von Freiheit. Zur Geschichte des Exodus-Motivs [2001], in: ders.: Kanon und Sozialgeschichte. Beiträge zum Alten Testament, Gütersloh 2003, 193–209.

Frei/Koch 1996: Frei, Peter/Koch, Klaus: Reichsidee und Reichsorganisation im Perserreich (OBO 55), Fribourg/Göttingen 1996².

Grätz 2004: Grätz, Sebastian: Das Edikt des Artaxerxes. Eine Untersuchung zum religionspolitischen und historischen Umfeld von Esra 7,12–26 (BZAW 337), Berlin/New York 2004.

Hermisson 1985: Hermisson, Hans-Jürgen: Gottes Freiheit – Spielraum des Menschen. Alttestamentliche Aspekte eines biblisch-theologischen Themas, ZThK 82 (1985), 129–152.

Kaiser 1998: Kaiser, Otto: Determination und Freiheit beim Kohelet/Prediger Salomo und in der Frühen Stoa, in: ders.: Gottes und der Menschen Weisheit. Gesammelte Aufsätze (BZAW 261), Berlin/New York 1998, 106–125.

Kaiser 2003: Kaiser, Otto: Freiheit im Alten Testament, in: ders.: Zwischen Athen und Jerusalem. Studien zur griechischen und biblischen Theologie, ihrer Eigenart und ihrem Verhältnis (BZAW 320), Berlin/New York 2003, 179–198.

Kaiser 2008: Kaiser, Otto: Göttliche Weisheit und menschliche Freiheit bei Ben Sira, in: ders.: Vom offenbaren und verborgenen Gott. Studien zur spätbiblischen Weisheit und Hermeneutik (BZAW 392), Berlin/New York 2008, 43–59.

Kampling 2006: Kampling, Rainer: Art. Freiheit, in: Handbuch theologischer Grundbegriffe zum Alten und Neuen Testament, hg. von Angelika Berlejung/Christian Frevel, Darmstadt 2006, 190–192.

Karrer 2001: Karrer, Christiane: Ringen um die Verfassung Judas. Eine Studie zu den theologisch-politischen Vorstellungen im Esra-Nehemia-Buch (BZAW 308), Berlin/New York 2001.

Köckert 2007: Köckert, Matthias: Die zehn Gebote (Beck Wissen 2430), München 2007.

Kratz/Spieckermann 2008: Kratz, Reinhard G./Spieckermann, Hermann (Hgg.): Vorsehung, Schicksal und göttliche Macht. Antike Stimmen zu einem aktuellen Thema, Tübingen 2008.

Lohfink 1982: Lohfink, Norbert: Art. חָפְשִׁי/ḥopšî, ThWAT 3, Stuttgart 1982, 123–128.

Maier 1971: Maier, Gerhard: Mensch und freier Wille. Nach den jüdischen Religionsparteien zwischen Ben Sira und Paulus (WUNT 12), Tübingen 1971.

Otto 1994: Otto, Eckart: Theologische Ethik des Alten Testaments (ThW 3/2), Stuttgart 1994.

Otto 2006: Otto, Eckart: Mose. Geschichte und Legende (Beck Wissen 2400), München 2006.

Schmitz 2010: Schmitz, Barbara: »Freiheit« als Thema alttestamentlicher Anthropologie, in: Frevel, Christian (Hg.): Biblische Anthropologie. Neue Einsichten aus dem Alten Testament (QD 237), Freiburg i.Br. 2010, 190–215.

Schrage 2005: Schrage, Wolfgang: Vorsehung Gottes? Zur Rede von der providentia Dei in der Antike und im Neuen Testament, Neukirchen-Vluyn 2005.

Wicke-Reuter 2000: Wicke-Reuter, Ursel: Göttliche Providenz und menschliche Verantwortung bei Ben Sira und in der Frühen Stoa (BZAW 298), Berlin/New York 2000.

Zgoll 2012: Zgoll, Annette: Welt, Götter und Menschen in den Schöpfungsentwürfen des antiken Mesopotamien, in: Schmid, Konrad (Hg.): Schöpfung (Themen der Theologie 4), Tübingen 2012, 17–70.

3. Literaturhinweise zum vertiefenden Studium

Bultmann, Rudolf: Der Gedanke der Freiheit nach antikem und christlichem Verständnis [1959], in: ders.: Glauben und Verstehen. Gesammelte Aufsätze, Bd. 4, Tübingen 1965, 42–51.

Kaiser, Otto: Freiheit im Alten Testament, in: ders.: Zwischen Athen und Jerusalem. Studien zur griechischen und biblischen Theologie, ihrer Eigenart und ihrem Verhältnis (BZAW 320), Berlin/New York 2003, 179–198.

Wicke-Reuter, Ursel: Göttliche Providenz und menschliche Verantwortung bei Ben Sira und in der Frühen Stoa (BZAW 298), Berlin/New York 2000.

Neues Testament

Friedrich Wilhelm Horn

»Zur Freiheit hat uns Christus befreit«. Neutestamentliche Perspektiven

1. Der neutestamentliche Befund

Die neutestamentlichen Schriften insgesamt verwenden das Substantiv ἐλευθερία (»Freiheit«), das Verb ἐλευθεροῦν (»befreien«), das Adjektiv oder das Substantiv ἐλεύθερος (»frei« bzw. »der Freie« im Gegensatz zum Sklaven) sowie das Substantiv ἀπελεύθερος (»der Freigelassene«) nicht häufig. Die überwiegende Mehrheit aller Belege führt zu den Briefen des Apostels Paulus, der daher häufig als der »Apostel der Freiheit« angesprochen worden ist (Longenecker 1964; Vollenweider/Link 1997: 502). Ein knapper Überblick verdeutlicht schnell die Grundlage dieser Einschätzung: ἐλευθερία findet sich siebenmal bei Paulus, zweimal im Jakobusbrief, je einmal in den beiden Petrusbriefen. Von den insgesamt 23 Belegen des Adjektivs ἐλεύθερος führen 14 Belege zu Paulus, zwei zu den deuteropaulinischen Briefen an die Epheser und Kolosser, zwei zum Johannesevangelium, je ein Beleg zum 1. Petrusbrief und zum Matthäusevangelium sowie drei Belege zur Apokalpyse. Das Verb ἐλευθεροῦν ist fünfmal bei Paulus und zweimal bei Johannes bezeugt, das Adjektiv ἀπελεύθερος einmal bei Paulus. Dies bedeutet, dass im Blick auf den gesamten Wortstamm 27 Belege zu Paulus, insgesamt sogar 29 Belege ins *Corpus Paulinum* führen, jedoch allein dreizehn Belege außerhalb des *Corpus Paulinum* gegeben sind. Innerhalb des *Corpus Paulinum* wiederum begegnet der Wortstamm ἐλευθερ- ausschließlich in der Korintherkorrespondenz, im Galater- und im Römerbrief und hier, von Einzelbelegen einmal abgesehen, überwiegend als theologisches Leitmotiv in klar definierten und in sich abgegrenzten Textkomplexen (1 Kor 7 und 9; Gal 4–5; Röm 6–8). Auffällig sind das nahezu völlige Fehlen des Wortstamms in den synoptischen Evangelien und in der Apostelgeschichte sowie die eher periphere Verwendung im Johannesevangelium.

Der Wortstamm Freiheit scheint demnach in der Verkündigung Jesu und in ihrer Rezeption und Darstellung in den Evangelien keine Rolle gespielt zu haben. Dieser Befund wird auch durch das apokryphe Thomasevangelium nicht in Frage gestellt. Unstrittig sind natürlich Befreiungserfahrungen und -berichte vorhanden, die sich vor allem auf Kranke und Außenseiter der jüdischen Gesellschaft beziehen, ohne hierfür allerdings den Wortstamm ἐλευθερ- zu verwenden. Es wäre eine Verzeichnung der Texte, aus diesen Befreiungserfahrungen einen für die politische und gesellschaftliche Freiheit seiner jüdischen Mitbürger eintretenden Jesus rekonstruieren zu wollen (so aber Bartsch 1983: 506). Die Verheißung der von Lukas gestalteten Antrittspredigt Jesu in Nazareth, er wolle den Gefangenen die Befreiung oder Entlassung verkünden (vgl. Lk 4,18 als Zitat von Jes 61,1), wird im eigentlichen Wortsinn in der Wirksamkeit Jesu nicht eingelöst. Die Tempelsteuerperikope (Mk 12,13–17) zeigt vielmehr eindeutig auf, dass Jesus nicht die politische Option der Widerstandskämpfer gegen das *Imperium Romanum* und seine versklavende Macht unterstützte.

Freilich wird man die neutestamentliche und urchristliche Freiheitsbotschaft nicht ausschließlich in einem begriffsgeschichtlichen Verfahren erheben können. Unabdingbar ist es, auf die Kontexte zu achten und hier wiederum auf Gegenbegriffe wie Knechtschaft, Gefangenschaft, Sklaverei (vgl. Gal 3,28; 2 Petr 2,19; Apk 6,15; 13,16; 19,18 u.ö.) und natürlich auf die Metaphorik der Freiheitsaussagen überhaupt. Allerdings steht einem eher allgemein gehaltenen Zugriff auf die Freiheitsthematik der höchst auffällige und eine Erklärung verlangende Befund der Paulusbriefe entgegen. Weshalb verwendet Paulus und nur er im frühen Christentum den Wortstamm ἐλευθερ- in den genannten Briefen so eindeutig? Hat er den Freiheitsbegriff in das frühe Christentum eingetragen? Wodurch lässt er sich in der Verwendung des Begriffs leiten? Schließt er sich an ein hellenistisches Verständnis an und trägt so auch zur Hellenisierung des Christentums bei?

2. Zur Forschungsgeschichte

Als erster wesentlicher wissenschaftlicher Beitrag zur Interpretation der Freiheit innerhalb der Theologie des Paulus kann ein Vortrag des liberalen Theologen Johannes Weiß aus dem Jahr 1902 angesehen werden, in dem unter anderem die Frage nach der Herkunft des Freiheitsbegriffs gestellt wird (zur Forschungsgeschichte insgesamt Jones 1987: 11–24; Coppins 2009: 18–45). Paulus habe, so Weiß, den Begriff aus der griechischen, vorwiegend stoischen Popularphilosophie entliehen, ihn im Wesentlichen als eine Freiheit von Abhängigkeiten verstanden, sodann allerdings in einen neuen Zusammenhang verpflanzt (vgl. Weiß 1902: 7–9.33). Rudolf Bultmann, der u.a. bei Weiß studiert hatte, gab in seiner 1958 erstmals erschienenen *Theologie des Neuen Testaments* der Freiheit eine zentrale Stellung im Lehrgebäude des Paulus (aber auch Schlier 1935: 492–500). Sie ist nach der Gerechtigkeit Gottes, der Gnade und dem Glauben das vierte Kennzeichen des glaubenden Menschen und wird in den §§ 38–40 im Einzelnen beschrieben als Freiheit von der Sünde, als Freiheit vom Tod und als Freiheit vom Gesetz. Bultmann orientiert sich hierbei an den Textaussagen des Paulus in Röm 5–8, denn es sei eindeutig, »daß sein Denken und Reden aus seiner theologischen Grundposition herauswächst, die sich ja auch in Rm einigermaßen vollständig expliziert« (Bultmann 1968: 191). Demgegenüber orientierte sich Mußner stärker am Galaterbrief und bezog das Befreiungsgeschehen zusätzlich auf die Befreiung von den dämonisierten Weltelementen (vgl. Mußner 1976: 28f.). Samuel Vollenweider hingegen legte in allen und stets grundlegenden Veröffentlichungen zum Thema Wert auf den Nachweis, dass Paulus seine Freiheitsaussagen in einem einigermaßen kohärenten Zusammenhang zum Ausdruck bringe, etwa demjenigen der Freiheit vom Gesetz (vgl. Vollenweider 1989: 21; ders./Link 1997: 502). Damit gehen in seiner Beschreibung des paulinischen Freiheitsverständnisses die Perspektiven auf die neue Schöpfung oder die Gotteskindschaft als Folge des Befreiungsgeschehens einher, während in seiner letzten Publikation die Freiheit von dem Gesetz in ihrem Stellenwert innerhalb der Freiheitsbotschaft des Paulus eher abgeschwächt wird (vgl. Vollenweider 2000: 307). Gleichzeitig verwiesen andere darauf, dass im Freiheitsverständnis zwischen Galater- und Römerbrief Differenzen bestehen, so dass die Vorstellung eines einheitlichen, am Römerbrief gewonnenen Lehrsystems fraglich wurde und sich gleichzeitig die Annahme einer Entwicklung im paulinischen Denken Bahn brach. Dies betrifft vorwiegend das Verhältnis von Freiheit und Gesetz. In einem diametralen Gegensatz zu Bultmanns Ausgangspunkt bindet Jones alle Freiheitsaussagen des Paulus direkt an ein hellenistisches, auf die innere Freiheit bezogenes Verständnis (vgl. Jones 1991: 700).

Paulus spricht über Freiheit in sehr unterschiedlichen Kontexten, aber thematisiert sie nicht in jedem Brief. Liegt seinem Denken überhaupt ein einheitliches christliches Freiheitsverständnis zugrunde? Oder bieten die Aussagen des Paulus situationsbedingte Adaptionen eines hellenistischen Freiheitsbegriffs (Betz 1994; Jones 1987; Coppins 2009)? Die ungefähr zeitgleich angefertigten Arbeiten von Jones und Vollenweider stimmen jedenfalls in dem religionsgeschichtlichen Urteil überein, dass die paulinische Freiheitsbotschaft vor einem hellenistischen Hintergrund zu verstehen sei (vgl. Jones 1987: 145; Vollenweider 1989: 21). Viel hängt natürlich von der Beantwortung der Frage ab, ob erst Paulus beides, Freiheitsverständnis und -begriff, in die christliche Theologie einträgt oder ob er auf frühchristlichen, möglicherweise sogar mit Jesus (so Niederwimmer 1992: 1053) in Verbindung stehenden oder ins hellenistische Judentum reichenden Voraussetzungen aufbaut. Der Befund deutet klar zur ersten Annahme hin: Paulus ist innerhalb des frühen Christentums der Theologe der Freiheit, und er hat Begriff und Sache in das christliche Denken eingeführt (vgl. Jones 1987: 16–18; Vollenweider 2000: 307). Daher wird besonderes Augenmerk auf das Vorkommen des Wortstamms ἐλευθερ- in den Korintherbriefen zu legen sein, in denen erstmals innerhalb der paulinischen Briefliteratur dieser Wortstamm bezeugt ist.

3. Kontexte von Freiheit in den Briefen des Paulus

Mit der Entfaltung des Evangeliums in der missionarischen Verkündigung und in den Briefen an die ersten christlichen Gemeinden betrat Paulus zeitgeschichtlich einen Raum, der durch intensive Freiheitsdiskussionen und -theorien bestimmt war und in dem innerhalb der stoischen Philosophie die Freiheit in die Mitte jeglichen Denkens gestellt worden war. Vollenweider (vgl. Vollenweider 1989: 23–104) orientiert sich in seiner umfassenden Darstellung des Freiheitsverständnisses in der Stoa an der berühmten Rede Epiktets über die Freiheit (Epiktet, *Dissertationes* IV,1), in der das dominierende Weltbild der hellenistischen Antike zu greifen sei (vgl. Vollenweider 1989: 25). Verbindungslinien zu Paulus fallen sofort ins Auge, wenn etwa von der Freiheit als Gabe Gottes, der Gottessohnschaft des Freien, der Freiheit des Sklaven und der Relation des Freien zum Gesetz gesprochen wird. Das Kennzeichen des stoischen Freiheitsbegriffs ist gerade nicht die willkürliche Realisierung individueller Wünsche (»wie ich will«), sondern im Gegensatz dazu die völlige Unabhängigkeit des Einzelnen von allen Begierden, eine Freiheit von Zwang und äußeren Einflüssen, die einhergeht mit der Einfügung in Gottes Weltordnung. Vollenweider formuliert als ein Ergebnis seiner Untersuchung die These: »Die wirkungsgeschichtliche Schicksalsgemeinschaft von griechischer und christlicher Freiheit hat einen unverkennbaren *genetischen* Hintergrund: Die paulinische Freiheitsbotschaft verdankt sich historisch gesehen primär dem griechischen Freiheitsgedanken« (ebd. 397). Im Folgenden wird daher bei der Rekonstruktion und Darstellung des paulinischen Freiheitsverständnisses sorgsam darauf zu achten sein, in welchem Verhältnis seine Aussagen zum griechischen Freiheitsgedanken stehen.

Der stoische Weise realisiert die Freiheit, wenn er die Unabhängigkeit von Zwängen und Begierden gewinnt und sich einordnet in die über ihn verfügten Gegebenheiten. Paulus jedoch rekurriert nie auf Freiheitskonzeptionen, die ursprünglich mit der menschlichen Natur verknüpft sind. Seinem Freiheitsverständnis liegt ein Befreiungsgeschehen zugrunde, das mit Jesus Christus verbunden wird und in ihm gründet (vgl. Betz 1994: 116,119). In diesem Befreiungsgeschehen vollzieht sich ein Übergang von der »Knechtschaft« (δουλεία) zur »Freiheit« (ἐλευθερία). Diese Knechtschaft wiederum wird in Verbindung gebracht mit der Sünde, dem Gesetz und der Vergänglichkeit, mit dämonisierten Mächten, ja sie wird in Röm 5,12–21 mit der Schöpfungsgeschichte verknüpft, und dies zeugt insgesamt nicht von einem optimistischen Weltbild (vgl. Betz 1994: 118). Der Gebrauch des Verbs ἐλευθεροῦν (»befreien«) und des Substantivs ἀπελεύθερος (»der Freigelassene«) hat im Blick auf dieses Befreiungsgeschehen einen programmatischen Charakter (vgl. Schnelle 2003: 624). Erstmals in Gal 5,1 und geradezu in formelhafter Verdichtung schreibt Paulus: »Zur Freiheit hat uns Christus befreit.« Dieser Freiheit steht das Joch der Knechtschaft gegenüber, das die galatischen Christen in diesem Befreiungsgeschehen abgelegt haben. Röm 6,18.22 spricht im Blick auf die Christen von einer Befreiung von der Sünde und Röm 8,2 von einer Befreiung von dem Gesetz der Sünde und des Todes. Röm 8,21 weitet das Befreiungsgeschehen sogar auf die gesamte Schöpfung aus, die von der »Knechtschaft der Vergänglichkeit zu der herrlichen Freiheit der Kinder Gottes« befreit worden ist. Auch in dem Adjektiv ἀπελεύθερος (»frei«) in 1 Kor 7,22 kommt dieses Befreiungsgeschehen zum Ausdruck, da der Sklave als ein Freigelassener des Herrn angesprochen wird. Allerdings fällt bei fast allen angeführten Belegen auf, dass sie diese Freiheit in der Paradoxie einer neuen Bindung nennen, die in einer Knechtschaft zur Gerechtigkeit (vgl. Röm 6,18) oder für Gott (vgl. Röm 6,22), für Christus (vgl. 1 Kor 7,22) oder für die Liebe (vgl. Gal 5,13) besteht. Es gehört folglich zur Struktur des paulinischen Freiheitsverständnisses, das Befreiungsgeschehen in paradoxaler Weise mit einer neuen Knechtschaft zu verbinden, so dass der ἐλεύθερος gleichzeitig wieder ein δοῦλος Χριστοῦ (»Sklave Christi«) ist (vgl. 1 Kor 7,22).

Dieses Befreiungsgeschehen wurzelt in dem sieghaften Ereignis von Tod und Auferstehung Jesu, dessen Ertrag als Erlösung, Befreiung oder Loskauf in der Taufe übereignet wird. Einerseits spricht Paulus von einer Befreiung von den als unheilvollen Mächten vorgestellten Gegebenheiten Tod, Sünde und Gesetz (vgl. Röm 5–7), andererseits aber eröffnet diese Befreiung eine neue Gemeinschaft, die kategorial von der Vergangenheit geschieden ist und als neue

Schöpfung vorgestellt wird (vgl. 2 Kor 5,17; Gal 6,15). Kennzeichen der Neuheit ist u.a., dass in dieser Christusgemeinschaft der soziale Gegensatz von Freien und Sklaven aufgehoben ist (vgl. Gal 3,28; 1 Kor 7,22; 12,13).

3.1. Die Korintherbriefe: Wo der Geist des Herrn ist, da ist Freiheit

In den Briefen an die Gemeinde in Korinth integriert Paulus erstmals und möglicherweise angeregt durch die Vorkommnisse und Bewegungen innerhalb der Gemeinde die Freiheitsthematik in seine Ausführungen. Die Entdifferenzierungsformel in 1 Kor 7,19; Gal 3,28; 5,6; 6,15 (vgl. Vollenweider 1997: 503), die ein emanzipatorisches Denken für Sklaven gegenüber Freien, Frauen gegenüber Männern und Heiden gegenüber Juden anregen konnte, stellte die Frage nach der sozialen Wirklichkeit dieser neu gewonnenen Freiheit in Christus. Ein Reflex dieser Diskussion spiegelt sich auch in dem zweimal zitierten Schlagwort »alles ist (mir) erlaubt«, das von Paulus sogleich mit dem Zusatz, »aber nicht alles dient zum Guten« kommentiert wird (1 Kor 6,12; 10,23). Es ist vom Kontext beider Stellen her nicht deutlich, auf welche Verhaltensweisen in Korinth dieses Schlagwort appliziert wurde. Jedenfalls war es eine Übertreibung der älteren Forschung, von diesem Schlagwort aus die korinthischen Christinnen und Christen zu Libertinisten im Sinne des griechischen »Tun, wie ich will« oder zu Gnostikern mit absolut weltlicher Indifferenz zu erklären. Wohl aber stellte sich von der Entdifferenzierungsformel her die Frage, welche Auswirkungen die Freiheit etwa für die christlichen Sklaven innerhalb der Gemeinde haben konnte und wie sie auf bestehende Normen im sozialen Zusammenleben (vgl. 1 Kor 10,29) wirkte.

In 1 Kor 7 bespricht Paulus das Verhältnis bestehender Lebensformen (Ehe, Ehelosigkeit, Witwenschaft, Mischehe, Jungfräulichkeit) zur Berufung oder zur Christwerdung (vgl. 1 Kor 7,17) und er scheint hierbei zumindest teilweise auf Anfragen aus Korinth einzugehen (vgl. 1 Kor 7,1a). Die Grundlinie dieses Abschnitts und der Argumentation des Paulus liegt in der wiederholt vorgetragenen Aufforderung, in dem gegenwärtigen sozialen und persönlichen

Stand zu bleiben (μένειν/»bleiben in«, vgl. 1 Kor 7,8.11.20.24.40). Sie soll nicht nur in Korinth, sondern in allen Gemeinden gelten (vgl. 1 Kor 7,17b). Freilich sind die sozialen Gegebenheiten nicht absolut festgeschrieben, denn die individuelle Ausrichtung (vgl. 1 Kor 7,7), das Triebleben des Einzelnen (vgl. 1 Kor 7,9) oder auch der Wille zur Ehescheidung (vgl. 1 Kor 7,15) werden berücksichtigt. In diesen Abschnitt ist eine Stellungnahme zu dem denkbaren Fall eingeflochten, dass ein Christ gewordener Sklave die Freilassung erhalten kann (vgl. 1 Kor 7,21–23). Soll er sie ergreifen oder ausschlagen? Μᾶλλον χρῆσαι (»nutze es umso mehr«) – rät Paulus, und das bezieht sich wohl auf die Freiheit und nicht auf den Verbleib in der Sklaverei. In diesem Fall ist die durchaus denkbare Ausnahmesituation der Sklavenfreilassung konstruiert. Sollte sie sich ergeben, so darf der Sklave diese Freiheit ergreifen. Es wäre schwer vorstellbar, dass Paulus selbst unter diesen beschriebenen Voraussetzungen zum Bleiben im Sklavenstand auffordern würde. Gleichwohl gilt grundsätzlich die Anweisung, dass der zur christlichen Gemeinde gehörige Sklave sich aus seinem sozialen Stand nichts machen soll, sondern ihn akzeptieren darf (vgl. 1 Kor 7,21a). Zur Begründung der hier gebotenen Optionen führt Paulus die Paradoxie an, dass der im Herrn berufene Sklave ein Freigelassener des Herrn ist gleichwie der als Freier Berufene ein Sklave Christi (vgl. 1 Kor 7,22). Freiheit besteht und realisiert sich demnach erst in der Bindung an Christus. Für beide Stände – den Freien und den Sklaven – gilt, dass das Erlösungswerk Christi als ein Loskauf oder ein Befreiungsgeschehen interpretiert wird, das ein Verhältnis der Knechtschaft beendet (vgl. 1 Kor 7,23). Diese Unabhängigkeit und Freiheit, die zugleich die neue Bindung an Christus impliziert, ist folglich höher zu bewerten als das emanzipatorische Ideal der faktischen, durch Standesänderung erwirkten Freiheit.

Noch deutlicher als in diesen Ausführungen zur Sklavenfrage bewegt sich Paulus im Blick auf sein eigenes Apostolat in 1 Kor 9 in einem hellenistischen Verständnis von Freiheit. Er ist möglicherweise durch seinen freiwilligen Verzicht auf das Essen von Götzenopferfleisch (vgl. 1 Kor 8,13) angeregt, zu diesem Thema, das er in 1 Kor 8,1–13 begonnen hat und in 1 Kor 10,1–11,1 fortführt, eine exkursartige Bestimmung seiner eigenen apostolischen Freiheit darzulegen. Diese soll freilich der korinthischen Gemeinde für ihren Umgang miteinander als Vorbild dienen (vgl. 1 Kor 11,1), insofern sich im Verzicht auf bestimmte Speisen eine Rücksichtnahme auf das Gewissen anderer Gemeindeglieder bekundet. Ausgangspunkt der Darlegungen ist der an sich ungewöhnliche und ihn von anderen Aposteln unterscheidende Verzicht des Paulus auf den apostolischen Unterhalt durch die Gemeinden und auf weitere Rechte (vgl. 1 Kor 9,15; vgl. dazu 1 Thess 2,9; 2 Kor 11,7–10; Phil 4,10–20). Dies geschah, so legt 1 Kor 9,19 dar, in einer freiwilligen Entscheidung und in der Absicht, auf diese Weise missionarisch erfolgreicher zu sein. Nur der Freie kann sich aus eigener Entscheidung in eine Bindung begeben (vgl. 1 Kor 9,19). Paulus versteht seine Wirksamkeit grundsätzlich aus einer Bindung an Christus heraus, die er sogar als ἀνάγκη (»Zwang«) anspricht (vgl. 1 Kor 9,16). Im Rahmen dieser Bindung bewegt sich die Freiheit zum Verzicht auf Unterhalt. Ausgehend von einer differenzierten Entfaltung der apostolischen Freiheit als einer Bindung an Christus wird die den Darlegungen einleitend vorangestellte Frage »Bin ich nicht frei (oder: ein Freier)?« (1 Kor 9,1) beantwortet.

In der Beschreibung dieser Freiheit bewegt Paulus sich mehrfach in großer Nähe zu hellenistischen Freiheitskonzeptionen (vgl. Vollenweider 1989: 199–220). Kennzeichen des wahren Philosophen ist in sokratischer Tradition die finanzielle Unabhängigkeit. Xenophon schreibt über Sokrates: »Wer aber Wert auf den Umgang mit ihm legte, von dem nahm er kein Geld. Dadurch glaubte er unabhängiger zu sein. Er nannte Männer, die aus ihrer Lehrtätigkeit ein Geldgeschäft machten, Verkäufer der Freiheit ihrer Person« (Xenophon, *Memorabilia* I 2,5–7; vgl. außerdem zur Sache auch Seneca, *Ad Lucilium Epistulae Morales* 108,36). Auch der Verweis auf die ἀνάγκη (vgl. 1 Kor 9,16) entstammt der Diskussionslage hellenistischer Freiheitskonzeptionen, denn Zwang und Unfreiheit stellen klassischerweise den Gegensatz schlechthin zur Freiheit dar. Die Interpretation dieses Begriffs in positiver Weise als Bindung an Christus verleiht dem apostolischen Dienst eine Freiheit gerade in der ἀνάγκη. Freiheit und Zwang werden dabei nicht synonym gedacht, wohl aber realisiert sich die Freiheit in der Knechtschaft Christi. Diese Freiheit wird schließlich in einer solch engen Bindung an Christus als ἔννομος Χριστοῦ (»im Gesetz Christi sein«) beschrieben, dass die notwendige Folge eine Relativierung des bestehenden, faktischen νόμος (»Gesetzes«) ist (vgl. 1 Kor 9,20f.). Da Paulus in seinem missionarischen Verhalten eine Anpassung an das Gegenüber, seien es Juden, seien es Heiden, praktiziert, etabliert er hiermit ein unumkehrbares Gefälle vom Evangelium zum Gesetz (vgl. Vollenweider 1989: 215).

Die Verknüpfung von Freiheit mit dem Geist des κύριος (»Herr«) bietet Paulus in einer Gnome in 2 Kor 3,17b in einem Kontext (2 Kor 2,14–4,6), in dem er eine Apologie seines Apostolats entfaltet. Gegenüber Gegnern, die ihm mangelndes Pneumatikertum vorhalten und ihrerseits auf Empfehlungsbriefe zurückgreifen (vgl. 2 Kor 3,1), arbeitet Paulus die Antithetik von einerseits Steintafeln und tötendem Buchstaben, andererseits aber lebendig machendem Geist und Freiheit aus. Hierbei greift er auf Ex 34,29–35 zurück, einen Text, der eventuell für die Gegner leitend war und durch sie in die Diskussion eingebracht wurde, der aber daneben bereits in der jüdischen Auslegung intensiv bedacht worden war. Möglicherweise hatte schon sie die Gesetzestafeln oder das Gesetz mit Freiheit verbunden. Darauf deutet die rabbinische Auslegung von Ex 32,16 hin, in der das Studium der Gesetzestafeln mit Freiheit verknüpft worden ist (vgl. mAv 6,2). Demgegenüber orientiert sich die Auslegung des Paulus zunächst an der Decke, die Mose auf sein Angesicht legt, wenn er mit dem Volk spricht. Diesem Brauch unterstellt Paulus zunächst eine Irreführung – das Volk soll das Verblassen des Glanzes auf Moses Angesicht nicht bemerken –; sodann verbindet er ihn mit einer mehrfachen Verstockung Israels, denn diese Decke liegt auf der Verlesung der Schriften des alten Bundes und auf den Herzen der Israeliten. Erst in der Bekehrung zum Herrn, die hier für Mose gedacht wird (vgl. 2 Kor 3,16), wird diese Decke entfernt und ein freier Zugang zum κύριος ermöglicht. War in der jüdischen Überlieferung ein himmlischer Aufstieg Moses beschrieben und – paradigmatisch für das Volk – als möglich dargestellt, so erklärt die Auslegung des Paulus demgegenüber die Bindung des Mose an die Gesetzestafeln als todbringend, um ausschließlich in der Hinwendung zu Christus durch die Vermittlung seines Geistes die Erlangung von Freiheit anzusagen.

Vollenweider legt seiner Auslegung dieses Abschnitts die Prämisse zugrunde, dass Paulus in den Korintherbriefen das Verhältnis der Freiheit zur Vergangenheit aufarbeitet und in diesem Text das theologische Problem des Gesetzes thematisiert (vgl. Vollenweider 1989: 269). Zumindest aber erhebe sich die akute Frage nach dem christlichen Umgang mit dem Gesetz (vgl. ebd. 284). Darauf deuten die mosaischen steinernen Gesetzestafeln (vgl. 2 Kor 3,7), der Buchstabe (vgl. 2 Kor 3,6) und die Nähe zu Röm 7 f. hin, insofern auch in diesem Text die verurteilende und tötende Funktion des Gesetzes angesprochen ist. Demgegenüber lehnt Jones (vgl. Jones 1987: 61–67; ihm folgend Schnelle 2003: 273) jeglichen Bezug auf das Gesetz ab. Es gehe ausschließlich darum, die Freiheit als παρρησία (»Offenheit«) (vgl. 2 Kor 3,12) zu qualifizieren. Hierbei legt Jones Wert auf den Nachweis, dass ἐλευθερία (»Freiheit«) und παρρησία (»Offenheit«) im hellenistischen Sprachgebrauch in großer Nähe zueinander stehen, ja oftmals auch synonym gebraucht werden (vgl. Jones 1987: 61–67). Eine Eingrenzung dieser Freiheit als Freiheit gegenüber dem Gesetz wäre eine unangemessene Einengung. Die Gesetzesfrage wird in der Tat in 2 Kor 3 nicht explizit angesprochen. Es scheint Paulus eher um die Verstockung Israels zu gehen, die mit Mose und der Lektüre der Tora gegeben ist, auch wenn Mose innerhalb der jüdischen Tradition – von Paulus partiell zugestanden (vgl. 2 Kor 3,9–11) – als Mystagoge des himmlischen Aufstiegs galt. Die Bindung an Mose führt, so die radikale These des Textes, nicht zur Freiheit, sondern zur Verurteilung und zum Tod.

3.2. Der Galaterbrief: Die Freiheit in Christus und die Sklaverei unter dem Gesetz

Die Freiheitsthematik wird im Galaterbrief in der *narratio* (»im erzählenden Teil«) des Schreibens eingeführt, indem Paulus seinen Bericht über den zurückliegenden Apostelkonvent unter einen fundamentalen Gegensatz stellt: Er nimmt für sich und sein Auftreten auf dem Konvent eine Freiheit in Anspruch, die er in Christus Jesus hat, und grenzt sie scharf von dem Versuch einer namentlich nicht genannten Partei ab, deren Ansinnen er als Versklavung bewertet (vgl. Gal 2,4). Konkret geht es in seinem Bericht um die Frage, die zunächst auf dem Konvent (vgl. Apg 15,1; Gal 2,3) und jetzt auch in Galatien aufkam, ob Heidenchristen beschnitten werden (vgl. Gal 5,1–6; 6,12f.) und ob sie weitere kultische Gebote (vgl. Gal 4,10) halten müssen. Paulus, der Apostel der Heiden, hatte in seiner Mission und in Übereinstimmung mit Grundsätzen der Gemeinde Antiochias Heidenchristen von den Identitätsmerkmalen jüdischer Existenz, zumal im paganen Raum, entbunden. Er hatte damit zur Durchsetzung und Legitimität eines Heidenchristentums neben einem Judenchristentum beigetragen. Mag es auch nach den Berichten über den Apostelkonvent so scheinen (vgl. Gal 2,1–10; Apg 15,1–35), als habe man hier eine Anerkenntnis, zumindest aber einen Kompromiss oder Ausgleich zwischen beiden Varianten gefunden, so zeigt die Entwicklung in den heidenchristlichen Gemeinden, dass Anfragen, Maßnahmen, ja scharfer Antipaulinismus seitens des Judenchristentums ab jetzt die Mission des Paulus begleiten. Das in der *narratio* erwähnte Selbstverständnis, nämlich die Freiheit, die Paulus in Christus hat, wird im argumentativen Abschnitt des Briefes aufgenommen und ab Gal 4,21 kämpferisch, bisweilen polemisch entfaltet.

Natürlich richtet sich der Blick schnell auf die beiden Thesen in Gal 5,1 und 13, die wie bereits vor Abfassung des Briefes formulierte Lehraussagen erscheinen. Einerseits: »Zur Freiheit hat uns Christus befreit« (Gal 5,1). Das Substantiv Freiheit und das Verb befreien rahmen das Objekt »uns« und das Subjekt »Christus«. Wie aber und wo und wann hat Christus uns – Paulus denkt hierbei an die christlichen Gemeinden – befreit? Wovon hat er sie befreit? Ist der Gegenbegriff der Freiheit notwendig derjenige der Gefangenschaft? Andererseits: »Ihr aber, liebe Brüder, seid zur Freiheit berufen« (Gal 5,13). In beiden Worten erscheint die Freiheit als ein absolutes Gut, erwirkt von Christus, übereignet in der Berufung, aber auch als die Folge eines Befreiungsgeschehens. Die Freiheit, die Paulus in Christus hat (vgl. Gal 2,4), zu der Christus befreit hat (vgl. Gal 5,1), zu der Gott berufen hat (vgl. Gal 5,13), erscheint weiter und fundamentaler, als dass sie ausschließlich auf die Freiheit vom Gesetz einzuengen wäre (vgl. Dautzenberg 2001: 75). Diese Freiheit kann wieder verloren werden, wenn Versklavung diese Freiheit einengt (vgl. Gal 2,4) oder wenn die heidenchristlichen Gemeinden in Galatien erneut (!) unter ein Joch der Sklaverei gepresst werden (vgl. Gal 5,1b).

Da die galatischen Gemeinden zuvor nicht unter dem Joch des mosaischen Gesetzes standen, empfiehlt es sich aus dieser Einsicht, aber auch aus anderen Gründen heraus nicht, den Freiheitsbegriff und die Freiheitspredigt des Galaterbriefs ausschließlich als Freiheit vom Gesetz zu verstehen (vgl. Jones 1992: 858). Natürlich appliziert Paulus Freiheit auf die Forderung, den Heidenchristen ein Leben unter der Tora aufzuerlegen (vgl. Gal 5,2–4). Aber er warnt gleichfalls vor einem entgrenzten Freiheitsverständnis, das sich in seiner Lebensausrichtung jeglicher Normen entledigt und die Freiheit als Deckmantel für die σάρξ (»das Fleisch«) (vgl. Gal 5,13) oder das Böse gebraucht (so 1 Petr 2,16 in großer Nähe zur Position des Paulus). Als Freie oder als Befreite sollen die Christen Sklaven sein, nämlich in Liebe einander dienen (vgl. Gal 5,14 und in ähnlichem Kontext auch 1 Petr 2,17; vgl. bereits zuvor 1 Kor 10,29). Damit hält Paulus auch für die Heidenchristen eine schmale Bindung an die Tora aufrecht, da das Liebesgebot explizit als Teil der Tora zitiert wird (vgl. Gal 5,14). Er folgt damit einem differenzierten Modell. Frei sind die Heidenchristen von dem Fluch des Gesetzes (vgl. Gal 3,13), der in der verurteilenden Funktion des Gesetzes bestand. Frei sind die galatischen Christen von der Tora, sofern sie mittels der Beschneidung in den Abrahambund als den Beschneidungsbund eingegliedert werden sollen. Die neue Schöpfung in Christus hat die Differenz von beschnitten und unbeschnitten aufgehoben (vgl. Gal 6,15). In einer allegorisierend-typologischen Interpretation werden in Gal 4,21–31 die galatischen Christen als die wahren, die eigentlichen Abrahamskinder angesprochen. Allerdings sind sie Kinder der Freien und Kinder der Verheißung, während Israel und die judenchristlichen Missionare demgegenüber im Sinaibund Kinder der Sklavin und Kinder der Knechtschaft bleiben.

3.3. Der Römerbrief: Die Freiheit der Kinder Gottes

Im Römerbrief entfaltet Paulus das Evangelium umfangreicher, grundsätzlicher und mit Neuakzentuierungen gegenüber dem Galaterbrief. Auch wenn er sich im Brief an die ihm unbekannte christliche Gemeinde in Rom weiter zurückreichenden Vorwürfen ausgesetzt sieht (vgl. Röm 3,8.31; 6,1.15; 7,7a), so fehlen doch die polemische Grundstruktur des Galaterbriefs und die in diesem Brief ausgearbeitete Zuspitzung der Freiheit als einer Freiheit vom Leben unter der Tora. Alle Freiheitsaussagen begegnen im Abschnitt Röm 6–8, und sie sind hier verwoben in tiefgreifende theologische Erörterungen (der Wortstamm ἐλευθερ- in Röm 6,18.20.22; 7,3; 8,2.21; vgl. daneben auch den Wortstamm δουλ- in Röm 6,6.16.17.18.19.20.22; 7,6.25 sowie αἰχμαλωτίζειν [»gefangen nehmen«] in Röm 7,23). Auffällig ist die präpositionale Zuordnung der Freiheitsaussagen vorwiegend als Freiheit oder befreien ἀπό (»von«) (vgl. Röm 6,18.22; 7,3; 8,2.21). Freiheit wird im Römerbrief überwiegend durch Bezugsgrößen angesprochen.

Nachdem Röm 6,1–11 die Taufe als ein der Sünde Gestorbensein beschrieben hat, da in der Taufe der Täufling, der alte Mensch, mit Christus gestorben, mitgekreuzigt, begraben ist, eröffnet sich in diesem Geschehen eine neue Lebensausrichtung. Welche Folgen ergeben sich aus der Befreiung von der Sünde und der Lebensgemeinschaft mit Christus? Bietet die Gnade nicht ein gefährliches Potential zur Sünde (vgl. Röm 6,1)? Bestand in vorchristlicher Zeit eine Versklavung an Unreinheit und Gesetzlosigkeit, so tritt jetzt eine Versklavung im Blick auf Gerechtigkeit zur Heiligung an deren Stelle. Befreit von der Sünde (vgl. Röm 6,18a. 22a) – Sklaven für die Gerechtigkeit (vgl. Röm 6,16b. 18b. 19d) bzw. im Rückblick: damals frei von der Gerechtigkeit (vgl. Röm 6,20b) – Sklaven der Sünde (vgl. Röm 6,17a. 20a). Paulus beschreibt menschliches Leben in einer Ausrichtung, die immer eine Bindung impliziert: entweder an die Sünde und damit an den Tod oder an Christus und damit an Gerechtigkeit. Diese neue Lebensausrichtung vollzieht sich praktisch in der Ethik der Christen und sie realisiert die übereignete Heiligkeit.

Die Befreiung vom Gesetz (vgl. Röm 7,3) wird in Röm 7 in einem Kontext thematisiert, der weit über missionsstrategische Überlegungen oder Ablösungsprozesse vom Judentum hinausführt, vielmehr auf einen Sachzusammenhang bezogen wird, der sich aus Gesetz – Gebot – Begehren – Sünde – Tod zusammensetzt. Der einzelne Mensch ist in geradezu verhängnisvoller Weise in diesem Zusammenhang gefangen und kann ihm aus eigener Kraft nicht entfliehen, ja er kann es nicht einmal realisieren, das zu tun, was er in freier Entscheidung tun möchte (vgl. Vollenweider 1989: 361). Die Sünde, gedacht als eine überindividuelle Macht, bedient sich des Gebotes, um die Begierde anzuregen, erwirkt damit aber – gegen den Willen und die Freiheit des Einzelnen – die Gebotsübertretung, die zur Verurteilung, ja zum Tod führt. Das Gesetz an sich ist heilig und würde wohl auch zur Freiheit führen, es befindet sich aber in einem unheilvollen Missbrauch durch die Sünde. Diese vielfache Verstrickung macht es unmöglich, sich in die eigene Seele zurückzuziehen, um Freiheit zu gewinnen. Ein solcher Rückzug würde nur die Gefangenschaft offenbar machen (vgl. Betz 1994: 117). Aus diesem Zusammenhang von Gesetz, Sünde und Tod hat Christus befreit (vgl. Röm 8,2). Paulus wählt eine dialektische Formulierung für diesen Befreiungsvorgang, indem er in einem Wortspiel »das Gesetz des Geistes des Lebens hat dich in Christus Jesus befreit« dem »Gesetz der Sünde und des Todes« gegenüberstellt, wobei deutlich bleibt, dass diese Befreiung nicht durch das Gesetz, sondern ausschließlich durch Christus bewirkt wurde (vgl. Vollenweider 1997: 505). Um dieses Ende des Gewiesenseins an das Gesetz zu belegen, wählt Paulus in Röm 7,1–6 eine Illustration aus dem Eherecht. Der Tod des männlichen Ehepartners ordnet die rechtlichen Verhältnisse völlig neu. Ebenso führt das Mitsterben der Christen mit Christus in eine Freiheit vom Gesetz, faktisch aber in eine neue Bindung. Denn auch diese Argumentation kann nicht ohne die eigentlich paradoxe, wiederum der Ethik zuzuordnende Vorstellung auskommen, dass die Freiheit vom Gesetz mit einer neuen Knechtschaft im Geist, einem Fruchtbringen für Gott verbunden ist (vgl. Röm 7,4.6).

Der Ausblick auf die Befreiung der Schöpfung von der Knechtschaft der Vergänglichkeit zur Freiheit der Herrlichkeit der Kinder Gottes in Röm 8,21 spricht ein zukünftiges Vollendungsgeschehen an, in dem die Freiheit kosmische Dimensionen annimmt. Paulus macht deutlich, dass Knechtschaft nicht nur auf dem Einzelnen lastet, sondern strukturell die vergehende Schöpfung bestimmt. Auch wenn die Christen im Geist geradezu ein Pfand auf die Zukunft haben, was sie von der Schöpfung und deren Erwartung der vollkommenen Freiheit der Gotteskindschaft trennt, ist es gegenwärtig die Signatur des Seufzens, auch ein Ausdruck des Leidens unter den Bedingungen der vorletzten Zeit, die sie und die Schöpfung verbindet.

3.4. Paulus – Theologe der Freiheit

Paulus begreift Kreuz und Auferstehung Christi als ein Befreiungsgeschehen, das sich zwar auch auf versklavende Mächte bezieht (Tod, Sünde, Gesetz), aber nicht in vollem Umfang in solchen Zuordnungen erkannt werden kann. Das Werk Christi und die Berufung befreien aus Abhängigkeiten und vermitteln innere Freiheit. Diese kann dann auch auf sehr unterschiedliche Felder angewandt werden: Das Apostolat und die Verkündigung sind von Freiheit gezeichnet, ebenso die Lebenswirklichkeit der Gemeinden. Es ist sehr wahrscheinlich, dass die Verkündigung des Paulus im Blick auf soziale Gegebenheiten (Sklaven, Frauen) und überkommene Normen (Speisegebote, Sexualethik) mit einem aufklärenden Potential einherging und emanzipatorisch wahrgenommen wurde. Demgegenüber grenzt Paulus, möglicherweise seine eigenen Ansätze einschränkend, die Freiheit durch Verweis auf die soziale Verantwortung gegenüber individueller Willkür ab. Darüber hinaus zeichnet er in den christlichen Freiheitsbegriff die grundlegende Paradoxie ein, dass der von Christus Befreite gleichzeitig Sklave Christi ist. Dies exemplifiziert er mehrfach im Blick auf seine Person (vgl. etwa die Selbstbezeichnung δοῦλος Χριστοῦ [»Sklave Christi«] in den Präskripten seiner Briefe), aber auch im Blick auf die christlichen Sklaven oder auf die Gesamtgemeinde. Die Freiheit bewährt sich demnach in einer Bindung an Christus. Der Ausblick auf ein noch ausstehendes Befreiungsgeschehen der gesamten Schöpfung steht zwar nur am Rand der paulinischen Eschatologie, bezeugt aber eindrücklich deren überindividuelle Ausrichtung.

4. Das Johannesevangelium: Die Wahrheit wird euch frei machen

In einem Disput zwischen Jesus und an ihn glaubenden Juden (Joh 8,30–36) wird die Frage der Beziehung zum Erzvater Abraham Haftpunkt für die Klärung des Begriffs Freiheit. Der Bezug auf Abraham ermöglicht den jüdischen Gesprächspartnern, für sich den Stand der Freiheit zu reklamieren (vgl. Joh 8,33). Diese ist abgeleitet von Isaak, dem Sohn der Freien, in dessen Nachfolge man sich begreift (vgl. Joh 8,35). Das Johannesevangelium reflektiert in diesem Dialog wohl Auseinandersetzungen zwischen dem Judentum und den sich von ihm absetzenden christlichen Gemeinden. Die Logik der Argumentation bindet Jüngerschaft an ein Bleiben im Wort Jesu, das wie ein Lebensraum erscheint. Die sich in ihm vollziehende Erkenntnis der Wahrheit ist die Erkenntnis Jesu Christi, der die Wahrheit zu sein beansprucht (vgl. Joh 14,6). Daher gehen im Text auch das »frei machen durch die Wahrheit« (Joh 8,33) und das »frei machen durch den Sohn« (Joh 8,36) parallel, um sich gegenseitig zu interpretieren. Der Anspruch der jüdischen Gesprächspartner, als Abrahamskinder frei zu sein, wird nicht weiter verfolgt. Vielmehr wird ein zusätzliches Argument angeführt: die Unfreiheit besteht in der Bindung an die Sünde. Die durch die Wahrheit oder durch Christus vermittelte Befreiung hebt die Knechtschaft der Sünde gegenüber auf und schenkt ὄντως (»wirklich«) Freiheit (vgl. Joh 8,36). Auch das Johannesevangelium begreift folglich Freiheit in einem Gegenüber zur Knechtschaft, hier der Knechtschaft der Sünde. Sünde wiederum wird nicht gesetzlich oder moralisch gewertet, sondern als Unglaube verstanden. Das Befreiungsgeschehen vollzieht sich daher im Glauben und im Anschluss an Jesus Christus.

5. Der Jakobusbrief: Das Gesetz der Freiheit

Der pseudepigraphe Jakobusbrief spricht in Jak 1,25 von dem vollkommenen Gesetz der Freiheit, in Jak 2,12 von dem Gesetz der Freiheit, ohne hierbei genauer zu verdeutlichen, was er mit diesem fast gleichlautenden Ausdruck meint. In Jak 2,8 wird das Liebesgebot nach Lev 19,18 als das königliche Gesetz angeführt, und Jak 2,10 f. spricht mit Blick auf den Dekalog vom ganzen Gesetz. Daher liegt es nahe, das Gesetz der Freiheit mit dem königlichen Gesetz zu identifizieren und es auf das Liebesgebot zu beziehen. Aber in dem von Jakobus gewählten Ausdruck liegt ein theologischer Anspruch: Der Genitiv Freiheit qualifiziert nicht das Gesetz, sondern Freiheit ist sozusagen die Folge des Handelns des Christen, wenn er das Gesetz befolgt. Jakobus steht hier wohl in einem jüdisch-hellenistischen Umfeld, dem zufolge die Orientierung an dem Gesetz den bösen Trieb besiegt und die Begierden zügelt und darin erst Freiheit eröffnet. Gleichzeitig unterscheidet er sich fundamental von Paulus, der dem Gesetz wegen seiner Bindung an die Sünde die Möglichkeit abspricht, zur Freiheit zu führen. Im Gericht wird nach Jak 1,25; 2,13 überprüft, ob ein Christ diese durch das Gesetz ermöglichte Freiheit bewahrt oder sie durch Gesetzesübertretung verloren hat (vgl. Konradt 1998: 92–100).

Quellen- und Literaturverzeichnis

1. Quellen

Epiktet: *Dissertationes*/Lehrgespräche, in: Epiktet/Teles/Musonius, Ausgewählte Schriften. Griechisch-Deutsch, hg. und übers. von Rainer Nickel, Zürich 1994, 72–367.

Seneca: *Ad Lucilium Epistulae Morales*/Briefe über Ethik an Lucilius: ders.: Philosophische Schriften. Lateinisch und Deutsch, Bde. III/IV, hg. von Manfred Rosenbach, Darmstadt 1995.

Xenophon: *Memorabilia*/Memorabilien: ders.: Memorabilien. Erinnerungen an Sokrates, übers. von Paul M. Laskowsky, München 1960.

2. Sekundärliteratur

Bartsch 1983: Bartsch, Hans-Werner: Art. Freiheit IV. Freiheit und Befreiung im Neuen Testament, TRE 11, Berlin/New York 1983, 506–511.

Betz 1994: Betz, Hans Dieter: Paul's Concept of Freedom in the Context of Hellenistic Discussions about Possibilities of Human Freedom, in: ders.: Paulinische Studien. Gesammelte Aufsätze III, Tübingen 1994, 110–125.

Bultmann 1968: Bultmann, Rudolf: Theologie des Neuen Testaments, Tübingen 1968[6].

Coppins 2009: Coppins, Wayne: The Interpretation of Freedom in the Letters of Paul, With Special Reference to the ›German‹ Tradition (WUNT II 261), Tübingen 2009.
Dautzenberg 2001: Dautzenberg, Gerhard: Freiheit im hellenistischen Kontext, in: Beutler, Johannes (Hg.): Der neue Mensch in Christus (QD 190), Freiburg i.Br. 2001, 57–81.
Jones 1987: Jones, F. Stanley: ›Freiheit‹ in den Briefen des Apostels Paulus. Eine historische, exegetische und religionsgeschichtliche Studie (GTA 34), Göttingen 1987.
Jones 1991: Jones, F. Stanley: Art. Freiheit II. NT, NBL 1, Zürich 1991, 699–701.
Jones 1992: Jones, F. Stanley: Art. Freedom, ABD 2, New York 1992, 855–859.
Konradt 1998: Konradt, Matthias: Christliche Existenz nach dem Jakobusbrief. Eine Studie zu seiner soteriologischen und ethischen Konzeption (StUNT 22), Göttingen 1998.
Longenecker 1964: Longenecker, Richard N.: Paul. Apostle of Liberty, New York 1964.
Mußner 1976: Mußner, Franz: Theologie der Freiheit nach Paulus (QD 75), Freiburg i.Br. 1976.
Niederwimmer 1992: Niederwimmer, Kurt: Art. ἐλευθερία, EWNT 1, Stuttgart 1992², 1052–1058.
Schlier 1935: Schlier, Heinrich: Art. ἐλεύθερος/ἐλευθερόω/ἐλευθερία/ἀπελεύθερος, ThWNT 2, Stuttgart 1935, 484–500.
Schnelle 2003: Schnelle, Udo: Paulus. Leben und Denken, Berlin/New York 2003.
Schnelle 2007: Schnelle, Udo: Theologie des Neuen Testaments, Göttingen 2007.
Vollenweider 1989: Vollenweider, Samuel: Freiheit als neue Schöpfung. Eine Untersuchung zur Eleutheria bei Paulus und in seiner Umwelt (FRLANT 147), Göttingen 1989.
Vollenweider 2000: Vollenweider, Samuel: Art. Freiheit II. Neues Testament, RGG⁴ 3, Tübingen 2000, 306–308.
Vollenweider/Link 1997: Vollenweider, Samuel/Link, Hans-Georg: Art. Freiheit/Abhängigkeit, TBLNT 1, Wuppertal/Neukirchen-Vluyn 1997, 490–507, 510f.
Weiß 1902: Weiß, Johannes: Die christliche Freiheit nach der Verkündigung des Apostels Paulus. Ein Vortrag, Göttingen 1902.

3. Literaturhinweise zum vertiefenden Studium

Coppins, Wayne: The Interpretation of Freedom in the Letters of Paul, With Special Reference to the ›German‹ Tradition (WUNT II 261), Tübingen 2009.

Dautzenberg, Gerhard: Die Freiheit bei Paulus und in der Stoa, ThQ 176 (1996), 65–76.

Dautzenberg, Gerhard: Freiheit im hellenistischen Kontext, in: Beutler, Johannes (Hg.): Der neue Mensch in Christus (QD 190), Freiburg i.Br. 2001, 57–81.

Horn, Friedrich Wilhelm: Kyrios und Pneuma bei Paulus, in: Schnelle, Udo/Söding, Thomas (Hgg.): Paulinische Christologie. FS Hans Hübner, Göttingen 2000, 59–75.

Jones, F. Stanley: ›Freiheit‹ in den Briefen des Apostels Paulus. Eine historische, exegetische und religionsgeschichtliche Studie (GTA 34), Göttingen 1987.

Nestle, Dieter: Eleutheria. Studien zum Wesen der Freiheit bei den Griechen und im Neuen Testament, Bd. 1: Die Griechen (HUTh 6), Tübingen 1967.

Nestle, Dieter: Art. Freiheit, RAC 8, Stuttgart 1972, 269–306.

Niederwimmer, Kurt: Der Begriff der Freiheit im Neuen Testament (TBT 11), Berlin 1966.

Theobald, Michael: ›Zur Freiheit berufen‹ (Gal 5,13). Die paulinische Ethik und das mosaische Gesetz, in: ders.: Studien zum Römerbrief (WUNT 136), Tübingen 2001, 456–480.

Vollenweider, Samuel: Freiheit als neue Schöpfung. Eine Untersuchung zur Eleutheria bei Paulus und in seiner Umwelt (FRLANT 147), Göttingen 1989.

Kirchengeschichte

Martin Ohst

Freiheit zum Glauben oder Freiheit des Glaubens – Freiheit der Kirche oder Freiheit des Christen. Historische Perspektiven

> »Aber Freiheit ist ja ein anderes Wort für Subjektivität,
> und eines Tages hält die es nicht mehr mit sich aus,
> irgendwann verzweifelt sie an der Möglichkeit,
> von sich aus schöpferisch zu sein,
> und sucht Schutz und Sicherheit beim Objektiven.
> Sie erkennt sich selbst sehr bald in der Gebundenheit,
> erfüllt sich in der Unterordnung unter Gesetz, Regel, Zwang, System
> – erfüllt sich darin, das will sagen:
> sie hört darum nicht auf, Freiheit zu sein.«
> (Thomas Mann, Doktor Faustus, Kap. XXII)

1. Antike Grundlagen

Der Freiheitsbegriff hatte in der hellenistisch-römischen Welt drei Bezugsfelder. *Einmal* wurde derjenige Mensch als frei bezeichnet, der sich kraft seiner Stellung im Vollbesitz der Rechte und Entfaltungsmöglichkeiten befand, welche das Gemeinwesen, dem er angehörte, seinem vollberechtigten Glied zu vergeben hatte. Freiheit und Gesetz bzw. gesetzliche Ordnung sind somit als Wechselbegriffe verstanden, gemeinsam haben sie ihren Gegenbegriff in der tyrannischen Willkür auf Seiten des Einzelnen, der die gegebenen Ordnungen missachtet, bzw. auf Seiten des Gemeinwesens in einer Willkürherrschaft, welche die ihr durch die Gesetze gezogenen Grenzen missachtet. Das Gemeinwesen selbst wiederum ist Subjekt seiner eigenen Freiheit, weil und sofern ihm im geordneten Miteinander einer Mehrzahl von Gemeinwesen seine Selbstbestimmungsmöglichkeiten zukommen.

Von diesem rechtlich-sozialen Begriff der Ordnung unterscheidet sich *zum anderen* der von der stoischen Philosophie entwickelte Begriff der Freiheit des Subjekts. Er ist seinem sozialphilosophischen Pendant jedoch darin zutiefst verwandt, dass er Freiheit und Gesetz als Korrelatbegriffe fasst. Die persönliche Freiheit besteht in der Erkenntnis, der Anerkennung und der Achtung des umfassenden, gesetzhaft verfassten, natürlich-sozialen Weltzusammenhanges, als dessen Teil sich der Einzelne versteht; lebenspraktisch realisiert sich die Freiheit, indem der Einzelne die Pflichten und Möglichkeiten akzeptiert und realisiert, welche ihm seine rational verstandene Lebenswirklichkeit vorgibt: Er wird auf diese Weise frei von Ängsten und Illusionen.

Die transzendentale Grundlage dieser Freiheit, welche sich realisiert, indem der Mensch seinen Willen seiner verständigen Einsicht angleicht, markiert einen *dritten* Bezugshorizont des Freiheitsbegriffs: Dass der Mensch dies überhaupt kann, dass er sich selbst als von Lust und Angst getriebenes Wesen derart in die Zucht verständigen und vernünftigen Denkens zu nehmen vermag, ist das mit seinem Menschsein selbst gegebene Urdatum aller Freiheit, welches allen seinen Realisationsgestalten zugrunde und vorausliegt. Diese letzte und höchste Freiheit, sich seinem eigenen Wesen und seiner eigentlichen Bestimmung zuzuwenden, also die Freiheit zur Freiheit, ist dem Menschen als Menschen unverlierbar eigen. Weder kann sie ihm von außen genommen werden, noch vermag er sie sich selbst durch fortgesetzten Missbrauch zu verscherzen.

Diese drei Varianten des Freiheitsbegriffs – Freiheit als Chiffre für die geordneten Entfaltungsmöglichkeiten von Individuen und Institutionen, Freiheit als gestaltetes Verhältnis des Einzelnen zu sich selbst, zum Mitmenschen und zur Welt, Freiheit als Fähigkeit, sich selbst zu einer solchen Haltung zu bestimmen – walten auch in den einschlägigen Diskursen in der Kirchengeschichte.

2. Frühes Christentum

2.1. Paulus: Glaube als Freiheit

Die eben skizzierten Gehalte des Freiheitsbegriffs haben weder im Alten Testament und im Frühjudentum noch auch in der Verkündigung Jesu oder im Denken der ersten Christen begrifflich fixierte Entsprechungen.

Es war Paulus, der den Freiheitsbegriff in die Reflexionsformen des Glaubens an Jesus Christus einbezog – primär als Deutebegriff für die im Geiste geglaubte und erfahrene Selbstvergegenwärtigung des zum Herrn erhöhten Gekreuzigten: 2 Kor 3,6!

Die solchermaßen im Glauben an Jesus Christus gegründete Freiheit findet in ihrem Grund zugleich ihr Maß und Ziel: Die Freiheit ist Befreiung von der statutarischen Norm des Tora-Gehorsams sowie von den knechtenden Mächten der Sünde und der Welt, und als solche ist sie Bindung an Jesus Christus als den geisthaft-personalen Ursprung eines neuartigen Gesamtkonzepts der Lebensdeutung und -führung: Gal 6,3. Freiheit ist nicht solipsistische Bindungslosigkeit, sondern sie entsteht im Übertritt aus einem System zerstörerischer Bindungen in eine wahrhaft das Leben gewährende neue Bindung: Deshalb kann Paulus die Christen in und wegen der ihnen eröffneten Freiheit paradox als »Knechte/Sklaven der Gerechtigkeit« (Röm 6,18) bezeichnen, die dem »Gesetz Christi« (Gal 6,2) verpflichtet sind. Es gibt also eine offenkundige Strukturanalogie zwischen den beiden erstgenannten Varianten des antiken Freiheitsdenkens, dem politisch-sozialen und dem stoisch-individuellen einerseits, und dem des Paulus andererseits: Alle denken mit der Freiheit gleichursprünglich einen dieser vor- und aufgegebenen verbindlichen normativen Bezugsrahmen.

Der augenfällige Unterschied liegt im transzendentalanthropologischen Bereich: Nach stoischem Verständnis trägt jeder Mensch unverlierbar die Freiheit zum Freiwerden in sich, während nach Paulus die Freiheit ein göttliches Gnadengeschenk (vgl. Gal 5,1) ist, welches als Implikat der rein geschenkhaften Erlösung ausschließlich den von Gott in seinem souveränen Ratschluss Erwählten zuteil wird (vgl. Röm 8,29f.; 9,14–23) – ein Gedanke, der an Abgründe führt (vgl. Röm 11,33–36), deren religiöse und intellektuelle Anziehungskraft die wichtigsten christlichen Denker bezeugen und die dann auch immer wieder Kontroversen auslösten, weil sie auf irritierende Weise die Grenze alles kirchlichen Missions- und Erziehungswillens aufzeigten.

2.2. Verpflichtete Freiheit

Diese in Grenzbereiche theologischen Denkens führenden Impulse des Paulus haben vielleicht ein Echo in vergleichbaren Formulierungen im Johannesevangelium (vgl. Joh 8,32–36), stehen dort aber in andersartigen (dualistischen) Zusammenhängen. Insgesamt haben sie das Selbstverständnis und das Handeln der frühchristlichen Gemeinden nicht bestimmt. In Fortsetzung von deren ersten Zeugnissen (vgl. 1Thess 1,9f.) hat die urchristliche Missionsverkündigung Menschen auf ihr faktisch bislang verfehltes Leben angesprochen, und sie hat deren Ansprechbarkeit für das Evangelium schlicht vorausgesetzt: Das Ja zur christlichen Verkündigung wurde als menschliche Möglichkeit unreflektiert in Anspruch genommen.

Der die Bekehrung besiegelnden Taufe wurde die einmalige Vergebung aller bisherigen Sünden und eine gnadenhafte Steigerung der sittlich-religiösen Kräfte zugeschrieben: Die Getauften galten als frei in dem Sinne, dass sie befähigt waren, ein Leben ohne schwere Sünden gemäß den sich bald positivierenden und verfestigenden christlichen Normen zu führen (vgl. Eph 2,1–10). Die Probleme, die sich hier auftaten, konnten durch eine quantifizierende Betrachtungsweise bewältigt werden: Leichtere »Sünden« gehören zum Christenleben dazu (vgl. 1Joh 1,8–10); besonders schwere hingegen entlarven den Christen- und Heilsstand als Illusion (vgl. 1Joh 3,9). Die Freiheit des Getauften zur untadeligen Lebensführung ist unproblematische Voraussetzung. Sie impliziert auch die Möglichkeit, Einzelverfehlungen durch überpflichtmäßige Sonderanstrengungen auszugleichen (2Clem 16; vgl. auch 2Clem 8; vgl. schon Lk 11,33; 18,22). Deutlich greifbar ist hier eine quantifizierende Auffächerung der sittlichen Forderung (ganz anders z.B. Lk 17,7–10; Mt 5,48 als Zusammenfassung der Antithesen): Jenseits der für alle verbindlichen Grundstufe mit ihren Minimalanforderungen gibt es höhere Möglichkeiten christlich-ethischer Selbstverwirklichung, die mit besonderen Verheißungen verbunden sind. Die hier sich abzeichnende Stufenethik ist eine Grundlage des Mönchtums und damit eines ganz eigenen Freiheitsdiskurses innerhalb der Kirchengeschichte.

Die Freiheit des Getauften birgt aber auch die Gefahr des Selbstverlustes durch schuldhaft zurechenbare Verfehlungen, welche die Grenze des anderweitig Ausgleichbaren überschreiten. Für solche Fälle entsteht, zunächst als punktuelle Ausnahme stilisiert (»Hirt« des Hermas), die Möglichkeit der »Zweiten Buße«, in welcher auf eine mit der Taufe vergleichbare, aber auch sorgsam von ihr abzugrenzende Weise (vgl. Tertullian, *De paenitentia*) ein schmerzhafter Neuanfang sogar nach schwersten Verfehlungen ermöglicht wird.

In alledem gewinnt ein charakteristisches gedankliches Muster Konturen: Gott, der Schöpfer und Herr, gewährt Sündern durch seine endgültige Selbstkundgabe im Menschen Jesus Christus gnadenhaft die Möglichkeit der Umkehr, wobei in zunächst noch ganz unreflektierter Weise damit gerechnet wird, dass Sündermenschen auf die Buß- und Heilsverkündigung hin dazu auch fähig sind. Daraufhin empfangen sie im Ritus der Taufe mit der Vergebung aller bisherigen Verfehlungen eine Kräftigung ihrer Freiheit zum sittlichen Leben. So sind sie befähigt, ein irdisches Leben zu führen, das sie im Gericht der ewigen Seligkeit würdig macht. Vorgegebene, durch die Sünde zwar beeinträchtigte, aber nicht zerstörte menschliche Freiheit und göttliche Gnadenhilfe wirken so mit- und ineinander. Von der menschlichen Physis in alle natürlichen und geschichtlichen Dimensionen sich erstreckend, gilt die irdische Wirklichkeit als ontologisch gut. Als gewolltes Geschöpf des Vaters Jesu Christi ist sie den Christen als »versinnlichtes Materiale unsrer Pflicht« (Fichte, *Über den Grund unseres Glaubens* 353) gegeben und aufgegeben. Die relative Bevorzugung der Askese gegenüber der Ehe (vgl. 1 Kor 7) ändert daran nichts (vgl. Röm 1,20; 8,19–23; 1 Tim 4,4f.).

2.3. Freiheit und Determinismus

Ebenfalls sehr früh greifbar sind jedoch auch Strömungen, welche die sinnliche Welt, beginnend mit der eigenen Leiblichkeit, für die Erlösten radikal abwerten (vgl. die in 1 Kor 6,12–20 sichtbar werdende Position der Gesprächspartner Pauli): Freiheit ist dann (asketisch oder libertinistisch) zu lebende Freiheit von einer im Glauben radikal abgewerteten Welt, die keine positiven ethischen Aufgaben mehr stellt, weil sie ontologisch minderwertig und dem Verfall preisgegeben ist.

Im johanneischen Gemeindekreis haben dann unterschiedliche anthropologische und kosmologische Spielarten des Dualismus geherrscht, die im *Corpus Iohanneum* (»Johanneisches Schrifttum«) ihre Spuren hinterlassen haben: Bestimmte Menschengruppen gehören wesensmäßig immer schon dem »Licht« bzw. der »Finsternis« an; der Erlöser bringt lediglich diese feste Seinsordnung, in welcher der Einzelne sich immer schon vorfindet und der er nicht entgehen kann, zur klaren Erscheinung (vgl. Joh 3,19–21).

Dieser zwar deterministisch gedachte, aber doch noch ethisch reflektierte Dualismus wird überboten und überformt durch eine kosmologische Variante, welche die Grunddifferenz im Antagonismus zwischen dem wahren Gott und der gänzlich von minderwertigen oder gar bösen Wesen beherrschten »Welt« lokalisiert. Der Erlöser, dessen menschlich-leibliche Existenz nur täuschender Schein ist (Doketismus), kommt von einem radikal weltüberlegenen und weltfremden Gott her in die Welt, um die ontologisch immer schon zu Gott Gehörigen, die dort in der feindlichen Fremde leben, in ihre wahre Heimat zu rufen und zu geleiten. Bestimmte Lehrer und Gruppen in einigen christlichen Gemeinden – die relativ deutlichsten Quellenzeugnisse haben wir für Rom und die ägyptische Weltstadt Alexandria – haben diese religiös-intellektuellen Ansätze weiter ausgebaut: Es entstanden die großen theologisch-kosmologischen Systementwürfe der christlichen Gnosis. Unter Rückgriff auf Motive platoni(sti)scher Philosophie und unterschiedlicher orientalischer Mythen haben sie biblische Erzähltraditionen und christliche Theologumena in weit ausgreifende Systeme verwoben, welche beanspruchen, die gegenwärtige Misere menschlicher

Existenz zu verstehen und zu erklären: In bestimmten Menschen leidet ein göttlicher Licht- und Wahrheitsfunke, der als Resultat einer vom Menschen gänzlich unverschuldeten, vorzeitlichen und überweltlichen Katastrophe in das Gefängnis des ihm zutiefst ungemäßen leib-seelischen Wesens eingelassen ist. Das Leiden indiziert Erlösungsbedürfnis und Erlösungssehnsucht. Die Erlösung geschieht, indem, beginnend mit der Sendung eines rein geisthaften Erlösers durch den rein geisthaften Gott, der Ruf zur befreienden Einsicht, zur »Erkenntnis« (*gnosis*) ergeht: Die existentiell angeeignete Einsicht in die Ursachenzusammenhänge ermöglicht die Loslösung aus und Befreiung von deren verderblichen Wirkungen, die Einkehr des Licht- und Wahrheitsfunkens in seinen göttlichen Ursprung. Die Einsicht in die übergreifenden Zusammenhänge erlöst und befreit. Auf das Leben der Erlösten und Befreiten in der gegebenen gegenständlichen Welt senkt sich das Halbdunkel der Uneigentlichkeit. Meistens realisierte sich diese Haltung wohl in radikaler Askese; zügellosen (sexuellen) Libertinismus gab es zumindest unvergleichlich viel seltener, als die altkirchlichen Polemiker wahrhaben wollten.

Wie ja überhaupt die katholische Kirche sich ausbildete, indem bestimmte gnostische Strömungen und Gemeinschaften sowie vergleichbare Gruppen (Kirchenreformversuch Markions) aus den Gemeinden ausgeschieden wurden bzw. ausschieden, so nahm auch ein eigentlich theologisches Nachdenken über die Geschöpflichkeit und Freiheit des Menschen in diesen Auseinandersetzungen seinen Anfang, indem bloße Behauptungen (vgl. 2 Clem 9) in theoretisch-systematische Ansätze überführt wurden, die, offen oder verdeckt, auch auf philosophische Denkmuster Bezug nahmen.

Justin stützt die Behauptung, dass die Menschheit insgesamt und jeder einzelne Mensch mit der ethisch-religiösen Wahlfreiheit ausgestattet ist und deswegen rechtmäßig Lohn und Strafe für den richtigen Gebrauch bzw. den Missbrauch dieses Freiheitsvermögens empfängt, zunächst auf Prophetenworte (vgl. Justin, *Apologiae pro Christianis* 43). Aber damit nicht genug: Er konstatiert, dass diese Einsichten auch, beginnend mit Platon, von vorchristlichen Philosophen und Dichtern ausgesprochen worden sind, welche diese Wahrheiten allerdings ihrerseits von Mose und den Propheten übernommen haben. Kategorische, unabwendbare Strafandrohungen Gottes, so Justin weiter, dürfen mitnichten dahingehend missverstanden werden, als determiniere Gott Menschen zur Verfehlung und zur Strafe: Auch hier appelliert Gott an die Wahlfreiheit, er sieht allerdings kraft seiner Allwissenheit von Ewigkeit her voraus, welcher Mensch diese Freiheit wie gebrauchen und deshalb Lohn oder Strafe empfangen wird (vgl. ebd. 44). Hier liegt also schon das gedankliche Muster fertig vor, nach welchem dann immer wieder Aussagen über Gottes Vorherbestimmung (Prädestination) in solche über sein der menschlichen Wahlfreiheit als eigenständiger Wirkursache Raum gebendes Vorherwissen (Präszienz) überführt werden.

Gegen Markion, der behauptet hat, der Mensch werde durch Jesus Christus, den Abgesandten des zuvor gänzlich unbekannten Gottes, aus der Herrschaft seines inferioren Schöpfers und seines knechtenden Gesetzes erlöst und befreit, insistiert Tertullian darauf, dass der gute Schöpfer den Menschen als sein Ebenbild geschaffen und ihn mit der Freiheit und deren notwendigem Korrelat, dem Gesetz, begabt hat. Weder ontologisch begründete Schwäche noch Unwissenheit hat den Sündenfall herbeigeführt, sondern die freie Entscheidung des Menschen. Zwar hat ihn der böse Engel verführt, aber der Mensch, dem Gott die Weltherrschaft anvertraut hatte, war dennoch stärker! Und auch der gegenwärtige Mensch ist genauso ausgestattet: Er kann den Teufel besiegen, wenn er seine Freiheit gemäß dem Gesetz Gottes gebraucht (vgl. Tertullian, *Adversus Marcionem* II 8).

Origenes knüpft deutlich an philosophische Vorgaben an, wenn er argumentierend darlegt, dass es geradezu das Wesen des Menschen ausmacht, vernünftig gute Handlungsziele von schlechten zu unterscheiden und unter Berücksichtigung der gegebenen äußeren Bedingungen die guten zu realisieren: Allein diese Fähigkeit macht ihn zum sittlich zurechnungsfähigen Subjekt (vgl. Origenes, *Von den Prinzipien* III 1,3.5)! In einem vielstimmigen Chor von Zeugnissen bestätigt die Bibel diese Einsicht (vgl. ebd. III 1,6). Nur scheinbar determiniert Gott Menschen zu ihrem eigenen Verderben, indem er sie verstockt oder sie ihrem Irrtum überlässt. In weit ausgreifenden exegetischen und systematischen Reflexionsgängen macht Origenes klar, dass es sich hierbei immer nur um zeitweilige Erziehungsmaßnahmen handelt, welche Gottes Gesamtziel, der Allversöhnung, ein- und untergeordnet sind. Und dieses Ziel erreicht Gott, indem er als kluger, individuelle Vorgaben achtender Erzieher und Bildner mit dem Vermögen der Menschen zur Selbstbestimmung kooperiert (vgl. ebd. III 1,8–16). – Indem Gottes Erziehungshandeln vom Globalziel der Selbstdurchsetzung von Gottes Willen in der Allversöhnung her rekonstruiert wird, offenbart dann allerdings das Gedankengebäude des katholisch-kirchlichen Gnostikers, welches scheinbar auf der transzendentalanthropologisch aufgefassten Freiheit beruht, wieder subtil deterministische Strukturen.

Diese anthropologischen und theologischen Theoriebildungen, welche betonen, dass Gott in seiner Allmacht gleichsam der menschlichen Entscheidungsfreiheit Räume zur eigenständigen Setzung von Ursache-Wirkungs-Zusammenhängen gewährt, stehen in deutlicher Spannung dazu, dass die Kirche den in ihr wirksamen Institutionen der Heilsvermittlung und des Heilsempfangs strikte Heilsnotwendigkeit zuschreibt. Es sind ja die Sündenvergebung und die Steigerung der religiös-sittlichen Kräfte, die überhaupt erst ein Leben möglich machen, das für die Seligkeit qualifiziert. So besteht die Heilsbedeutung der Freiheit als einer dem Menschen als Menschen unverlierbaren konstitutiven Eigenschaft letztlich doch allein darin, dass sie die Zustimmung zum Heilsangebot in der kirchlichen Verkündigung erschwingt und dann die in der Taufe mitgeteilten Kraftsteigerungen verantwortlich bewahrt und einsetzt, wobei dem strebenden, kämpfenden Menschen weitere Gnadenhilfen (Buße) gewährt werden, die ihn im rechten Gebrauch seiner Freiheit unterstützen.

3. Augustin

3.1. Horizonte

Das Lebenswerk Augustins markiert an dieser Stelle einen deutlichen geschichtlichen Einschnitt. Es hatte in der lateinischen Kirche des römischen Westens seinen Entstehungskontext, und in den lateineuropäischen Folgebildungen des *Imperium Romanum* entfaltete es seine unermesslichen Wirkungen, während es im griechischen Osten, der sich kirchlich wie politisch gänzlich anders entwickelte, keine vergleichbare Resonanz hatte.

Augustin erhob das Nachdenken über die transzendentalanthropologische Variante des Freiheitsbegriffs auf eine neue Ebene und eröffnete dem Verständnis des gelebten christlichen Glaubens und seiner Freiheitsverheißungen neue Vertiefungsmöglichkeiten. Und er bildete, ältere Traditionen aufnehmend, das theologische Selbstverständnis der katholischen Kirche in einer Weise fort, ohne welche der prononcierte Begriff der Freiheit der Kirche seit dem hohen Mittelalter nicht zu verstehen wäre.

3.2. Entwicklungsstufen

Seinen transzendentalanthropologischen Freiheitsbegriff hat Augustin in einer Reihe von Anläufen ausgearbeitet, die jeweils zu deutlich unterschiedlichen Resultaten führten. Da diese unterschiedlichen Varianten für die Wirkungsgeschichte insofern wichtig sind, als sie einander überlagerten bzw. auch gegeneinander ausgespielt wurden, muss an dieser Stelle die genetische Perspektive berücksichtigt werden.

Augustins Neuaufbruch im Denken über die Freiheit ist allein *theo*logisch angemessen zu verstehen, d.h. in strengem Bezug auf Augustins sich stufenweise durchklärende Fassung des Gottesbegriffs.

Am Anfang von Augustins Denkweg stand die Frage nach der Herkunft des Bösen: Dessen unzweifelhafte Realität schien ihm den katholischen Glauben seiner Kindheit an den einen Schöpfer-, Erhalter- und Erlösergott Lügen zu strafen. Jahrelang gehörte er der spätgnostischen Gegenkirche der Manichäer an. Deren Lösungsangebote auf der Grundlage des ontologischen und mythologischen Dualismus befriedigten ihn jedoch auf Dauer weder religiös noch intellektuell.

Neue Denk- und Verstehenshorizonte eröffnete ihm die Philosophie des Neuplatonismus, welche er in einer ihrer frühen katholischen Rezeptionsgestalten im Kreise um den Mailänder Bischof Ambrosius kennen lernte: Der Eine Gott ist das Sein selbst, der

Ursprung und die Quelle allen Seins, das von ihm ausgehend sich in die unermessliche Fülle seiner unsichtbaren und sichtbaren Erscheinungen auseinanderlegt. Alles, was ist, ist in sich ontologisch gut, weil es aus dem Sein selbst durch Schöpfung/Emanation hervorgeht. Lediglich die Intensität der Gutheit nimmt quantitativ ab, je weiter ein Seiendes von seinem göttlichen Ursprung entfernt ist. Das Böse selbst hat gar kein Sein, es ist das Nichtsein, die in sich wesenlose Verneinung des Seienden bzw., bildlich gesprochen, der »Raub am Guten« (*privatio boni*).

In Auseinandersetzung mit dem Manichäismus nutzt Augustin diese gedanklichen Möglichkeiten, um im Problem des Bösen die religiös-ethischen und die ontologischen Implikationen voneinander zu sondern (vgl. Augustin, *De libero arbitrio* 388–395): Wenn der Mensch in sich einkehrt und sich im Kontrast zu den unbelebten und belebten Wesen außerhalb seiner selbst betrachtet, dann wird er seiner selbst als eines geistig-vernünftigen Wesens inne. In der Ordnung des Seins hat er allein Gott über sich, welcher über ihn zu bestimmen vermag – alle anderen Wesen sind mit ihm auf einer Rangstufe, oder sie sind ihm nachgeordnet. Als geistig-vernünftiges Wesen erkennt der Mensch zugleich, dass er ein Willenswesen ist: Er findet sich im Prozess der Selbsterkenntnis immer schon als ein Wesen vor, welches sich strebend auf ein Etwas außerhalb seiner selbst bezieht, von dem es sich durch Besitz oder Teilhabe die noch ausstehende Vollendung seiner selbst erwartet (*beatitudo*/»Glückseligkeit«). Faktisch richtet sich dieses Streben immer schon auf Gegenstände, welche in der Ordnung des Seins unterhalb des geistig-vernünftigen Menschenwesens stehen. Sie sind unstet, flüchtig und trügerisch und können das an sie sich heftende Glückseligkeitsstreben nur enttäuschen. Den Grund seines Unglücks erkennt der Mensch darin, dass er seinen Willen nicht dem höchsten, unveränderlichen und unvergänglichen Gut, Gott selbst, zugewandt hat, sondern den untergeordneten Gegenständen, die zwar als Geschöpfe ontologisch zweifellos gut sind, aber dem Menschen zum Bösen ausschlagen, weil und sofern er sie nicht als Mittel zu übergeordneten Zwecken gebraucht (*uti*/»gebrauchen«), sondern sie zu Zwecken an sich erhebt (*frui*/»genießen«). Sein Unglück schreibt sich der Mensch selbst zu, und zwar als Resultat einer von ihm selbst durch Missbrauch seiner ihm von Gott eingestifteten Wahlfreiheit vollzogenen Fehlentscheidung, durch welche er die wahre Freiheit, das Leben in der strikten Ausrichtung des Willens auf Gott und damit den wahren Ursprung der Glückseligkeit, verspielt hat. Darauf, dass diese Selbstverfehlung des Menschen wahrhaft und allein im Missbrauch seiner Wahlfreiheit gründet, verwendet Augustin viel argumentative Mühe: Ontologisch gleich- oder minderrangige Wesen konnten auf den Menschen keinen Zwang ausüben, und dass Gott, der wesenhaft Gute und Gerechte, den Menschen in die Selbstverfehlung geleitet hätte, ist undenkbar. Sicher, kraft seiner Allwissenheit weiß Gott von Ewigkeit her um des Menschen Selbstverfehlung und die ihr inhärenten Straffolgen: Aber Gottes Vor*wissen* ist von jedem Vorher*bestimmen* begrifflich und sachlich strikt zu unterscheiden. Erlösung geschieht dadurch, dass es dem Menschen durch die göttliche Gnadenhilfe, also, verkürzt gesagt, durch die der Kirche anvertraute Heilswahrheit und die sie zueignenden Gnadenmittel, ermöglicht wird, seine Fehlentscheidung zu revidieren. Möglich ist das, weil und sofern dem Menschen die Entscheidungsfreiheit als unzerstörbares Konstitutivum erhalten bleibt, wenn sie auch durch Adams Sündenfall geschwächt ist.

Die hier entwickelten Grundgedanken hat Augustin nie wieder preisgegeben, aber er hat sie in den folgenden Jahren bis zur Unkenntlichkeit umgewichtet und gegeneinander verschoben. Maßgeblich hierfür waren die Impulse aus mehreren Phasen der intensiven Beschäftigung mit dem Verständnis Gottes und des Menschen, wie es sich in der Geschichtstheologie und Rechtfertigungslehre des Paulus entfaltet. Inhaltlich führte das dazu, dass Augustin die positiven Freiheitspotentiale des natürlichen Menschen immer weiter restringierte und der göttlichen Gnadeninitiative größere Wirkungen zuschrieb.

Das freie Entscheidungsvermögen kommt im wirklichen Menschen immer schon als ein faktisch missbrauchtes zum Bewusstsein. Diesen Missbrauch identifiziert Augustin nun mit dem Sündenfall der Stammeltern am Anfang der Geschichte: Der Mythos der Genesis vom Sündenfall, den Augustin allerdings immer schon im Lichte seiner paulinischen Auslegungen (vgl. Röm 5; 1 Kor 15) liest, rückt vom Rand der Argumentationen Augustins in deren Zentrum. Adam kommt als der in Betracht, *in quo omnes peccaverunt* (»in dem alle gesündigt haben«) (Röm 5,12 Vg). Jeder Mensch ist als Mensch in Adams Selbstverfehlung von Anfang seiner Existenz an mitverwickelt; das kann Augustin auch als gleichsam genetisches, durch die geschlechtliche Fortpflanzung vermitteltes Erbe (*tradux peccati*/»Übertragung der Sünde«) bezeichnen. Das mit Adam verwirkte Menschheitsverhängnis hat seinen Grund im Missbrauch des freien Willens, in der »Gier« (*concupiscentia*), die sich in fehlgeleitetem Glückseligkeitsstreben den vergänglichen Gütern zuwendet. Dieser Missbrauch des freien Willens wirkt auf ihn selbst zurück. Die Abwendung vom Guten lähmt die Freiheit zum Guten. Theologisch bzw. paulinisch heißt das: Gottes heiliges, gutes und gerechtes Gesetz, das zuerst und zuletzt die reine Gottes- und Nächstenliebe fordert, kann der Mensch nur stückweise und gegen dessen eigentliche Leitintention, also ungeistlich, erfüllen.

Mit der von Adam erstmals betätigten sündhaften Gier, in der der Mensch sein will wie Gott, und mit dem durch sie gelähmten Vermögen der Entscheidung für Gott kommt jeder Mensch zur Welt. Missetat und Straffolge, Erbsünde und Erbschuld bilden jeweils eine Einheit, und darum liegt es in der Ordnung seiner insgesamt sehr guten Schöpfung, wenn Gott die in und mit Adam in Sünde Gefallenen der Strafe zeitlicher und ewiger Selbstverfehlung einschließlich ihrer quälenden Folgen überlässt.

Im Kontrast dazu steht Gottes Gnade, welche in grundloser Barmherzigkeit einige Sünder zu einem Gebrauch ihres Entscheidungsvermögens befreit, welcher es ihnen ermöglicht, die wahre Freiheit in der Hinordnung des Willens auf den Schöpfer auf Erden anfangshaft und in Ewigkeit vollkommen zu realisieren; in dogmatischer, an Paulus geschulter Sprache: Gott gibt dem Menschen seine Gnade, damit der das Gesetz seinem wahren, geistlichen Sinn nach als wahrhaft Freier erfüllen kann, und zwar in einem Prozess, der mit der Gabe des Glaubens beginnt und erst in der ewigen Vollendung zum Ziel kommt. Hier liegt die Wurzel aller mittelalterlichen und reformatorischen Rechtfertigungslehren, die jeweils auch Theorien über die Konstitutionsbedingungen und die Reichweite der spezifischen Freiheitsverheißungen des christlichen Glaubens sind.

Adressat der göttlichen Gnade ist die menschliche Freiheit als Entscheidungsvermögen, ihr Ziel ist dessen Freisetzung zur wahren Selbstverwirklichung, die allein in der gehorsam-demütigen Ausrichtung des Willens auf Gott besteht.

In einer ersten Phase seines von Paulus bestimmten Denkens räumte Augustin dem Entscheidungsvermögen des Menschen die Möglichkeit ein, sich für oder gegen den Ruf zum Glauben zu entscheiden. Der Mensch kann gleichsam Gott die Wirkungsmöglichkeit einräumen oder verweigern. Hierbei blieb er nicht stehen: Auch der rechtfertigende Glaube ist Gottes souveräne Gabe – was der Mensch allein erschwingen kann, ist der in sich selbst immer noch ohnmächtige *Wille* zum Glauben. So bleibt bei höchstmöglicher quantitativer Steigerung dessen, was Gott zusteht, doch der menschlichen Freiheit eine wenn auch noch so formale, rudimentäre, so doch konstitutive Mitwirkung eingeräumt. Die Aussagen des Paulus über Gottes Vorherbestimmung legt Augustin in herkömmlicher Weise als Angaben über Gottes Vorherwissen um die menschlichen Entscheidungen aus.

Der qualitative Umschlag erfolgte, als Augustin sich 396 auf eine Anfrage des Mailänder Klerikers Simplician hin Wort für Wort in die abgründigen Aussagen des Paulus über Gottes freie, durch keinerlei menschliches Wollen und Verhalten bedingte Gnadenwahl (vgl. Röm 9,19–29) vertiefte – mit der Absicht, wie er später bezeugte, das »freie Entscheidungsvermögen des menschlichen Willens« zu erweisen – »aber Gottes Gnade trug den Sieg davon« (Augustin, *Retractationes* II 1,1): Das äußere Hören und das geistig-vernünftige Verstehen der Heilsbotschaft lassen den Menschen in seiner Willensrichtung so, wie er ist, wenn nicht die Gnade Gottes selbst in Seelenschichten, welche sich der vernünftig verstehenden Einsicht entziehen, also nur transzendentalpsychologisch erschließbar sind, den Willen zum Glauben freisetzt. Zu beachten ist: Das freie Entscheidungsvermögen des Menschen ist auch hier notwendige Bedingung, wenn auch nur, sofern es der Gnade zunächst als Ort und Werkzeug ihrer Wirkungen dient, welche dann den Menschen in die Freiheit der Willensausrichtung auf Gott führen und in ihr erhalten.

Damit ist der Begriff der Gnade als Chiffre, die Gottes Willen, sein Handeln und dessen Mittel einschließt, auf eine neue Reflexionsstufe erhoben: Er umfasst Gottes ewigen Ratschluss ebenso wie dessen souveräne geschichtliche Selbstdurchsetzung – zunächst in der Geschichte des alttestamentlichen Gottesvolkes verborgen, dann in der Sendung Jesu Christi und in der Stiftung der Kirche offenbar. Er umfasst aber auch das Wirken Gottes auf die Vernunft und den Willen des individuellen Menschen, welches sich offen in der Verkündigung und den Gnadenmitteln der Kirche, verborgen im Wirken des Geistes auf die Seele vollzieht.

Dieses Gnadenwirken Gottes trifft nicht nur punktuell auf den zum Heil erwählten Menschen, sondern es waltet in seinem ganzen Leben. Es leitet und bestimmt den Menschen auf geheimnisvolle Weise in den innerlichsten Bewegungen der Subjektivität wie in den äußerlichen Schickungen des Lebensganges und erschließt sich im Nachhinein im meditierenden Hören auf Gottes Selbstkundgabe in der Schrift: Das ist Thema und These von Augustins *Bekenntnissen* (Augustin, *Confessiones* 396–398).

Geschichtlich vorbereitet waren diese Gedanken einerseits durch die allgemein herrschende katholisch-kirchliche Überzeugung von der Heilsnotwendigkeit der göttlichen Gnade in der Taufe, also in der Sündenvergebung und Geistmitteilung, und Augustin konnte auch andererseits an ältere Ansätze anknüpfen, die das allbedingende Walten Gottes nach neuplatonischem Verständnis auf den Glaubens- und Heilsweg des Christen anwandten. Trotzdem war seine Zuspitzung der Heilsfrage allein auf die als Wirken des allbedingenden Gottes auf die einzelne Seele verstandene Gnade revolutionär: Gott appelliert nicht an eine Instanz im Menschen, welche frei ihren Gehorsam zollt oder verweigert, sondern Gott setzt an seinem Geschöpf seinen ewigen Ratschluss in die Tat um, wobei die subjektiv freien Regungen des Subjekts der Durchsetzung des Ratschlusses dienen. Eine Ausnahme bildet allein die kontingente Entscheidung Adams: Sie stellt es sicher, dass die Entscheidungsfreiheit keine bloß pro forma mitgeführte Größe in einem rein deterministischen System wird, und ist insofern ein wichtiges Kontinuitätsmoment in den Wandlungen von Augustins Freiheitsbegriff.

3.3. Kontroversen

Besonders an Augustins autobiographischer Reflexionsgestalt seiner Freiheits- und Gnadenlehre entzündete sich Widerspruch, den zunächst Pelagius, ein Theologe und Seelenführer wohl irischer Herkunft, und dessen Schüler Caelestius formulierten. Während sie beide Augustin explizit vom Standpunkt des harten, konsequenten Asketismus und seiner besonderen Heilserwartungen her kritisierten, nahm Julian von Aeclanum einige ihrer Argumente auf, verwob sie jedoch in ein Plädoyer zugunsten einer sich auf Gottes Schöpferwillen berufenden christlichen Durchschnittssittlichkeit ohne höhere asketische Ambitionen.

Die Argumente dieser Gegner trafen Augustin besonders schmerzlich, führten sie doch geschickt seine erste Lehrgestalt gegen deren spätere Modifikationen ins Feld: Gott hat den Menschen gut und entscheidungsfrei geschaffen. Weder die Sünde Adams noch die Sünden aller Späteren, die faktisch aus eigener Entscheidungsfreiheit Adams verderblichen Spuren gefolgt sind, haben den ontologischen Charakter der Menschheit geändert: Jeder Mensch wird frei geboren, und ihm eignet die Freiheit zur willentlichen Umkehr, solange Gott ihm das Leben fristet. Zur in der Schöpfung wirksamen Gnade kommt Gottes gnädige Selbstkundgabe hinzu: Um den schwächelnden Menschen im rechten Gebrauch seiner Freiheit zu stützen, hat er ihm seinen kodifizierten Willen im Gesetz an die Hand gegeben. Auch damit nicht genug: In der Taufe findet rein gnadenhaft die Rechtfertigung des Menschen statt; ohne jegliche Vorleistung werden ihm, allein auf seinen Glauben hin, alle bisherigen Sünden vergeben und alle Strafverhaftungen getilgt. Er kann, gestärkt und befreit, Gottes Willen in einem neuen Leben erfüllen, und es gibt keine stichhaltigen Gründe gegen die Annahme, dass er im irdischen Leben schon zur religiös-sittlichen Vollendung kommt, wenn er sich nur hinreichend bemüht.

Augustin hat die folgenden jahrelangen Auseinandersetzungen zum Anlass genommen, seine Theorie weiter auszubauen und zuzuspitzen. Die Erwählung zum Heil ist nicht auflösbar in ein bloßes Vorherwissen Gottes darum, wer sich dem Heilsangebot zuwenden wird, sondern sie impliziert die aktive Bestimmung aller derer und jedes Einzelnen, die zum Heil gelangen werden: Die Erwählung ist Prädestination zum Heil für relativ wenige und im Umkehrschluss Prädestination der Mehrheit zur Verdammnis, obwohl Augustin vor diesem Ausdruck zurückschrickt und lieber von »Übergehung« (*praeteritio*) spricht. Dass ein Mensch durch Gottes in und an ihm wirkende Gnade zum Heil gelangt, ist auf jeder Stufe des Prozesses Resultat seines frei-souveränen Waltens, dem der Mensch nicht einmal wirksamen Widerstand entgegensetzen kann (*gratia irresistibilis*/»unwiderstehliche Gnade«). Gott seinerseits kann jedoch auch die Gnade entziehen, und daher ist auch das Verharren in der Gnade bis zum Ende eine freie Zuwendung Gottes, das »Geschenk der Beharrlichkeit« (*donum perseverantiae*). Gottes Heilswille ist also auf die Erwählten beschränkt, und Bibelstellen, die scheinbar dessen Allgemeinheit verkünden (vgl. 1 Tim 2,4), müssen als rhetorisch überschwängliche Formulierungen auf ihren Sachkern reduziert werden, hier: Gott will, dass Menschen jeden Geschichtsalters und jeden Lebensstandes gerettet werden.

3.4. Der Lebensraum und die Lebensgestalten der Freiheit

Aus Augustins Lehre, dass der Mensch allein dadurch zur heilsamen Freiheit der Hinwendung seines Willens zu Gott gelangt, dass Gott selbst dessen stillgelegtes freies Entscheidungsvermögen entriegelt und in ihm die Entscheidung zum Guten freisetzt, folgt, isoliert und für sich betrachtet, dass alles missionarische und erzieherische Tun der Kirche überflüssig, ja, nichtig ist: Es kann ja an Gottes ein für alle Mal gesetztem Ratschluss, der sich mit eherner Notwendigkeit vollziehen wird, nichts ändern. Mehr noch: Diese ganze Betrachtungsweise kann Gottes gesamtes Heilshandeln ins fahle Licht der Uneigentlichkeit tauchen.

Augustin, selbst als Bischof unermüdlich praktisch sowohl seelsorgerlich-pädagogisch als auch kirchenpolitisch im Dienste der gegebenen *ecclesia catholica* (»katholische Kirche«) wirkend, hat diese Konsequenz nicht gezogen. Er hat Gottes geschichtliches Heilshandeln im Großen wie im Einzelnen eben als die Verwirklichung von Gottes ewigem Ratschluss in Raum und Zeit gedeutet und seine Theorie von Anfang an scheinbar mühelos in die religiösen und theologischen Selbstverständlichkeiten der Kirche eingepasst.

Augustin hat immer angenommen, dass die göttlichen Gnadenwirkungen zwar nicht mit der kirchlichen Verkündigung und den Sakramenten identisch sind, aber mit ihnen doch in aller Regel faktisch derart zusammenfallen, dass Gott denen, die er begnaden will, seine Gnade so schenkt, dass sein Gnadenwirken in Parallele zum Verkündigungs- und Sakramentshandeln der Kirche verläuft. Im Donatistenstreit hat er, ältere Ansätze aufnehmend und zuspitzend, immer wieder das Argument zur Geltung gebracht, dass die Zugehörigkeit zur *Catholica* eine notwendige, wenn auch nicht die hinreichende Voraussetzung für den Empfang des Heils sei.

Sodann gilt, dass auf Erden niemand zur Gewissheit darüber zu gelangen vermag, ob er zur Zahl der zum Heil Prädestinierten gehört. Wer von dieser Frage angerührt ist, wird auf die Kirche verwiesen: In ihr wirkt Gottes Heilswille, und als Verkünderin und Auslegerin des göttlichen Heilshandelns weist sie der gnadenhaft empfangenen Freiheit der Zuwendung zu Gott die Aufgabenfelder und die Normen ihrer Selbstverwirklichung an: Als Ethiker und als Seelsorger setzt Augustin immer einen gegebenen Kanon an gegebenen Regeln voraus, in welchen die Kirche der im Werdezustand befindlichen Freiheit des Christen, wie er sie versteht, ihre Wirkungs- und Entfaltungsräume zuteilt. Die gemeinkatholische Grundanschauung, dass gutes Handeln bei Gott Verdienste erwirbt, hat Augustin nie bestritten. Er hat sie lediglich gnadentheologisch eingehegt, indem er immer wieder darauf hinwies, dass es ohne Gnade kein Verdienst geben kann, dass also aus dem Blickwinkel der Souveränität Gottes menschliche Verdienste seine eigenen Gaben sind, denen er trotzdem Lohn gibt: »Was ist das Verdienst des Menschen vor der Gnade? Durch welches Verdienst erlangt er die Gnade, da doch allein die Gnade jedes gute Verdienst in uns bewirkt? Und wenn Gott unsere Verdienste krönt, krönt er dann nicht etwa nur seine eigenen Werke?« (Augustin, *Epistola CXCIV* 5,19). Die gnadenhaft geschenkte Freiheit im Gehorsam gegen Gott und seinen Willen realisiert sich faktisch in unterschiedlichen Graden der Folgerichtigkeit und Vollständigkeit, und so kann sich die hergebrachte Stufenethik auf den von Augustin erneuerten Grundlagen problemlos weiter entfalten – Augustin selbst war ja Mönch und hat die Anforderungen und die Verheißungen dieses Lebensstandes ungebrochen ernst genommen. So wird gerade für den Gnadentheoretiker Augustin die verfasste Kirche zu dem Ort, an dem der durch die Gnade zum Dienst befreite Wille Direktiven und Hilfen für den lebenslangen, durch Konflikte und Krisen aller Art gefährdeten Prozess seiner heilsamen Verwirklichung erhält.

So verschieden die Lebensmöglichkeiten der werdenden Freiheit der Art und dem Grad nach sind, welchen die Kirche in sich Raum gewährt – sie ist doch bzw. gerade deshalb in ihrem innersten Wesen, wie es durch ihre Stellung in Gottes Weltplan bestimmt ist, eine sichtbare institutionelle Einheit.

3.5. Rückblick und Ausblick

In Augustins Lebenswerk werden die drei eingangs entwickelten Bezugsfelder des Freiheitsbegriffs für die westliche Christenheit unter Aufnahme älterer Traditionen neu strukturiert – und zwar so, dass hier entscheidende Weichenstellungen bis in die Reformation und in den modernen Katholizismus hinein erfolgten.

In den von Augustin gewiesenen Bahnen verliefen in der katholischen Kirche des weströmischen Reiches bzw. im lateineuropäischen Kulturraum die Debatten über die menschliche Willensfreiheit, also über die transzendentalen Möglichkeitsbedingungen christlichen Glaubens und christlicher Existenz. In den Diskursen über die Freiheit der Kirche im Verhältnis zu anderen Institutionen und in ihrem erzieherischen Handeln an ihren Gliedern sind allenthalben Impulse Augustins wirksam. Endlich knüpft die im abendländischen Mönchtum immer wieder bedachte besondere Freiheitsverheißung christlichen Lebens im Verhältnis des Einzelnen zu sich selbst, zum Nächsten und zur Welt an Augustin an.

4. Die westliche katholische Kirche

4.1. Die Willensfreiheit und die Gnade

4.1.1. Die Kirche und die Gnade

In Augustins letzten Lebensjahren und nach seinem Tode erhoben südgallische Mönche, die man seit dem 16. Jahrhundert sehr ungenau als »Semipelagianer« bezeichnet, Widerspruch gegen Augustins Prädestinationslehre: Gottes Gnadenwille sei universal, er wende sich an das freie Entscheidungsvermögen im Willen des Menschen, das durch Adams Fall zwar geschwächt und der selbständigen Zuwendung zum Guten unfähig sei, aber immerhin mit der Gnade kooperieren könne und müsse (vgl. Arnold 1894: 312–372). Die Prädestinationsvorstellung wurde zum Vorwissen Gottes um die Entscheidungen umgeprägt bzw. abgelehnt, ebenso die These, gegen Gottes Gnade könne der Mensch keinen Widerstand leisten.

Am Ende der Streitigkeiten standen die *Canones* (»Rechtssätze«) einer Synode in Arausiacum/Orange (529). Sie betonen, dass der göttliche Gnadenwille bei der Rettung des Menschen auf jeder Stufe seines Verwirklichungsprozesses den ersten Schritt tue; ohne seine vorausgehende Initiative könne der menschliche Wille nichts zu seiner eigenen Befreiung beitragen. Allerdings identifizieren die *Canones* den göttlichen Gnadenwillen durchgängig mit den kirchlichen Akten der Heilsvermittlung, welche in der Taufe kulminieren. Sie beziehen sich auf einen Geltungsbereich, in dem praktisch jeder Mensch getauft ist. Damit verflüchtigen sich die Fragen nach der Prädestination und nach der Möglichkeit, der Gnade zu widerstehen, ganz zu Theoriegebilden fern der gelebten Wirklichkeit, und im Blick auf die Getauften, also praktisch für alle Menschen, die die Synode vor Augen hat, formuliert die Schlussbestimmung: »Gemäß dem katholischen Glauben glauben wir, dass nach der Taufe alle Getauften mit Christi Hilfe alles erfüllen können und müssen, was zum Seelenheil gehört, wenn sie sich denn nur getreulich bemühen wollen. Dass aber einige durch Gottes Macht zum Bösen vorherbestimmt sein sollen, das glauben wir nicht nur nicht, sondern wenn es denn Böse geben sollte, die das behaupten wollen, so schließen wir sie mit aller Abscheu aus der Gemeinschaft der Kirche aus (*ana-*

thema dicimus/»Wir sprechen die Verfluchung aus«)« (2. Synode von Orange, *Schlusswort*; DH 397).

Damit sind für das kirchliche Selbstverständnis und das kirchliche Handeln in einer Gesellschaft, die praktisch nur aus getauften Christen besteht, alle Verunsicherungen, die sich aus der augustinischen Lehre vom durch die Sünde gebundenen Entscheidungsvermögen und von der Prädestination ergeben könnten, stillgestellt. Der institutionellen Kirche, die ja der Inbegriff aller von Gott dem Menschen zugewandten Gnadenangebote ist, wird ihre seelsorgerliche und erzieherische Verantwortung eingeschärft.

Für das Selbstverständnis der katholischen Kirche des Mittelalters und der Neuzeit sind diese Leitlinien bestimmend geblieben. Die Predigt und die Seelsorge sprachen den getauften Menschen auf seine Freiheit an und motivierten ihn, sie zugunsten seiner Anwartschaft auf das Ewige Heil zu nutzen.

Denen, die in Sünde gefallen waren und die Taufgnade verspielt hatten, wurde nahegelegt, ihre Freiheit zur Umkehr zu nutzen, d.h. sich den Anforderungen des kirchlichen Bußverfahrens zu stellen, um dessen Verheißung, die Neubegründung des Gottesverhältnisses, zu erlangen. Hierzu gehören auch die nach Maßgabe und mit Hilfe der Kirche zu erbringenden spezifisch guten, d.h. für die Sündenstrafen genugtuenden Werke und die Neuordnung des Lebens nach den kirchlich approbierten normativen Vorgaben. So sind die Übergänge zwischen Bußpredigt und ethisch-moralischer Unterweisung kaum spürbar bzw. fließend: Der Christenmensch soll sein Freiheitspotential lebenspraktisch verwirklichen, indem er sein Leben gemäß den durch die Kirche vermittelten göttlichen Geboten formt. Das gelebte Leben in der ganzen Vielfalt seiner Gestalten wird durch kirchliche Institutionen und Normen umhegt. Die Möglichkeit, den Willen Gottes mit dem höchstmöglichen Grad an Folgerichtigkeit zu erfüllen, bietet das Mönchtum, und darum versteht es sich als die Lebensform christlicher Freiheit schlechthin.

4.1.2. Theoretische Variationen

Vor diesem geschichtlichen Hintergrund sind die theoretischen Auseinandersetzungen über die Reichweite der menschlichen Willensfreiheit in ihrem Verhältnis zur göttlichen Gnade zu interpretieren.

Sie standen unter der Doppelprämisse, dass niemand ohne die göttliche Gnade zum Heil kommt und dass die Gnade wiederum an der menschlichen Freiheit den Gegenstand und den Ort ihres Wirkens hat. Bernhard von Clairvaux hat das in seinem höchst wirkungsreichen Traktat *De gratia et libero arbitrio* (»Über die Gnade und den freien Willen«) auf die folgende Formel gebracht: »›Was vollbringt aber dann der freie Wille?‹, fragst du. Ich antworte kurz: Er wird gerettet. Nimm den freien Willen weg, und es wird nichts mehr da sein, das gerettet werden kann. Nimm die Gnade weg, und es gibt nichts mehr, wodurch der freie Wille gerettet werden kann. Dieses Werk [die Erlösung] kann ohne die beiden nicht zustande kommen, nicht ohne das eine, durch das es geschieht, nicht ohne das andere, für das oder in dem es geschieht. Gott ist der Urheber des Heils, der freie Wille ist nur geeignet, es zu empfangen. Nur Gott kann es geben, nur der freie Wille kann es empfangen« (ebd. I 2).

In diesem Rahmen konnte dann eine kaum übersehbare Vielfalt an Theorien entstehen und diskutiert werden. Die Differenzen zwischen den unterschiedlichen Beiträgen zu den Debatten, die in der Auslegung konstant vorgegebener autoritativer Leittexte (Sentenzenwerk des Lombarden) geführt wurden, erwuchsen aus unterschiedlichen Bestimmungen der konstitutiven Faktoren, und diese waren bedingt durch die ständig sich verfeinernden und erneuernden Einsichten der Philosophie, insbesondere der Metaphysik und der Psychologie, die ihrerseits im produktiven Dialog mit der antiken Philosophie, insbesondere Aristoteles, gewonnen wurden.

Der Dominikanertheologe Thomas von Aquin (1224/25–1274) hat, Gedankenkomplexe Augustins mit der aristotelischen Metaphysik verbindend, Gott folgerichtig als durch Kausalreihen allwirksame Erst- und Letztursache der gesamten Wirklichkeit gedacht. Zu diesen Mittelursachen, durch welche Gottes Weltplan sich realisiert, gehört auch das psychologische Faktum der menschlichen Entscheidungsfreiheit. Seinen Heilsratschluss über die von ihm zur ewigen Seligkeit Prädestinierten setzt Gott um, indem sein Gnadenwirken sie zum heilsamen Empfang der Sakramente (zentral Taufe und Buße) hinführt, durch welche er ihnen die heiligmachende Gnade eingießt, die sie befähigt, so zu leben, dass Gott ihnen das ewige Leben schenken kann. Gottes Erlösungsratschluss über die von ihm zum Heil prädestinierten Sündermenschen realisiert sich also durch eine lange Reihe von Kausalverknüpfungen, in die als ein Glied unter vielen auch die empirisch-psychologische menschliche Freiheit hineingehört.

Ältere und gleichzeitige Denker aus dem konkurrierenden Franziskanerorden, deren Impulse dann Johannes Duns Scotus (gest. 1308) schöpferisch zum System fügte, fassten das Verhältnis Gottes zum Menschen anders: Gott hat den Menschen mit der konstitutiv zu ihm gehörenden Freiheit des Willens geschaffen. Auf diese Freiheit des Menschen wirkt Gott ein, und an ihr bringt er seinen Prädestinationsratschluss zur Ausführung, und zwar so, dass sein Wille den Willen des Menschen beeinflusst bzw. dieser sich von Gott willentlich beeinflussen lässt: Das Verhältnis zwischen Gott und Mensch gestaltet sich als Verhältnis zwischen Willenssubjekten. Gottes Prädestination vollzieht sich also dergestalt, dass er aus seiner schlechthin »ungebundenen Allmacht« (*potentia absoluta*) heraus eine verbindliche Ordnung von Bedingungen setzt (*potentia ordinata*/an selbstgesetzte Ordnungen »gebundene Allmacht«), gemäß der er nach seinem alles von Ewigkeit her bestimmenden Willen Sündermenschen als seinen freien Geschöpfen das Heil schenken will: Die Sünder müssen daher in voller subjektiver Freiheit seine im Tauf- und Bußsakrament dargebotene Gnade annehmen und in ihrem Leben zur Wirkung kommen lassen, d.h. Verdienste erwerben.

Die sich hier andeutende genauere Unterscheidung zwischen Gottes Allmacht und den durch sie geschaffenen und in Wirkung gesetzten Komplexen in sich kohärenter und konsistenter geschöpflicher Wirklichkeit hat dann bei Duns' franziskanischem Ordensbruder Wilhelm von Ockham und der von ihm begründeten Richtung spätscholastischer Theologie (spätfranziskanische *via moderna*/»moderner Weg«; den herkömmlichen Terminus »Nominalismus« sollte man in diesem Zusammenhang meiden, weil er missverständlich ist) dazu geführt, dass die durch Klassiker philosophischen Denkens, vor allem Aristoteles, geleitete Betrachtung und

Analyse des wirklichen Menschen und seiner Fähigkeiten gegenüber dogmatischen Vorgaben (Erbsünde) an Bedeutung gewann: Der empirische Mensch wurde tendenziell als ein vollständiges Ganzes in seiner Art gefasst. Das Verhältnis zwischen dieser philosophischen Erkenntnissphäre und der theologischen, strikt an Schrift und kirchliche Lehrüberlieferung gebundenen wurde durch eine ihrerseits philosophisch subtil reflektierte Trennung der Bereiche reguliert. Dennoch wurde die herkömmliche Sünden- und Gnadenlehre mitsamt dem Freiheitsbegriff zum Problem, weil sie mit der philosophischen Analyse des Menschen nicht mehr übereinkam. Seine Lösung erfuhr es, indem die Eigenart der Heilsordnung als theoretisch nicht einholbare kontingente göttliche Setzung betont wurde: Der natürliche Mensch, dessen religiös-sittliches Freiheitsvermögen im Wesen durch die gewohnheitsmäßige Sünde nicht beeinträchtigt ist, kann und muss tun, was gemäß der göttlichen Heilsordnung von ihm verlangt wird, um sich der in ihr zugesagten Heilsversprechen würdig zu machen. Die Prädestinationslehre wird als transzendente Grundlage der Heilsordnung nicht in Zweifel gezogen, aber durch deren konkrete Deutung wird sie letztlich zu einem mitgeschleppten Stück lebloser Schulüberlieferung.

4.1.3. Außenseiter

Es hat im ganzen Mittelalter und in der Frühen Neuzeit immer wieder Theologen gegeben, die, auf Gottes Allursächlichkeit und auf die abgründige Heilsunfähigkeit des durch die Sünde stillgelegten Willensvermögens zurückgehend, die Radikalität der augustinischen Freiheits- und Prädestinationslehre zur Geltung brachten. Ihre Wirkungen und ihr persönliches Schicksal hingen davon ab, ob ihr Denken als Angriff auf die Grundlagen kirchlicher Heilsvermittlung und -pädagogik gewertet wurde.

Der sächsische Mönch Gottschalk vertrat schroff und ausdrücklich die von Augustin nur der Sache nach gelehrte doppelte Prädestination zum Heil und zum Unheil. Aufgrund theologischer Gutachten wurde er misshandelt und von Synoden verurteilt; 869 starb er in Klosterhaft.

Gregor von Rimini (gest. 1358) führte gegen die von ihm wahrgenommene Unterbestimmung der Sünde in der Schule Ockhams, wie er plakativ verkündigte, die Sache Gottes wider die Pelagianer. Er blieb unbehelligt, stellte er doch nicht etwa das kirchliche System der Heilsvermittlung in Frage, sondern betonte vielmehr dessen Bedeutung.

Vergleichbare Wege beschritt der Engländer Thomas Bradwardina (gest. 1349), folgte dabei jedoch anderen philosophischen Leiteinsichten. Sein Schüler John Wyclif (gest. 1443) wiederum schmiedete aus der radikal angeeigneten Prädestinationslehre ein scharfes Schwert im Kampf gegen die Papstkirche und deren aus ihrer Heilsnotwendigkeit abgeleitete Herrschaftsansprüche. Er selbst und die durch ihn inspirierte Bewegung der Lollarden wurden verketzert.

Im späten 16. Jahrhundert eskalierten Schulstreitigkeiten zwischen Jesuiten, die der menschlichen Freiheit und ihrer Betätigung konstitutiven Rang für den Heilsweg einräumten, und Dominikanern, die die Theorie des Thomas vertraten. In diesen Streit trat Cornelius Jansen (1585–1638) ein; sein postum publiziertes Werk *Augustinus* rief dessen reife Prädestinations- und Gnadenlehre eindrücklich in Erinnerung. In den Streitigkeiten, die hierdurch auf dem Gebiet des heutigen Belgien und vor allem in Frankreich hervorgerufen wurden, entstand 1713 die päpstliche Bulle *Unigenitus*, die mit dem französischen Jansenismus zugleich die »Kernpunkte der augustinischen Gnadenlehre« (Seeberg 1920: 866) verwarf.

Martin Luthers Neufassung des gesamten Problemkomplexes gehört allerdings nicht in diese Reihe der gegen die herrschenden Strömungen auf Augustin sich Berufenden hinein. Sein wissenschaftliches Denken war vielmehr durchgängig bestimmt vom spätfranziskanischen Ockhamismus und dessen Orientierung am wirklichen Menschen. Genau aus dieser Erkenntnishaltung heraus wandte er sich allerdings gegen tragende materiale philosophisch-theologische Theorien dieser und der anderen vorgegebenen Schultraditionen: Er setzte ihnen ein Bild von Gottes Handeln am Menschen entgegen, das den Anspruch erhob, die gelebte Wirklichkeit menschlichen Lebens und Sichverstehens genauer zu bezeichnen und zu deuten, statt lediglich mit dogmatistischen Konstruktionen zu operieren.

Die primäre Verifikationsinstanz für Luthers theologischen Neuansatz war der von ihm schöpferisch neu verstandene Paulus. Sachliche Übereinstimmungen mit Augustin, dessen antipelagianische Schrift *De spiritu et littera* (»Über Geist und Buchstabe«) er während der für sein Wirken entscheidenden Bildungsjahre im Zusammenhang las (vgl. Luther, *Vorrede*; WA 54, 186), waren ihm willkommene Ermutigungen, wenn sie sich ergaben.

4.2. Die Freiheit der Kirche

4.2.1. Vorgeschichte

Von ihren Anfängen an hat die westliche Theologie mit besonderer Intensität die religiöse Bedeutung der sichtbar-verfassten Kirche bedacht: An ihr vorbei führt kein Weg zum Heil (Cyprian, 73. *Brief* 21). Daraus folgt zweierlei: Sie muss ihre Verkündigung und ihre disziplinarischen Normen in unverfälschter Reinheit erhalten, und sie muss die ihr anvertraute seelsorgerlich-disziplinarische Vollmacht mit der richtigen Mischung aus Strenge und Vergebungsbereitschaft zum Heil der ihr anvertrauten Gläubigen betätigen. Im vorkonstantinischen Römischen Reich war die gesellschaftlich-politische Freiheit der Kirche zu diesen elementaren Selbstvollzügen stets gefährdet (May 1975).

Auf die rechtliche Anerkennung der christlichen Gemeinden folgte alsbald die staatliche Privilegierung der katholischen Kirche, die mit der Erwartung verbunden war, sie werde sich als religiöses Rückgrat des Reiches und als Bindemittel der Gesellschaft bewähren. Hieraus erwuchsen schon unter Konstantin dem Großen (gest. 337) staatliche Versuche, kirchliche Lehr- und Disziplinarkonflikte zu befrieden oder doch einzudämmen. Im Osten des Römischen Reiches und in dessen Folgebildungen entstanden so symbiotische Verbindungen zwischen sich göttlich legitimiert wissender weltlicher Herrschaft und der sich als Teil einer komplexen Herrschaftsstruktur verstehenden Kirche (*symphonia*/»Harmonie«).

Dass die Entwicklungen im Westen einen ganz anderen Gang nahmen, lag daran, dass die Kirche durch die rapide Erosion des römischen Westreiches im 5. Jahrhundert, aber auch durch innere Konflikte dazu veranlasst wurde, sehr präzise theologische und rechtlich-praktische Maximen hinsichtlich ihres Wesens und ihrer Heilsbedeutung sowie hinsichtlich ihres distinkten Eigenstandes gegenüber der weltlichen Herrschaft auszuarbeiten.

Die Konfrontation mit dem außergewöhnlich vitalen, langlebigen donatistischen Schisma in Nordafrika (seit 308) stachelte die theoretische Reflexion über die der Kirche wesensmäßige Katholizität an, d.h. über das Postulat ihrer All- und Allgemeingültigkeit als Verkünderin des Gotteswillens und Spenderin der Sakramente (Optatus von Mileve, Tyconius). Zeitgleich erstarkte im Westen des Römischen Reiches im allmählichen Verfall der staatlichen Ordnung die moralische und politische Macht von Bischöfen: Ambrosius setzte in Mailand gegen den Kaiserhof die kirchliche Dominanz seiner katholischen Gemeinde mit allen politischen Mitteln bis hin zur Demagogie durch und zwang später Kaiser Theodosius I. durch die Androhung der Exkommunikation zur öffentlichen Kirchenbuße.

Nicht zuletzt in diesem intellektuell ambitionierten Hierarchen begegnete dem jungen Augustin die Autorität der katholischen Kirche, ohne die er, wie er bezeugte, dem Evangelium nicht glaubte (vgl. Augustin, *Contra epistolam Manichaei* V 6). Augustin selbst hat im literarischen Kampf die von den Vorgängern geprägten Argumente hinsichtlich der Heilsnotwendigkeit und Heilsvollmacht der katholischen Kirche weiter ausgebaut und für die Folgezeit theologisch begründet, dass und warum die katholische Kirche jedem Getauften gegenüber seelsorgerliche und pädagogische Pflichten hat, welche sie unter Umständen durchaus mit den Mitteln des Zwangs erfüllen muss (ausführlich Augustin, *Epistola XCIII*).

Geschichtstheologisch hat Augustin die These ausgearbeitet, dass die sichtbar-verfasste Kirche zwar als Werkzeug in Gottes Heilsplan dessen letztgültigem Ziel- und Zweckbezug, der gnadenhaften Realisation der von Ewigkeit her erwählten Schar der ihre Freiheit in der gehorsamen Zuwendung zu Gott gewinnenden und bewahrenden Menschen, untergeordnet ist: Die sichtbar verfasste Kirche ist nicht einfach das Reich Gottes im Gegensatz zum dem Verderben geweihten Reich der Welt. Aber sie erfüllt doch in dessen Werden eine derart wichtige Funktion, dass sie den wechselnden Gebilden irdischer Herrschaft an Wert und Würde auf einer qualitativ höheren Stufe gegenübersteht.

Römische Bischöfe erhoben und illustrierten diese Ansprüche: Leo I. (440–461) übernahm kraftvoll und geschickt politische Verantwortung, als die Hunnen in Italien standen, und als die Vandalen Rom eroberten, bewahrte er durch die Herausgabe kirchlichen Vermögens die Stadt vor Plünderung und Zerstörung. Den Primat des römischen Bischofs als Stellvertreter des von Christus eingesetzten Apostelfürsten Petrus verfocht er theoretisch wie praktisch. Er achtete und nutzte die Möglichkeiten des kaiserlichen Eingreifens in kirchliche Angelegenheiten und konnte in diesem Sinne vom Kaiser die Unterdrückung häretischer Einflüsse zur Wahrung der *ecclesiastica libertas* (»kirchliche Freiheit«) fordern (vgl. Leo I. der Große, *Epistola CLXIV* 1f.): Die Freiheit der Kirche, verstanden als zuverlässige Rechtgläubigkeit, deren Inhalte auf einer kaiserlichen Synode durch Bischöfe sanktioniert worden sind, erscheint hier als dem Kaiser, der als deren »Sohn« angesprochen wird (ebd.), zum Schutz aufgegeben.

Ebenfalls im Kontext von Lehrstreitigkeiten prägt Papst Gelasius I. (492–496) ein ganz anderes, unabsehbar folgenreiches Deutungsmuster für das Verhältnis kirchlicher und weltlicher Gewalt (vgl. Gelasius I., *Famuli vestrae pietatis*; DH 347). Er unterscheidet zwischen der geheiligten *auctoritas* (»Autorität«) der Priester und der *regalis potestas* (»weltlichen Gewalt«): Die Inhaber der Letzteren sind um ihres Heils willen an die der Ersteren verwiesen. So befolgen zwar in weltlichen Dingen die Geistlichen die Gesetze der weltlichen Herren, umgekehrt aber zollen diese den Spendern der Sakramente in geistlichen Angelegenheiten Gehorsam. Sicher, der Papst argumentiert lediglich in Bezug auf eine bestimmte kirchenpolitische Streitfrage, und von juristischer Präzision sind seine Ausführungen weit entfernt. Aber sie weisen dennoch in die Zukunft.

Einstweilen allerdings gestalteten sich in den gentilen Reichen, die die Nachfolge des weströmischen Staates antraten, die Verhältnisse völlig anders. Die Herrschaft der germanischen Heer- und Stammeskönige kannte keine Trennung zwischen profanem und sakralem Bereich: Der Grundherr war auch für den Kultus zuständig. Schon der Frankenkönig Chlodwig ließ keinen Zweifel daran, dass er, katholisch getauft, den Episkopat seines Reiches straff zu lenken gedachte (Synode von Orléans 511). Beteuerungen, für die Kirche seien ihre eigenen Rechtssätze bzw. das römische Recht maßgeblich (vgl. von Schubert 1921: 152), waren, von den Tatsachen kaum gedeckt, Wechsel auf eine ungewisse Zukunft.

In den folgenden Jahrhunderten vollzog sich die Integration von Kirchen und Klöstern in die Herrschaftsstrukturen der neuen Reiche; es entstand ein informelles System von »Landeskirchen« (ebd.). Kirchliche Institutionen, also Bistümer, die in jener Zeit des Niedergangs der Städte entstehenden Pfarreien und vor allem Klöster, wurden zwar durch Schenkungen und Erbschaften reich mit Land, d.h. mit den Abgaben aus Erträgen bewirtschafteten Landes, bedacht. Die Stifter wollten dadurch Buße für ihre Sünden tun, und die Fürbitte der Mönche sollte ihr und der Ihren Seelenheil fördern. Die solchermaßen beschenkten kirchlichen Institutionen blieben jedoch in einer Welt ohne staatlich gewährleistete und durchgesetzte Rechtsordnung weiter auf den Rechtsschutz der Stifter angewiesen, und diese behielten sich Verfügungsrechte über den kirchlichen Besitz vor: Weltliche Herren setzten Äbte nach ihren Interessen ein, was heißen konnte, dass sie schlicht jemanden mit den Einkünften des Klosters beschenkten. Sie konnten aber auch Klöster selbst verschenken, vertauschen oder verkaufen.

Das Stichwort »Karolingische Reformen« bezeichnet Anstrengungen Karls des Großen und seines Nachfolgers, Ludwigs des Frommen, auch das kirchliche Leben durch Neuorientierung an klassischen Mustern intensiver und effizienter zu gestalten. Diese Herrscher verstanden sich als Fortsetzer eines durch die alttestamentlichen Könige (David, Salomo, Josia) und spätantiken römischen Kaiser (Konstantin, Theodosius, Justinian) begründeten theokratischen Herrscher-Typus: Sie wussten sich auch für das Kirchen- und Klosterwesen in ihrem Reich verantwortlich. Eine Ausgliederung des sakralen Bereichs aus ihren Zuständigkeiten lag außerhalb ihres Horizontes. »Rom« gewann an Bedeutung als Herkunftsort authentischer, zuverlässiger Traditionsbestände. Der Papst war eine ferne Größe, als »Petrus« von hohem religiös-symbolischen Rang, aber rechtlich-politisch bedeutungslos.

Im Reich bedeutete der Zugriff der Zentralgewalt auf das Kirchenwesen (Reichsklöster) Machteinbußen für nachgeordnete Territorialherren. Diese Bewegungen im Machtgefüge machten sich zumal Klöster zunutze und entzogen sich dem Zugriff des nächstgelegenen kirchlichen oder weltlichen Herrn, indem sie sich unter die Schutzbefugnis eines diesem Übergeordneten stellten. Für diese urkundlich fixierten Rechtsverhältnisse bildete sich der Terminus technicus *libertas* (»Freiheit«) aus: Eine kirchliche Institution wird frei, indem sie sich einer anderen als der bisherigen Schutzmacht zu- und unterordnet. »Freiheit« bezeichnet insofern nicht das Postulat abstrakter Autonomie, sondern positiv-rechtliche Regelungen, die eine natürliche oder juristische Person bestimmten Bindungen und Verpflichtungen unterwerfen und gerade dadurch andere Bindungen lockern oder lösen.

Auch und gerade weltliche Stifter von Klöstern konnten durchaus ein Interesse an solchen Rechtskonstruktionen haben: Sie verbanden ja mit ihren Stiftungen die Erwartung der Fürbitte der Mönche für sich und die Ihren, und diese Erwartung konnte sich nur erfüllen, wenn die Mönche auch tatsächlich »beteten« und so lebten, dass ihr Gebet die Valenz erreichte, welche man ihm aufgrund des verdienstlichen Lebensstandes der Asketen zuschrieb. Nur ein wirklich nach den Ordnungsvorgaben der Regel lebendes Kloster konnte also die geistlichen Absichten seines weltlichen Stifters erfüllen, und so war den weltlichen Herren selbst an der Reform von Klöstern, aber auch anderer kirchlicher Institutionen gelegen – wobei »Reform« (wie im Mittelalter immer) die Neuorientierung an ursprünglichen, authentischen Ordnungen bedeutet. So waren es weltliche Klosterstifter, die zu der Erkenntnis kamen, dass sie regelkonformes Leben in Klöstern am besten dadurch fördern konnten, dass sie den Mönchen selbst die Zuständigkeit für ihre regelgemäße Lebensweise konzedierten. Um das zu gewährleisten, mussten die Einmischungen heterogener Interessen und Faktoren möglichst ausgeschaltet werden, und das hieß: Ein Kloster musste einer Instanz unterstellt werden, die für ein hohes Maß an Autorität und Integrität bürgte und so weit entfernt war, dass eigennützige Eingriffe nicht zu befürchten standen.

Das sind Motive, die sich aus der Urkunde ablesen lassen, mit der Herzog Wilhelm von Aquitanien 910 sein Kloster Cluny begründete und dem ersten Abt, Berno, sowie dem Konvent das wichtigste Teilstück relativer Autonomie, die freie Abtswahl, konzedierte. Diese ganze Konstruktion wurde dadurch auf Dauer gestellt, dass sie unter ausdrücklicher Umgehung aller anderen weltlichen und geistlichen Instanzen den Aposteln Petrus und Paulus, d.h. dem Nachfolger Petri, dem Papst, unterstellt wurde.

Das faktische Papsttum seinerseits eignete sich zur Übernahme solcher symbolischer Funktionen ganz vorzüglich: Es existierte, und die Amtsgeschäfte wurden erledigt, aber die Päpste, die in rascher Folge nach immer neuen Kämpfen zwischen den römischen Adelsfamilien den Thron bestiegen, waren außerhalb der Ewigen Stadt und ihrer unmittelbaren Umgebung gänzlich bedeutungslos, die Unterstellung eines Reformklosters wie Cluny unter ihren Schutz war ein rein symbolischer Akt.

So spielte das Papsttum für die Kirchenreformbewegungen des 10. und frühen 11. Jahrhunderts keine Rolle. Die Initiativen kamen von Mönchen und Regularkanonikern, strahlten auf die Bischofssitze aus und wurden auch von weltlichen Herren befördert und durchgesetzt.

4.2.2. Der Griff nach der Weltmacht

4.2.2.1. Postulate

Es war der deutsche König Heinrich III., selbst ein Protagonist der Kirchenreform, der sein Königsamt theokratisch deutete und die Bewegung in Rom wirksam machte: Als er nach Rom zog, um die Kaiserkrone zu empfangen, konkurrierten dort drei Prätendenten um den Stuhl Petri. Einer von ihnen, Gregor VI., selbst von Reformimpulsen berührt, hatte versucht, die beiden anderen durch Geldzahlungen zum Verzicht auf ihre Ansprüche zu bewegen. Auf einer Synode in Sutri (1046) setzte der König alle drei ab – den ansonsten untadeligen Gregor VI. wegen »Simonie«, nach Apg 8,18–24 geläufiger Terminus technicus für den illegitimen Einsatz materieller Vorteile zur Erlangung geistlicher Wohltaten (Sakramente, Benediktionen etc.) und Ämter. Neben diesem schon lange bekannten und benannten Syndrom von Missständen zog das im niederen Klerus allgemein verbreitete, regional bis in den Episkopat reichende Zusammenleben von Klerikern mit Frauen (Nikolaitismus nach

Apk 2,6) die Kritik der Reformer auf sich. Ehen galten dabei als noch gefährlicher denn das Konkubinat, weil eheliche Söhne die geistliche Stelle des Vaters in den Erbgang einfügten.

Mit der Reihe der von Heinrich III. eingesetzten »deutschen Päpste« wurde Rom zum Zentrum der Reformbewegung. Deren Schlagworte wurden präzisiert und radikalisiert, am folgenschwersten der Simoniebegriff: Gemäß neuer, faktisch revolutionärer Lesart fiel jede Vergabe geistlicher Ämter durch Laien unter dieses Verdikt (Humbert von Silva Candida). Die Papstwahlordnung von 1059 versuchte erstmals, die Besetzung des höchsten Amtes der westlichen Christenheit allein den höchstrangigen römischen Klerikern (Kardinäle) vorzubehalten und Laien von ihr fernzuhalten.

Es war dann Papst Gregor VII. (1073–1085), der den hergebrachten Begriff der *libertas* kirchlicher Institutionen zum Leitbegriff der kirchlichen Reformanstrengungen insgesamt erhob. Kirchenfreiheit bezeichnete nun den im göttlichen Recht begründeten Anspruch der Kirche, sich institutionell nach Maßgabe der ihr göttlich eingestifteten Strukturen und Kompetenzen zu gestalten. Die Kirche wird dabei wesentlich als Heilsanstalt gefasst, und deren Rückgrat ist der Klerus, das heißt: Freiheit der Kirche ist wesentlich Freiheit des Klerus zur Erfüllung der ihm obliegenden Aufgaben. Die kirchliche Hierarchie ist ihrerseits nach göttlichem Recht strukturiert. Ihre Spitze ist der Nachfolger des von Christus als Apostelfürst eingesetzten Petrus. Seine »Freiheit« ist die Basis der Freiheit der Kirche insgesamt, und frei ist die Kirche, weil und soweit sie seiner Leitung unterstellt ist.

Die im Papst sich realisierende Freiheit der Kirche hat ihren Ermöglichungsgrund und ihre Grenze nicht in irgendwelchen innerweltlichen Instanzen, sondern allein im Willen und Auftrag ihres göttlichen Stifters, den sie allein erkennen, deuten und erfüllen kann. Und so ist der Papst der geistliche Mensch, der von keiner innerweltlichen Instanz zur Rechenschaft gezogen bzw. gerichtet werden kann (vgl. Gregor VII., *Dictatus Papae* 19; nach 1 Kor 2,15: Miethke/Bühler 1988: 61f.; vgl. auch Krüger 2007: 169–173).

Die unterschiedlichen »Freiheiten« kirchlicher Institutionen haben so in einem konsistenten theologischen Bezugssystem einen in sich einheitlichen Grund und Rückhalt.

Nun ist die »freie« Kirche nach dem Verständnis der gregorianischen Reform keine partikulare Gruppe oder Institution in oder neben der Gesellschaft, sondern als Heilsanstalt trägt sie für das geistliche Wohlergehen, das ewige Heil der Gesellschaft insgesamt die Verantwortung: Auf jede Weise trägt sie dafür Sorge, dass die ihr Anvertrauten die Sakramente heilswirksam empfangen, und das können sie nur, wenn sie so leben, dass sie die Bedingungen dafür erfüllen.

Die Freiheit der Kirche umfasst also auch den Anspruch, nach Maßgabe ihres eigenen Selbstverständnisses predigend und lehrend sowie erziehend und nötigenfalls auch strafend auf die ihr durch die Taufe als Glieder angehörenden Menschen einzuwirken. Diese wiederum betätigen ihre Freiheit in gottgewollter Weise, wenn sie sich von der hierarchischen Kirche um ihres eigenen Heils willen lenken und leiten lassen.

Das kirchliche Erziehungshandeln vollzieht sich in der seit dem Hochmittelalter ständig intensivierten Predigt. Diese wiederum ist engstens bezogen auf das Bußwesen bzw. Bußsakrament, in welchem dem Einzelnen Normen bewusst gemacht und eingeschärft sowie konkrete Handlungsanweisungen gegeben werden, denen die kirchlichen Institutionen auch mit empfindlichen Strafandrohungen Nachdruck zu verleihen vermögen.

Die Kirche des Mittelalters betätigte ihre Freiheit nicht allein in der Einschärfung von Normen, sondern sie formte und prägte diese Normen auch mit Tiefenwirkungen, die bis in die Gegenwart hineinreichen. Für das Wirtschaftsleben und das Wirtschaftsethos waren die aus dem herkömmlichen Verbot des Zinsnehmens entwickelten kirchlichen Gesetzgebungen höchst bedeutsam. Die kirchliche Normierung des Ehe-, Familien- und Erbrechts prägt die Rechtswirklichkeit bis heute.

Auch in der Gegenwart betätigt die römisch-katholische Kirche auf diesen Gebieten ihre Freiheit, indem ihr Lehramt den Anspruch erhebt, das Naturrecht allgemeinverbindlich auszulegen (II. Vatikanisches Konzil, *Lumen Gentium* 25; DH 4149f.) und der weltlichen Gesetzgebung die Normen vorzugeben. Die die katholische Soziallehre formulierenden päpstlichen Enzykliken wollen nicht nur im Blick auf ihre, wie die Geschichte eindrücklich erwiesen hat, verallgemeinerungsfähigen Gehalte gelesen sein, sondern auch ihre normativen Denkfiguren müssen in ihren historisch-genetischen Zusammenhängen ernst genommen werden. Und die klerikalen Versuche, die Gestaltung des weltlichen Rechts auf Feldern wie Abtreibung, Stammzellenforschung und Präimplantationsdiagnostik inhaltlich zu bestimmen, sprechen für sich.

Um ihrer Freiheit als Heils- und Erziehungsanstalt willen bildete sich die katholische Kirche seit den gregorianischen Reformen weiter als Rechtsanstalt aus und praktizierte auch als solche ihr Zugriffsrecht auf alle Getauften. Ihrem Wesen nach einzigartig und alleingültig, konnte sie keine Konkurrenz ertragen. Bewusster und gewollter Ungehorsam gegen die Glaubens- und Sittenlehre der Kirche, Häresie, musste mit allen Mitteln bekämpft und bei Halsstarrigkeit oder im Wiederholungsfalle mit dem Tode bestraft werden. Das im 12./13. Jahrhundert ausgebildete Ketzerrecht beruht theologisch auf Augustins Ausführungen über diese notwendige, im Liebesgebot verwurzelte Intoleranz der Kirche. In den bisweilen brutalen Rekatholisierungskampagnen der Gegenreformation wirkte dieses Programm fort, und auch im römisch-katholischen Ökumenismus der Gegenwart ist, allerdings ohne die gewalttätigen Konsequenzen, das Bestreben wirksam, die postulierte Katholizität der Papstkirche ihrer Verwirklichung anzunähern (II. Vatikanisches Konzil, *Unitatis Redintegratio* 4).

4.2.2.2. Kämpfe

Dieses Verständnis der Freiheit der Kirche kollidierte mit innerer Notwendigkeit mit dem hergebrachten theokratischen Selbstverständnis der weltlichen Herrscher, und es entstand in dieser Kollision der papstkirchliche Anspruch auf Herrschaft über die Welt – nicht nur in der Hoheit über Religion, Moral und Recht der Gesellschaft, sondern auch in der Überordnung der geistlichen Gewalt über die weltliche Herrschaft.

Geschichtlich virulent wurde dieser Anspruch erstmals im Kampf um die Einsetzung (Investitur) von Bischöfen zwischen Papst Gregor VII. und dem deutschen König bzw. Kaiser Heinrich IV. Die Auseinandersetzungen, zu denen es in England und Frankreich Parallelen gab, fanden ein vorläufiges Ende, als im

Bischofsamt rechtlich die weltlichen und geistlichen Bestandteile voneinander unterschieden waren und Kaiser/König und Papst jeweils die ihnen gebührenden Kompetenzen zugesprochen bekamen (Wormser Konkordat 1122). Der Kampf des Papsttums um die Weltherrschaft ging jedoch weiter.

Dass das Papsttum in diesen Kämpfen einen alle positiv-rechtlichen Verhältnisse noch einmal unter sich lassenden Anspruch auf Lenkungsgewalt über die weltlich-politische Sphäre stellte, hat Papst Innocenz III. auf den Begriff gebracht: Auch Herrscher sind Menschen und als solche Sünder. In allen Bereichen ihres Handelns sind sie der Gefahr des Sündigens ausgesetzt. Wenn sie ihr erliegen, dann ist es die Pflicht der Kirche, sie zu ermahnen, und wenn sie diese Mahnung nicht befolgen, dann muss die Kirche entsprechende Strafmaßnahmen ergreifen (Innocenz III., *Dekretale Novit ille* X II 1,13).

Das Ziel einer päpstlichen Theokratie war damit nicht verbunden, denn die Zwei-Gewalten-Lehre blieb leitend, wurde jedoch so weitergedacht, dass der qualitativ überragende Rang der geistlichen Gewalt deutlich hervortrat; die Peripetie markierte hier die Bulle *Unam Sanctam* von Papst Bonifaz VIII. aus dem Jahre 1302 (vgl. Miethke/Bühler 1988: 121–124). Seit der Publizistik des Investiturstreits wurden jedoch auch konkurrierende Interpretationen vertreten, die Eigenstand und Eigenrecht der von Gott eingesetzten weltlichen Herrschaft betonten.

Der Kampf des Papsttums um die Herrschaft über die politischen Mächte endete erst, als es nach dem Sieg über die Herrschaft der Staufer im Reich und in Süditalien in nur umso härter drückende Abhängigkeit von der französischen Krone geriet (Katastrophe von Anagni 1303).

Die letzten Versuche, dem päpstlichen Herrschaftsanspruch politisch-militärisch zur Durchsetzung zu verhelfen, ereigneten sich dann im Zuge der Gegenreformation: 1570 setzte Papst Pius V. Königin Elisabeth I. von England ab. Der Versuch, diesem Machtanspruch Nachdruck zu verleihen, versank mit der spanischen Armada 1588 im Atlantik. Der Protest von Papst Innocenz X. gegen den Westfälischen Frieden (1648) verhallte erfolglos.

4.2.3. Neue Konstellationen

In der Neuzeit und in der Moderne ist die Freiheit der Kirche unter veränderten Bedingungen ein wichtiger Ziel- und Leitbegriff päpstlich-kirchlicher Selbstbehauptung und Selbstdurchsetzung geblieben. Die »Kulturkämpfe« des 19. Jahrhunderts bezeugen die Lebendigkeit und Konflikthaltigkeit des kirchlichen Freiheitspostulats: Es ging in immer neuen Wendungen darum, ob und in welchem Maße die katholische Kirche als Institution auch in modernen konfessionsneutralen Staaten in freier Entfaltung ihrer eigenen Ansprüche über ihre Glieder bzw. über die Gesellschaft als Ganze Macht ausüben könne, und so agierten in diesen Kämpfen vielfach Staaten als Sachwalter der individuellen Rechte ihrer Bürger gegen das, was die katholische Kirche als ihr institutionell zukommende Freiheit beanspruchte. Die so verstandene Freiheit der Kirche wurde offensiv gegen das Postulat des individuellen Rechts auf Religionsfreiheit verfochten (Pius IX., *Syllabus* 77–80; DH 2977–2980).

Nach der Einverleibung Roms in das geeinte Italien und dem Ende des Kirchenstaates konzentrierte sich die Frage der Kirchenfreiheit auf den Papst: Die Kirchenfreiheit kann doch nicht als gewahrt gelten, wenn der Papst Untertan eines anderen Herrschers bzw. Bürger eines bestimmten Staates ist! Erst die Schaffung des Vatikanstaates in den Lateranverträgen (1929) schuf Abhilfe, weil der Papst seither wieder anerkannter Souverän eines völkerrechtlich vollgültigen Staates ist.

Das II. Vatikanische Konzil hat dann in seiner Erklärung *Dignitatis humanae* (»Erklärung über die Religionsfreiheit«) den Versuch unternommen, die Frontstellungen des 19. Jahrhunderts zurechtzurücken: Die Freiheit der Kirche und die individuelle Religionsfreiheit wurden angesichts von Staatswesen, in denen beide gefährdet waren, als Korrelatbegriffe positiv aufeinander bezogen.

Naturrechtlich argumentierend bezeugt das Konzil die jedem Menschen unveräußerlich gegebene und aufgegebene eigene Freiheit zur Suche nach der transzendenten Wahrheit und wendet sich warnend gegen alle staatlichen und institutionellen Zwänge, die diese Freiheit beschneiden könnten. Diesem Appell für die individuelle Gewissensfreiheit stellt es das Postulat der positiven Religionsfreiheit auch und gerade für Religionsgemeinschaften an die Seite: Mit naturrechtlichen Argumenten werden hier exakt die Forderungen nach innergesellschaftlicher Autonomie und Zulassung überstaatlicher Organisation gestellt, für welche die katholische Kirche in den Kulturkämpfen des 19. Jahrhunderts in die Schranken getreten ist (II. Vatikanisches Konzil, *Dignitatis humanae* 4; DH 4243). Der spezifisch theologische Teil der Erklärung hebt unmissverständlich hervor, dass die Annahme des Glaubens ein Akt der Freiheit sein muss (ebd. 9f.; DH 4244), und räumt ein, dass hier durchaus Verfehlungen begangen worden sind (Art. 12). Artikel 13 postuliert, dass die Freiheit der Kirche sich an ihren pastoralen Aufgaben bemisst, also letztlich allein durch sie selbst konkret bestimmt werden kann. Die menschliche Gesellschaft hat der Kirche diesen Raum zur Selbstdefinition ihrer Freiheitsräume um ihres eigenen Wohles willen einzuräumen, wer ihn von außen beschränkt, handelt gegen Gottes Willen. – Die Differenzen zum hochmittelalterlichen Verständnis stechen ins Auge: Der Anspruch auf klerikale Weltherrschaft ist preisgegeben. Abgesehen davon treten die Kontinuitäten mindestens ebenso deutlich hervor: Die Freiheit des Individuums wird allein als Voraussetzung für die Annahme des christlichen Glaubens thematisiert. Von einer spezifischen Freiheit des Christen gegenüber der verfassten Kirche und ihren Ansprüchen ist nirgends die Rede. – Hier sind stattdessen die Bestimmungen des Kirchenrechts zu beachten, die den Gläubigen die Gehorsamspflicht gegen den in Stellvertretung Christi anordnenden Klerus einschärfen (vgl. *Codex Iuris Canonici* [1983] 212, § 1), und im kirchlichen Strafrecht werden Devianzen auf den Gebieten der Lehre, der Moral oder des Kultus mit Sanktionen belegt (vgl. ebd. Buch VI).

4.3. Askese als Freiheit

Die das monastische Leben auszeichnende besondere Heilsverheißung liegt in der Möglichkeit, in radikaler Eindeutigkeit das ganze Leben an Gott und seinem Willen zu orientieren. Sofern der Wille Gottes mit bestimmten, der Idee nach eindeutigen autoritativen Vorgaben identifiziert wird, liegt das Leben des Asketen genau auf der Linie der allgemeinen Anschauung, dass die Christlichkeit der

Lebensführung sich an seiner Übereinstimmung mit kirchlichen Vorgaben bemisst. Gegenüber dem Leben der Laien, das sich daneben noch an konkurrierenden »weltlichen« Leitlinien und Zielen ausrichtet, zeichnet sich das mönchisch-asketische Leben durch ein quantitativ erheblich höheres Maß an (möglicher) Eindeutigkeit aus: Der Verzicht auf alle praktizierte Sexualität (Keuschheit), auf eine selbstbestimmte Lebensführung (Gehorsam) und auf die dazu nötigen materiellen Mittel (Armut) werden verstanden als Konstituentien eines Freiheitsraumes, in welchem der Einzelne allen mit dem Willen Gottes konkurrierenden Beanspruchungen entzogen und insofern frei ist. Im Zentrum steht der Gehorsam, der nicht nur als Verzichtsleistung von Gewicht ist, sondern auch die Lebensgestalt konstruktiv begründet: Der Wille Gottes begegnet dem Einzelnen im Vorgesetzten, den die *Regula Benedicti*, ältere Traditionen aufnehmend, als Stellvertreter Jesu Christi bezeichnet (vgl. Ohst 2005: 16f.), bzw. in der schriftlich niedergelegten Regel. Im Gehorsam gegen beide, der täglich neu zu erringen ist, gewinnt die Konformität mit dem Willen Gottes Gestalt, und diese gelebte Willenskonformität ist gelebte Freiheit, weil und sofern sie den Menschen gegen anderweitige, tendenziell immer sündige und seelengefährdende Versuchungen und Beanspruchungen sicherstellt.

Dieses spezifisch monastische Verständnis von Freiheit ist der Sache nach schon in den frühesten quellenmäßig greifbaren Spielarten des Mönchtums wirksam: Die bei den Eremiten in den *Apophthegmata Patrum* maßgebliche charismatische Leitfigur des *Abbas* (»Vater«) gewinnt im koinobitischen Mönchtum amtliche Konstanz: Besonders die westlichen Theoretiker und Gestalter des Mönchtums formen den Grundgedanken immer weiter aus (Johannes Cassian, Benedikt von Nursia). Die franziskanische Bewegung radikalisiert den Grundgedanken bis hin zu seiner Implosion in der Forderung des Gehorsams eines jeden gegen jeden (vgl. Selge 1966); in der institutionellen Formierung zum Orden wird daraus die quantitative Höchststeigerung im Bild des »Kadavergehorsams« (Thomas von Celano, *Vita Secunda Sancti Francisci* CXII 152). Normative Dokumente der Frühzeit des Jesuitenordens schreiben auf der Basis geschichtlicher Besinnung und vertiefter willenspsychologischer Reflexion diese Konzeption der im Gehorsam zu sich selbst kommenden und sich vollendenden Freiheit fest (vgl. Ignatius von Loyola, *Brief 3304*; vgl. ders., *Satzungen der Gesellschaft Jesu* VI/1; vgl. Boehmer 1921: 51–53).

5. Die Reformation und ihre Wirkungen

5.1. Der Umbruch

In der Reformation hat das christliche Verständnis der Freiheit tiefgreifende Wandlungen durchgemacht, deren Resultate in sich nicht einheitlich sind, sondern nur in der Vielfalt ihrer Varianten dargestellt werden können. Allesamt sind sie jedoch durch Martin Luther im Mönchtum und in dessen Fragestellungen verwurzelt.

Die Grundlagen seines Freiheitsverständnisses gewann Luther als Bettelmönch und Hochschullehrer, der mit zunehmend schärfer sich ausbildenden eigenen Leitgesichtspunkten in seinen Vorlesungen die Autoritätsvorgaben abendländischer Kirche und Theologie auslegte.

Seiner mönchischen Herkunft gemäß war und blieb ihm Freiheit gleichbedeutend mit einer Lebensgestaltung, in welcher der Wille Gottes in größtmöglicher Radikalität ausgehalten, übernommen und umgesetzt wird.

Luther sprengte allerdings die ihn zunächst bestimmenden geistigen und institutionellen Vorgaben, indem er sich, mit eigenen Fragen und mit Hilfe des selektiv wahrgenommenen Augustin, tragende Leitmotive paulinischer Theologie in neuartiger Weise aneignete. Er selber hat in sich das Werden einer neuen Gestalt christlichen Denkens als zugleich schmerzhaften, notvollen und befreienden, von außen in und an seinem wachen, reflektierenden Bewusstsein bewirkten Wandlungsprozess verstanden; die zeitweilige Gräzisierung seines Namens zu *Eleutherios* (»der Freie«) betonte das plakativ (vgl. Schwarz 2010). Diese Dynamisierung hat Luther durchweg seinen Neufassungen hergebrachter theologischer Begriffe eingeschrieben.

Für Luthers Freiheitsbegriff bedeutet das: Freiheit ist keine konstatierbare Zuständlichkeit, sondern immer ein Freiwerden aus vorgegebener Unfreiheit heraus. Christlich von Freiheit reden heißt, von einer dem Menschen zuteil werdenden Befreiung reden, so wie der Glaube dem Menschen immer neu in der realdialektischen Anrede Gottes in Gesetz und Evangelium geschenkt wird und Rechtfertigung im lebenslangen Gerechtfertigtwerden des Sünders geschieht. Luthers Freiheitsverständnis bezeichnet also nie eine zuständliche Gegebenheit, sondern gibt an, wie die Freiheit des Glaubens im steten Kampf gegen die Knechtschaft des Unglaubens wird und wirkt.

Am Anfang steht das naive Freiheitsbewusstsein: Der Mensch meint, aus einer immer schon vorhandenen inneren Übereinstimmung mit Gott und seinem Willen heraus gut leben und Gutes tun zu können, zumal dann, wenn Gott selbst ihm dabei auch noch behilflich ist.

Gottes Wille wird dabei so gedacht, dass er dem Menschen bestimmte partikulare Forderungen religiös-kultischen und ethischen Inhalts stellt, welche der Mensch, motiviert durch sein in sich gutes Streben nach ewiger Glückseligkeit, in und aus Freiheit zu erfüllen vermag. Gottes Wille ist jedoch über solche Partikularisierungen erhaben. Er will vom Menschen in seiner jede Lebensregung umfassenden Totalität erkannt und anerkannt sein.

Der Mensch, auf den Gottes Wille als Totalbeanspruchung seiner geistigen, psychischen und physischen Existenz derart zugreift, dass er ihn im Gewissen erkennt und bejaht, erfährt dies als Gericht über seine Sünde, als restlose Verneinung seines ihn tragenden und bestimmenden Selbstverständnisses: Seine bislang naiv in Anspruch genommene Freiheit, den Willen Gottes zu erfüllen, erschließt sich ihm als Knechtschaft unter sein eigenes Glückseligkeitsverlangen, welches ihn bestimmt, Gott selbst und die Mitmenschen als Mittel zu seinem Selbstzweck zu benutzen. Mit anderen Worten: Seine Religion erschließt sich ihm als mehr oder minder offenkundige Gottlosigkeit, und sein Ethos versteht er als groben oder sublimen Egoismus.

Die Wurzel allen Übels, Sünde schlechthin, ist das in alledem waltende illusionäre Verständnis des Verhältnisses von Gott und Mensch als reziproke Kooperation von zwei quantitativ zwar weitestmöglich voneinander unterschiedenen, qualitativ aber gleichrangigen Partnern: Es schließt seitens des Menschen die Annahme einer Freiheit in sich, die, unter welchen Bedingungen auch immer, die Möglichkeit in sich trägt, durch spontane Akte auf Gott einzuwirken und diesen zu beeinflussen, in der lebensweltlichen Sprache von Theologie und Frömmigkeit: Verdienste zu erwerben oder Strafverpflichtungen durch Genugtuungsleistungen abzugelten.

In Jesus Christus ereignet sich – einmalig weltgeschichtlich und eben darum immer neu in jeder Lebensgeschichte – der entscheidende kategoriale Umschwung, der als Buße Grundakt christlicher Existenz ist (vgl. Luther, *Disputatio pro declaratione*; WA 1, 233). In Jesus Christus nimmt der Wille Gottes in zwiefacher, dialektisch gespannter Weise Gestalt an: als in ihrer ganzen Schärfe formulierte und im Sohnesgehorsam gelebte Forderung der totalen Willensübereinstimmung mit Gott und als rein geschenkhafte Vergebungszusage, die ihren Grund in seinem Erleiden von Gottes Zorngericht über die Sünde hat. Dem durch die Annahme von Gottes Willen im Gericht von seiner naiven Selbstschätzung Abgelösten wird der Gekreuzigte und Auferstandene zur unverbrüchlichen Zusage von Vergebung und Heil. Der in Totalität auf den Menschen zugreifende Wille Gottes erweist sich demjenigen, in dem er sich im Erleiden Anerkennung verschafft, als Wille zur Vergebung und, was, wenn man die Dynamik des göttlichen Willens berücksichtigt, dasselbe ist, zur erlösenden Neuschöpfung. So fasst der in sich scheinbar eindeutige Begriff »Glaube« die vom Menschen in worthaft-rechenschaftsfähiger Weise angeeignete und immer neu anzueignende Doppelbewegung von Gottes Wirken in sich, in welcher er ganz verneint und auf neue Weise ganz bejaht wird. Nicht nur vielen unter Luthers Zeitgenossen war es schwer bzw. unmöglich, dem Glauben, der in herkömmlicher Terminologie schlicht die Annahme der kirchlichen Lehrverkündigung als Akt des der Autorität geschuldeten Gehorsams bezeichnete, die Funktion des alles entscheidenden Kriteriums im Verhältnis des Menschen zu Gott zuzuschreiben, und genau das tat Luther (vgl. Luther, *Von der Freiheit eines Christenmenschen*; WA 7, 22f.). Der Glaube, so betont er immer wieder in umbiegender Aufnahme der damals allbekannten katechetischen Tradition, ist seitens des Menschen das »Hauptwerk«, was ebenso einleuchtend wie missverständlich ist: Der Glaube ist ja in keiner Weise ein »Werk«, denn er ist kein Akt einer ihm vorgängigen menschlichen Wahl- und Entscheidungsfreiheit, sondern worthaft wandelndes Wirken Gottes im und am menschlichen Bewusstsein. Und insofern hat das »Hauptwerk« nicht, wie der Terminus unweigerlich suggeriert, »Nebenwerke« neben sich, sondern der Glaube steht auf einer kategorial höheren Ebene als alle menschlichen Betätigungen. In ihm gestaltet sich das Gottesverhältnis neu, und zwar als bejahte qualitative Asymmetrie: Der Mensch ist und bleibt in allem Tätigsein vor Gott schlechterdings Empfangender, und ihm wird die Gemeinschaft mit dem Willen Gottes zugeeignet (vgl. Luther, *Von den guten Werken*; WA 6, 204–211). Darum sind Werke, die bei Gott etwas erlangen wollen, ausgeschlossen, denn diese setzen ja immer einen Willenszwiespalt voraus, in dem der Mensch etwas von Gott erlangen will. Indem der Mensch sich ganz und gar in Willensgemeinschaft mit Gott befindet, ist er von jeder Nötigung zu religiösen Werken, die bei Gott etwas erreichen sollen, frei, und er ist frei von der Angst, durch quantitativ oder qualitativ minderwertige Werke sein Heil zu gefährden. Und daraus folgt: Er ist innerlich frei von der Kirche als Heils- und Erziehungsanstalt mit ihren sakramentalen Gnadenhilfen, welche immer mit Leistungsforderungen verbunden sind, und er ist frei für den selbstlosen, nicht durch mehr oder minder subtile egoistische Nebenmotive verzerrten Dienst am Nächsten.

Für die transzendentalanthropologische Facette der Freiheitsthematik heißt das so viel: Luthers Verständnis Gottes und seines Willens sowie des Menschen und seiner Sünde schließen jedes auf eine ursprünglich gegebene Freiheit rekurrierende Mitwirken des Menschen an seiner Erlösung aus. Was Luther unter Freiheit versteht, ist, wenn man es auf scholastisch-theologische Freiheitsdiskurse zurückbezieht, geradezu Freiheit von der Freiheit! Dieser Grundgedanke in seiner Schrift gegen Erasmus (*De servo arbitrio*) aus dem Jahre 1525 ist schon in seinen Ausarbeitungen zur Römerbrief-Vorlesung (1515/16) vollständig ausgebildet (vgl. Luther, *Diui Pauli apostoli ad Romanos Epistola*; WA 56, 375f., 381–383). Freiheit ist also nicht die transzendentale Voraussetzung des Glaubens, sondern dessen Korrelat.

Analog verhält es sich mit dem Verhältnis von Luthers Neufassung des Freiheitsbegriffs zur Freiheit der Kirche und zum monastischen Freiheitsdiskurs: Auch hier sind die problemgeschichtlichen Linien unübersehbar, und sie sind zugleich irreparabel gebrochen. Hier wie dort werden Befreiung und Freiheit mit der Orientierung an und der Verwirklichung von Gottes Willen identifiziert. Umso deutlicher stechen die Differenzen hervor.

5.2. Die Freiheit eines Christenmenschen statt der Freiheit der Kirche

Die Rede von der Kirchenfreiheit zentriert ja die Zusage bzw. das Postulat der Freiheit auf die hierarchische Organisation, insbesondere ihre Spitze, der gegenüber Gehorsam die alles andere bestimmende Pflicht des Christen ist, der seine natürliche Freiheit eben zugleich betätigt und aufgibt, indem er sich der seinen Gehorsam fordernden freien Kirche um seines Heils willen ein- und unterordnet. Der Mensch Gottes, der von niemandem gerichtet wird, ist der Papst (1 Kor 2,15). Diese paulinische Prädikation löst Luther vom Papst und überträgt sie auf jeden Christen, der, weil und sofern er im Glauben steht, Träger der vollgültigen Freiheit eines Christen ist (schon in der ersten Psalmen-Vorlesung; vgl. Luther, *Erste Psalmenvorlesung;* WA 55/II, 956–959; polemisch dann z. B. Luther, *Ad librum Ambrosii Catharini;* WA 7, 771).

Die Taufe ist als lebenslang und unwiderruflich gültige, keiner Ergänzung durch das Bußsakrament bedürfende Zusage der Sündenvergebung gleich ursprünglich der Zuspruch der lebenslang im Werden sich realisierenden Freiheit (vgl. Luther, *De captivitate;* WA 6, 535). Die so dem Glauben wesenseigene Freiheit stellt den Christen frei gegen jeden im Namen Gottes ergehenden Gehorsamsanspruch einer innerweltlichen Instanz. Die Taufe, die nach katholischem Verständnis die Gehorsamspflicht des Einzelnen gegen die Kirche begründet, wird also von Luther umgewertet zum Symbol des Eigenstandes eines jeden Christenmenschen: Sofern der Papst gerade im Namen der Taufe um des Glaubens willen vom Christen Gehorsam fordert, erweist er sich als der Antichrist. Dagegen würde er seiner Aufgabe gerecht, wenn er sich zum vollmächtigen

Verkünder der Christenfreiheit gegen hierokratische Zumutungen transformierte (ebd. 535–537).

5.3. Gewissensfreiheit?

Indem Luther so den Glauben als Werk Gottes durch Wort und Geist am und im Menschen auf neuartige Weise subjektivierte und weitestmöglich von jedem erzwingbaren Akt des Gehorsams gegen menschliche Autorität absetzte, stieß er zu Formulierungen vor, die sich, isoliert betrachtet, wie Fanale der neuzeitlichen Glaubens- und Gewissensfreiheit lesen (vgl. Luther, *Von weltlicher Oberkeit*; WA 11, 264). Dass Luther die Häresie, sofern sie nicht mit Aufruhr verbunden war, nicht als todeswürdiges Verbrechen gelten lassen wollte, gehörte zu denjenigen seiner Sätze, die 1521 die päpstliche Bannbulle zensurierte (vgl. Leo X., *Exsurge Domine* 33; DH 1483).

Aber Luther hielt an Prämissen fest, die ihm lediglich einen Platz in der Vorgeschichte des modernen Postulats der Glaubens- und Gewissensfreiheit zuweisen: Grundlage seines reformatorischen Selbstbewusstseins und Handelns war die Voraussetzung, dass die Bibel die von Gott gegebene Grundlage aller menschlichen Gottes-, Selbst- und Welterkenntnis in sich enthält. An ihrer in dieser Hinsicht auch rein formalen Autorität kann es keinen ernstzunehmenden Zweifel geben. Diese Voraussetzung, die er auch mit seinen Gegnern teilte, spitzte Luther zur These von der äußeren Klarheit der Schrift zu: Die Schrift hat einen in sich klaren Gesamtsinn, der sich, ungeachtet des subjektiv-persönlichen Heilsglaubens, jedem entsprechend gebildeten Leser erschließt, wenn ihm nicht Bosheit bzw. Verstocktheit den Blick trübt. Darum ist es Recht und Pflicht weltlicher Landesherren, mit strafrechtlichen Sanktionen gegen Einzelne und Gruppen vorzugehen, welche diese Grundlagen der Gesittung und des gesellschaftlichen Zusammenhalts in Zweifel ziehen. Sie sind also durchaus berechtigt, ja, verpflichtet, in ihrem Territorium »Abgötterei« zu unterbinden, also den Messopfer-Kultus zu verbieten, Täufersekten zu unterdrücken oder jüdische Gemeinden zu vertreiben.

Die eigentlich geschichtlich wirksamen Vertreter der individuellen Glaubens- und Gewissensfreiheit und des Toleranzgedankens waren »Stiefkinder der Reformation« (Troeltsch, *Die Bedeutung des Protestantismus*; KGA 8, 267) – Vertreter des Humanismus, die dogmatische Geltungsansprüche aller Art mit Skepsis betrachteten und für ein überkonfessionell-individualistisches Christentum mit starkem moralpädagogischem Impetus warben und sich dabei durchaus auf Luther beriefen (vgl. Guggisberg 1997).

5.4. Die Freiheit des Christen in der sozialen Welt

Wie zum Begriff der Freiheit der Kirche, so verhält sich der reformatorische Freiheitsbegriff auch zum spezifisch monastischen doppelsinnig: Es besteht ein deutliches Kontinuitätsverhältnis, das jedoch in sich durch grundstürzende und grundlegende Neufassungen der Leitkategorien gebrochen ist.

Auch Luther identifiziert die Freiheit mit der innerlich gewollten und bejahten Unterordnung des menschlichen Willens unter den Willen Gottes. Aber er löst den Gotteswillen aus seiner ihn nur scheinbar radikal zuspitzenden, ihn jedoch in Wahrheit trotz aller quantitativen Steigerung partikularisierenden Identifikation mit Vorgaben wie Abt und Regel.

In charakteristisch transformierender Weise kann Luther hier den vorgeprägten Terminus der »Indifferenz« (Luther, *Operationes in Psalmos*; WA 5, 176.32f., 217.2f.) aufnehmen. Anders als in der Sprachwelt der tief in monastischer Frömmigkeit verwurzelten Mystik wird allerdings nicht das Subjekt »indifferent« gegen die Sinnen- und Menschenwelt, sondern indifferent werden dem Glauben die sich ihm eröffnenden unterschiedlichen möglichen Felder seiner tathaften Bewährung insofern, als es zwischen ihnen keine Differenz hinsichtlich ihrer Heilsbedeutung gibt, denn der Glaube weiß sein Gottesverhältnis auf einer Ebene oberhalb der Werke begründet und geborgen. Deshalb sieht er sich der Nötigung enthoben, hier etwa durch Rückwirkungen äußerlicher Handlungen Steigerungen zu bewirken und, orientiert an diesem Maßstab, wertende Reihungen von Handlungsoptionen zu unternehmen. Innerweltliches, intersubjektives Handeln verliert also den Zweckbezug zum Heil des Subjekts, und das heißt, dass der Glaubende wahrhaft frei wird zur Anerkennung der Selbstzweckhaftigkeit des Nächsten, seiner Ansprüche und Bedürfnisse.

Wie das Gottesverhältnis wird das Verhältnis zum Nächsten befreit von der Unterordnung unter die grobe oder feine Orientierung am eigenen Heil: Allein die Freiheit des Glaubens, die ihn zum freien Herrn aller Dinge macht, der niemandem untertan ist, macht den Christenmenschen in Wahrheit zum dienstbaren Knecht aller Dinge, der selbstlos für den Nächsten da sein kann (vgl. Luther, *Von der Freiheit eines Christenmenschen*; WA 7, 21, 30f., 35f.).

Das ist auf der Grundlage der Freiheit des Glaubens die neuartige, radikale Verneinung des die gesamte vor- und außerreformatorische Frömmigkeitsgeschichte zumal des Westens prägenden Verdienstgedankens, der ja, wie Augustin selbst gezeigt hat, mit der Betonung der Priorität der Gnade mühelos vereinbar war und ist.

Mit dieser Verneinung des Verdienstgedankens ist zwar die mönchisch-asketische Lebensweise als solche nicht prinzipiell für unsittlich erklärt: Auch sie ist ein mögliches Betätigungsfeld der Freiheit des Glaubens; wem sie die ihm von Gott gesetzte Lebensform ist, der soll sie praktizieren! Aber sie hat religiös keinen höheren Wert als jeder andere Lebensstand auch (vgl. in Kürze: Luther, *Themata de votis*; WA 8, 313–335; ausführlich: Luther, *De votis monasticis*; WA 8, 564–669). – Dennoch: Faktisch war damit dem monastisch-asketischen Leben in der Vielfalt seiner Spielarten der Lebensnerv durchschnitten. Wo die Reformation wirken konnte, erstarb das monastische Leben bis auf zweckentfremdete Relikte (adlige Damenstifter, Zisterzienserklöster als Domänen mit besonderer Rechtsstellung). Riesige Vermögenswerte wurden neuen Zwecken zugeführt; die wirtschafts-, sozial- und bildungsgeschichtlichen Folgen waren unermesslich.

Wohl noch wichtiger ist der konstruktive Gehalt der Gedankenverbindung. Gottes Wille ist in sich einheitlich; er stellt jedem Menschen dieselbe Forderung der radikalen Gottes- und Nächstenliebe. Deren Verwirklichungsort sind die von Gott gesetzten, das Leben ordnenden und bewahrenden, geschichtlich gewachsenen Strukturen menschlichen Zusammenlebens, in die hinein Gottes Gesetz sich geschichtlich individuiert. Die methodisch geschulte menschliche Vernunft hat die Fähigkeit und die Aufgabe der Auslegung und Anwendung des Gesetzes. Ehe und Familie, Landwirtschaft und Handwerk, Handel und Wirtschaft, Recht und Politik sind Handlungsfelder, auf denen sich die menschliche Vernunft ohne kirchliche Lenkung und Leitung betätigt – unbeschadet dessen, dass der im Glauben freie Christ hier durch die ihm eigene Selbstlosigkeit *vernünftiger* zu denken und zu handeln vermag als andere und dass er als Christ auch auf diesem Felde den Gewissensrat des seelsorgerlich befähigten Mitchristen suchen wird. Damit ist dem Glauben sein Betätigungsfeld in den gegebenen Strukturen der realen geschichtlichen Welt gewiesen, und jede mit der Sündhaftigkeit des Menschen begründete Leitungs- und Lenkungsfunktion der Kirche als Normenkontrollinstanz oberhalb der politisch-sozialen Welt ist verneint: Der reformatorische Freiheitsbegriff steht auch auf den Feldern der Politik, des Rechts und der Sozialethik im kontradiktorischen Gegensatz zum hochmittelalterlichen Begriff der Kirchenfreiheit und zu seinen Folgebildungen.

Die reformatorische Lehre von den zwei Reichen bzw. Regimenten oder Regierweisen Gottes mag durch die gedanklichen Mittel, mit welchen sie formuliert wurde, noch so sehr traditionsgeschichtlich im Zusammenhang mit der Geschichte der einschlägigen Theorien seit der Antike stehen – sie ist unterbestimmt, wenn sie als bloße Neuerung in der Regulierung des Verhältnisses von Kirche und weltlicher Herrschaft/Staat verstanden wird. In ihrem Kern will sie vielmehr dem Christen Auskunft darüber geben, wie er in der Freiheit des Glaubens sein Leben in der Welt der Politik und des Rechts in verantwortlicher Freiheit zu deuten und zu gestalten hat.

Die Proklamation und die Realisation der Freiheit von um des Heils willen zu befolgenden papstkirchlichen Geboten und Ordnungen hat Weltgeschichte gemacht: Je nach Urteilsperspektive hat sie die Katastrophe der abendländischen Kirchenspaltung hervorgerufen bzw. begünstigt oder eine neue Vielfalt von individuellen frömmigkeits-, theologie- und kirchengeschichtlichen Typen auf dem Boden des lateineuropäischen Christentums begründet. Die individuelle wie institutionell-staatliche Freiheit von hierarchisch-kirchlicher Bevormundung gehört in all der Unterschiedlichkeit ihrer geschichtlichen Spielarten zu den Sachkonsensen, die es sinnvoll machen, diesen Phänomenbestand unter den Begriff des Protestantismus zu subsumieren.

5.5. Die Freiheit im Glauben und das wirkliche Leben

Wie sich nach Luther der Glaube im Subjekt immer nur in der ständig neu geschehenden Durchsetzung gegen den Unglauben realisiert, so ist auch seine Lebensgestalt, die Freiheit, in der Empirie christlichen Lebens immer durch die sündhafte Bindung an den Ich-Willen gebrochen. Dessen ungeachtet gilt vom Glauben grundsätzlich: Er eint den Menschen in Freiheit mit dem Willen Gottes, so dass dieser ihm nicht mehr in gesetzesförmiger Äußerlichkeit gegenübertritt, sondern innerlich zur Triebkraft seines Handelns wird. Der Glaube orientiert sich also in seinem Freiheitsvollzug nicht an äußerlichen Normen, sondern seine Lebenswelt selbst eröffnet sich ihm als Anlass und Ort sittlicher Selbstverwirklichung: Das Ethos des Glaubens ist übergesetzlich, vermag sich jedoch selber zu Maximen zu verdichten, und genau das ist gemeint, wenn Luther formuliert, der Christ könne neue Dekaloge machen, die heller und klarer seien als der des Mose (vgl. Luther, *Thesen für die Promotionsdisputation von Hieronymus Weller und Nikolaus Medler*; WA 39/I, 47).

Diese übergesetzliche Deutung der Freiheit des Glaubens, die für Luther selbst im wirklichen Christenmenschen immer durch die Sünde gebrochen ist, wurde von Seitengängern der Reformation (vgl. Hirsch 1954b: 35–67) in, verglichen mit Luther, einseitiger Weise betont und hat dann im (radikalen) Pietismus ihre Fortsetzer gefunden (vgl. Schmidt 1969; Ohst 2005); Fernwirkungen liegen auch in Kants Versuch vor, die Ethik auf die Fähigkeit der Selbstgesetzgebung der praktischen Vernunft zu begründen (vgl. Hirsch 1954a).

Luther selbst hat den Anschluss an die lebensweltliche Praxis hergestellt, indem er, formal an die katechetische Tradition des Mittelalters anknüpfend, den Mose-Dekalog als knappsten und klarsten Ausdruck des in jedem Menschen abrufbaren sittlichen Bewusstseins zur Einweisung in die konkreten Handlungsräume des christlichen Freiheitsgebrauchs benutzte.

6. Kontroverse Entfaltungen

6.1. Freiheit und Gesetz

Trotz seiner Identifikation der Freiheit mit dem Glauben ist nach Luther das Gesetz für den Christen nicht einfach abgetan. Der Christ bleibt ja lebenslang Sünder, und in seiner radikalen geistlichen Zuspitzung auf die gänzlich selbstlose Gottes- und Nächstenliebe ruft das Gesetz dies dem Christen immer wieder ins Bewusstsein und führt ihn in die Buße, in der der Glaube seine Erneuerung erfährt.

Weiterhin hat der Christ es mit dem Gesetz zu tun, sofern Gottes Wille durch das Gesetz in seinen historischen Individuationen die politisch-soziale Welt ordnet, in welcher Christen und verstockte Sünder, für das menschliche Auge unscheidbar, miteinander leben.

Luthers Begriff der Freiheit eines Christenmenschen im Glauben und durch den Glauben ist allein am Individuum orientiert und rein innerlich-transzendental verfasst. Die so verstandene Freiheit des Glaubens birgt in sich kein eigenständiges Konzept der individuellen oder gar sozialen äußerlichen Lebensgestaltung – die Freiheit des Glaubens trägt und bestimmt das ihrer teilhaftige Subjekt in allen denkbaren Formen menschlichen Zusammenlebens; ihre Ausprägungen im gelebten Leben sind so vielfältig wie menschliche Lebensgeschichten selbst (vgl. Luther, *Von der Freiheit eines Christenmenschen*; WA 7, 21).

Als die aufständischen Bauern, deren konkrete rechtliche Forderungen Luther durchaus zu würdigen wusste, den Kampf um ihre Rechte, also um ihre »Freiheiten« in des Wortes rechtlich-sozialem Verstande, mit der spezifischen Freiheit des Glaubens identifizierten, hat Luther diesen Versuch mit einer Entschiedenheit zurückgewiesen, die von Zeitgenossen und Nachlebenden als anstößig und brutal bewertet wurde. Ohne damit die Tragik zu verleugnen, die in diesen Ereignissen liegt, wird man sagen müssen, dass Luther mit dieser Abgrenzung in der Sache letztlich nur die innerliche Konsistenz seiner reformatorischen Einsichten festgehalten hat (vgl. Althaus 1927).

Durch die Verknüpfung von Luthers Lehre vom Gesetz mit dem

stoischen Begriff der *lex aeterna* (»ewiges Gesetz«) bzw. *lex naturalis* (»natürliches Gesetz«) als unwandelbarem Ausdruck des Willens Gottes konnten Melanchthon und einige seiner Schüler dem Gesetz hohen Rang für die sittliche Verwirklichung des Vergebungsglaubens (Heiligung) zuschreiben: Das Gesetz hält nicht nur äußerlich die Sünder im Zaum und behaftet in seinem geistlichen Verstande auch den Christen bei seinem dauernden Sündersein, sondern es leitet in einer dritten Gebrauchsweise (*tertius usus legis*) auch den Wiedergeborenen in seinem sittlichen Leben an (vgl. Melanchthon, *Loci praecipui theologici*; StA II/1, 325). Luthers Bestimmung der Freiheit als schöpferischer sittlicher Spontaneität stand in diesem Strang seiner Wirkungsgeschichte deutlich im Schatten einer Ausrichtung des Ethos an den gegebenen Rechts- und Moralnormen, die als geschichtliche Ausprägungen der *lex naturae* verstanden wurden.

Zwingli hat der christlichen Freiheit ihren Verwirklichungs- und Gestaltungsraum in der sich dezidiert als christliches Gemeinwesen verstehenden und gestaltenden Stadt angewiesen: In der Freiheit des Bürgers, verstanden als Inbegriff seiner ihm gemäß seinem Stand zukommenden konkreten Rechte und Pflichten, realisiert sich die christliche Freiheit – in einem Gemeinwesen, dessen rechtlich-politische Freiheit die dazu berechtigten und verpflichteten Bürger zu schützen haben (vgl. Hamm 1988).

Calvin stellte den in allen Schichten der biblischen Offenbarung waltenden Willen Gottes in das Zentrum seiner Überlegungen. Gottes Absicht im Schöpfungs- und Erlösungswerk ist ewig und unabänderlich, dass seine erwählten Geschöpfe seinen im biblischen Gesetz kodifizierten unabänderlichen Willen tun, und darum hat das Gesetz an erster Stelle die Aufgabe, den Gläubigen Gottes Willen einzuschärfen (vgl. Calvin, *Institutio* II 7,12). Freiheit gegenüber dem Gesetz ist der Glaube, sofern er allein, ohne des Gesetzes Werke, bei Gott die Rechtfertigung erlangt und sofern dem Glaubenden der Fluch des Gesetzes angesichts der Unvollkommenheit seiner Werke nicht mehr droht (vgl. ebd. III 19). – So räumt Calvin dem göttlichen Gesetz der Schrift eine weitaus höhere Bedeutung für die Regulierung und Formung des Lebens des Individuums, der Christengemeinde und der Gesellschaft insgesamt ein. Von hier aus ist es verständlich, dass die durch calvinische Theologie geprägten Kirchentümer ein vergleichsweise hohes Maß an politisch-sozialer Dynamik entfaltet haben.

6.2. Glaubensfreiheit und Wahlfreiheit

Luther hat von seinen theologischen Anfängen an die mit seinem Gottesbild und Gottesbegriff untrennbar verbundene Lehre vertreten, dass der Mensch allein durch die in Wort und Geist den Glauben schenkende und mehrende Gnade Gottes in Christus zum Heil und zum Glauben kommt. Unbeschadet der psychologischen Freiheit verdichtet sich die reflektierte Erfahrung des gelebten Glaubens zu dem Urteil, dass alles menschliche Sichentscheiden und Sichvollziehen allein von Gott selbst bewirkt und geschenkt sind. Von einer auch noch so kleinen konstitutiven Mitwirkung seitens des menschlichen Wahl- oder Entscheidungsvermögens kann nicht die Rede sein.

Erasmus von Rotterdam, zunächst der von Luther ausgehenden Bewegung mit Wohlwollen gegenüberstehend, dann durch deren grundstürzenden Radikalismus abgestoßen, hat in seiner Schrift *De libero arbitrio diatribe* (1524) von diesem Punkt aus Luther angegriffen. Er appellierte sowohl an die einschlägigen Überlieferungen antiker Philosophie, welche die Freiheit zum Guten zur konstitutiven Würde des Menschen rechnen, als auch an die schulübergreifenden Selbstverständlichkeiten kirchlicher Moraltheologie, die angesichts des kirchlich vermittelten Gnaden- und Erziehungsangebotes die Entscheidungsfreiheit des Menschen beanspruchte.

So entwarf Erasmus ein Bild, dessen Grundfigur die göttliche Gnadenzuwendung an den je einzelnen Menschen ist: Sie ist immer so bemessen, dass der einzelne Mensch sie in Freiheit zu seinem eigenen Heil zu ergreifen vermag. Tut er das, so folgen weitere, ebenfalls in Freiheit zu realisierende Gnadenangebote. Verweigert sich der Mensch, so geht er aus eigener Schuld zugrunde.

Luther hat diesem Gesamtbild ein konträres entgegengesetzt (vgl. Luther, *De servo arbitrio*; WA 18): Gelebtes menschliches Freiheitsvermögen ist vor jeder Reflexion und jedem Vollzug immer schon in seinem Richtungssinn prädeterminiert. Die Sünde, mit der jeder Mensch auf die Welt kommt, verwehrt ihm die Möglichkeit zur Annahme des Willens Gottes in seiner ganzen Radikalität. Die Umkehrung des konstitutiven Richtungssinnes des Menschen, die das möglich macht, ist allein Gottes Werk in Wort und Glauben, das der Mensch in voller Subjekthaftigkeit im Gewissen erleidet. An welchen Menschen Gott es tut und welche er ihrem subjektiv als frei bejahten sündhaften Ich-Willen zum Opfer fallen lässt, das bestimmt Gott selbst im unerforschlichen Geheimnis seiner allwirksamen Allmacht, der auch der Teufel und die Bösen wider ihr Wissen und ihren Willen dienen. Der gelebte Glaube und die ihn seines Grundes versichernde Theologie haben nicht die Aufgabe, in diese Geheimnisse einzudringen – sie haben sich allein an Gottes in Christus sich durchsetzenden Gnadenwillen zu halten.

In seinem Bestreben, den reformatorisch erneuerten Glaubensbegriff auch mit den Denkmitteln der rationalen Psychologie der Zeit verständlich zu machen, hat Melanchthon eine Verschiebung der Perspektiven vorgenommen. Er meinte, der Alleinwirksamkeit Gottes keinen Abbruch zu tun, wenn er dem menschlichen Willen die Freiheit einräumte, der auf ihn eindringenden Gnade Raum zu geben oder ihr den Zugang zu verweigern (vgl. Melanchthon, *Loci praecipui theologici*; StA II/1, 245f.). Er sah hierdurch die Kontinuität und Konsistenz der sittlich-religiösen Persönlichkeit gewährleistet. Die Lehre von der göttlichen Vorherbestimmung, also die theoretische Ausdrucksform von Gottes Allein- und Allwirksamkeit, war damit eingeschränkt auf die Setzung der allgemeinen Heilsordnung. In Bezug auf das Individuum wird sie zur Lehre von der Präszienz: Kraft seiner Allwissenheit weiß Gott von Ewigkeit her, welcher Mensch der angebotenen Gnade Raum geben wird und welcher nicht (vgl. Seeberg 1920: 441–444). Nach Luthers Tode hat es über die angebliche oder tatsächliche Möglichkeit des Menschen, an seinem Heil mitzuwirken (Synergismus), heftige Streitigkeiten gegeben, die sich mit Kontroversen um Begriff und Wesen der Erbsünde verquickten. Die Konkordienformel von 1577 (*Konkordienformel* Art. VII; BSLK 776–781, 866–912; Art. XI; BSLK 816–822, 1063–1091) hat das Kunststück versucht, die konsequente Lehre von der doppelten Prädestination abzulehnen, um nicht die Allgemeinheit des göttlichen Gnadenwillens in Jesus Christus zu beeinträchtigen und Gott zum Urheber des Bösen zu machen, zugleich jedoch die Heilsgewissheit des Glaubens gänzlich auf Gottes gewährende Gnade zu begründen, die den zuverlässigen Ausdruck ihrer allgemeinen Geltung im Evangelium hat und ihre Grenze allein bei denjenigen findet, die sich böswillig verstocken.

Während in der Theologie Luthers und vor allem in der seiner Epigonen die eng miteinander verbundenen Themen der menschlichen Entscheidungsfreiheit und göttlichen Alleinwirksamkeit eher als Folgefragen des soteriologischen Zentralinteresses verhandelt wurden, war für Zwingli die aus renaissancehumanistischen Einflüssen und entsprechend gedeuteten biblischen Texten erhobene Anschauung von Gott als dem alleinwirksamen Urgrund aller Wirklichkeit konstitutiv.

Calvins Prädestinationslehre (vgl. Calvin, *Institutio* III 21) schloss dagegen eher an die durch Melanchthon und seine Schüler in den Hintergrund gedrängten Impulse Luthers an, die er dogmatisch weiterbildete, indem er in großem Umfang auf die antipelagianischen Schriften Augustins zurückgriff.

Von Ewigkeit her, also vor der Schöpfung von Zeit und Welt, hat Gott das zeitliche Geschick und das ewige Ergehen eines jeden Menschen unabänderlich festgesetzt. Im Ablauf der Weltgeschichte, der Heilsgeschichte und der individuellen Lebensgeschichte setzt sich Gottes ewiger Ratschluss unter den Bedingungen von Raum und Zeit um. Die psychologische Willensfreiheit ist damit problemlos vereinbar. In theologischer Sicht gehört sie hinein in die Wirkungsweisen der allwirksamen göttlichen Allmacht. Ob die Erwählung dem Sündenfall vorgeordnet ist, wie Calvin lehrte (Supralapsarismus), oder ob sie sich erst gleichsam hypothetisch auf die Glieder der gefallenen Menschheit bezieht (Infralapsarismus), blieb eine bloße Schulkontroverse.

Aber es erhob sich auch Widerspruch von solchen Autoren, die im Rahmen calvinistisch bestimmter Theologie und Kirchlichkeit in der Tradition des Erasmus ein Christentumsverständnis propagierten, welches seinen Schwerpunkt pädagogisch in der moralischen Besserung hatte (vgl. Ritschl 1926). Aus dieser Perspektive schien die Verneinung der Willensfreiheit dem Fatalismus und der moralischen Lethargie Vorschub zu leisten. Ihre Sachargumente schöpften die Gegner der konsequenten Prädestinationslehre aus solchen biblischen Texten, welche die Entscheidungsfreiheit des Menschen lehren oder doch voraussetzen, und sie erhoben gegen die Prädestinationslehre den Vorwurf, dass sie, biblisch mitnichten zwingend, ein bloß menschliches Theoriekonstrukt sei, das zwar als Menschenmeinung gelten möge, nie und nimmer jedoch als verbindliche Glaubenswahrheit aufgestellt werden dürfe. So verband sich mit dem Kampf um die Prädestinationslehre, zumal in den Niederlanden, das Bestreben nach Toleranz für ein weiteres Spektrum biblisch belegbarer und moralisch unschädlicher Lehrmeinungen. Das auch von Luther in den Anfangsjahren der Reformation erhobene Postulat der Freiheit der religiösen Überzeugung kehrte seine Spitze wider das auch die politische Herrschaft erstrebende calvinistische Kirchentum: Die theologischen Auseinandersetzungen verschränkten sich mit sozialen und politischen Konflikten. Eine reformierte Nationalsynode in Dordrecht (1618/19), an der auch Delegierte aus anderen reformierten Kirchen wie denen Englands, Schottlands und der Schweiz teilnahmen, bekannte sich zur Prädestinationslehre mit ihren Implikationen: Gottes Gnadenwille gilt nur den zum ewigen Heil Erwählten, und nur für sie ist Christus gestorben.

Die Anhänger der gegnerischen Partei der »Remonstranten« mussten zeitweilig aus den Niederlanden weichen, konnten jedoch schon bald zurückkehren und in einer eigenen kirchlichen Organisation ihres Glaubens leben. So war der Streit um Willensfreiheit und Prädestination mitursächlich dafür, dass ein Gemeinwesen entstand, in welchem institutionalisierter religiöser Pluralismus dauerhaft und zuverlässig toleriert wurde.

Quellen- und Literaturverzeichnis

1. Quellen

Apophthegmata Patrum/Sprüche der Väter, hg. und übers. von Erich Schweitzer, 2 Bde., Beuron 2011/2012.
Die Apostolischen Väter. Griechisch-deutsche Parallelausgabe, hg. von Andreas Lindemann/Henning Paulsen, Tübingen 1992.

Augustin: *Confessiones*/Bekenntnisse: Corpus Christianorum. Series Latina, Bd. 27, Turnhout 1981.
Augustin: *Contra epistolam Manichaei quam vocant fundamenti*/Gegen den sogenannten Grundlagenbrief Manis, in: Patrologiae cursus completus. Series Latina, hg. von Jacques-Paul Migne, Bd. 42, Paris 1850, 173–206.
Augustin: *De libero arbitrio*/Über den freien Willen: Corpus Christianorum. Series Latina, Bd. 29, Turnhout 1970.
Augustin: *De spiritu et littera*/Über Geist und Buchstabe: Corpus scriptorum ecclesiasticorum latinorum, Bd. 60, Wien 1913.
Augustin: *Epistola XCIII*/93. Brief, in: Patrologiae cursus completus. Series Latina, hg. von Jacques-Paul Migne, Bd. 33, Paris 1865, 321–347.
Augustin: *Epistola CXCIV*/194. Brief, in: Patrologiae cursus completus. Series Latina, hg. von Jacques-Paul Migne, Bd. 33, Paris 1865, 874–891.
Augustin: *Retractationes*/Überarbeitungen: Corpus Christianorum. Series Latina, Bd. 57, Turnhout 1984.
Bernhard von Clairvaux: *De gratia et libero arbitrio*/Über die Gnade und den freien Willen: ders.: Sämtliche Werke, lateinisch-deutsche Ausgabe, hg. von Gerhard Winkler, Bd. I, Innsbruck 1990.
BSLK: Die Bekenntnisschriften der evangelisch-lutherischen Kirche, hg. im Gedenkjahr der Augsburgischen Konfession 1930, Göttingen 1976[7].
Calvin, Johannes: *Institutio christianae religionis*/Unterricht in der christlichen Religion: ders.: Opera selecta, Bde. III–V, hg. von Peter Barth/Wilhelm Niesel, München 1957[2]; dt. von Ernst Friedrich Karl Müller/Otto Weber, Neukirchen-Vluyn 1963[2].
Codex Iuris Canonici/Codex des kanonischen Rechtes, lateinisch-deutsche Ausgabe, Kevelaer 1983.
Cyprian: 73. Brief, in: ders.: Sämtliche Schriften, Bd. 2: Briefe, übers. von Julius Bär, München 1928, 335–356.
DH: Denzinger, Heinrich/Hünermann, Peter (Hgg.): *Enchiridion Symbolorum, definitionum et declarationum de rebus fidei et morum*/Kompendium der Glaubensbekenntnisse und kirchlichen Lehrentscheidungen, Freiburg i.Br. u.a. 1991[37].
Erasmus von Rotterdam: *De libero arbitrio diatribe sive collatio*/Gespräch oder Unterredung über den freien Willen, in: ders.: Werke, hg. und übers. von Winfried Lesowsky, Bd. IV, Darmstadt 1969, 1–195.
Fichte, Johann Gottlieb: Über den Grund unseres Glaubens an eine göttliche Weltregierung, in: ders.: Gesamtausgabe der Bayerischen Akademie der Wissenschaften, hg. von Reinhard Lauth/Hans Gliwitzky, Bd. I/5, Stuttgart 1977, 318–354.
Gregor VII.: *Dictatus papae*/Diktat des Papstes, in: Das Register Gregors VII., hg. von Erich Caspar, Bd. 1 (Teil I–IV), Berlin 1967[3], 202–208.
Ignatius von Loyola: Brief 3304, in: ders.: Deutsche Werkausgabe, Bd. 1: Briefe und Unterweisungen, hg. von Peter Knauer, Würzburg 1993, 458–469.

Ignatius von Loyola: Satzungen der Gesellschaft Jesu, in: ders.: Deutsche Werkausgabe, Bd. 2: Gründungstexte der Gesellschaft Jesu, hg. von Peter Knauer, Würzburg 1998, 580–827.

Innocenz III.: Dekretale *Novit ille*/ Es weiß jener, in: *Corpus Iuris Canonici*/Sammlung der Quellen des kanonischen Rechts, hg. von Emil Friedberg, Bd. 2, Leipzig 1879, 232–234.

Justin, der Märtyrer: *Apologiae pro Christianis*/Verteidigungsschriften für die Christen, hg. von Miroslav Marcovich (PTS 38), Berlin/New York 1994; dt. von Kaspar Julius, Frühchristliche Apologeten und Märtyrerakten, Bd. 1 (BKV 12), München 1913.

Leo I. der Große: *Epistola CLXIV*/164. Brief, in: Patrologiae cursus completus. Series Latina, hg. von Jacques-Paul Migne, Bd. 54, Paris 1846, 1148–1154.

Luther, Martin: *Ad librum eximii Magistri Nostri Magistri Ambrosii Catharini, defensoris Silvestri Prieratis acerrimi, responsio*/ Antwort auf das Buch des Ambrosius Catharinus, Beschützer des Silvester Prieras, in: D. Martin Luthers Werke. Kritische Gesamtausgabe, Bd. 7, Weimar 1937, 698–778.

Luther, Martin: *De captivitate Babylonica ecclesiae, praeludium*/ Von der babylonischen Gefangenschaft der Kirche, in: D. Martin Luthers Werke. Kritische Gesamtausgabe, Bd. 6, Weimar 1888, 484–573.

Luther, Martin: *De servo arbitrio*/Über den geknechteten Willen, in: D. Martin Luthers Werke. Kritische Gesamtausgabe, Bd. 18, Weimar 1908, 551–787.

Luther, Martin: *De votis monasticis Martini Lutheri iudicium*/Urteil über die Mönchsgelübde, in: D. Martin Luthers Werke. Kritische Gesamtausgabe, Bd. 8, Weimar 1938, 564–669.

Luther, Martin: *Disputatio pro declaratione virtutis indulgentiarum*/95 Thesen über den Ablass, in: D. Martin Luthers Werke. Kritische Gesamtausgabe, Bd. 1, Weimar 1883, 229–238.

Luther, Martin: *Diui Pauli apostoli ad Romanos Epistola*/Die Vorlesung über den Römerbrief: D. Martin Luthers Werke. Kritische Gesamtausgabe, Bd. 56, Weimar 1938.

Luther, Martin: Erste Psalmenvorlesung: D. Martin Luthers Werke. Kritische Gesamtausgabe, Bd. 55/II, Weimar 2000.

Luther, Martin: *Operationes in Psalmos*/Arbeiten zu den Psalmen: D. Martin Luthers Werke. Kritische Gesamtausgabe, Bd. 5, Weimar 1934.

Luther, Martin: *Themata de votis*/Thesenreihen über die Gelübde, in: D. Martin Luthers Werke. Kritische Gesamtausgabe, Bd. 8, Weimar 1889, 313–335.

Luther, Martin: Die Thesen für die Promotionsdisputation von Hieronymus Weller und Nikolaus Medler [1535], in: D. Martin Luthers Werke. Kritische Gesamtausgabe, Bd. 39/I, Weimar 1926, 44–53.

Luther, Martin: Von den guten Werken, in: D. Martin Luthers Werke. Kritische Gesamtausgabe, Bd. 6, Weimar 1888, 196–276.

Luther, Martin: Von der Freiheit eines Christenmenschen, in: D. Martin Luthers Werke. Kritische Gesamtausgabe, Bd. 7, Weimar 1897, 12–38.
Luther, Martin: Von weltlicher Oberkeit, wie weit man ihr Gehorsam schuldig sei, in: D. Martin Luthers Werke. Kritische Gesamtausgabe, Bd. 11, Weimar 1900, 229–281.
Luther, Martin: Vorrede zu Luthers erstem Bande der Gesamtausgabe seiner lateinischen Schriften, in: D. Martin Luthers Werke. Kritische Gesamtausgabe, Bd. 54, Weimar 1928, 176–187.
Melanchthon, Philipp: *Loci praecipui theologici*/Wesentliche Grundbegriffe der Theologie [1559]: Studienausgabe, hg. von Hans Engelland, Bd. II/1-2, Gütersloh 1952–1953.
Origenes: Vier Bücher von den Prinzipien, hg., übers. und erl. von Herwig Görgemanns/Heinrich Karpp (TzF 24), Darmstadt 1992³.
Tertullian: *Adversus Marcionem*/Gegen Marcion: Corpus scriptorum ecclesiasticorum latinorum, Bd. 47, Vindobonae u.a. 1906; dt. von Karl Kellner, Tertullians sämtliche Schriften, Bd. 2, Köln 1881.
Tertullian: *De paenitentia*/Über die Buße, in: Corpus scriptorum ecclesiasticorum latinorum, Bd. 76, Vindobonae 1957, 140–170; dt. von Karl Kellner, Tertullians ausgewählte Schriften, Bd. 1 (BKV 7), Kempten u.a. 1912, 224–246.
Thomas von Celano: *Vita Secunda Sancti Francisci*/Zweite Vita des heiligen Franziskus, in: Fontes Franciscani, hg. von Enrico Menestò/Stefano Brufani u.a., Assisi 1995, 439–639.
Troeltsch, Ernst: Die Bedeutung des Protestantismus für die Entstehung der modernen Welt [1906/1911], in: ders.: Schriften über die Bedeutung des Protestantismus für die moderne Welt [1906–1913], hg. von Trutz Rendtorff (KGA 8), Berlin/New York 2001, 199–316.
II. Vatikanisches Konzil: *Dignitatis humanae*/Erklärung über die Religionsfreiheit, in: Rahner, Karl/Vorgrimler, Herbert (Hgg.): Kleines Konzilskompendium. Sämtliche Texte des Zweiten Vatikanischen Konzils, Freiburg i.Br. 2008³⁵, 661–675.
II. Vatikanisches Konzil: *Lumen Gentium*/Licht der Völker, in: Denzinger, Heinrich/Hünermann, Peter (Hgg.): *Enchiridion Symbolorum definitionum et declarationum de rebus fidei et morum*/Kompendium der Glaubensbekenntnisse und kirchlichen Lehrentscheidungen, Freiburg i.Br. 1991³⁷, 4149 f.
II. Vatikanisches Konzil: *Unitatis Redintegratio*/Dekret über den Ökumenismus, in: Rahner, Karl/Vorgrimler, Herbert (Hgg.): Kleines Konzilskompendium. Sämtliche Texte des Zweiten Vatikanischen Konzils, Freiburg i.Br. 2008³⁵, 229–348.

2. Sekundärliteratur

Althaus 1927: Althaus, Paul: Luthers Haltung im Bauernkriege, in: ders. (Hg.): Evangelium und Leben, Gütersloh 1927, 144–190.

Arnold 1894: Arnold, Carl Franklin: Caesarius von Arelate und die gallische Kirche seiner Zeit, Leipzig 1894.

Boehmer 1921: Boehmer, Heinrich: Die Jesuiten (Aus Natur und Geisteswelt 49), Leipzig/Berlin 1921[4].

Bornkamm 1969: Bornkamm, Heinrich: Die Staatsidee im Kulturkampf [1950], Darmstadt 1969.

Guggisberg 1997: Guggisberg, Hans Rudolf: Sebastian Castellio 1515–1563. Humanist und Verteidiger der Toleranz im konfessionellen Zeitalter, Göttingen 1997.

Haller 1950–1953: Haller, Johannes: Das Papsttum. Idee und Wirklichkeit, 5 Bde., Stuttgart 1950–1953[2].

Hamm 1977: Hamm, Berndt: Promissio, Pactum, Ordinatio. Freiheit und Selbstbindung Gottes in der scholastischen Gnadenlehre (BHTh 54), Tübingen 1977.

Hamm 1988: Hamm, Berndt: Zwinglis Reformation der Freiheit, Neukirchen-Vluyn 1988.

Hamm 2010: Hamm, Berndt: Martin Luthers Entdeckung der evangelischen Freiheit [1983], in: ders.: Der frühe Luther, Tübingen 2010, 164–182.

Harnack 1909–1910: Harnack, Adolf: Lehrbuch der Dogmengeschichte, 3 Bde., Tübingen 1909–1910[4] (Nachdruck Darmstadt 1983).

Hirsch 1954a: Hirsch, Emanuel: Luthers Rechtfertigungslehre bei Kant [1922], in: ders.: Lutherstudien, Bd. II, Gütersloh 1954 (Nachdruck Waltrop 1998), 104–121.

Hirsch 1954b: Hirsch, Emanuel: Schwenckfeld und Luther [1922], in: ders.: Lutherstudien, Bd. II, Gütersloh 1954 (Nachdruck Waltrop 1998), 35–67.

Krüger 2007: Krüger, Elmar: Der Traktat »De ecclesiastica potestate« des Aegidius Romanus. Eine spätmittelalterliche Herrschaftskonzeption des päpstlichen Universalismus, Köln u.a. 2007.

May 1975: May, Gerhard: Art. Freiheit III. Christliche Freiheit, GGB 2, Stuttgart 1975, 436–446.

Miethke/Bühler 1988: Miethke, Jürgen/Bühler, Arnold: Kaiser und Papst im Konflikt. Zum Verhältnis von Staat und Kirche im späten Mittelalter (Historisches Seminar 8), Düsseldorf 1988.

Ohst 2005: Ohst, Martin: Reformatorisches Freiheitsverständnis. Mittelalterliche Wurzeln, Hauptinhalte, Probleme, in: Dierken, Jörg/Scheliha, Arnulf von (Hgg.): Freiheit und Menschenwürde, Tübingen 2005, 13–48.

Ritschl 1926: Ritschl, Otto: Dogmengeschichte des Protestantismus, Bd. III, Göttingen 1926.

Schmidt 1969: Schmidt, Martin: Luthers Vorrede zum Römerbrief im Pietismus [1967], in: ders.: Wiedergeburt und neuer Mensch (AGP 2), Witten 1969, 299–330.

Schubert 1921: Schubert, Hans von: Geschichte der christlichen Kirche im Frühmittelalter, Tübingen 1921.

Schwarz 2010: Schwarz, Reinhard: Luthers Freiheitsbewußtsein und die Freiheit eines Christenmenschen, in: Korsch, Dietrich/Leppin, Volker (Hgg.): Martin Luther. Biographie und Theologie (SHR 53), Tübingen 2010, 31–68.

Seeberg 1920: Seeberg, Reinhold: Lehrbuch der Dogmengeschichte, Bd. IV/2, Erlangen u. a. 1920$^{2/3}$.

Selge 1966: Selge, Kurt-Victor: Rechtsgestalt und Idee der frühen Gemeinschaft des Franz von Assisi, in: Lell, Joachim (Hg.): Erneuerung der Einen Kirche. Arbeiten aus der Kirchengeschichte und Konfessionskunde. FS Heinrich Bornkamm, Göttingen 1966, 1–31.

3. Literaturhinweise zum vertiefenden Studium

Altendorf, Erich: Einheit und Heiligkeit der Kirche. Untersuchungen zur Entwicklung des altchristlichen Kirchenbegriffs im Abendland von Tertullian bis zu den antidonatistischen Schriften Augustins (AKG 20), Berlin/Leipzig 1932.

Blickle, Peter: Reformation und Freiheit, in: Moeller, Bernd/Buckwalter, Stephen E. (Hgg.): Die frühe Reformation in Deutschland als Umbruch (SVRG 199), Gütersloh 1998, 35–53.

Brown, Peter: Augustinus von Hippo [1967], dt. Leipzig 1972.

Caspar, Erich: Geschichte des Papsttums, 2 Bde., Tübingen 1930–1933.

Dihle, Albrecht: Das Problem der Entscheidungsfreiheit in frühchristlicher Zeit. Die Überwindung des gnostischen Heilsdeterminismus mit den Mitteln der griechischen Philosophie, in: Lilienfeld, Fairy v./Mühlenberg, Ekkehard (Hgg.): Gnadenwahl und Entscheidungsfreiheit in der Theologie der Alten Kirche (Oikonomia 9), Erlangen 1980, 9–31.

Drecoll, Volker Henning (Hg.): Augustin Handbuch, Tübingen 2007.

Flasch, Kurt: Augustin. Einführung in sein Denken, Stuttgart 1980.

Flasch, Kurt: Freiheit des Willens: 850–1150, in: Fried, Johannes (Hg.): Die abendländische Freiheit vom 10. zum 14. Jahrhundert (Vorträge und Forschungen 39), Sigmaringen 1991, 17–47.

Flasch, Kurt (Hg.): Logik des Schreckens. Augustinus von Hippo: Die Gnadenlehre von 397 (excerpta classica VIII), Mainz 1995^2.

Goez, Werner: Kirchenreform und Investiturstreit 910–1122, Stuttgart 2008^2.

Grundmann, Herbert: Freiheit als religiöses, politisches und persönliches Postulat im Mittelalter, HZ 183 (1957), 23–53.

Jacobi, Thorsten: »Christen heißen Freie«. Luthers Freiheitsaussagen in den Jahren 1515–1519 (BHTh 101), Tübingen 1997.

Lobenstein-Reichmann, Anja: Freiheit bei Martin Luther (Studia linguistica Germanica 46), Berlin/New York 1998.

Maurer, Wilhelm: Von der Freiheit eines Christenmenschen. Zwei Untersuchungen zu Luthers Reformationsschriften 1520/21, Göttingen 1949.

Meier, Christian/Bleicken, Jochen/Conze, Werner: Art. Freiheit II. Antike Grundlagen, GGB 2, Stuttgart 1975, 426–436.

Schieffer, Rudolf: Freiheit der Kirche: Vom 9. zum 11. Jahrhundert, in: Fried, Johannes (Hg.): Die abendländische Freiheit vom 10. zum 14. Jahrhundert (Vorträge und Forschungen 39), Sigmaringen 1991, 49–66.

Schindler, Alfred: Gnade und Freiheit. Zum Vergleich zwischen den griechischen und lateinischen Kirchenvätern, ZThK 62 (1965), 178–195.

Schindler, Alfred: Das Wort »Gnade« und die Gnadenlehre bei den Kirchenvätern bis zu Augustin, in: Lilienfeld, Fairy v./Mühlenberg, Ekkehard (Hgg.): Gnadenwahl und Entscheidungsfreiheit in der Theologie der Alten Kirche (Oikonomia 9), Erlangen 1980, 45–62.

Schwarz, Reinhard: Die Umformung des religiösen Prinzips der Gottesliebe in der frühen Reformation. Ein Beitrag zum Verständnis von Luthers Schrift »Von der Freiheit eines Christenmenschen«, in: Moeller, Bernd/Buckwalter, Stephen E. (Hgg.): Die frühe Reformation in Deutschland als Umbruch (SVRG 199), Gütersloh 1998, 128–148.

Szabó-Bechstein, Brigitte: »Libertas ecclesiae« vom 12. bis zur Mitte des 13. Jahrhunderts. Verbreitung und Wandel des Begriffs seit seiner Prägung durch Gregor VII., in: Fried, Johannes (Hg.): Die abendländische Freiheit vom 10. zum 14. Jahrhundert (Vorträge und Forschungen 39), Sigmaringen 1991, 147–175.

Tellenbach, Gerd: Libertas. Kirche und Weltordnung im Zeitalter des Investiturstreits (FKGG 7), Stuttgart 1936.

Wollasch, Joachim: Cluny. Licht der Welt, Düsseldorf/Zürich 1996.

Systematische Theologie

Martin Laube

Die Dialektik der Freiheit.
Systematisch-theologische Perspektiven

1. Der Freiheitsbegriff im Protestantismus

Der Freiheitsbegriff gehört zu den zentralen Leitbegriffen der westlichen Moderne. Er steht nicht nur im Zentrum der denk-, sozial- und rechtsgeschichtlichen Umbrüche auf dem Weg in die europäische Neuzeit, sondern dient zugleich bis heute als identitätsstiftende Schlüsselkategorie zur Bezeichnung des Selbstverständnisses westlich-moderner Gesellschaften, ihrer politisch-institutionellen Verfassung sowie ihres kulturellen Lebensstils. Zwar hat sich der Freiheitsbegriff im Zuge seines Aufstiegs zum Leitsymbol der Moderne inhaltlich weitgehend abgenutzt. Davon zeugen zum einen seine ubiquitäre Verwendung als rhetorische Pathosformel und plakative Lifestyle-Chiffre, zum anderen die Beobachtung, dass der allgemein geteilte Ruf nach Freiheit durch das gleichzeitige Vordringen eines naturalistisch-deterministischen Menschenbildes eigentümlich konterkariert wird. Dennoch stehen alle ethischen Ideale und Werte der modernen Gesellschaft im Bannkreis der Freiheit. Sie ist es, die noch in der Bearbeitung ihrer hintergründigen Schattenseiten und Ambivalenzen das Selbstverständnis der Moderne bündig zum Ausdruck bringt.

Auch im Christentum kommt dem Freiheitsgedanken eine schlechthin zentrale Bedeutung zu. Das Urdatum der Geschichte Israels bildet die Befreiung aus der Knechtschaft in Ägypten; durch die Erinnerung an den Exodus begreift sich Israel als das von Jahwe erwählte und zur Freiheit berufene Gottesvolk. Im Neuen Testament nimmt Paulus diese Linie auf und bestimmt den Glauben als Teilhabe an der von Christus erwirkten Befreiung von den Mächten der Sünde und des Todes: »Zur Freiheit hat uns Christus befreit« (Gal 5,1). Vor allem die Reformation rückt schließlich die *libertas christiana* – die in Gott begründete Freiheit eines Christenmenschen – in den Mittelpunkt ihres Glaubensverständnisses und legt den Grund dafür, diese Freiheit in eine selbständige Gestaltung der geschichtlich-sozialen Lebenswirklichkeit umzusetzen. Wenngleich die inhaltliche Ausbuchstabierung der *libertas christiana* und ihrer Konsequenzen durchaus umstritten ist, begreift sich doch gerade das protestantische Christentum dezidiert als Religion der Freiheit – bis dahin, dass die EKD ihr Impulspapier zum derzeitigen Reformprozess unter die programmatische Überschrift *Kirche der Freiheit* gestellt hat.

Vor diesem Hintergrund wird deutlich, dass es in der Frage nach der christlichen Freiheit um weit mehr geht als nur ein theologisches Spezialproblem. Vielmehr stehen mit dem Begriff der Freiheit das Selbstverständnis des Protestantismus und sein Ort im Horizont der neuzeitlich-modernen Welt zur Debatte. Denn die entscheidende Aufgabe lautet nun, das Verhältnis zwischen christlicher Freiheit und neuzeitlicher Autonomie zu klären. Ist der neuzeitliche Freiheitsbegriff aus dem erklärten Widerspruch gegen das christliche Freiheitsverständnis hervorgegangen, so dass es sich um ein unversöhnliches Gegenüber handelt? Oder lässt sich umgekehrt zeigen, dass beide trotz aller Spannungen wechselseitig aufeinander verwiesen sind? Hat das christliche Freiheitsverständnis vielleicht gar prägend in die neuzeitlich-moderne Welt hineingewirkt und im Gegenzug selbst neue Impulse empfangen und aufgenommen?

Im Medium des Freiheitsbegriffs unternimmt die Theologie – ob implizit oder explizit – eine reflexive Selbstverständigung über die Identität des protestantischen Christentums und seine Stellung in der modernen Welt. Entscheidend ist dabei die wechselseitige Verschränkung beider Perspektiven: Wenn von Freiheit die Rede ist, geht es um den Nerv des Protestantismus, dessen Freilegung sich im Medium einer Verhältnisbestimmung zur Moderne vollzieht. Das erklärt schließlich auch den auffälligen Umstand, dass es keinen eigenen dogmatischen Locus zum Thema Freiheit gibt.

Wohl hat die Feststellung Eberhard Jüngels aus den 1970er Jahren unvermindert Bestand: »Wenn die gegenwärtige Theologie überhaupt eine thematische Mitte hat, dann ist das die christliche Freiheit. Für die *libertas christiana* zu streiten, beanspruchen alle derzeitigen theologischen Richtungen von Gewicht« (Jüngel 1991: 16). Doch *zum einen* ist diese thematische Mitte, wie Jüngel selbst hinzufügt, nur als umstrittene vorhanden: »[D]ie Unterschiede und Gegensätze zwischen den verschiedenen ponderablen Strömungen derzeitiger Theologie erklären sich nicht zuletzt durch das differente Verständnis eben der christlichen Freiheit« (ebd. 16f.). *Zum anderen* hat die behauptete Zentralstellung der christlichen Freiheit zur Folge, dass sie in *allen* relevanten theologischen Debattenzusammenhängen sichtbar oder hintergründig präsent ist – und gerade deshalb nicht wie ein normales Lehrstück *neben* anderen behandelt werden kann. Mithin entfällt die Möglichkeit, sich auf einen festumrissenen Lehrbestand zum Thema Freiheit zu stützen. Stattdessen gilt es, exemplarische theologische Debatten herauszugreifen, als implizite Freiheitsdebatten aufzuschlüsseln und auf die darin sich vollziehende Selbstklärung im Verhältnis zur Moderne hin durchsichtig zu machen.

Eine zusätzliche Erschwernis liegt in der notorischen Vieldeutigkeit des Freiheitsbegriffs selbst, der ein spannungsvolles Geflecht einander bedingender, ergänzender und widerstreitender Momente in sich birgt. Davon legen nicht nur die zahlreichen Derivate des Freiheitsbegriffs – wie etwa Spontaneität und Autonomie, Emanzipation und Selbstverwirklichung – ein beredtes Zeugnis ab, sondern auch die bekannten Unterscheidungsfiguren von Willens- und Handlungsfreiheit, negativer und positiver Freiheit, absoluter und endlicher Freiheit.

Doch trotz dieser irritierenden Unübersichtlichkeit lässt sich – in aller Vorläufigkeit und unbeschadet vielfältiger Differenzen im Einzelnen – ein gemeinsamer Grundzug des neuzeitlich-theologischen Zugangs zum Freiheitsbegriff ausmachen. Denn dieser Zugang steht gleichsam quer zur gängigen Fragerichtung der aktuellen Freiheitsdebatten – und das in doppelter Hinsicht: *Zum einen* liegt das theologische Augenmerk gerade nicht auf einer wie immer gearteten *Bestimmung* der Freiheit, sondern vielmehr auf der gegenläufigen Wahrung ihrer prinzipiellen *Unbestimmbarkeit*. Wenn die Theologie zwischen göttlicher und menschlicher Freiheit unterscheidet, dann geht es nicht darum, die menschliche Freiheit im Namen Gottes zu beschränken – als handelte es sich hier um ein Konkurrenzverhältnis –, sondern darum, durch die Verankerung im Gottesgedanken ihre weltliche Uneinholbarkeit zur Geltung zu bringen. Freiheit ist unbeschadet aller inneren und äußeren Rahmenbedingungen in ihrem individuellen Vollzugscharakter unableitbar; eben diese – im doppelten Wortsinn – ›Nichtfeststellbarkeit‹ findet in der absoluten Freiheit Gottes ihren symbolischen Ausdruck. Von daher erklärt sich *zum anderen*, dass der Theologie weniger an einer festumrissenen *Theorie* der Freiheit als vielmehr an einer sensiblen Wahrnehmung ihrer elementaren *Dialektik und Widersprüchlichkeit* gelegen ist. Denn bei näherem Hinsehen zeigt sich, dass die Freiheit kein absolutes Phänomen darstellt, welches isoliert für sich begriffen werden könnte. Stattdessen ist sie stets nur als Glied eines pulsierenden Spannungsverhältnisses zugänglich. Freiheit und Abhängigkeit schließen einander nicht einfach aus; vielmehr sind sie im Modus dialektischer Polarität zugleich wechselseitig aufeinander bezogen. Zugespitzt formuliert: Es gibt nicht *entweder* Freiheit *oder* Abhängigkeit; es gibt auch nicht das eine nur, *sofern* es das andere gibt – und schon gar nicht gibt es *erst* das eine und *dann* das andere. Vielmehr gibt es Freiheit nur *zugleich und ineinander* mit Abhängigkeit. Freiheit schließt ein Moment von Abhängigkeit ein und lässt sich ohne Bezug auf diesen Gegenpol nicht angemessen beschreiben.

Das gilt auf mehreren Ebenen: Die Freiheit kann zwar nur aus sich selbst heraus und mithin unbedingt vollzogen werden; gleichwohl ist sie in eben diesem kontingent-unableitbaren Vollzug ihrer selbst nicht mächtig. Weiterhin setzt jede freie Entscheidung eine vorgängige Bindung voraus. Sie gewinnt gleichsam nur im Modus der Verpflichtung, des willentlichen Einsatzes für etwas Bestimmtes Gestalt – wenn nicht einfach von einer flüchtigen Laune oder einem bloßen Zufall die Rede sein soll. Schließlich wird die Freiheit nur in ihren objektiven Manifestationen und Ordnungen greifbar, obwohl sie als spontane Tätigkeit darüber immer schon hinausgegangen ist. Im Zuge ihrer Realisierung kehrt sich die Freiheit mithin gleichsam gegen sich selbst; jede Form der Verwirklichung steht in der Gefahr, sie sogleich wieder zu verfehlen.

Die in diesen Skizzen aufscheinende elementare Widersprüchlichkeit und permanente Selbstgefährdung der Freiheit stehen im Mittelpunkt des theologischen Interesses. Dabei geht es nicht darum, jene Spannungen auflösen und die Freiheit in ein begriffliches Prokrustesbett zwängen zu wollen. Gerade im Gegensatz zu solchen Versuchen ist der Theologie daran gelegen, die polare Dialektik von Freiheit und Abhängigkeit als solche bewusst zu machen und präsent zu halten. Ihr Verweis auf die in Gott begründete Struktur der *christlichen Freiheit* dient dazu, das Ineinander von Freiheit und Abhängigkeit zur Darstellung zu bringen, um so an die Stelle einer heillosen *Selbstzerstörung* der Freiheit die Verantwortung für das *Freibleiben* der Freiheit setzen zu können.

Der mit den Stichworten ›Uneinholbarkeit‹ einerseits und ›Widersprüchlichkeit‹ andererseits benannte doppelte Grundzug des theologischen Zugangs zum Freiheitsbegriff lässt sich nun paradigmatisch in drei thematische Stränge gliedern: (1) Den Auftakt bildet eine knappe Rekonstruktion der *christentumsgeschichtlichen Debatte* um das Verhältnis von christlichem – näherhin: reformatorischem – und neuzeitlichem Freiheitsverständnis. Sie stellt sich dar als eine weithin in das Gewand der Reformationsdeutung gekleidete Auseinandersetzung um die Frage, ob die neuzeitliche Autonomie als legitime Folge oder illegitime Abkehr von der reformatorischen Glaubensfreiheit zu begreifen ist. (2) Die *Dogmatik* verhandelt die Freiheitsthematik vornehmlich dort, wo es um das grundsätzliche Verständnis von Glaube, Religion und Frömmigkeit geht. Auf höchst unterschiedliche Weise wird dabei die Religion als Selbstbewusstsein endlicher Freiheit bestimmt. Das Spektrum dieser Ansätze lässt sich dann anhand der Frage auffächern, wie jeweils der Rückgang auf Gott als den absoluten Grund eingesetzt wird, um die innere Dialektik jener endlichen Freiheit aufzuschlüsseln. (3) In der *Ethik* schließlich geht es um die Verantwortung für das Freibleiben der Freiheit. Im Mittelpunkt steht hier die Aufgabe, das Ineinander von Freiheit und Abhängigkeit am Ort der ethischen Lebensführung so auszulegen, dass nicht in der abstrakten Verweigerung, sondern vielmehr in der konstruktiven Gestaltung solcher

Abhängigkeit die individuelle Freiheit des je eigenen Lebens ihren Ausdruck findet.

2. Die christentumsgeschichtliche Dimension: Die Wahrnehmung der Folgen von Freiheit

Das Christentum versteht sich als *Religion der Freiheit*, die Moderne wiederum als *Zeitalter der Freiheit*. Aus diesem Grund kann es nicht überraschen, dass im Medium des Freiheitsbegriffs immer auch die Frage nach dem Verhältnis von Christentum und Neuzeit verhandelt wird. Jeder Bestimmungsversuch der christlichen Freiheit schließt faktisch eine Stellungnahme zur Moderne und ihrem Freiheitsbewusstsein ein – sei es im Modus von Anknüpfung oder Widerspruch, Vermittlung oder Überbietung. Theologische Freiheitsdebatten sind daher stets zugleich implizite Selbstverständigungsdebatten über den Ort des Christentums im Horizont der eigenen Gegenwart.

Bei näherem Hinsehen lassen sich vier Modelle – oder Narrative – unterscheiden, wie christliches und neuzeitliches Freiheitsverständnis zueinander ins Verhältnis gesetzt werden. Ein *erstes Modell* betont die Kontinuität beider Traditionslinien. Der neuzeitliche Freiheitsgedanke stehe nicht im Widerspruch zur *libertas christiana;* vielmehr vollende die Französische Revolution nur, was die deutsche Reformation mit der Befreiung von Rom begonnen habe. Demgegenüber behauptet das *zweite Modell* die strikte Unvereinbarkeit von christlichem und neuzeitlichem Freiheitsverständnis. Das kann wiederum in zwei Varianten geschehen: So feiert die *christentumskritische* Lesart die neuzeitliche Autonomie als Befreiung des Menschen von der Herrschaft der Religion, während das *neuzeitkritische* Gegenmodell die bindungslose Autonomie der Moderne als heillose Verkehrung der gebundenen Freiheit des Glaubens brandmarkt. Ein *drittes Modell* erkennt zwar die Spannungen zwischen christlichem und neuzeitlichem Freiheitsverständnis an, unternimmt aber gleichwohl den Versuch, den inneren Zusammenhang beider Seiten aufzuweisen und so die Prägewirkung der christlichen Freiheit für die neuzeitliche Welt sichtbar zu machen.

Das *vierte Modell* setzt schließlich einen nochmals anderen Akzent. Es gibt sich nicht damit zufrieden, die Neuzeit lediglich als geschichtliche Realisierung christlicher Freiheitsmotive zu deuten, sondern fordert stattdessen zur aktiven politischen Umsetzung des christlichen Freiheitsimpulses im Horizont der modernen Welt auf.

2.1. Die Neuzeit als Realisierung der christlichen Freiheit

Die selbstbewusste Deutung des Protestantismus als Religion der Freiheit hat ihre Wurzeln bereits in der Aufklärung; eine wirkmächtige Ausgestaltung findet sie zu Beginn des 19. Jahrhunderts bei *Georg Wilhelm Friedrich Hegel*. Er begreift die Weltgeschichte insgesamt als Fortschritt im Bewusstsein der Freiheit und weist darin der Reformation eine Schlüsselstellung zu. Denn in seinem Widerstand gegen den Autoritätsanspruch der römischen Kirche habe Luther die Autonomie des Subjekts entdeckt. Indem er die Unvertretbarkeit des individuellen Gottesverhältnisses in den Mittelpunkt rücke, verhelfe er dem Prinzip der Subjektivität zum Durchbruch: »Dies ist die höchste Bewährung des Prinzips, daß dasselbe nun vor Gott gelte, nur der Glaube des eigenen Herzens, die Überwindung des eigenen Herzens nötig sei; damit ist denn dies Prinzip der christlichen Freiheit erst aufgestellt und zum Bewußtsein […] gebracht worden« (Hegel, *Vorlesungen über die Geschichte der Philosophie*; Werke, Bd. 20, 52). An die Stelle der sakramentalen Amtshierarchie trete die innere Selbständigkeit des Glaubens, an die Stelle des äußerlichen Lehrgehorsams die individuelle Aneignung im Gewissen: »Es ist damit ein Ort in das Innere des Menschen gesetzt worden, auf den es allein ankommt, in dem er nur bei sich und bei Gott ist; und bei Gott ist er nur als er selbst, im Gewissen soll er zu Hause sein bei sich. Dies Hausrecht soll nicht durch andere gestört werden können; es soll niemand sich anmaßen, darin zu gelten. Alle Äußerlichkeit in Beziehung auf mich ist verbannt, ebenso die Äußerlichkeit der Hostie; nur im Genuß und Glauben stehe ich in Beziehung zu Gott. Der Unterschied von Laien und Priester ist damit aufgehoben, es gibt keine Laien mehr; denn jeder ist für sich angewiesen, in Rücksicht auf sich in der Religion zu wissen, was sie ist« (ebd.).

Geradezu emphatisch feiert Hegel die Reformation als Anbruch der Neuzeit und ihres Freiheitsgedankens. Zwar sei es Luther zunächst nur um die innere Freiheit des Gewissens gegangen; dennoch habe er damit Grund und Richtung vorgegeben für die politisch-rechtliche Verwirklichung der Freiheit in den gesellschaftlichen Umwälzungen der Neuzeit und Gegenwart: »Hiermit ist das neue, das letzte Panier aufgetan, um welches die Völker sich sammeln, die Fahne des freien Geistes, der bei sich selbst, und zwar in der Wahrheit ist und nur in ihr bei sich selbst. Dies ist die Fahne, unter der wir dienen und die wir tragen. Die Zeit von da bis zu uns hat kein anderes Werk zu tun gehabt und zu tun, als dieses Prinzip in die Welt hineinzubilden, indem die Versöhnung an sich und die Wahrheit auch objektiv wird, der Form nach« (Hegel, *Vorlesungen über die Philosophie der Geschichte*; Werke, Bd. 12, 496). Auch wenn also Reformation und Neuzeit deutlich voneinander zu unterscheiden seien, könne doch das neuzeitliche Freiheitsbewusstsein als konsequente Umsetzung des in der Reformation zum Bewusstsein gebrachten Prinzips christlicher Freiheit gelten.

Hegels Anliegen, über den Freiheitsgedanken Christentum und Neuzeit miteinander zu vermitteln, hat vor allem in der liberalen Tradition des Protestantismus eine breite Aufnahme gefunden. Dabei wird nachdrücklich auch die Dialektik der Freiheit zur Geltung gebracht. So erklärt etwa *Ferdinand Christian Baur* zunächst – ganz im Sinne Hegels – »die Autonomie des selbstbewussten Subjects« (Baur, *Lehrbuch der christlichen Dogmengeschichte* 274) zum Prinzip des Protestantismus. Bei genauerem Hinsehen jedoch gehöre ebenso das Bewusstsein einer unbedingten Abhängigkeit von der göttlichen Gnade zu seinen charakteristischen Kennzeichen. Mithin machten »Freiheit und Abhängigkeit, Selbstthätigkeit und absolute Bedingtheit […] auf gleiche Weise das Wesen des Protestantismus aus« (ebd.). Die entscheidende Pointe besteht für Baur nun darin, dass beide Pole sich nicht begrifflich miteinander vermitteln lassen, sondern vielmehr in einem unauflösbaren Spannungsverhältnis zueinander stehen. Eben darin liege auch die innere Unruhe des Protestantismus beschlossen: »Jede Form, in welche er den Inhalt seines religiösen Bewusstseins bringt, ist ihm immer nur ein neuer Versuch, die beiden Elemente und Principien, von welchen keines von dem andern lassen kann und doch jedes das andere von sich abzustossen und abzuschliessen scheint, so viel möglich auf den seiner Idee adäquaten Ausdruck zu bringen, und da jeder Versuch dieser Art immer wieder nach der einen oder andern Seite hin einen Punkt offen lässt, auf welchem die beiden Principien zu keiner vollkommenen Einheit zusammengehen, sondern das eine gegen das andere verkürzt erscheint, so sieht sich das unbefriedigte Bewusstsein dadurch immer weiter getrieben, und die Lösung seiner Aufgabe entrückt sich ihm mehr und mehr in eine unendliche Ferne« (ebd. 275). Der Protestantismus ist also für Baur nicht eigentlich die *Religion der Freiheit*, sondern vielmehr die *Religion der Dialektik der Freiheit*. Er unterlässt es, die Freiheit abstrakt gegen die Abhängigkeit zu setzen; stattdessen erklärt er die unabschließbare Dynamik dieses Gegenübers zum bestimmenden Prinzip der eigenen Entwicklung.

2.2. Der Gegensatz von christlicher und neuzeitlicher Freiheit

Hegels emphatische Deutung der neuzeitlichen Autonomie als Realisierung der christlichen Freiheit ist freilich auch auf vehementen Widerspruch gestoßen. So zeichnet sein ›junghegelianischer‹ Schüler *Karl Marx* ein direktes Gegenbild der Reformation: »Luther hat allerdings die Knechtschaft aus *Devotion* besiegt, weil er die Knechtschaft aus *Überzeugung* an ihre Stelle gesetzt hat. Er hat den Glauben an die Autorität gebrochen, weil er die Autorität des Glaubens restauriert hat. Er hat die Pfaffen in Laien verwandelt, weil er die Laien in Pfaffen verwandelt hat. Er hat den Menschen von der äußeren Religiosität befreit, weil er die Religiosität zum inneren Menschen gemacht hat. Er hat den Leib von der Kette emanzipiert, weil er das Herz in Ketten gelegt« (Marx, *Kritik der Hegelschen Rechtsphilosophie* 284). Marx kehrt Hegels Sichtweise geradewegs um. Luther habe mit seiner Verinnerlichung des Glaubens nicht die Freiheit des Subjekts heraufgeführt, sondern die Unfreiheit des Gewissens begründet. Folglich könne auch der neuzeitliche Durchbruch zur Freiheit nicht als Umsetzung eines christlichen Grundimpulses verstanden werden; vielmehr bestehe die Aufgabe darin, die Freiheit *gegen* die Herrschaft der Religion zu erkämpfen. Während für *Hegel* die neuzeitlichen Freiheitsbewegungen ein christliches Prinzip aufnehmen und verwirklichen, richtet sich bei *Marx* die emanzipative Schubkraft der Freiheit vor allem gegen die christliche Tradition und Überlieferung. Mithin schließt der neuzeitliche Ruf nach Freiheit die Aufforderung zur Überwindung der Religion notwendig ein: Erst mit der vollständigen Aufhebung von Religion und Christentum gelange die menschliche Emanzipation zu ihrer Vollendung.

Gegen die Hegel'sche *Synthese* von christlichem und neuzeitlichem Freiheitsverständnis setzt Marx also die strikte *Unvereinbarkeit* beider – und schlägt daraus religionskritisches Kapital: Die Durchsetzung der neuzeitlichen Autonomie markiert das Ende der Religion. Allerdings lässt sich die Unvereinbarkeit von christlicher Freiheit und neuzeitlicher Autonomie auch mit umgekehrtem Richtungssinn zur Geltung bringen. Im Hintergrund steht dann kein *religions*kritisches, sondern vielmehr ein *neuzeit*kritisches Interesse: Der christliche Freiheitsgedanke bildet nun das Gegenmodell zum neuzeitlichen Konzept des autonomen Subjekts, das mit seiner individualistisch-vereinzelten Selbstzentrierung für die Krisen und Pathologien der Moderne verantwortlich sein soll. Denn während das neuzeitliche Emanzipationspathos abstrakt gegen jedwede Form von Abhängigkeit zu Felde ziehe, halte der christliche Freiheitsgedanke am wechselseitigen Ineinander von Freiheit und Abhängigkeit fest. Freiheit steht hier nicht gegen Bindung, sondern erwächst vielmehr aus Bindung.

Ein solcher betont neuzeitkritischer Zugang zum Freiheitsgedanken findet sich vor allem in der Theologie der Weimarer Zeit – und zwar quer durch alle theologischen Lager. Im Hintergrund steht ein tiefgreifender Umbruch in der Deutung der Reformation, als deren innerster Nerv nun nicht mehr die *Freiheit,* sondern die *Bindung* des Gewissens ausgegeben wird. Eine zentrale Rolle spielt dabei die Luther-Interpretation *Karl Holls.* Er verabschiedet das Bild Luthers als eines religiösen Freiheitsheros und rückt im Gegenzug dessen Erfahrung eines übermächtig-unentrinnbaren Bestimmtseins in den Mittelpunkt: »Luther war Gott so inne geworden, daß er ihn *erlitt.* Nicht er selbst hatte sich die Gewissensqualen bereitet, sondern Gott hatte sie in ihm hervorgerufen. Nicht er hatte sich dann wieder erhoben, sondern Gott hatte ihn aufgerichtet.

Auch in seinem Tun und Schaffen empfand er das gleiche. Gerade in den Augenblicken, wo er das Kühnste wagte, stand er am stärksten unter dem Gefühl, daß er nur einer ihm auferlegten Notwendigkeit gehorchte« (Holl, *Was verstand Luther unter Religion?* 44f.). Nicht Freiheit, sondern Unfreiheit wird so zum Signum religiöser Gotteserfahrung, und als symbolische Schlüsselszene der Reformation dienen fortan nicht mehr Luthers Thesenanschlag oder sein Auftritt vor dem Reichstag in Worms, sondern die Qualen des angefochtenen Gewissens. Das Erleiden des göttlichen Willens bildet dabei keineswegs nur den dunklen Hintergrund, vor dem sich die reformatorische Entdeckung umso heller abhebt. Vielmehr prägt die Übermacht Gottes auch der befreienden Erfahrung des Glaubens den Charakter eines Bezwungenseins und mithin die Struktur der Fremdbestimmung ein.

Friedrich Gogarten nimmt diese Deutungslinie auf und arbeitet sie – zunächst in der Weimarer Zeit, später in den Gründungsjahren der Bundesrepublik – zu einer kritischen Zeitdiagnose aus, welche das christliche Verständnis *gebundener Freiheit* als heilvolle Alternative gegen das neuzeitliche Ideal *bindungsloser Autonomie* setzt. Der Individualismus des neuzeitlichen Freiheitsgedankens trage nicht nur den Keim der Auflösung in alle überkommenen Werte, Ordnungen und Verbindlichkeiten hinein, sondern liefere das auf sich selbst gestellte Subjekt zugleich neuen Abhängigkeiten aus. In dem Versuch, alle Bindungen abzustreifen, verliere die Freiheit ihren tragenden Grund. Sie vermöchte sich nicht mehr gegen die entpersonalisierenden Mächte der Moderne zu behaupten und schlage um in die Zwangsherrschaft abstrakt-funktionaler Gesetzmäßigkeiten, welche für eine selbstverantwortete Lebensführung keinen Raum mehr lasse: »Was in der Geschichte vom Turmbau zu Babel als eine einmalige Katastrophe erzählt wird, ist hier zu einem chronischen Zustand geworden: Aufbruch zu titanischem Werk und Verfall in die jämmerlichste Sklaverei gehen unablässig ineinander über« (Gogarten, *Die Kirche in der Welt* 135). Mithin hänge das Schicksal der modernen Welt und Gesellschaft davon ab, die verhängnisvolle Illusion einer autonomen, allein auf sich selbst gestellten Subjektivität zu überwinden und das Bewusstsein dafür zu schärfen, dass Freiheit nur als gebundene Freiheit wirklich zu sein vermag: »Wir können uns heute nicht mehr der Erkenntnis entziehen, daß Freiheit für den Menschen, wenn überhaupt, nur möglich ist in Bindung, und zwar in einer Bindung, die er sich nicht selbst auferlegt, sondern die ihm unverbrüchlich auferlegt ist« (Gogarten, *Verhängnis und Hoffnung der Neuzeit* 9).

Eben diese Einsicht kennzeichnet nun Gogarten zufolge das christliche Freiheitsverständnis, wie es exemplarisch die Reformation zur Geltung gebracht habe. Im Glauben erschließe sich die unbedingte Bindung des Menschen an Gott als dessen Schöpfer, und diese Bindung wiederum begründe umgekehrt die souveräne Freiheit des Menschen gegenüber der Welt: »Der Mensch des christlichen Glaubens ist der schlechthin freie, von seiner Welt nicht mehr umschlossene Mensch. [...] Dieser Mensch steht seiner Welt selbständig gegenüber. Aber er tut das, weil und insofern er der schlechthin durch und an Gott Gebundene ist. Von daher empfängt die Freiheit dieses Menschen und die Selbständigkeit seiner Welt gegenüber ihren eigentümlichen Sinn« (Gogarten, *Die Kirche in der Welt* 22). Allein die Bindung an Gott ermögliche es, sich den Bindungskräften der Welt zu entziehen und ihre Ansprüche in die Schranken zu weisen. Mithin gebe es gelungene Freiheit nur im Glauben. Denn der Glaube lasse den Menschen mündig werden gegenüber der Welt, und diese Mündigkeit schließe die Haltung kritischer Distanz ebenso ein wie die Bereitschaft zu verantwortlichem Handeln.

Gogarten betont also den tiefen Gegensatz zwischen christlichem und neuzeitlichem Freiheitsverständnis – aber nicht, um damit die überfällige Emanzipation der Neuzeit von ihren christlichen Wurzeln zu feiern, sondern umgekehrt die notwendige Rettung der Moderne aus dem Geist des Protestantismus anzukündigen. Allein die Rückbesinnung auf den reformatorischen Grundgedanken gebundener Freiheit ermögliche es, die Krise einer pathologisch gewordenen Moderne zu überwinden. Doch nicht nur die schlichten Dichotomien, mit denen Gogarten arbeitet, sondern auch der Ton pauschaler Neuzeitkritik – welcher eine differenzierte Wahrnehmung der gesellschaftlichen Wirklichkeit gerade vermeidet – lassen seinen Ansatz zunehmend problematisch erscheinen. Hinzu kommt, dass Gogarten der von ihm aufgedeckten Dialektik der

Freiheit sogleich die Spitze abbricht. Statt Freiheit und Abhängigkeit in ihrem wechselseitig sich bedingenden Ineinander aufzuschlüsseln, bringt er beide in ein lineares Konstitutionsverhältnis mit säuberlicher Ebenendifferenzierung: Aus der *Bindung an Gott* erwächst die *Freiheit gegenüber der Welt*.

2.3. Die Vermittlung von christlicher und neuzeitlicher Freiheit

Mit der Renaissance der liberalen Theologie im letzten Drittel des 20. Jahrhunderts erhält auch die Frage nach dem Verhältnis von christlichem und neuzeitlichem Freiheitsverständnis eine neue Wendung. So ist namentlich *Trutz Rendtorff* daran gelegen, die von Gogarten behauptete Opposition von Christentum und Neuzeit durch ein Deutungsmodell zu ersetzen, welches umgekehrt »die Neuzeit als ein Kapitel innerhalb der Geschichte des Christentums« (Rendtorff, *Neuzeit als ein Kapitel der Christentumsgeschichte* 202) zu begreifen erlaubt. Dabei beschränkt er sich keineswegs nur auf den Aufweis eines lediglich genealogischen Zusammenhangs von Christentum und Neuzeit; sein erklärtes Interesse besteht vielmehr darin, die moderne Welt als »Welt der Folgen des christlichen Glaubens« (Rendtorff, *Theorie des Christentums* 158) zu beschreiben und so auf ihre christliche Tiefenprägung hin durchsichtig zu machen.

Den Schlüssel zur Durchführung dieses Programms bietet für Rendtorff die Freiheitsthematik. Denn über den Freiheitsgedanken seien Christentum und Neuzeit auf spannungsvolle Weise ineinander verschränkt. Der Reformation komme hier eine zentrale Bedeutung zu: Mit ihr sei das Bewusstsein von Freiheit »zum Struktur- und Wesensmerkmal des christlichen Glaubens überhaupt« (Rendtorff, *Theorie des Christentums* 61) geworden. Freilich habe dieses Freiheitsbewusstsein seine Pointe gerade in dem Wissen darum, gewährte und verdankte Freiheit zu sein. Im Glauben erschließe sich dem Menschen die Einsicht, als Geschöpf Gottes in eine Freiheit eingesetzt zu sein, welche allen Formen eigenen Handelns und Gestaltens bereits vorausliegt. Die christliche Freiheit sei Freiheit von dem *Zwang,* selbst die eigene Freiheit erwirken zu müssen – und mithin zugleich Freiheit von der *Sorge*, diese Freiheit immer auch verlieren zu können.

In kritischer Abgrenzung zu diesem Verständnis *verdankter* Freiheit bilde sich nun in der Neuzeit ein *emanzipatives* Freiheitsverständnis heraus, welches programmatisch für die Aufhebung aller Abhängigkeiten eintrete und dabei vornehmlich die Kirche ins Visier nehme. Trotzdem könne der neuzeitliche Freiheitsgedanke nicht einfach *gegen* die christliche Tradition gesetzt werden. Denn das protestantische Christentum habe selbst entscheidend zu seiner Ausbildung beigetragen. Rendtorff verweist *zum einen* auf die Entstehung der historischen Bibelwissenschaften, *zum anderen* auf das aufgeklärte Konzept der freien Privatreligion. So kann zunächst das historische Denken als diejenige Form gelten, in der sich das neuzeitliche Freiheitsverständnis im Rahmen der Theologie seinen ersten Ausdruck verschafft hat. Denn die Hinwendung zu den biblischen Anfängen des Christentums impliziert eine kritische Distanzierung von den geltenden Verbindlichkeiten kirchlicher Autorität und Lehre. Es macht geradezu das Spezifikum des historischen Denkens aus, dass es gegenwärtig Geltendes als kontingent Gewordenes aufscheinen lässt. Ihm eignet ein von Grund auf emanzipativer Impuls: Die Frage nach den biblischen Ursprüngen dient der Kritik an den normativen Ansprüchen der Gegenwart. Vermittels eben dieser kritisch-emanzipativen Haltung haben die historischen Bibelwissenschaften innerhalb des Christentums selbst die Ausbildung des neuzeitlichen Freiheitsbewusstseins vorangetrieben.

Deutlicher noch wird für Rendtorff der Beitrag des Christentums anhand der aufgeklärten Unterscheidung von Kirche und Christentum. Sie nimmt die bereits im Pietismus einsetzende »Emanzipation der Frömmigkeit von den Institutionen der kirchlichen Lehre und des kirchlichen Lebens« (Rendtorff, *Christentum zwischen Revolution und Restauration* 10) auf und gibt ihr eine begriffliche Gestalt. Exemplarisch proklamiert Johann Salomo Semler die Freiheit der individuellen ›Privatreligion‹ und weist um ihretwillen die ›öffentliche Religion‹ in die Schranken: Während Letztere lediglich äußere Ordnungsfunktionen zu erfüllen habe, sei die private Frömmigkeit »für den Christen [...] die Hauptsache; ist für ihn *ganz frey,* und hängt blos von seiner eignen Erkenntnis alles moralisch Guten ab« (Semler, *Letztes Glaubensbekenntniß* 19). Der Ton ist durchgängig auf die Emanzipation der privaten Frömmigkeit von den Vorgaben und Ansprüchen der kirchlichen Autorität gestimmt. Allen weiteren Ausgleichsversuchen zum Trotz bringt die Theologie der Aufklärung damit eine für das neuzeitliche Freiheitsverständnis elementare Spannung auf den Begriff. Insofern reicht die Unterscheidung von öffentlicher und privater Religion weit über den Horizont des Christentums hinaus und erhält paradigmatische Bedeutung für das Verhältnisproblem von Institution und Freiheit überhaupt: Sie »ist das christliche Vorbild für die Unterscheidung zwischen dem Anspruch des Staates und seiner Institutionen und der Freiheit des Bürgers« (Rendtorff, *Christentum zwischen Revolution und Restauration* 25).

Doch auch unbeschadet dieser christlichen Grundierung des neuzeitlichen Freiheitsgedankens setzt der emanzipative Ruf nach Freiheit für Rendtorff immer schon ein vorgängiges Bewusstsein von Freiheit voraus. Im Akt der Emanzipation vollziehe sich die selbständige *Inanspruchnahme* einer Freiheit, um deren *Gegebensein* zuvor gewusst sein müsse. Anders formuliert: »Emanzipation ist, als religiöse und politische wie als gesellschaftliche Forderung, immer die Folge eines Bewußtseins der Freiheit. Deren Wirklichkeit muß im Ruf nach Emanzipation vorausgesetzt werden, um Emanzipation als Realisierung von Freiheit bestimmen zu können. Die Unumkehrbarkeit des Verhältnisses von Freiheit und Befreiung ist das zentrale Problem, das die neuzeitliche Debatte unabweisbar in der theologischen Grundstruktur des christlichen Freiheitsbegriffs festhält« (Rendtorff, *Emanzipation und christliche Freiheit* 154).

Rendtorff lässt also christliches und neuzeitliches Freiheitsverständnis weder ineinander- noch auseinanderfallen. Anders als Hegel betont er die gegenläufige Stoßrichtung beider Freiheitsbegriffe; anders als Marx oder Gogarten jedoch erklärt er sie auch nicht einfach zu unvereinbaren Antipoden. Stattdessen arbeitet er das spannungsvolle Wechselverhältnis heraus, welches das neuzeitliche Emanzipationsideal im Modus kritischer Abgrenzung zugleich an den christlichen Gedanken eines – allem eigenen Handeln bereits zugrunde liegenden – Gegebenseins von Freiheit gebunden sein lässt. Auf diese Weise gelingt es Rendtorff, im Widerspruch zu den gängigen Säkularisierungsnarrativen die Neuzeit als das über die Grenzen der Kirche hinausgewachsene »weltgeschichtliche[] Zeitalter« (Rendtorff, *Theorie des Christentums* 63) des Christentums zu beschreiben, ohne im Gegenzug die Spannungen zwischen christlichem Glauben und moderner Welt leugnen zu müssen. Darüber hinaus verbindet sich mit dieser *christentumstheoretischen* These ein weitreichender *freiheitstheoretischer* Ertrag. Denn Rendtorff nutzt die Verschränkung von christlichem und neuzeitlichem Freiheitsverständnis, um so das dialektische Ineinander von Freiheit und Abhängigkeit zur Geltung zu bringen: Freiheit verwirklicht sich dort, wo sie in Anspruch genommen wird. Doch eben diese Inanspruchnahme setzt nicht nur ein vorgängiges Gegebensein von Freiheit voraus, sondern zielt auf die Etablierung bestimmter Ordnungen – und tritt damit in eine dialektische Spannung zu sich selbst. Rendtorff zieht daraus den Schluss, im Namen der Freiheit stets auch auf die Gefahren ihrer eigenen Verwirklichung achten zu müssen: »Freiheit ist darum nicht nur die Voraussetzung von Emanzipation, sondern auch der permanent notwendige und immer aktuelle Gegenhalt und Widerstand gegen einen sich tendenziell absolut setzenden Emanzipationsprozeß« (Rendtorff, *Emanzipation und christliche Freiheit* 175).

2.4. Christliche Überbietung der neuzeitlichen Freiheit

Die bisher skizzierten Modelle einer Verhältnisbestimmung von christlicher und neuzeitlicher Freiheit sind vornehmlich hermeneutisch orientiert. Im Mittelpunkt steht die Frage, ob und in welcher Weise sich der neuzeitliche Autonomiebegriff als Aufnahme und Realisierung des christlichen Freiheitsbewusstseins verstehen lässt – oder gerade nicht. Daneben gibt es nun allerdings noch ein ganz anders gelagertes Modell, dem weniger an der geschichtlichen Deutung als vielmehr an der praktischen Durchsetzung von Freiheit gelegen ist. Im Mittelpunkt steht der Aufruf zur politischen Verwirklichung der im Glauben verheißenen Freiheit. Jedoch hat auch diese handlungspraktische Außenseite eine geschichtshermeneutische Innenseite: Es verschränken sich hier Affirmation und

Kritik des neuzeitlichen Freiheitsbewusstseins mit dem Überlegenheitsanspruch einer eschatologisch aufgeladenen christlichen Freiheitsvision.

So bestimmt *Jürgen Moltmann* das Christentum als »Religion der Freiheit« (Moltmann, *Die Revolution der Freiheit* 189). Im christlichen Glauben gehe dem Menschen der Anfang einer Freiheit auf, »wie sie die Welt noch nicht gesehen hat« (ebd.). Diese Freiheit sei weder etwas Anderes im Verhältnis zur allgemeinen Freiheit, noch erschöpfe sie sich in der bloßen Innerlichkeit des religiösen Erlebens: »Christliche Freiheit versteht sich vielmehr als den realen Anfang jener umfassenden Freiheit, nach der alle Menschen und Dinge sich sehnen. Darum kann diese Freiheit nur so geltend gemacht werden, daß sie für die konkrete Befreiung des Menschen aus seinem wirklichen Elend in jeglicher Gestalt verwendet und eingesetzt wird« (ebd. 197).

Vor diesem Hintergrund kritisiert Moltmann zunächst den bisherigen Umgang mit der Freiheit im Christentum. So habe die lutherische Reformation deren revolutionäre Potentiale folgenreich unterdrückt: »Vor die Wahl zwischen Revolution und Diktatur gestellt, wählten die Deutschen seither stets die Diktatur« (Moltmann, *Politische Theologie* 16). Kennzeichnend für die reformatorische Deutung der christlichen Freiheit sei der Rückzug in die subjektive Innerlichkeit bei gleichzeitiger Unterwerfung unter Kirche und Obrigkeit. Aufgrund dieser »Reformation ohne Revolution« (ebd.) habe auch die Französische Revolution in Deutschland nur zu einer ›Revolution der Denkungsart‹ geführt. In der Folge sei das Christentum in den Sog einer zunehmenden ›Verbürgerlichung‹ geraten. Die unverbindliche Religionsverwaltung der Volkskirche habe den christlichen Glauben schließlich vollends zur Privatsache werden lassen, ihn in die subjektive Beliebigkeit abgedrängt und seiner gesellschaftskritischen, auf die Durchsetzung von Freiheit und Gerechtigkeit zielenden Impulse beraubt.

Im emphatischen Widerspruch gegen diese Entwicklung ruft Moltmann die messianische Freiheitshoffnung des christlichen Glaubens in Erinnerung. Sie habe ihren Grund im schöpferischen Handeln des kommenden Gottes. Mithin gehe es nicht um eine weltjenseitige Freiheit, sondern um »eine Freiheit von der Knechtschaft dieser Weltzeit für die Zukunft einer neuen, freien Welt« (Moltmann, *Die Revolution der Freiheit* 193). Diese Freiheit sei kein Privileg der Christen oder der Kirche; auch könne sie weder liberal stillgelegt noch bürgerlich fixiert oder sozialistisch erledigt werden. Als Ausdruck der schöpferischen Zukunft Gottes unterscheide sie sich von allen weltlichen Kämpfen gegen Unrecht und Elend; dennoch stecke in solchen Kämpfen stets »der Geist der letzten Revolution Gottes gegen die Macht des Bösen« (ebd. 196). Dieser universal-eschatologische Ansatz erlaubt es Moltmann sodann, alle geschichtlichen Freiheitsbewegungen – seien diese nun christlicher oder nichtchristlicher Couleur – in eine umfassende »Revolutionsgeschichte der Freiheit« (ebd. 198) zusammenzufassen. Dabei unterscheidet er fünf Stadien: Auf die urchristliche Befreiung von den Mächten der Natur, des Schicksals und des Staates folgen der mittelalterliche Kampf um die Freiheit der Kirche, die reformatorische Entdeckung der Glaubens- und Gewissensfreiheit, die aufgeklärt-bürgerliche Entdeckung der Menschenrechte sowie schließlich die sozialistische Befreiung des Menschen von ökonomischer Knechtschaft. Im Stil einer dialektischen Geschichtstheorie erklärt Moltmann, »daß die eine [sc. Freiheitsbewegung; ML] jeweils die andere zur Voraussetzung hatte und an ihren Perversionen und Enttäuschungen zu weiterer und größerer Freiheit vorzustoßen suchte« (ebd. 204). Darum sei es geboten, auf einseitige Überlegenheits- und Exklusivitätsansprüche zu verzichten und stattdessen die Einsicht in die geschichtliche Vorläufigkeit und Ambivalenz aller Freiheitsverwirklichungen für einen »kritischen Dialog aller Partner und Parteien« (ebd. 205) fruchtbar zu machen.

Moltmann verbindet also appellativ gewendete eschatologische Zukunfts- und Verheißungsmotive der biblischen Tradition mit dem neuzeitlichen Ideal eines auf kritische Emanzipation und politische Verwirklichung gestimmten Freiheitsverständnisses. Es geht nicht – wie auf dem radikalen Seitenflügel der Reformation – um die *Restitution* einer göttlichen Schöpfungsordnung, sondern um die *Schaffung neuer* gesellschaftlicher Verhältnisse mit dem Ziel der Annäherung an das zukünftig verheißene Reich der Freiheit. Den Rahmen bildet Moltmanns konsequente Zuspitzung der christlichen Hoffnung auf ihre gesellschaftskritisch-revolutionäre Dynamik: »Diese Hoffnung macht die christliche Gemeinde zu einer beständigen Unruhe in menschlichen Gesellschaften, die sich zur ›bleibenden Stadt‹ stabilisieren wollen. Sie macht die Gemeinde zum Quellort immer neuer Impulse für die Verwirklichung von Recht, Freiheit und Humanität hier im Lichte der angesagten Zukunft, die kommen soll« (Moltmann, *Theologie der Hoffnung* 17). Mit seinem unermüdlichen Aufruf, die christliche Freiheit in konkrete Befreiung umzusetzen, steht Moltmann *zum einen* repräsentativ für die Tradition des Linksprotestantismus, der sich in den Anfangsjahren der Bundesrepublik formiert und den gesellschaftskritischen Impuls des christlichen Freiheitsgedankens wachhält. *Zum anderen* bildet seine *Theologie der Hoffnung* einen maßgeblichen Katalysator für die entsprechenden, weit über den Protestantismus hinausreichenden Ansätze, im Namen der christlichen Freiheit für die konkrete Überwindung von Not, Elend und Unterdrückung einzutreten. Über das Programm der ›Politischen Theologie‹ von Johann Baptist Metz und Dorothee Sölle laufen hier die Verbindungslinien bis zur ›Theologie der Revolution‹ und der lateinamerikanischen Befreiungstheologie.

3. Die dogmatische Dimension: Die Deutung der Dialektik von Freiheit

3.1. Die Anliegen der dogmatischen Tradition

Die dogmatische Tradition behandelt die Freiheitsthematik im Horizont der Auslegung des menschlichen Gottesverhältnisses. Dabei lassen sich im Wesentlichen drei Anliegen voneinander unterscheiden – zum einen die Behauptung der *Freiheit des Geschöpfs* gegenüber der Allmacht Gottes, zum anderen die Betonung der *Unfreiheit des Sünders* angesichts der Gnade Gottes und zum dritten die Beschreibung der *Befreiung des Glaubenden* durch die Heilstat Gottes. Diese Anliegen werden in der Neuzeit aufgenommen und fortgeführt, dabei aber zugleich einer tiefgreifenden Umformung unterzogen.

Das *erste Anliegen* hat seinen Ort in der Schöpfungslehre, näherhin in der Lehre von der göttlichen Vorsehung. Die Aufgabe lautet, den Glauben an die Allwirksamkeit Gottes in Ausgleich zu bringen mit dem Festhalten an der Freiheit und Selbständigkeit des Menschen – nicht zuletzt, um Gott selbst von der Verantwortung für die Sünde zu entlasten. Zur Lösung dieser Aufgabe greift die altprotestantische Dogmatik auf die scholastische Unterscheidung zwischen göttlicher Erst- und menschlicher Zweitursache zurück: Gott sei bei allen Handlungen und Ereignissen als mitwirkende Ursache beteiligt, ohne doch die Selbständigkeit der menschlichen *causae secundae* aufzuheben. Jede Handlung könne insofern auf Gott und Mensch zugleich zurückgeführt werden. Auf diese Weise gelingt es, göttliche Vorsehung und menschliche Freiheit miteinander zu vermitteln: Gott erhält die Schöpfung nicht nur im Dasein, sondern lenkt sie auch nach seinem Willen, lässt aber gleichwohl der menschlichen Freiheit den nötigen Spielraum zur eigenen Entfaltung. Mit dem Übergang in die Neuzeit verliert diese Lösung zunehmend an Überzeugungskraft. Sie bleibt dem Denkschema verhaftet, das Verhältnis von Gott und Mensch wie das Gegenüber zweier Akteure zu beschreiben. Damit aber scheinen beide gleichsam in ein Kräfteparallelogramm eingespannt – als werde Gott entzogen, was dem Menschen zugesprochen wird, und umgekehrt –; zudem entfällt mit der neuzeitlichen Destruktion der klassischen Metaphysik die Grundlage, um Gott als überweltlich handelnden Akteur aufzufassen. In der Folge verschiebt sich die Fragestellung; sie nimmt nun die Form einer reflexiven Selbstbesinnung auf das endliche Gegebensein der eigenen Freiheit an.

Demgegenüber verweist das *zweite Anliegen* auf den Horizont der Gnadenlehre. Hier geht es darum, das reformatorische *sola gratia* sicherzustellen. Das Heil hat seinen Grund allein im rettenden Handeln Gottes, während der Mensch gänzlich unfähig ist, von sich aus etwas zu diesem Heil beizutragen. In die Sünde verstrickt und durch die Sünde verderbt, hat er die Macht über seinen Willen eingebüßt. Zwar bleibt ihm eine gewisse Freiheit, alltägliche Handlungsentscheidungen zu treffen, doch vermag er es nicht, auch die innere Ausrichtung seines Willens zu bestimmen. Mithin kann gegenüber Gott und seinem Heil von einem freien Willen keine Rede sein: »Wir tun alles aus Notwendigkeit, nichts aus freiem Willensvermögen. Denn die Kraft des freien Willensvermögens ist nichts und tut nichts und vermag nichts Gutes, wenn die Gnade fehlt« (Luther, *De servo arbitrio/Vom unfreien Willen* 293f.). Diese These eines gänzlichen Unvermögens des menschlichen Willens zum Heil stellt geradezu ein Markenzeichen des Protestantismus dar, um so *ex negativo* die unbedingte Souveränität des göttlichen Gnadenhandelns herauszustellen. Freilich bringt sie zugleich eine Fülle von Problemen mit sich: Die Bestreitung der menschlichen Willensfreiheit steht *erstens* in Spannung zu dem Anliegen, den Einzelnen für sein Handeln zur Verantwortung ziehen und ihm die Sünde schuldhaft zurechnen zu wollen. Sie nötigt *zweitens* dazu, stattdessen den Gedanken der göttlichen Allwirksamkeit konsequent zuspitzen und Gott auch zum Urheber des Bösen erklären zu müssen. *Drittens* lässt die behauptete Passivität des Menschen im Heilsgeschehen keinen Raum, um die subjektiv-innerliche Aneignung des Glaubens angemessen zum Ausdruck zu bringen: Der Mensch erscheint wie ein toter Klotz, dem die Gnade geradezu magisch eingeflößt wird. Mit dem Übergang in die Neuzeit verändert sich auch hier der Zugang. Die Frage, ob der Mensch als solcher Freiheit *besitzt*, wird preisgegeben; stattdessen rückt die Einsicht in den Mittelpunkt, dass der Mensch seiner Freiheit nicht *mächtig* ist. Anders formuliert: Es geht nicht mehr um das Gegenüber von Freiheit oder Unfreiheit, sondern um die Unfreiheit der Freiheit selbst.

Das *dritte Anliegen* schließlich entfaltet das positive Gegenstück zu dieser Unfreiheit. Denn im Glauben wird dem Menschen eben die Freiheit zuteil, über die er aus sich heraus nicht verfügt. Hier liegt zugleich die entscheidende Pointe des reformatorischen Glaubensverständnisses: Im Glauben ereignet sich Freiheit. Der Glaube ist ein elementares Befreiungsgeschehen. Er befreit den Menschen einerseits von der Angst, vor Gott nicht bestehen zu können, und macht ihn damit andererseits frei zur selbstlosen – nicht mehr durch selbstsüchtige Motive verzerrten – Hinwendung zum Nächsten. Beide Momente knüpft Martin Luther in der berühmten Doppelthese seiner Freiheitsschrift zusammen: »Der Christenmensch ist ein freier Herr über alle Dinge und niemandem untertan. Der Christenmensch ist ein dienstbarer Knecht aller Dinge und jedermann untertan« (Luther, *Von der Freiheit eines Christenmenschen*

239). In der Ausgestaltung setzen die beiden konfessionellen Flügel des Protestantismus sodann unterschiedliche Akzente: Während auf lutherischer Seite vor allem die *Befreiung vom Handeln-Müssen* im Vordergrund steht, betont die reformierte Seite umgekehrt die *Befreiung zum Handeln-Können*. Für beide bedeutet der Glaube einen Übergang in die Freiheit; doch wird diese Freiheit im einen Fall primär als *Zur-Ruhe-Kommen*, im anderen Fall primär als *Tätig-werden-Können* bestimmt. Mit dem Übergang in die Neuzeit verschiebt sich auch hier die Fragestellung. Die Krise des metaphysischen Gottesbegriffs nötigt dazu, den soteriologischen Freiheitsgehalt des Glaubens zum Ausdruck zu bringen, ohne dafür auf supranaturale Vorstellungsmuster zurückzugreifen. Den entscheidenden Schlüssel bietet hier die Einsicht in die Unvertretbarkeit der je individuellen Lebensführung: Unser Leben ist zwar eingespannt in ein undurchdringliches Geflecht gesellschaftlicher Abhängigkeiten; dennoch besteht seine elementare Freiheit darin, dass es als je *eigenes* Leben »in seiner Individualität nur von dem bestimmten Menschen gelebt werden kann, dem es gegeben ist« (Rendtorff, *Ethik* 85). Das Leben eines Menschen kann nur von ihm selbst gelebt werden; der in dieser ›Nicht-Substituierbarkeit‹ des je eigenen Lebens liegende Freiheitssinn wird im Gottesverhältnis symbolisch zur Darstellung gebracht. In der Deutungsperspektive des Glaubens hält der Mensch gleichsam die welthafte Uneinholbarkeit seiner Freiheit präsent: Sie ist in einer Wirklichkeit begründet, die alle empirischen Zugriffsversuche in die Schranken weist.

3.2. Der neuzeitlich-idealistische Problemhorizont

In der europäischen Denk- und Geistesgeschichte markiert das Werk Immanuel Kants eine tiefgreifende Zäsur. Nahezu alle maßgeblichen Problemstellungen und Debattenstränge laufen wie in einem Brennglas bei ihm zusammen; zudem prägt seine revolutionäre Wende vom objektiven Sein zum subjektiven Bewusstsein die Gesamtlage der auf ihn folgenden Epoche philosophischen und theologischen Denkens. Alles Gedachte, so lautet Kants entscheidende Einsicht, steht unter der Bedingung, ein von einem denkenden Bewusstsein Gedachtes zu sein – ohne dieser Abhängigkeit jemals entrinnen zu können. Daraus ergeben sich zwei wesentliche Konsequenzen: *Erstens* fällt die überkommene Metaphysik mit ihrer Ausrichtung auf eine Wirklichkeit höherer Ordnung in sich zusammen. Das gilt auch für die Theologie. Sie kann ebenfalls nicht mehr von einem vorgängig gegebenen Dasein Gottes ihren Ausgang nehmen, sondern hat fortan bei der Tatsache des religiösen Bewusstseins anzusetzen. Die Destruktion der klassischen Metaphysik mündet *zweitens* in eine Umkehrung des philosophischen Blickwinkels. An die Stelle der Ausrichtung auf eine vermeintlich objektive Wirklichkeit tritt die reflexive Aufschlüsselung des erkennenden Bewusstseins; das ontologische Schema der Substanz wird abgelöst durch das neue Paradigma der Subjektivität. Auch für die Theologie verschiebt sich damit die Fragerichtung. Da der Übergang zu einem transzendenten An-sich-Sein Gottes nicht mehr erschwinglich ist, verlagert sich das Interesse auf eine Selbstaufklärung des religiösen Bewusstseins. Statt *nach außen* geht der Blick nun *nach innen*: Die theologische Reflexion zielt nicht mehr auf ein überweltliches Wesen, sondern auf den Konstitutions- und Vollzugsgrund der eigenen Subjektivität.

Seinen sichtbaren Niederschlag findet dieser Paradigmenwechsel im Umgang mit dem Freiheitsgedanken. Kants transzendentale Wende rückt das erkennende Subjekt in den Mittelpunkt. Dessen Vernunfttätigkeit zeichnet sich durch eine unableitbare Spontaneität aus: Das Denken ist ein elementar freier Akt des Geistes; und diese Freiheit kommt vorzüglich dort zu Bewusstsein, wo der Denkende als ›Ich‹ auf seine eigene Selbsttätigkeit Bezug nimmt. Das bedeutet zunächst: Die Freiheit hat ihren ursprünglichen Ort im Bewusstsein des Subjekts. Ihr Paradigma ist die unbedingte Spontaneität des sich in seiner Aktualität selbst bestimmenden Denkvollzugs, das ebenso unableitbare wie unhintergehbare ›Selbst-anfangen-Können‹ des tätigen Bewusstseins. Im Gegenzug wird damit die an Kant anschließende, dem Prinzip der Subjektivität verpflichtete philosophische Tradition insgesamt zu einer Philosophie der Freiheit: »Der Anfang und das Ende aller Philosophie ist – *Freiheit!*« (Schelling, *Vom Ich als Prinzip der Philosophie* 101). Diese emphatische Feststellung Friedrich Schellings aus dem Jahre 1795 bringt exemplarisch den Anspruch des deutschen Idealismus zum Ausdruck, den Begriff der Freiheit erstmals in seiner ganzen Tiefe erfasst und als Prinzip nicht nur des Denkens, sondern aller Wirklichkeit überhaupt zur Geltung gebracht zu haben.

Im Hintergrund dieses Freiheitspathos steht *zum einen* die Französische Revolution mit ihrem Versprechen einer politischen Realisierung der Freiheit. Nicht nur Kant, sondern auch Fichte, Schelling und Hegel haben die Anfänge der Französischen Revolution rückhaltlos begrüßt. Sie galt ihnen als Ansporn, der Freiheit auch auf dem Gebiet der Philosophie zur vollgültigen Durchsetzung zu verhelfen. Freilich haben sie das Umschlagen der Revolution in Terror und Gewalt ebenfalls deutlich registriert. Daraus erklärt sich ihre besondere Sensibilität für die elementare Ambivalenz und Selbstgefährdung der Freiheit. So emphatisch die spekulative Philosophie die Freiheit als »unser und der Gottheit Höchstes« (Schelling, *Urfassung der Philosophie der Offenbarung* 79) feiert, so schonungslos deckt sie zugleich ihre Abgründe auf.

Zum anderen gewinnt der neuzeitliche Freiheitsgedanke sein spezifisches Profil aus dem Gegenüber zum zeitgenössischen Determinismus. Mit dem Aufstieg der modernen Naturwissenschaften setzt sich das – mechanistisch zugespitzte – Kausalitätsprinzip als bestimmender Maßstab wissenschaftlicher Welterklärung durch. Die Unterscheidung zwischen dem Grund einer Handlung und der Ursache eines Ereignisses wird eingezogen. In der Folge bleibt für die Freiheit im Rahmen des Naturzusammenhangs kein Platz mehr; sie gerät zunehmend unter Illusionsverdacht. Damit erhält die klassische Problemstellung eine veränderte Fassung: An die Stelle der Frage nach dem Verhältnis von göttlicher Allwirksamkeit und menschlicher Freiheit tritt nun die Aufgabe, die praktische Selbsterfahrung der Freiheit gegenüber dem Prinzip deterministischer Naturkausalität zu behaupten, ohne beide Seiten in einen schlichten Gegensatz auseinanderfallen zu lassen. Denn das würde nur bedeuten, entweder den Begriff der Freiheit preisgeben oder umgekehrt die Grundlage der modernen Wissenschaft in Zweifel ziehen zu müssen. Eine zusätzliche Verschärfung ergibt sich aus dem – einflussreich von Friedrich Heinrich Jacobi erhobenen – Vorwurf, dass auch die kantisch-idealistische Vernunftphilosophie letztlich in einen deterministischen Fatalismus münde: Der alles Kontingente in begriffliche Notwendigkeiten zwingende Systemdrang der Vernunft vermöchte der Wirklichkeit von Freiheit nicht angemessen Rechnung zu tragen. Die Folge ist auch hier eine anspruchsvolle Vermittlungsaufgabe: Es gilt, das unbedingte Vollzugsmoment der Freiheit ebenso zur Geltung zu bringen wie ihre begrifflich vermittelte interne Struktur und Bestimmtheit. Das erste steht für die unableitbare Spontaneität der Freiheit, das zweite ist notwendig, um die Freiheit von einem Akt zufälliger Willkür unterscheiden zu können. Der Spannung zwischen *Freiheit und Natur* tritt damit die Spannung zwischen *Freiheit und System* zur Seite.

In der Durchführung können nun die Akzente zwar durchaus unterschiedlich gesetzt werden. Daraus resultiert das breite Spektrum der kantisch-idealistischen Freiheitstheorien. Dennoch gewinnen sie ihr gemeinsames Profil daraus, dass sie diese Spannungen nicht einseitig auflösen oder stillstellen, sondern gleichsam als innere Unruhe der Freiheit zur Geltung bringen. Symbolisch dafür steht am Ende das Eingeständnis, der Freiheit begrifflich nicht habhaft werden zu können. Zugespitzt formuliert: Gerade das neuzeitliche Unterfangen, der Freiheit rückhaltlos auf den Grund zu gehen, mündet zuletzt in das Zugeständnis ihrer Grundlosigkeit, wenn nicht gar Abgründigkeit.

3.2.1. Freiheit als Spontaneität und Selbstbestimmung

Das zeigt sich bereits bei *Immanuel Kant*. Seine Freiheitstheorie ist dadurch gekennzeichnet, dass sie von der empirischen Nichtbeweisbarkeit der Freiheit ausgeht und versucht, gleichwohl ihre unverzichtbare Denknotwendigkeit aufzuweisen. Dabei unterscheidet Kant im Begriff der Freiheit zwischen den beiden Momenten der Spontaneität und der Selbstbestimmung. Die *transzendentale* Freiheit umfasse »das Vermögen, einen Zustand von selbst anzufangen« (Kant, *Kritik der reinen Vernunft* B 561). Auf sie erst gründe sich das *praktische* Verständnis der Freiheit, den eigenen Willen »unabhängig von der Nötigung durch sinnliche Antriebe[] von selbst zu bestimmen« (ebd. B 562). Entsprechend entwickelt er einen zweistufigen Gedankengang. *Der erste Schritt* gilt dem Nachweis der *Denkmöglichkeit* von Freiheit. Kant hat hier die spontane Selbsttätigkeit des Subjekts im Blick – das Vermögen, einen ersten

Anfang zu setzen, der nicht selbst wieder durch andere Ursachen bedingt ist. Solche Anfangspunkte scheinen notwendig zu sein, um die Kausalkette nicht in einen infiniten Regress geraten zu lassen; im Gegenzug jedoch drohen sie den gesetzmäßigen Zusammenhang der Natur aufzuheben. Kant löst den vermeintlichen Widerspruch, indem er eine Perspektivendifferenz einführt: Der Mensch kann sich gleichsam *von außen,* als Teil der Natur betrachten; sein Handeln gehört dann zur Welt der Erscheinungen und unterliegt den Gesetzen der Kausalität. Er kann sich jedoch auch *von innen* betrachten und die reine Spontaneität seines Denkens und Erkennens zum Maßstab nehmen; dann versteht er sich selbst als freies Vernunftwesen und zurechenbarer Urheber seiner Handlungen. Kurz gefasst: Die Denkmöglichkeit der Freiheit besteht darin, dass sich der Mensch – kraft seiner Vernunft – selbst als frei begreifen kann. Freiheit ist keine *Tatsache,* sondern eine *Selbstdeutung.* Im zweiten Schritt sucht Kant zu zeigen, dass diese Selbstdeutung nicht nur als *denkmöglich,* sondern auch als *denknotwendig* zu gelten hat. Dabei geht er zugleich von der transzendentalen zur praktischen Freiheit über. Von Freiheit könne erst dann vollgültig die Rede sein, wenn sie sich nicht in unbestimmter Spontaneität erschöpfe, sondern die vernünftige Selbstbestimmung des Willens einschließe. Freiheit ist für Kant nicht willkürliche *Anomie,* sondern vernünftige *Autonomie.* Den Aufweis dieser Autonomie wiederum bindet er an das unbestreitbare »Faktum« (Kant, *Kritik der praktischen Vernunft* A 56) des moralischen Bewusstseins. Der Mensch finde sich als vernünftiges Wesen unter den Anspruch eines moralischen Sollens gestellt. Dieses Sollen – das allgemeine Sittengesetz – könne aber nur unter der Voraussetzung gelten, dass der Mensch die Freiheit habe, seinen Willen entsprechend zu bestimmen: »Er urteilet also, daß er etwas kann, darum weil er sich bewußt ist, daß er es soll, und erkennt in sich die Freiheit, die ihm sonst ohne das moralische Gesetz unbekannt geblieben wäre« (ebd. A 54). Anders formuliert: Der Mensch kann nicht umhin, sich in praktischer Hinsicht als frei zu betrachten. Die Freiheit des Willens ist für sein Selbstverständnis als moralisches Handlungssubjekt unverzichtbar. Allerdings wird Kant nicht müde, dann auch die Grenzen menschlicher Freiheitserkenntnis zu betonen. Freiheit ist kein Erfahrungsbegriff, sondern lediglich eine Vernunftidee. Es gelinge zwar, sie als denknotwendige Voraussetzung unseres Handelns aufzuweisen. Wie sie aber in der Bestimmung des Willens Gestalt gewinne, bleibe uns verschlossen: »Wie Freiheit selbst als Kausalität eines Willens möglich sei«, das zu erklären, »ist alle menschliche Vernunft gänzlich unvermögend, und alle Mühe und Arbeit, hiervon eine Erklärung zu suchen, ist verloren« (Kant, *Grundlegung zur Metaphysik der Sitten* 461).

3.2.2. Freiheit als absolute Selbstsetzung

Johann Gottlieb Fichte will sich mit dieser Grenze nicht abfinden. In seinem Bemühen, die kantische Dualität von theoretischer und praktischer Vernunft zu überwinden, zieht er die beiden von Kant unterschiedenen Momente des Freiheitsbegriffs – Spontaneität und Selbstbestimmung – in der Figur der ›Tathandlung‹ des absoluten Ichs zusammen: »Das Ich *setzt sich selbst,* und es *ist,* vermöge dieses bloßen Setzens durch sich selbst; und umgekehrt: Das Ich *ist,* und es *setzt* sein Sein, vermöge seines bloßen Seins. – Es ist zugleich das Handelnde, und das Produkt der Handlung; das Tätige, und das, was durch die Tätigkeit hervorgebracht wird; Handlung, und Tat sind Eins und ebendasselbe; und daher ist das: *Ich bin* Ausdruck einer Tathandlung« (Fichte, *Grundlegung der gesamten Wissenschaftslehre* 16). Fichte radikalisiert die kantische *Selbstbestimmung* des Subjekts zur unmittelbaren *Selbstsetzung* des Ichs. Das handelnde Ich ist nur dann als wahrhaft freies Ich gedacht, wenn es sich im Vollzug seines Wollens selbst hervorbringt. Mithin gilt es, alle Zustände und Bestimmungen des Ichs als Produkte seines freien Tätigseins aufzuweisen. Kurz gefasst: Das Ich existiert nicht *jenseits* seiner Tätigkeit, sondern *ist* reine Tätigkeit. Im Begriff der Tathandlung sucht Fichte diese absolute Spontaneität einzuholen, vermittels derer sich das streng voraussetzungslos gedachte Ich als Ich setzt und bestimmt. Um den Gedanken der Freiheit aller heteronomen Reste zu entledigen und in seiner unbedingten Autonomie radikal durchzuführen, lässt er Selbstsetzung und Selbstbestimmung in einem zirkulären Akt absoluter Selbsterzeugung zusammenfallen: Das Ich wird zugleich als Akteur und Resultat seiner Tätigkeit gedacht; handelnder Produzent und Produkt der Handlung, Vollzug und Bestimmtheit »sind Eins und ebendasselbe« (ebd.).

In dem Maße jedoch, in dem Fichte es unternimmt, die zunächst nur behauptete Einheit von Produzent und Produkt, absoluter Tätigkeit und absolutem Sein begrifflich durchzuklären, gerät er in eine folgenreiche Aporie. Sein Versuch einer spekulativen Selbstkonstitution der Freiheit mündet in den Aufweis einer unübersteigbaren Grenze. Im Mittelpunkt steht dabei die Einsicht, dass die freie Spontaneität des Denkens für den Vollzug dieses Denkens notwendige Strukturbedingungen in Anspruch nehmen muss, die ihr als solche uneinholbar vorausliegen. »Der *freie* Akt *muß* möglich sein« (Barth 1992: 344) – in diese Formel lässt sich die innere Aporie der Freiheit zusammenfassen. Das denkende Bewusstsein stößt bei dem Versuch, seine Freiheit reflexiv aufzuschlüsseln, auf eine dieser Freiheit vorgängige und sie überhaupt erst ermöglichende Bedingungsstruktur. Fichtes entscheidende Pointe besteht allerdings darin, dass die Erkenntnis dieses Notwendigkeitsmomentes an die Betätigung der Freiheit selbst gebunden ist: »Notwendigkeit wird nur dort erkannt, wo sie als Moment des Vollzugs und der Selbstexplikation der Freiheit thematisch wird. Und umgekehrt, Freiheitsbewußtsein ist nur unter der Voraussetzung möglich, daß der Notwendigkeitscharakter seiner Strukturverfaßtheit ihm selber zu Bewußtsein kommt« (ebd. 347). Die beiden konträren Elemente von Freiheit und Notwendigkeit fordern sich wechselseitig. Auf der Seite der Freiheit schlägt sich das darin nieder, dass sie durch *Unbedingtheit* und *Endlichkeit* zugleich gekennzeichnet ist. Sie stößt im Zuge ihres spontanen Gebrauchs an eine uneinholbare Grenze. Doch diese Grenze wird ihr nicht *von außen* gesetzt, sondern rückt allein *von innen her* als Konsequenz der eigenen Selbstaufklärung in den Blick. Anders formuliert: Erst die Wirklichkeit von Freiheit macht ihre eigene Endlichkeit sichtbar.

Fichte hat die Aporie der Freiheit in seiner *Darstellung der Wissenschaftslehre* von 1801/02 ausgearbeitet und für den Begriff des Absoluten fruchtbar gemacht. Dieses Absolute lässt sich *zum einen* nicht an sich selbst explizieren – wäre es so doch nur ein endlicher Gedanke –, sondern wird allein im denkenden Vollzug der Freiheit als deren tragende Voraussetzung durchsichtig. *Zum anderen* kann das Absolute nur in der Antinomie von Grund und Grenze menschlicher Freiheit gedacht werden. Die Freiheit erfasst sich in ihrem

Gegründetsein, indem sie zugleich der eigenen Grenze ansichtig wird. Der im tätigen Vollzug der Freiheit notwendig in Anspruch genommene Grund bleibt ihr zugleich uneinholbar entzogen. Kurz gefasst: Das Absolute ist nicht *an sich* unbegreiflich, sondern lässt sich immerhin *denken* – als das, was dem Denken unbegreiflich ist.

3.2.3. Freiheit als Vermögen des Guten und Bösen

Während Fichte die von Kant unterschiedenen Momente von Spontaneität und Selbstbestimmung in einem Verständnis der Freiheit als vernünftiger Selbstsetzung des Ich zusammenfallen lässt, schlägt *Friedrich Wilhelm Joseph Schelling* die entgegengesetzte Richtung ein. Er nimmt eine strikte Trennung beider Momente vor, indem er die Selbstbestimmung weiterhin der Vernunft, die Spontaneität aber der Natur zuordnet. Im Hintergrund steht eine tiefgreifende Unzufriedenheit mit der idealistischen Fassung des Freiheitsbegriffs. Zwar habe Fichte in seinem Bestreben, »die Freiheit einmal zum Eins und Alles der Philosophie zu machen, [...] der Wissenschaft in allen ihren Teilen einen kräftigern Umschwung gegeben als irgend eine frühere Revolution« (Schelling, *Philosophische Untersuchungen über das Wesen der menschlichen Freiheit* 24). Doch zugleich gelange sein Freiheitsbegriff über die abstrakte Formalität eines reinen Anfangen-Könnens nicht hinaus. Damit übersehe er jedoch die reale Lebenswirklichkeit der menschlichen Freiheit, die immer schon in den Horizont der ethischen Differenz von Gut und Böse eingespannt sei: »Der Idealismus gibt [...] einerseits nur den allgemeinsten, andererseits den bloß formellen Begriff der Freiheit. Der reale und lebendige Begriff aber ist, daß sie ein Vermögen des Guten und des Bösen sei« (ebd. 25).

Schelling nimmt damit eine Problemstellung auf, die bei Kant selbst in den Hintergrund getreten war. Dieser hatte zwar zwischen transzendentaler und praktischer Freiheit unterschieden und Letztere als die vernünftige Selbstbestimmung des Willens zum Guten gefasst. Damit fiel jedoch die Freiheit des Willens mit der Selbstbestimmung zum Guten zusammen, so dass Kant eine Entscheidung zum Bösen nicht mehr zu denken vermochte. Hier setzt nun Schellings Korrektur an. Er wehrt sich gegen den Gedanken einer

Freiheit, die kein Misslingen kennt. Denn es gehöre schlicht zur Realität der menschlichen Freiheit, dass der Mensch im Gebrauch seiner Freiheit scheitern und sich willentlich in die Abgründe des Bösen verstricken kann. Zugespitzt formuliert: »Die Erfahrung des Bösen ist die Wirklichkeit der menschlichen Freiheit« (Dörendahl 2012: 223). Mithin lautet die entscheidende Aufgabe, einen Freiheitsbegriff zu entwickeln, der dieser menschlichen Fähigkeit zum Bösen Rechnung zu tragen vermag.

Für Schelling liegt darin »der Punkt der tiefsten Schwierigkeit in der ganzen Lehre von der Freiheit« (Schelling, *Philosophische Untersuchungen über das Wesen der menschlichen Freiheit* 25). Denn es gilt nun, das Böse in seinem radikalen Gegensatz zum Guten zur Geltung zu bringen, ohne sich der ›vernunftzerreißenden‹ Konsequenz eines metaphysischen Dualismus auszuliefern. Schelling sucht diese Aufgabe zu lösen, indem er auf eine naturphilosophische Figur zurückgreift: »Die Naturphilosophie unsrer Zeit hat [...] die Unterscheidung aufgestellt zwischen dem Wesen, sofern es existiert, und dem Wesen, sofern es bloß Grund von Existenz ist« (ebd. 29f.). Dabei handelt es sich um zwei einander widerstrebende, aber gleichursprüngliche Grundprinzipien oder Elementarkräfte, die in allen Naturphänomenen zu einer lebendigen Einheit zusammengeschlossen sind. Das eine Prinzip bezeichnet die kreative Entwicklungsdynamik alles Natürlichen, das andere seine rationale Bestimmungskraft. Im einen Fall geht es um die elementare Vitalität der Natur, im anderen Fall um ihre Selbstorganisation und Strukturbildung. Bereits hier wird erkennbar, dass Schelling weniger in Begriffen als vielmehr in Kräften und »Willensstellungen« (Heidegger 1995: 133) denkt. Entsprechend kann er die *ontologische* Differenz von Existenzgrund und Existieren auch *voluntaristisch* als ursprüngliche Gespaltenheit eines in der Natur wirkenden Willens zum Ausdruck bringen. Dabei stehe dem – als blindem Lebensdrang gefassten – »*Eigenwillen* der Kreatur [...] der Verstand als *Universalwille* entgegen, der jenen gebraucht und als bloßes Werkzeug sich unterordnet« (Schelling, *Philosophische Untersuchungen über das Wesen der menschlichen Freiheit* 35; Hervorhebung ML). Das bestimmende Moment des Verstandes bändige den blinden Drang nach Durchsetzung und Steigerung des Lebens;

damit werde zugleich der dunkle Grund des Eigenwillens »in Licht verklärt« (ebd.) und zur fortschreitenden Einheit mit dem Licht des Verstandes erhoben. Diese innere Willensdynamik durchziehe den gesamten Evolutionsprozess der Natur. Mit dem Auftreten des Menschen komme es jedoch zu einer entscheidenden Wende. In ihm werde sich die Natur ihrer selbst ansichtig; der Gegensatz von Eigenwille und Universalwille rücke nun als solcher ins Bewusstsein. Der Mensch *weiß* darum, dass er der Spannung von Vitalität und Verstand, Selbstsein und Allgemeinheit ausgesetzt ist. Damit gewinnt zugleich die Einheit beider Momente einen neuen Charakter: Der Mensch kann über sie nicht mehr naturhaft verfügen, sondern muss sie erst herstellen. Die Synthese von Eigenwille und Universalwille »ist ihm nie gegeben, sondern immer nur aufgegeben« (Barth 2011: 182).

Genau darin liegt für Schelling die Freiheit des Menschen begründet. Sie ist ihm gleichsam von Natur aus eingeschrieben als die Verpflichtung, die beiden Grundkräfte des Willens in ihre vorgesehene Ordnung zu bringen. Die Freiheit bedeutet insofern nicht nur ein ›Können‹, sondern mehr noch ein ›Müssen‹; vor allem aber trägt sie eine elementare Gefahr in sich: »Im Menschen ist die ganze Macht des finstern Prinzips und [...] zugleich die ganze Kraft des Lichts. In ihm ist der tiefste Abgrund und der höchste Himmel« (Schelling, *Philosophische Untersuchungen über das Wesen der menschlichen Freiheit* 35). Der Mensch kann seinen blind-egoistischen Lebensdrang dem vernünftigen Prinzip des Allgemeinen unterordnen. Kraft seiner Freiheit kann er aber auch umgekehrt ansetzen und die Kraft des Verstandes zur unmittelbaren Selbstdurchsetzung der eigenen Triebe und Wünsche missbrauchen. In dieser bewusst vollzogenen Unterordnung des Universalwillens unter den Eigenwillen besteht für Schelling das Böse: Es handelt sich um eine unableitbar freie Tat des Menschen, »die das in der übrigen Natur gelegene Unterordnungsverhältnis widernatürlich umkehrt« (Barth 2011: 183).

Schellings Freiheitsverständnis weist vielfältige Verbindungslinien zu klassischen *theologischen* Problemstellungen auf. Sie sind von ihm auch sichtbar ausgezogen worden. So mündet die Unterscheidung zwischen Existenzgrund und Existieren in eine innere Duplizität des Absoluten, die Schelling auf den Gottesgedanken überträgt und als Differenz von Natur und Existenz Gottes bezeichnet. Die Verankerung der menschlichen Freiheit in der natürlichen Gespaltenheit des Willens wiederum bietet ihm die Möglichkeit, dem Menschen »ein relativ auf Gott unabhängiges Prinzip« (Schelling, *Philosophische Untersuchungen über das Wesen der menschlichen Freiheit* 36) zuzuschreiben. Schließlich und vor allem nimmt Schelling mit seiner Beschreibung des Bösen als bewusster Verkehrung der Ordnung von Eigenwillle und Universalwille einen neuen Anlauf, um der unvorgreiflichen Faktizität des Bösen Rechnung zu tragen und sie gleichwohl in den Horizont einer theologischen Erlösungsperspektive einzuzeichnen.

Im Blick auf den *philosophischen* Debattenhintergrund wiederum zeigt sich, dass Schelling die im idealistischen Freiheitsverständnis zusammengeschlossenen Momente von Spontaneität und Selbstbestimmung streng voneinander unterscheidet und auf die polare Grundstruktur allen Daseins aufteilt. So ordnet er die Spontaneität dem Bereich der organischen Natur zu. Sie entspricht dem blinden Lebensdrang des Urwillens und ist allen Lebewesen als solchen eingeschrieben. Damit unterläuft Schelling die strikte Diastase von Natur und Freiheit. Auch die menschliche Spontaneität des Anfangen-Könnens verdankt sich nicht erst der Vernunft, sondern gehört zu seiner Ausstattung als Naturwesen. Das moralische Vermögen der Selbstbestimmung hingegen hat seinen Ort in der geistigen Vernunftausstattung des Menschen; hier geht es nicht mehr um ein vitales Wollen, sondern um ein bewusstes Wollen. Schelling korrigiert damit eine markante Schwachstelle der Freiheitskonzeption Kants. Um den Gedanken einer Willkürfreiheit auszuschließen, hatte dieser den *Willen* als praktisches *Vernunft*vermögen bestimmt – und die problematische Konsequenz in Kauf genommen, die Einsicht in die Beschaffenheit des Guten mit dem Antrieb zum Tun des Guten zusammenfallen lassen zu müssen. Demgegenüber rückt Schelling nun die kategoriale Differenz zwischen rationaler Handlungs*begründung* und affektgeleiteter Handlungs*motivation* in den Mittelpunkt. Für ihn liegt das entscheidende Problem gerade darin, dass die Koordination von affektivem und moralischem Wollen nicht naturhaft eingeregelt ist, sondern erst je und je hergestellt werden muss. Die hier geforderte Entscheidung lässt die unableitbare Selbständigkeit der menschlichen Freiheit, aber auch ihre fragile Instabilität und permanente Selbstgefährdung offen zutage treten: »Der Ausgleich von rationalem und irrationalem Wollen ist rational nicht beherrschbar [...]. Zum praktischen Selbstbewußtsein gehört das Bewußtsein der eigenen Fehlbarkeit notwendig hinzu« (Barth 2011: 184).

3.2.4. Freiheit als sittliche Wirklichkeit

Georg Wilhelm Friedrich Hegel setzt in der idealistischen Freiheitsdebatte schließlich einen nochmals anderen Akzent. Er nimmt die kantischen Momente von Spontaneität und Selbstbestimmung auf, geht aber zugleich entschieden über sie hinaus. Seine Grundintuition lautet, dass die Freiheit als ein bloß subjektiv-innerliches Vermögen noch unterbestimmt sei. Vielmehr könne erst dann angemessen von Freiheit die Rede sein, wenn die objektive Wirklichkeit auch tatsächlich den individuellen Wünschen und Zielsetzungen entspreche. Während die bisherigen Ansätze die soziale Realisierung der Freiheit aus dem Begriff der Freiheit selbst ausklammern, setzt Hegel also genau umgekehrt an. Die soziale Verfassung der Wirklichkeit gilt ihm nicht mehr nur als Additiv, sondern vielmehr als Medium und Vollzugsbedingung der Freiheit selbst: Wir könnten uns »solange nicht als wirklich frei erfahren [...], wie wir nicht in der äußeren Wirklichkeit die Voraussetzungen für eine Umsetzung unserer selbstbestimmten Ziele vorfinden« (Honneth 2011: 90).

Im Hintergrund dieses Übergangs von der praktischen zur sozialen Dimension der Freiheit steht *zum einen* das philosophische Programm Hegels, die von Kant offen gelassenen Grunddifferenzen – zwischen Sinnlichkeit und Verstand, Denken und Sein, Natur und Freiheit – auf eine absolute Einheit hin überwinden und so die Wirklichkeit insgesamt als Ausdruck einer alle Gegensätze in sich befassenden Selbstentfaltung des absoluten Geistes begreifen zu wollen. Im Ganzen der Wirklichkeit waltet ein dynamisches Entwicklungsprinzip, das alle vermeintlichen Gegensätze durchdringt, übergreift und als Momente einer absoluten, in sich differenzierten Einheit verstehen lässt. Das schließt auch eine Vermittlung des Gegenübers von innerer Subjektivität und äußerer Wirklichkeit ein:

Es gelte, »in dem, was substantiell ist, ebenso die subjektive Freiheit zu erhalten, sowie mit der subjektiven Freiheit [...] in dem, was an und für sich ist, zu stehen« (Hegel, *Grundlinien der Philosophie des Rechts* 16).

Zum anderen unternimmt Hegel mit seiner anspruchsvollen Freiheitskonzeption den Versuch, zwischen den beiden sozialphilosophischen Traditionen des klassischen Aristotelismus auf der einen und des neuzeitlichen Liberalismus auf der anderen Seite zu vermitteln. Im Mittelpunkt der *aristotelischen Tradition* steht die griechische Polis als Gemeinschaft freier Bürger. Sie setzt also nicht beim einzelnen Individuum an, sondern bei seiner Einbettung in das soziale Leben und die Institutionen der Polis. Erst im Rahmen dieser Gemeinschaft vermag der Einzelne seine Freiheit zu verwirklichen. Zugespitzt formuliert: Die soziale Gemeinschaft beschränkt Freiheit nicht, sondern ermöglicht sie erst. Ohne gesellschaftliche Ordnungen und Institutionen gibt es keine Freiheit. Der *neuzeitliche Liberalismus* hingegen entwirft das gegenteilige Bild. Er deutet die Entstehung von Staat und Gesellschaft als Ergebnis eines Vertragsschlusses souveräner Individuen. Auf diese Weise gelingt es ihm, die Verbindlichkeit sozialer Institutionen an die prinzipielle Zustimmung der jeweiligen Gesellschaftsmitglieder zurückzubinden. Im Gegenzug erscheint der Übergang zur Gesellschaft nun als Einschränkung ihrer ursprünglichen Freiheit. Das bedeutet: Individuelle Freiheit und soziale Ordnung treten in Spannung zueinander. Die Gemeinschaft ist nicht mehr der ermöglichende Grund für die Freiheit des Einzelnen, sondern wird zu deren latenter Bedrohung.

Hegel arbeitet daran, beide Anliegen miteinander zu verbinden und der aristotelischen Einsicht in die soziale Einbettung der Freiheit ebenso Rechnung zu tragen wie dem liberalen Beharren auf der individuellen Freiheit des Einzelnen. Dazu entwickelt er in seinen *Grundlinien der Philosophie des Rechts* eine gestufte Freiheitstheorie und unterscheidet Recht, Moralität und Sittlichkeit als drei aufeinander aufbauende Realisierungsdimensionen. So garantiert zunächst *das abstrakte Recht* einen geschützten Freiraum zur Verfolgung der je eigenen Ziele und Interessen. Im Hintergrund steht der negative Freiheitsbegriff, welcher sich in der formalen Sicherung einer äußeren Handlungssphäre erschöpft, ohne dass auch die inneren Absichten und Ziele solchen Handelns in den Blick kommen. Das geschieht erst auf der Stufe der *Moralität*. Sie setzt das Verständnis der Freiheit als praktischer Selbstbestimmung voraus. Nun geht es nicht mehr um die äußere *Ausführung*, sondern um den inneren *Entschluss* zu einer Handlung. Im Gegenzug bleibt hier jedoch offen, ob die gegebenen Verhältnisse auch die praktische Realisierung eines solchen Entschlusses gestatten. Anders formuliert: Die innere Autonomie des Subjekts findet ihre Grenze an der äußeren Heteronomie der Wirklichkeit.

Auf der Ebene der *Sittlichkeit* gelingt es schließlich, beide Seiten miteinander zu vermitteln. Die Sphären von äußerem Recht und innerer Moral gelangen hier zur Einheit: »Das *Sittliche* ist subjektive Gesinnung, aber des an sich seienden Rechts« (ebd. § 141; 140f.). Im Hintergrund steht ein Freiheitsverständnis, das nicht mehr nur den isolierten Einzelnen im Blick hat, sondern auf die Sphäre des sozialen Miteinanders ausgreift und das mit Freiheit Gemeinte am Phänomen der ›wechselseitigen Anerkennung‹ festmacht. Hegel versteht darunter ein Verhältnis zweier Subjekte, in dem jeder das Tun des Anderen nicht als Beschränkung, sondern vielmehr als Unterstützung und Ermöglichung des Eigenen erfährt: »Mit ›wechselseitiger Anerkennung‹ ist, so gesehen, zunächst nur die reziproke Erfahrung gemeint, sich in den Wünschen und Zielen des Gegenübers insofern bestätigt zu sehen, als deren Existenz eine Bedingung der Verwirklichung der eigenen Wünsche und Ziele darstellt« (Honneth 2011: 85f.). Es geht also um den Sonderfall einer Kooperation, die keine *Abstriche* an den je eigenen Zielen voraussetzt, sondern gerade ihre wechselseitige *Erfüllung* ermöglicht. Wo ein solches Miteinander gelingt, kommt es für Hegel zur Versöhnung von Selbstsein und Anderssein – und mithin zur Wirklichkeit einer Freiheit als ›Bei-sich-selbst-Sein im Anderssein‹. Voraussetzung ist allerdings, dass beide Subjekte gelernt haben, ihre jeweiligen Ziele aufeinander abzustimmen. Dafür sorgen die sittlichen Institutionen; Hegel befasst darunter Familie, bürgerliche Gesellschaft und Staat. Sie lassen sich als »Bündel normativer Verhaltenspraktiken« (ebd. 86) beschreiben, welche »die individuellen Ziele ›objektiv‹ ineinander greifen lassen« (ebd.) und so den sozialen Rahmen darstellen, innerhalb dessen die Subjekte einander zur Verwirklichung ihrer je eigenen Freiheit verhelfen können. In den Institutionen findet die subjektive Freiheit des Einzelnen ihren objektiven Ausdruck und Halt; das abstrakte *Prinzip* der Freiheit ist in ein konkretes *Dasein* der Freiheit übergegangen: »Das *Recht der Individuen* für ihre *subjektive Bestimmung zur Freiheit* hat darin, daß sie der sittlichen Wirklichkeit angehören, seine Erfüllung, indem die *Gewißheit* ihrer Freiheit in solcher Objektivität ihre *Wahrheit* hat, und sie im Sittlichen *ihr eigenes* Wesen, ihre *innere* Allgemeinheit *wirklich* besitzen« (Hegel, *Grundlinien der Philosophie des Rechts* § 153; 148).

Hegels Freiheitsverständnis mündet damit in eine Theorie sozialer Institutionen. Ihnen kommt die Aufgabe zu, die Ausbildung wechselseitiger Anerkennungsverhältnisse zu fördern und zu unterstützen. Sie stehen insofern nicht gegen die Freiheit, sondern bilden vielmehr deren Voraussetzung: Erst die Einbettung in soziale Institutionen eröffnet dem Einzelnen die Möglichkeit, seine Freiheit über die Grenzen bloßer Innerlichkeit hinaus zu entfalten und zu gestalten. Freiheit gibt es für Hegel erst dort, wo entsprechende Institutionen dafür sorgen, dass sich der Einzelne im praktischen Gebrauch seiner Freiheit von der sozialen Umwelt unterstützt und getragen erfährt. Der Vorwurf einer unkritischen Affirmation des Bestehenden läuft daher ins Leere. Denn nun sind *erstens* die vorfindlichen Institutionen kritisch daraufhin zu prüfen, ob und in welcher Weise sie ihre freiheitsverbürgende Aufgabe auch erfüllen; *zweitens* ist durch geeignete – rechtliche und ökonomische – Maßnahmen sicherzustellen, dass die einzelnen Individuen tatsächlich die Chance erhalten, an einer solchen ›Kultur der Anerkennung‹ teilhaben zu können.

Hegel führt also das idealistische Freiheitsverständnis über dessen Beschränkung auf die *inneren* Momente von Spontaneität und Selbstbestimmung hinaus: Zur Freiheit gehört der Impuls zur Gestaltung der *äußeren* Wirklichkeit. Zugleich achtet er im Gegenzug darauf, innere und äußere Freiheit weder auseinander- noch ineinanderfallen zu lassen. Die Freiheit des Einzelnen bedarf des Rahmens sozialer Institutionen; umgekehrt finden diese Institutionen an der Freiheit des Einzelnen ihre Grenze.

3.3. Dogmatische Umbildungen

Die idealistischen Entwürfe stecken paradigmatisch den Problemhorizont ab für die Erörterung des Freiheitsbegriffs unter den Bedingungen der Neuzeit und Moderne. Mit ihren unterschiedlichen Anliegen und Interessen fächern sie das Spektrum der zur Verhandlung stehenden Fragen und Themen auf; gleichwohl bleiben sie zum einen durch den methodischen Rahmen der Subjektphilosophie, zum anderen durch die inhaltliche Ausrichtung auf die Endlichkeit der Freiheit auf eine gemeinsame Problemmatrix bezogen.

Die Theologie nimmt diesen Debattenstand auf. Sie ratifiziert nicht nur den Abschied von der klassischen Metaphysik, sondern rückt zugleich die eigene Beschäftigung mit dem Freiheitsthema in den Horizont des philosophisch aufgespannten Denkrahmens. Ihr charakteristischer Grundzug besteht darin, die auf philosophischer Seite im Gewand einer Theorie des Absoluten mitlaufende Perspektive des Gottesgedankens zum hermeneutischen Leitprinzip einer angemessenen Deutung der menschlichen Freiheit zu erklären. Kurz gefasst: Erst und allein im Gegenüber Gottes erschließt sich die Endlichkeit und Abgründigkeit der Freiheit des Menschen. In der Durchführung werden dabei die klassischen Anliegen der dogmatischen Tradition – Freiheit des Geschöpfs, Unfreiheit des Sünders, Befreiung des Glaubenden – aufgenommen, aber zugleich tiefgreifend umgearbeitet. So tritt an die Stelle des quantitativen Kräfteausgleichs von göttlicher Allwirksamkeit und menschlicher Freiheit eine reflexive Selbstklärung dieser Freiheit im Blick auf ihre beiden Konstitutionsmomente von Unbedingtheit und Endlichkeit. Die – in soteriologischem Interesse vorgebrachte – Bestreitung der menschlichen Willensfreiheit wird abgelöst durch den Aufweis ihrer inneren Abgründigkeit und Selbstwidersprüchlichkeit. Der forensisch imaginierte Freispruch des Sünders im Glauben schließlich dient als Symbol für die nur kontingent aufblitzende Einsicht in die Unhintergehbarkeit der eigenen Lebensführung.

Exemplarisch für die *erste Variante* kann die Frömmigkeitstheorie Friedrich Schleiermachers gelten, exemplarisch für die *zweite* die Sündenlehre Sören Kierkegaards und exemplarisch für die *dritte* die existentiale Theologie Rudolf Bultmanns.

3.3.1. Die Endlichkeit der Freiheit

Die epochale theologiegeschichtliche Bedeutung *Friedrich Schleiermachers* liegt darin begründet, dass er die durch Kants Destruktion der klassischen Metaphysik heraufgeführte Problemlage aufnimmt und in der Folge die Dogmatik vollkommen umgestaltet. An die Stelle der altprotestantischen Fixierung auf ein weltjenseitiges *Gotteswesen* tritt nun der Ausgang beim religiösen *Gottesbewusstsein*. Die dogmatischen Gehalte werden nicht mehr als objektiv-welthafte Tatsachen verstanden, sondern als reflexive Deutungsfiguren religiöser Erfahrung begriffen. Religion ist für Schleiermacher gerade keine Sache des Wissens, aber auch kein Ableger der Moral; vielmehr habe sie ihren Ort im Gefühl als der »prinzipiellste[n] Form menschlichen Inneseins« (Barth 2005: 77). Damit gelingt es Schleiermacher, gegenüber den zeitgenössischen Tendenzen moralischer Funktionalisierung einerseits und philosophischer Aufhebung andererseits die irreduzible Selbständigkeit der Religion sicherzustellen und sie als konstitutiven Bestandteil menschlichen Subjekt-Seins zu erweisen.

Zur Näherbestimmung des religiösen Gefühls nimmt Schleiermacher seinen Ausgang beim Phänomen des Selbstbewusstseins. Der Einzelne werde sich darin seiner selbst als eines Subjekts bewusst, dessen *eigenes* Bewusstsein zugleich durch *äußere* Einflüsse vielfältig angeregt und in wechselnder Weise bestimmt ist. Eben darauf kommt es Schleiermacher an: Im Selbstbewusstsein wird sich das Subjekt als ein solches inne, das gleichermaßen durch *Selbsttätigkeit* wie *Empfänglichkeit* gekennzeichnet ist. Diese Doppelstruktur lässt sich dann nach außen wenden und auf das Verhältnis zur Welt übertragen. Das Subjekt erfährt sich gleichsam so in die Welt eingefügt, dass es zugleich tätig auf sie einwirkt und umgekehrt von ihr bestimmt wird. Anders formuliert: Unser Selbstbewusstsein ist »als Bewußtsein unseres Seins in der Welt oder unseres Zusammenseins mit der Welt eine Reihe von getheiltem Freiheitsgefühl und Abhängigkeitsgefühl« (Schleiermacher, *Der christliche Glaube* [1830/31] § 4.2; I, 36). Relative Freiheit und relative Abhängigkeit greifen fortwährend ineinander und fordern einander wechselseitig. Mithin gibt es keine unbedingte Freiheit ohne gegenläufige Abhängigkeit, aber auch keine unbedingte Abhängigkeit ohne eigene Freiheit.

Im religiösen Gefühl gehe dem Subjekt nun eben dieser Sachverhalt auf: Ihm werde bewusst, als Teil der Welt in ein unverfügbares Wechselverhältnis von relativer Freiheit und Abhängigkeit eingespannt zu sein. Dieses Gefühl bezeichnet Schleiermacher als Gefühl schlechthinniger Abhängigkeit. Allerdings ist dabei Vorsicht geboten: Es handelt sich nicht um das Gefühl einer alle Freiheit ausschließenden intentionalen Abhängigkeit von etwas oder jemandem, sondern um das reflexive Innewerden dessen, gerade im Gebrauch der eigenen Freiheit stets zugleich auf Abhängigkeiten und Bedingtheiten zu stoßen. Diese Erfahrung der Begrenztheit der eigenen Freiheit mündet, wird sie prinzipiell gewendet, in ein allgemeines Endlichkeitsbewusstsein, mit dem der Einzelne »sich selbst als einen Bestandtheil der Welt und mit dieser zugleich schlechthin abhängig sezt« (ebd. § I, 66). Das schlechthinnige Abhängigkeitsgefühl besteht dann darin, im Innewerden der kontingenten Endlichkeit der *eigenen* Freiheit diese zugleich als Ausdruck einer allgemeinen Endlichkeit der *Welt* zu begreifen.

Freilich ist damit noch nicht die Ebene des expliziten Gottesbewusstseins erreicht. Dazu bedarf es vielmehr der Reflexion, die mit ihrer Frage nach dem ›Woher‹ der schlechthinnigen Abhängigkeit dem religiösen Grundgefühl eine intentionale Ausrichtung einprägt. In der Folge wandelt sich das Gefühl der eigenen Endlichkeit zum Bewusstsein des unendlichen Seins Gottes. Das ändert jedoch nichts daran, dass der Gottesgedanke von Schleiermacher als reflexive Deutungsfigur zur Auslegung des schlechthinnigen Abhängigkeitsgefühls eingeführt wird. Das Gottesbewusstsein stellt einen reflexiv vermittelten und insofern »abkünftigen Modus« (Barth 2004: 350) des religiösen Grundgefühls dar: »Hingegen bleibt jedes irgendwie Gegebensein Gottes völlig ausgeschlossen [...]. Die Uebertragung jener Vorstellung auf irgend einen wahrnehmbaren Gegenstand, wenn man sich derselben nicht als einer rein willkührlichen Symbolisirung bewußt wird und bleibt, ist immer eine Corruption« (Schleiermacher, *Der christliche Glaube [1830/31]* § 4.4; I, 40).

Schleiermacher übernimmt also Kants ›kopernikanische Wende‹ in die Theologie und macht sie zugleich für den Umgang mit dem Freiheitsgedanken fruchtbar. Die gegenständliche Vorstellung eines

Kräfteausgleichs zwischen göttlicher Allwirksamkeit und menschlicher Freiheit wird verabschiedet. Stattdessen setzt Schleiermacher beim faktischen Gebrauch von Freiheit an und macht die religiöse Erfahrung an der inneren Einsicht fest, dass dieser Gebrauch immer schon an bestimmte Voraussetzungen, Bedingungen und Grenzen gebunden ist. Das Gefühl schlechthinniger Abhängigkeit zielt insofern nicht auf den *Ausschluss* menschlicher Freiheit, sondern vielmehr auf die *Anerkennung* ihres unverfügbaren Gegebenseins. Kurz gefasst: Religion ist für Schleiermacher Freiheitsbewusstsein in dem Sinne, sich des endlichen Gegebenseins der eigenen Freiheit innezuwerden.

3.3.2. Die Ohnmacht der Freiheit

Demgegenüber setzt *Sören Kierkegaard* einen anderen Akzent. Ihm ist weniger am endlichen Gegebensein der Freiheit gelegen als vielmehr am Aufweis ihrer inneren Dialektik und Widersprüchlichkeit. Im Hintergrund steht das Bemühen, einen neuen Zugang zum Aussagegehalt der Sündenlehre – und insbesondere zum Gedanken der Erbsünde – zu gewinnen. Dazu greift er auf das zeitgenössische Subjektivitätsparadigma zurück und beschreibt die Sünde nicht *moralisch* als Verstoß gegen den Willen Gottes, sondern *anthropologisch* als strukturelle Verkehrung des menschlichen Selbstseins. Im unmittelbaren Vollzug seiner Selbsttätigkeit widerspricht der Mensch dem Von-anderswoher-Gesetztsein dieser Selbsttätigkeit; im faktischen Gebrauch von Freiheit blendet er deren Grund notwendig aus. Darin besteht die grundlegende Verkehrung, welche theologisch als Sünde beschrieben werden kann. Die Sünde erscheint gleichsam als Ausdruck der Ambivalenz endlicher Freiheit, sich im Zuge ihrer Realisierung notwendig selbst verfehlen zu müssen.

In zwei Anläufen versucht Kierkegaard, diese Ambivalenz der Freiheit näher zu fassen. Der erste Anlauf arbeitet mit dem Begriff der Angst, der zweite mit dem Begriff der Verzweiflung. Den Ausgangspunkt bildet die Überlegung, dass die Freiheit nicht als bloßes Vermögen oder ruhende Zuständlichkeit beschrieben werden kann. Es ›gibt‹ sie gleichsam nur, indem sie faktisch vollzogen wird. Anders formuliert: Freiheit ist der spontane Akt ursprünglicher

Selbstsetzung, und es macht geradezu das Wesen des Menschen aus, als selbsttätiges Subjekt zur Inanspruchnahme solcher Freiheit bestimmt zu sein. Doch eben diese Bestimmung versetzt den Menschen zugleich in Angst. Denn er kann ihr nur *entsprechen*, indem er ihr *widerspricht*: Die Bestimmung zur Freiheit realisiert sich im tätigen Vollzug einer *Selbstsetzung,* die als solche ihr *Gesetztsein* zur Selbstsetzung faktisch dementiert – und sich damit in die Sünde verstrickt. Diese Strukturkrise der Freiheit findet Kierkegaard zufolge in der Angst ihren existentiellen Ausdruck. Sie ist gleichsam das »Schwindel[gefühl] der Freiheit« (Kierkegaard, *Der Begriff Angst* 60), welches die noch träumende Unschuld des Geistes ergreift, wenn er sich daran macht, den Sprung zu wagen und die eigene Bestimmung zu verwirklichen. In der Angst manifestiert sich für Kierkegaard die strukturelle Zweideutigkeit der endlichen Freiheit, im Vollzug des Selbstsetzens sich selbst notwendig verfehlen zu müssen.

Der zweite Anlauf verlagert das Augenmerk von der *Konstitution* auf das *Verdanktsein* von Freiheit. Die Figur der ursprünglichen Selbstsetzung rückt in den Hintergrund; stattdessen betont Kierkegaard nun den Gedanken, »daß wir uns immer schon im Vollzug von Selbsttätigkeit vorfinden« (Axt-Piscalar 1996: 166). Das hat Folgen für die dogmatische Sündenlehre, insofern von einem wie immer gearteten ›Sündenfall‹ nicht mehr die Rede sein kann. Entsprechend tritt an die Stelle der Angst, im Übergang zur Freiheit deren endlichen Charakter zu verfehlen, die Verzweiflung, im faktischen Gebrauch der Freiheit diese Endlichkeit immer schon *verfehlt zu haben.* Den Ausgangspunkt bildet Kierkegaards berühmte Bestimmung des Menschen als eines »Verhältnis[ses], das sich zu sich selbst verhält« (Kierkegaard, *Die Krankheit zum Tode* 8). Kennzeichnend für den Menschen ist es, ein Selbstverhältnis zu haben – mit der Pointe, nur im tätigen *Vollzug* eines solchen Selbstverhältnisses wirklich Mensch zu sein. Zugleich jedoch blendet er in diesem Vollzug notwendig aus, sich nicht selbst als ein solches Selbst gesetzt zu haben. Eben darin besteht die strukturelle Verzweiflung des Menschen: Er findet sich vor als ein Subjekt, das im Gebrauch seiner Selbsttätigkeit deren Von-andersworher-Gesetztsein immer schon unterlaufen hat.

Ihre Aufhebung findet diese eigentümliche Ohnmacht der Freiheit für Kierkegaard im Sprung des Glaubens. Denn im Glauben erschließe sich dem Menschen sein wahres Selbstsein, so dass der aporetische Zwang zur Selbstbegründung nun heilvoll durchbrochen werde: »Glaube ist: daß das Selbst, indem es es selbst ist und es selbst sein will, durchsichtig sich gründet in Gott« (ebd. 81). Damit leitet Kierkegaard zu der Aufgabe über, in einem dritten Gedankengang den mit dem Ereignis des Glaubens selbst verbundenen Freiheitsgehalt zur Darstellung zu bringen. Das soll im exemplarischen Rückgriff auf die existentiale Theologie Bultmanns geschehen.

3.3.3. Das Ereignis der Freiheit

Rudolf Bultmann sieht sich vor die Aufgabe gestellt, die reformatorische Deutung des Glaubens als Freiheitsgeschehen so zum Ausdruck zu bringen, dass zwei problematische Abwege vermieden werden. *Auf der einen Seite* ist es unter neuzeitlichen Bedingungen nicht mehr erschwinglich, die im Glauben sich ereignende Freiheit als Implantierung einer gleichsam übernatürlichen ›Sonderausstattung‹ der menschlichen Natur zu bestimmen. Anders formuliert: Es kann nur um eine symbolische Neudeutung, nicht um eine reale Veränderung des *Humanum* gehen. *Auf der anderen Seite* jedoch ist im Gegenzug darauf zu achten, dass das Freiheitsmoment des Glaubens nicht darauf beschränkt wird, lediglich in religiös-symbolischer Diktion eine Einsicht zum Ausdruck zu bringen, die verlustfrei auch auf dem Wege säkularer Selbstreflexion erreicht werden könnte. Anders formuliert: Es muss um eine solche symbolische Neudeutung des *Humanum* gehen, die zugleich den soteriologischen ›Sinnüberschuss‹ der religiösen Deutungsperspektive anzugeben und festzuhalten vermag.

Entschieden betont Bultmann die biblisch-reformatorische Einsicht, dass die Begegnung mit der Gnade Gottes den Menschen aus seiner Verstrickung in die Sünde zu einem neuen Leben befreit. Zugleich jedoch ist Bultmann daran gelegen, alle objektiv-gegenständlichen Fehldeutungen dieses Geschehens kompromisslos auszuschließen. Dazu dient ihm zum einen die hermeneutische Grundorientierung am Modell der Anrede, zum anderen die konsequente Zuspitzung des Glaubens auf seine existentielle Vollzugsdimension. In kritischer Abkehr von der liberalen Leitfigur religiöser Subjektivität bindet Bultmann den Glauben an das Kerygma und betont die Situation der Anrede durch das Wort Gottes. Dabei ist freilich gegenüber mythischen Assoziationen Vorsicht geboten. Bultmann versucht mit der Anrede-Metapher ein existentielles ›Von-anderswoher-Getroffensein‹ als Strukturmerkmal des Glaubens aufzuweisen: »Echte Anrede ist nur ein Wort, das dem Menschen ihn selber zeigt, ihn sich selbst verstehen lehrt, und zwar nicht als theoretische Belehrung über ihn, sondern so, daß das Ereignis der Anrede ihm eine Situation des existentiellen Sich-Verstehens eröffnet, ihm eine Möglichkeit des Sich-Verstehens eröffnet, die in der Tat ergriffen werden muß« (Bultmann, *Der Begriff des Wortes Gottes im Neuen Testament* 283). Mithin ist der Glaube gründlich missverstanden, wenn er als gehorsame Aneignung objektiv vorgegebener Heilswahrheiten bestimmt wird. Auch die Haltung eines glaubenden Vertrauens trifft für Bultmann nicht das Entscheidende, ganz zu schweigen von der mystischen Figur eines innerlichen Gestimmtseins. Stattdessen rückt er den kontingenten Ereignischarakter des Glaubens in den Mittelpunkt – mit der Pointe, dass dabei die beiden gegenläufigen Momente von unableitbarem Getroffensein und unhintergehbarer Selbsttätigkeit unauflöslich ineinander liegen. Im Glauben wird dem Menschen ein neues Selbstverständnis eröffnet, das sich zugleich nicht gegenständlich fassen lässt, sondern allein im tätigen Vollzug Wirklichkeit gewinnt. Bultmanns Figur des Sich-Verstehens zielt insofern weniger auf *existentiale Durchsichtigkeit* als vielmehr auf *existentielle Entscheidung*. Die Anrede durch Gottes Wort werde dort verstanden, wo sie »im eigentlichen Sinne *gehört*« (ebd. 282) und in einen radikalen Bruch mit der alten Existenz umgesetzt werde: »Anrede stellt nicht dies oder das für mich zur beliebigen Wahl, sondern sie stellt in die Entscheidung, sie stellt gleichsam mir mich selbst zur Wahl, als ein welcher ich durch die Anrede und meine Antwort auf sie sein will« (ebd. 283).

Die Zuspitzung auf das nichtobjektivierbare Moment des eigenen Vollzugs erlaubt es dann auch, den Glauben als gehorsame Hingabe und freie Tat zugleich zu beschreiben. Denn obgleich sich der Glaube dem Wirken Gottes verdankt, ist er zwar nicht eigenes *Werk*, wohl aber eigene *Tat*: »Beim Werk bleibe ich der, der ich bin;

ich setze es aus mir heraus, ich trete neben es, kann es abschätzen, es verurteilen oder stolz darauf sein. In der Tat *werde* ich überhaupt erst; ich finde mein Sein in ihr, ich lebe in ihr und stehe nicht neben ihr« (Bultmann, Gnade und Freiheit 156). Bultmann betont so die Unhintergehbarkeit des individuellen Selbstvollzugs im Glauben. Der Glaube ist elementar eine *freie* Tat des Glaubenden, weil er sonst nicht ernsthaft als dessen *eigener* Glaube gelten könnte. Anders formuliert: Die existentielle Dimension des Glaubens setzt dessen freien Entscheidungscharakter notwendig voraus.

Doch damit allein lässt es Bultmann nicht bewenden. Der Glaube ist als *Tat der Freiheit* zugleich das entscheidende *Ereignis der Befreiung*. Beides hängt für Bultmann aufs Engste miteinander zusammen, so dass die reformatorische Bestimmung des Glaubens als Geschenk der Freiheit nun eine radikal entgegenständlichte Fassung erhält: »Das christliche Verständnis von Freiheit besagt, daß Freiheit als Freiheit der Person nicht eine *Qualität* ist, sondern nur jeweils *Ereignis* sein kann. Die Möglichkeit der Freiheit wird nur in der Begegnung gegeben, die, indem sie Entscheidung fordert, Freiheit anbietet« (ebd. 279). Sie finde ihren Ausdruck darin, dass sie den Menschen aus den Festlegungen und Verstrickungen seiner Vergangenheit herausführe und ihm eine neue Offenheit für die Zukunft eröffne. Dabei dürfe diese Freiheit keineswegs mit Bindungslosigkeit verwechselt werden. Vielmehr überwinde sie das ängstliche Bestreben, sich vor dem Wagnis ›echter Freiheit‹ in vermeintliche Sicherheiten zu flüchten: »Die echte Freiheit – so sehr sie eine Freiheit in der Gebundenheit ist – ist keine Freiheit der Sicherheit, sondern eine Freiheit, die immer nur in Verantwortung und Entscheidung jeweils gewonnen, jeweils Ereignis wird […], also eine Freiheit in der Ungesichertheit« (ebd. 282). Insofern besteht das befreiende Element des Glaubens letztlich darin, dass der Glaubende im existentiellen Vollzug dieses Glaubens seine eigene Freiheit ergreift. Kürzer: Der Glaube ist Befreiung zur Freiheit, indem er selbst Vollzug von Freiheit ist.

4. Die ethische Dimension: Die Verantwortung für die Wirklichkeit von Freiheit

Die ethische Dimension der Freiheitsdebatte kreist um das Thema der *Realisierung von Freiheit*. Hier geht es nicht um Fragen der Begründung oder Bestimmung von Freiheit, sondern um den Aufruf zu ihrer Verwirklichung – sei es im Horizont der individuellen Lebensführung, sei es in den Ordnungen von Staat und Gesellschaft. Für die Ethik ist damit zugleich ihr zentrales Schlüsselthema benannt. Denn im Wert der Freiheit bündelt sich gleichsam das Selbstverständnis der westlichen Moderne: »Wie durch magische Anziehung sind alle ethischen Ideale der Moderne in den Bannkreis der einen Vorstellung der Freiheit geraten, vertiefen sie bisweilen, verleihen ihr neue Akzente, aber setzen ihr nicht mehr eine selbständige Alternative entgegen« (Honneth 2011: 36). Das gilt keineswegs nur für die säkulare Moral, sondern in gleicher Weise für die christliche Ethik. Auch ihr Thema ist die Verwirklichung der Freiheit, gefasst als selbständige Wahrnehmung der *libertas christiana* im Horizont der geschichtlichen Lebenswelt des Christentums.

Gleichwohl weist der christliche Zugang zur ethischen Dimension der Freiheitsdebatte einen charakteristischen Akzent auf. Denn von *Realisierung der Freiheit* kann hier gerade nicht im Sinne eines *Herstellens von Freiheit* die Rede sein. Nach christlichem Verständnis ist die Freiheit im elementaren Sinne zugesprochene, gewährte und verdankte Freiheit – und zwar im Sinne eines Gegebenseins, das allem eigenen Handeln und Gestalten uneinholbar vorausliegt. Folglich wäre es geradezu verfehlt, die Freiheit unmittelbar als *Ziel* menschlichen Handelns bestimmen zu wollen: »Freiheit als *Voraussetzung* empirischer, menschlicher Lebenswirklichkeit, das ist der Tenor, auf den in radikaler und unüberbietbarer Weise der Kanon des christlichen Freiheitsverständnisses eingestimmt ist« (Rendtorff, *Die christliche Freiheit als Orientierungsbegriff* 381).

Natürlich darf diese Betonung des vorgängigen Gegebenseins von Freiheit nicht in dem Sinne missverstanden werden, als sollten damit alle Bemühungen um ihre soziale Verwirklichung diskreditiert oder gar untergraben werden. Wohl aber ändert sich die Perspektive. Das Problem solcher Verwirklichung stellt sich nun als das Problem der *Konkretisierung von Freiheit* dar. Es geht nicht darum, ob und wie es überhaupt so etwas wie Freiheit in der Welt geben kann; vielmehr liegt das Augenmerk auf den jeweiligen Bedingtheiten, unter denen sie fassliche Gestalt gewinnt. Die Freiheit bedarf solcher Bedingtheiten, um als Freiheit sichtbar zu werden; umgekehrt neigen diese Bedingtheiten dazu, die Entfaltung von Freiheit zu beschränken. Pointiert zugespitzt, lautet die theologische Fragestellung daher nicht: *Wie ist es möglich, Freiheit zu verwirklichen?*, sondern umgekehrt: *Wie bleibt die Wirklichkeit der Freiheit möglich?* Der Ausgang beim Gegebensein von Freiheit läuft also keineswegs auf eine unkritische Affirmation des Bestehenden hinaus. Stattdessen schärft er das Bewusstsein für die elementare Gefährdung der Freiheit und lenkt den Blick auf die sozialen Ordnungen, deren die Freiheit zu ihrer Verwirklichung bedarf.

Damit verbindet sich sogleich ein weiterer Aspekt. Die Debatte um die Realisierung von Freiheit wird gemeinhin als Streit um die Verträglichkeit von individueller Freiheit und gesellschaftlicher Ordnung ausgetragen. Freiheit und Ordnung treten dabei zumeist als Gegensätze auf: Während auf der einen Seite die Freiheit des Einzelnen als latente Gefahr für den Bestand der gesellschaftlichen Ordnung betrachtet wird, herrscht auf der anderen Seite die Sorge vor, dass eben diese Ordnung die Freiheit des Einzelnen zu sehr einschränkt und erdrückt. Dabei gerät freilich aus dem Blick, dass die Freiheit inhaltlich unterbestimmt bleibt, wenn sie lediglich abstrakt *gegen* Bestimmtheit und Ordnung gesetzt wird. Nicht zuletzt die gängige Unterscheidung zwischen einer negativen *Freiheit von etwas* und einer positiven *Freiheit zu etwas* macht deutlich, dass dem Begriff der Freiheit selbst eine Dialektik innewohnt, die sich theoretisch weder auflösen noch stillstellen lässt. Zur Freiheit gehört elementar der Impuls, sich gegen ein fremdes Bestimmtsein durchzusetzen; doch zugleich kann dies nur gelingen, wenn sie ihrerseits einem eigenen Bestimmtsein folgt. Freiheit und Bestimmtheit stehen nicht einfach gegeneinander, sondern liegen gleichsam ineinander: Die Freiheit verwirklicht sich nicht nur gegen bestimmte Ordnungen, sondern bedarf auch bestimmter Ordnungen, um sich verwirklichen zu können.

Die theologische Perspektive auf die Frage nach der Realisierung von Freiheit hat ihre Pointe nun darin, dass sie diese innere Dialektik nicht *auflösen,* sondern gerade *präsent halten* will. Jenseits der vermeintlichen Alternative von emphatischem Loblied und desillusioniertem Abgesang auf die Freiheit ist ihr daran gelegen, die pulsierende Unruhe jener Wechselspannung zwischen Freiheit und Abhängigkeit zur Geltung zu bringen. Entsprechend bietet der Ausgang beim vorgängigen Gegebensein von Freiheit die Möglichkeit, beide Seiten nicht statisch gegeneinander auszuspielen, sondern sie in ihrer dialektischen Polarität aufzuschlüsseln. Exemplarisch dafür stehen *zum einen* das Programm Karl Barths, den tätigen Handlungsvollzug des Glaubens als Ineinander von Anspruch und Zuspruch, Gebot und Freiheit zu entfalten, *zum anderen* der Ansatz Trutz Rendtorffs, die individuelle Lebensführung als Ort der Vermittlung von Gegebensein und Geben des Lebens zur Darstellung zu bringen, *zum Dritten* schließlich das Modell Wolfgang Hubers, im Begriff der ›kommunikativen Freiheit‹ soziale Gemeinschaft und Verantwortung als Steigerung statt Einschränkung individueller Freiheit zu denken.

4.1. Das Ineinander von Erwählung und Gebot

Die *Kirchliche Dogmatik Karl Barths* wirkt auf den ersten Blick wie das mächtige Monument einer Theologie, die allein dem Aufweis der unbedingten Souveränität und Selbstbestimmung Gottes verpflichtet zu sein scheint. Bei näherem Hinsehen jedoch zeigt sich, dass Barths Interesse weniger der *absoluten Freiheit Gottes* als vielmehr der durch sie bestimmten *endlichen Freiheit des Menschen* gilt. Zwar folgt er im Duktus seines Denkens »der Bewegung des göttlichen Seins und Tuns« (Jüngel 1982: 198). Doch dieser Duktus verdankt sich dem Interesse, dem Selbstverständnis des christlichen Glaubens Rechnung zu tragen, der sich gerade in seinem *eigenen* Sein und Tun vom Sein und Tun *Gottes* bestimmt erfährt. In Aufnahme der reformierten Tradition ist Karl Barth daran gelegen, den Glauben als ein elementares Tätigsein zu bestimmen und eng mit dem menschlichen Tun zu verknüpfen: Der Glaube bedeutet kein Zur-Ruhe-Kommen, sondern ein Tätig-werden-Können. Er stellt das eigene Tun nicht still, sondern setzt es vielmehr aus sich heraus. Das Handeln ist nicht etwas Zusätzliches zum Glauben, sondern dessen eigenes Vollzugs- und Lebenselement. Dann aber kann es nicht überzeugen, göttliches Bestimmtwerden und menschliche Selbstbestimmung, Abhängigkeit und Freiheit einfach gegeneinander auszuspielen. Stattdessen lautet die Aufgabe nun, gerade das eigentümliche Ineinander beider Seiten zur Geltung zu bringen: Der Glaubende erfährt sich nicht *neben*, sondern *in* seinem eigenen Tun von Gott bestimmt. Die *Kirchliche Dogmatik* unternimmt den Versuch, dieses Ineinander von Bestimmtwerden und Selbstbestimmung durchzubuchstabieren und als dogmatische Verarbeitung der inneren Widersprüchlichkeit von Freiheit aufzuschlüsseln.

Den sichtbaren Beleg dafür bietet Barths programmatische Verschränkung von Erwählungslehre und Ethik. Denn während die Erwählungslehre Gottes freie Selbstwahl zugunsten des Menschen entfaltet, stellt die Ethik dar, wie sich diese göttliche Gnadenwahl auf Seiten des erwählten Menschen »als die Wohltat *auswirkt,* die sie ist« (Barth, *Kirchliche Dogmatik*, Bd. II/2,11; Hervorhebung ML). Die göttliche Erwählung ist für Barth Zuspruch und Anspruch zugleich – und zwar in dem zugespitzten Sinne, dass der Anspruch nicht lediglich auf den Zuspruch *folgt*, sondern umgekehrt der Zuspruch im Anspruch *wirklich wird*. Es geht um ein Wirklichwerden der göttlichen Gnade, das sich nicht unter *Ausschluss*, sondern vielmehr *Einschluss* des erwählten Menschen vollzieht.

Die *Erwählungslehre* beinhaltet für Barth zunächst »die Summe des Evangeliums« (ebd. 1). Ihre zentrale Aussage lautet, dass Gott sich selbst zum Bundesgott erwählt. Anders formuliert: Gott ist schlechthin tätige Freiheit und bestimmt sich im Vollzug dieser Freiheit dazu, nicht ohne den Menschen Gott zu sein. Dabei schließe seine bejahende Zuwendung zum Menschen dessen Selbständigkeit notwendig ein: »Es ist [...] ganz schlicht, aber auch ganz umfassend die *Autonomie des Geschöpfs,* die im Akte der ewigen göttlichen Erwählung ursprüngliches Ereignis ist und legitime Wirklichkeit wird« (ebd. 28). Folglich könne die Erwählung nicht so verstanden werden, als setze Gott seine Vorherbestimmung einfach *gegen* die menschliche Selbstbestimmung durch. Wohl handle es sich um einen Akt göttlichen Bestimmens; dieser werde aber allein im Medium menschlicher Selbstbestimmung überhaupt Ereignis. Barth spricht an anderer Stelle von einem »*Bestimmtwerden* unserer *Selbst*bestimmung« (Barth, *Kirchliche Dogmatik*, Bd. I/2, 290; Hervorhebung ML) und bringt damit zum Ausdruck, dass die göttliche Erwählung nicht *gegen* oder *neben,* sondern allein *im Vollzug* der menschlichen Selbstbestimmung Gestalt gewinnt. Für die Vorstellung Gottes ergibt sich daraus eine radikale Pointe: Dass Gott nicht ohne den Menschen Gott ist, bedeutet nun, dass die absolute Freiheit Gottes nicht zu einem ›An sich‹ vergegenständlicht werden kann, sondern allein im Medium der menschlichen Freiheit wirklich zu werden vermag.

Die *Ethik* kehrt sodann die Blickrichtung um. Sie entfaltet jetzt den *Anspruch,* als welcher der erwählende *Zuspruch* auf Seiten des Menschen zutage tritt: »Indem der evangelische Indikativ *gilt,* wird der Punkt, mit dem er schließt, ein *Ausrufezeichen*, wird er selbst zum *Imperativ*« (Barth, *Kirchliche Dogmatik*, Bd. II/2, 567). Barth legt diesen Imperativ in Gestalt einer umfassenden Lehre von Gottes Gebot aus. An dessen unbedingtem Verpflichtungscharakter lässt er zunächst keinen Zweifel. Das göttliche Gebot trete dem Menschen inhaltlich bestimmt entgegen, zwinge ihn in die Situation der Entscheidung und fordere seinen strikten Gehorsam: »Es wird und ist dem Menschen tatsächlich gesagt, was gut ist und was der Herr von ihm fordert: in voller Bestimmtheit, sodaß ihm nur der Gehorsam oder der Ungehorsam übrig bleibt und keinerlei Spiel seines freien Ermessens und Wollens hinsichtlich der Gestaltung seines Gehorsams« (ebd. 786). Dann jedoch wird eben dieser Gehorsam zugleich als Freiheit gedeutet. Das Gebot gebiete nichts anderes, als frei zu sein, und verschaffe sich seinen Gehorsam dadurch, dass es den Menschen in die Freiheit versetze. Gehorsam und Freiheit seien geradezu wechselseitig ineinander verschränkt: »Ist des Menschen Freiheit die Freiheit, in die ihn Gottes Gebot ruft, dann ist sie selbst ganz und gar Gehorsam. Und ist des Menschen Gehorsam der, den Gottes Gebot von ihm fordert, dann ist dieser Gehorsam selbst ganz und gar Freiheit« (Barth, *Kirchliche Dogmatik*, Bd. III/4, 683).

Diese Bestimmungen muten zunächst paradox an. Sie führen aber nur konsequent das Anliegen der Erwählungslehre fort, göttliche Autorität und menschliche Freiheit miteinander zu vermitteln: Gottes Gebot trifft den Menschen, indem es ihn in die Freiheit versetzt. Seine Durcharbeitung findet dieser Doppelcharakter darin, dass Barth den Modus des Gebotes als *Ereignis*, die Form des Gebotes als *Erlaubnis* bestimmt. So weigert sich Barth, das göttliche Gebot inhaltlich zu bestimmen. Es werde vielmehr allein in dem Ereignis wirklich, in dem es dem Menschen als die gebietende Bestimmung seines Handelns widerfährt. Im Hintergrund steht das Interesse, jeden Anschein einer Vergegenständlichung des Gebotes zu vermeiden. Denn ließe sich das göttliche Gebot in einen inhaltlich bestimmten und objektiv gegebenen Kanon von Handlungsanweisungen überführen, könnte der vom Menschen geforderte Gehorsam nurmehr die Gestalt eines heteronomen Gehorchens haben. Eben das Ineinander von Bestimmtwerden und Selbstbestimmung, an dem Barth elementar gelegen ist, würde so in einen nicht mehr vermittelbaren Gegensatz auseinanderfallen. Mithin hat der Ereignischarakter des göttlichen Gebotes seine Pointe darin, die im göttlichen Gebieten sich vollziehende *Bindung* des Menschen als *Entbindung* seines selbständigen Handelns und zugleich umgekehrt dieses *selbständige* Handeln als Ausdruck des *Gehorsams* gegenüber dem göttlichen Gebot auszulegen.

Die Form des Gebotes als Erlaubnis unterstreicht diese Stoßrichtung: »Das Gebot Gottes setzt den Menschen in Freiheit. Das Gebot Gottes erlaubt. So und nicht anders gebietet es« (ebd. 651). Dabei ist freilich der Begriff der Erlaubnis nicht ohne Tücken. Er könnte zu dem Missverständnis verleiten, als ginge es lediglich um die generöse Gewährung eines menschlichen Handlungsspielraums. Damit wäre jedoch Barths Anliegen gründlich verzeichnet. Er sucht vielmehr jenes oszillierende Ineinander von Sollen und Dürfen einzufangen, das im Ereignis des göttlichen Gebietens beschlossen liegt und – das ist der springende Punkt – außerhalb dieses Ereignisses in nicht mehr vermittelbare Gegensätze auseinanderfällt: »Daß das rechte Sollen das wahre Dürfen und gerade das rechte Dürfen das wahre Sollen ist, das sind Sätze, die sich aus der Deduktion eines allgemeinen Begriffs des Gebotes [...] nimmermehr so ergeben würden, daß Sollen und Dürfen beide in gleicher Echtheit zu ihrem Rechte kämen« (ebd. 670). Stattdessen würden wir uns »immer entweder zur Rechten in irgend einem Zustand der Gesetzlichkeit: unter irgend einem Sollen, das kein Dürfen ist – oder zur Linken in irgend einem Zustand der Gesetzlosigkeit: in irgend einem Dürfen, das kein Sollen ist, entdecken« (ebd. 671). Eine rein begriffliche Vermittlung von Autorität und Freiheit ist demnach für Barth ausgeschlossen. Allein das im Akt des Glaubens sich realisierende Ineinander von Erwählung und Gebot vermag es, Sollen und Dürfen, Bestimmtwerden und Selbstbestimmung in ihrer wechselseitigen Verwiesenheit – statt als einander ausschließende Gegensätze – zur Geltung zu bringen.

Karl Barths Verschränkung von Erwählungslehre und Ethik lässt mithin die Umrisse eines Freiheitsverständnisses erkennen, das vor allem darauf ausgerichtet ist, die innere Dialektik der Freiheit aufzuschlüsseln: Der Glaubende versteht sich als *von Gott* dazu instand gesetzt, dem göttlichen Willen *selbständig* zu entsprechen. Barths entscheidende Einsicht besteht nun darin, dass sich beide Pole in ihrem Gegensatz zugleich wechselseitig bedingen. Bestimmtwerden und Selbstbestimmung schließen einander nicht einfach aus, sondern sind in pulsierender Widerspannung aufeinander bezogen. Daraus erst ergibt sich die innere Unruhe, welche Barth als das oszillierende ›Zugleich‹ von Gehorsam und Freiheit, Sollen und Dürfen beschreibt. Freilich gelinge es allein im je aktuellen Vollzug des Glaubens, dieses Ineinander auch als solches präsent zu halten. Das nur je und je aufblitzende Ereignis, sich im eigenen Tun zugleich von Gott bestimmt zu wissen, ist für Barth der exklusive Ort, um jener Dynamik der Freiheit unverkürzt ansichtig werden zu können. Außerhalb dieses Vollzugs fallen beide Pole in einen unvermittelbaren Gegensatz auseinander; die begriffliche Reflexion vermag hier nurmehr Widersprüche und Spannungen zu konstatieren.

4.2. Die Vermittlung von Gegebensein und Geben des Lebens

Ende der 1960er Jahre gibt *Trutz Rendtorff* den Anstoß zu einer kritischen Beschäftigung mit der *Kirchlichen Dogmatik* Karl Barths, die zugleich als Keimzelle einer bis heute anhaltenden Renaissance der liberalen Theologie gelten kann. Dabei erklärt er die Freiheitsthematik zum Schlüssel der Barth'schen Theologie und rückt diese – ihrer eigenen Abgrenzungsrhetorik zum Trotz – in den Problemhorizont der neuzeitlichen Christentumsgeschichte. Zu diesem frühen Zeitpunkt jedoch interessiert er sich weniger für Barths Umgang mit der *Dialektik* der Freiheit, sondern betont die von ihm angestrebte *Überbietung* der neuzeitlichen Autonomie durch die Figur der radikalen Autonomie Gottes. Dahinter sieht er die Absicht am Werk, »die Gesamtheit des christlichen Denkens […] auf das Niveau der spezifisch modernen Autonomieforderung im theologischen Gewande zu bringen« (Rendtorff, *Theorie des Christentums* 174). Dieses Anliegen gelte es konstruktiv aufzunehmen, wenngleich dabei der Rahmen der *Kirchlichen Dogmatik* verlassen und die Perspektive auf die geschichtliche Wirklichkeit des Christentums hin ausgeweitet werden müsse. Der Theologie komme dann die Aufgabe zu, das christliche Bewusstsein des *Gegebenseins der Freiheit* mit der neuzeitlichen Welt der *Folgen dieser Freiheit* zu vermitteln.

Rendtorff selbst erarbeitet sich die Grundlagen eines solchen Programms in seiner frühen Christentumstheorie. Die inhaltliche Ausarbeitung folgt dann in der *Ethik*. Den Auftakt bildet jetzt eine strikte Abgrenzung gegenüber Karl Barth. Dieser hatte die Ethik als Auslegung des Anspruchs der göttlichen Gnade verstanden und entsprechend programmatisch in den Rahmen der Dogmatik integriert. Rendtorff hingegen entfaltet seine Ethik als »Theorie der menschlichen Lebensführung« (Rendtorff, *Ethik* 3). Er setzt nicht bei der Gnade Gottes, sondern bei der Lebenswirklichkeit des Menschen an. Aus den Erfahrungen der eigenen Lebensführung erwachsen die Fragen, die ihn zu ethischer Stellungnahme herausfordern und nach einer übergreifenden Sinngebung verlangen. Insofern ist die Ethik für Rendtorff auch mehr als eine am göttlichen Gebot orientierte Theorie des guten Handelns. Indem sie stets zugleich das Verständnis der Wirklichkeit im Ganzen zum Thema hat, stellt sie eine von der Dogmatik unterschiedene Weise dar, »die Grundfragen der Theologie *selbständig* zu entfalten« (ebd. 53; Hervorhebung ML).

Ein auffälliges Charakteristikum der Rendtorff'schen Ethik besteht nun darin, dass auch sie vor allem das Ineinander von Abhängigkeit und Freiheit in den Mittelpunkt rückt. Es handelt sich um eine dezidierte *Ethik der Freiheit,* die als solche zugleich und vor allem eine *Ethik der Dialektik der Freiheit* ist. Freilich erhält diese Dialektik eine deutlich andere Fassung als bei Barth. Während Letzterer den harten Widerspruch von Bestimmtwerden und Selbstbestimmung betont, geht es Rendtorff – sehr viel entspannter – um den Ausgleich von Gegebensein und Geben des Lebens; und während Barth nur die aktuelle Vollzugsdimension des Glaubens in den Blick nimmt, weitet Rendtorff die Perspektive auf die geschichtliche Dimension der sozialen Lebenswelt aus. Seine Ethik ist Sozialethik in dem strikten Sinne, dass sie die Frage nach der Realisierung von Freiheit nicht aktualistisch oder individualistisch engführt, sondern von Grund auf im Horizont ihrer gesellschaftlichen Rahmen- und Vermittlungsbedingungen bearbeitet. Zugespitzt formuliert: Individuelle Freiheit ist für Rendtorff zwar elementar die Freiheit des Einzelnen, aber nie nur eine Sache des Einzelnen.

Den Schlüssel für das Ineinander von Abhängigkeit und Freiheit bildet der Begriff der Lebensführung. Er vermittelt zwischen dem handelnden Subjekt, *das* je sein Leben führt, und den sozialen Bedingungen und Gegebenheiten, *in denen* es sein Leben führt. Mit dem Begriff der Lebensführung ist insofern gerade keine subjektivistische Verengung verbunden. Vielmehr wird am Ort der Lebensführung bewusst, dass jedes Handeln immer schon eine vorgegebene Welt voraussetzt, die ihrerseits vom Handelnden in verantwortlicher Freiheit gestaltet zu werden verlangt: »Menschliche Lebensführung: Das ist nicht Sache eines selbstherrlichen Subjekts als souveräner Normgeber, sondern Praxis in den Lebensformen menschlicher, natürlicher und geschichtlicher Sozialität des zur Freiheit der Verantwortung bestimmten ethischen Subjekts« (ebd. 247). Individualität und Sozialität, Abhängigkeit und Freiheit werden so im Grundbegriff der Lebensführung elementar miteinander verschränkt.

Es kommt noch ein weiterer Aspekt hinzu. Der Begriff der Lebensführung lässt sich zunächst so verstehen, dass er dem Einzelnen die Rolle zuschreibt, je das Subjekt seines Lebens zu sein. Man führt sein Leben, indem man sein Leben selbst in die Hand nimmt und gestaltet. Im Hintergrund jedoch schwingt zugleich eine andere Lesart mit: Zur Lebensführung gehört immer auch ein Moment des

Geführt-Werdens oder Sich-führen-Lassens. Wer sein Leben führt, macht die Erfahrung, sich gerade nicht durchgängig als Subjekt dieses Lebens verstehen zu können. Mithin liegen auch hier Passivität und Aktivität, Abhängigkeit und Freiheit auf eigentümliche Weise ineinander.

Zur Durchklärung dieses Ineinanders fächert Rendtorff den Erfahrungshorizont der Lebensführung in drei Grundelemente auf. Dabei unterscheidet er das *Gegebensein des Lebens,* wie es in jedem Handeln bereits in Anspruch genommen wird, das *Geben des Lebens,* worin der Gestaltungswille des Handelns seinen Niederschlag findet, sowie die *Reflexivität des Lebens,* welche in der ethischen Besinnung auf das Handeln zum Ausdruck kommt. Diese Dreiteilung kombiniert er mit der methodischen Unterscheidung von Gebots-, Verantwortungs- und Güterethik: Jedes der drei Grundelemente lasse sich ethisch in der Weise aufschlüsseln, dass nach dem *gebotenen Handeln,* der *eigenen Entscheidung* und dem *erstrebten Ziel* gefragt werde. Die in dem Gegenüber von Gegebensein und Geben des Lebens sich abzeichnende Spannung von Abhängigkeit und Freiheit wird so innerhalb der einzelnen Grundelemente – als Gegenüber von gebotenem und selbst verantwortetem Handeln – nochmals wiederholt. Rendtorff bringt damit bereits im Aufbau seiner Ethik die Einsicht zur Geltung, dass Abhängigkeit und Freiheit nicht gegeneinander isoliert werden können, sondern nur in wechselseitiger Verschränkung Gestalt gewinnen.

Die Erfahrung des *Gegebenseins des Lebens* betrifft zunächst den elementaren Sachverhalt, dass niemand sich selbst das Leben geben kann. Jeder findet sich immer schon in einer bestimmten Lebenswirklichkeit vor, der er sich zu stellen und innerhalb derer er sein Leben zu gestalten hat. Doch eben dieses Leben ist nun zugleich in dem elementaren Sinne frei, dass es als das unvertretbar *eigene* Leben nur von dem Menschen geführt werden kann, dem es jeweils gegeben ist. Im Gegebensein des Lebens verschränken sich Freiheit und Abhängigkeit, indem das gegebene Leben vom Einzelnen selbst gelebt werden muss.

Das Element des *Gebens des Lebens* weist eine entsprechende Struktur auf. Hier geht es um den freien Gestaltungswillen des Handelns. Sein Leben zu führen, bedeutet zum einen, das Leben in die eigene Hand zu nehmen. Es bedeutet zum anderen, aktiv mitzuwirken an der Gestaltung und Verbesserung der gesellschaftlichen Lebensverhältnisse. Das Handeln ist insofern keine absolute Aktivität, sondern immer schon auf die Gemeinschaft des Lebens bezogen. Eben darin sind nun erneut Freiheit und Abhängigkeit miteinander verschränkt. Denn indem das eigene Leben auf das Leben anderer ausgreift und dieses betrifft, rückt es selbst unter die elementare Verbindlichkeit, sich von diesem anderen Leben bestimmen zu lassen: »Wer Leben gewährt, ist ihm als anvertrautem Leben verpflichtet« (ebd. 102).

Mit dem dritten Element, der *Reflexivität des Lebens,* rückt Rendtorff schließlich die Aufgabe in den Vordergrund, die beiden Spannungsmomente des Lebens in ihrem wechselseitigen Ineinander präsent zu halten. Es geht darum, Freiheit und Abhängigkeit in der Weise zusammenzudenken, dass sie »gleichursprünglich und gleichberechtigt nebeneinander zu stehen kommen« (Anselm/Schleissing 2011: XVIII). Dies gilt zunächst für die *theoretische* Aufgabe der Ethik. Sie hat die ethische Lebenswirklichkeit des Menschen so zu beschreiben, dass die symmetrische Zuordnung von vorgängiger Sozialität und individueller Lebensführung deutlich wird. Wie die gesellschaftlichen Institutionen den Rahmen bilden, um die Entfaltung des je eigenen Lebensentwurfs zu ermöglichen und zu fördern, ist umgekehrt der Einzelne verpflichtet, mit seinem Handeln an der Bewahrung und Fortbildung der gemeinsamen Lebenswelt mitzuwirken. Gebundenheit an die Herkunft und freie Gestaltung der Zukunft werden so nicht gegeneinander ausgespielt, sondern in einen dynamischen Steigerungszusammenhang überführt. Hier liegt zugleich der normative Fluchtpunkt der Rendtorff'schen Ethik. Ihre *konstruktive* Erschließung der neuzeitlichen Welt als Welt der Folgen christlicher Freiheit schließt zugleich die *kritische* Aufdeckung solcher problematischer Folgen ein, welche die Balance zwischen Gegebensein und Geben aus dem Gleichgewicht bringen und jene Freiheit wieder zu gefährden scheinen. Der programmatische Ausgang beim *Gegebensein der Freiheit* darf insofern nicht mit einer unkritischen Affirmation des Bestehenden verwechselt werden. Vielmehr liegt die Pointe gerade in der Anerkennung ihrer welthaften Uneinholbarkeit und mündet so in die Wahrnehmung eines bleibenden *Aufgegebenseins der Freiheit* für die Gestaltung der gesellschaftlichen Wirklichkeit.

Damit ist zugleich die Brücke zur *praktischen* Aufgabe der Ethik geschlagen. Die Reflexivität des Lebens beschränkt sich nicht auf die Ebene ethischer Theoriebildung, sondern hat ihren elementaren Ort im Zusammenhang der praktischen Lebensführung. Hier brechen die Fragen auf, die den Einzelnen zur ethischen Stellungnahme nötigen. Diese Stellungnahme wiederum erschöpft sich weder im schlichten Befolgen der Tradition noch im bloßen Beharren auf der eigenen Entscheidung. Vielmehr geht es darum, in der Besinnung auf das angestrebte Ziel eines erfüllten Lebens die Ansprüche beider Seiten zu prüfen und miteinander in Ausgleich zu bringen. Die der Reflexivität des Lebens eignende Bestimmung, zwischen den Elementen von Gegebensein und Geben des Lebens zu vermitteln, wird so zu einer Aufgabe des handelnden Subjekts. Es soll sich dessen bewusst sein, dass niemand sein Leben *allein* führen kann, auch wenn jeder sein Leben nur *selbst* führen kann. Rendtorffs ethische Theologie findet ihren Fluchtpunkt in der Aufforderung an den Einzelnen, das geschichtliche Gewordensein seines Lebens anzuerkennen und zugleich die freie Gestaltung dieses Lebens als eigene Aufgabe zu begreifen.

4.3. Die Spannung zwischen Institution und Freiheit

Nicht anders als Trutz Rendtorff rückt auch *Wolfgang Huber* den Freiheitsgedanken in den Mittelpunkt seines theologischen Denkens und entfaltet die Ethik programmatisch als »Ethik christlicher Freiheit« (Huber, *Folgen christlicher Freiheit* 57). Der christliche Glaube lebe aus der Zusage einer von Gott geschenkten Freiheit, die in der Verantwortung für ihre konkreten Folgen Gestalt gewinne. Es sei das weltgeschichtliche Verdienst der Reformation, den ursprünglichen Sinn dieser Freiheit wiederentdeckt zu haben. Die von dort ausgehenden Wirkungen wiederum reichten weit in das Selbstverständnis der modernen Kultur und Gesellschaft hinein. Der Theologie komme daher die Aufgabe zu, den unaufgebbaren Beitrag der christlich-reformatorischen Tradition zum Verständnis und zur Gestaltung der Freiheit unter den Bedingungen der Moderne präsent zu halten.

Rendtorff und Huber gelten weithin als führende Repräsentanten zweier widerstreitender Lager – des liberalen Kulturprotestantismus auf der einen und des politischen Linksprotestantismus auf der anderen Seite. Bereits an dieser Stelle zeigt sich jedoch, dass sie in ihren freiheitsethischen Ansätzen sehr viel näher zusammenstehen, als solche positionellen Schlagworte und Zuschreibungen zunächst vermuten lassen. Beide üben eine deutliche Zurückhaltung gegenüber allzu kurzschlüssigen und überschwänglichen Freiheitsparolen. Stattdessen richten sie ihr Augenmerk auf die der Freiheit eingeschriebenen Spannungen und arbeiten gerade die Dialektik zwischen Zuspruch und Anspruch, uneinholbarer Wirklichkeit und aufgegebener Verwirklichung als Charakteristikum des christlichen Freiheitsverständnisses heraus. Freilich darf diese überraschende Nähe nun auch nicht übersehen lassen, dass die Akzente gleichwohl unterschiedlich gesetzt werden. Während für den einen die entscheidende Frage lautet, wie die Freiheit frei *bleiben* kann, betont der andere die Aufgabe, die Freiheit frei *werden* zu lassen. So erklärt Huber ebenso lapidar wie vielsagend, »dass man das Erbe der Reformation‹ heute als eine ›Theologie der Befreiung‹ entfalten muss« (Huber, Von der Freiheit 17). Damit ruft er bewusst die linksprotestantische Traditionslinie auf, welche sich – in Abgrenzung von einem bürgerlichen Freiheitsverständnis – die konkrete Befreiung von Unterdrückung, Elend und Entfremdung auf die Fahnen geschrieben hat. Allerdings ist es nicht schon die Betonung der sozialen Freiheitsdimension als solcher, die Huber von Rendtorff unterscheidet. Die eigentliche Differenz liegt vielmehr darin, dass beide eine je andere Vorstellung davon haben, wie es zur Verwirklichung dieser sozialen Dimension kommt. Während Rendtorff davon überzeugt ist, dass sich die Freiheit im Verlauf der Geschichte gleichsam von selbst durchsetzt, betont Huber die Notwendigkeit des aktiv-gestaltenden Engagements. Zugespitzt formuliert: Der ›Hegelianer‹ Rendtorff steht hier gegen den ›Kantianer‹ Huber. In seiner Anspielung auf die Befreiungstheologie bringt Huber diesen Gestaltungsimpuls pointiert zur Geltung: »Die christliche Freiheit muss politische Konsequenzen haben; sonst wird sie zum egoistischen Trost des Einzelnen« (ebd. 22).

Folgerichtig setzt sich Huber nachdrücklich für die Tradition des positiven Freiheitsbegriffs ein. Es sei vollkommen unzureichend, die Freiheit lediglich negativ als Freiheit *von etwas*, als Abwesenheit von äußerem oder innerem Zwang zu beschreiben. Nicht zuletzt der neuprotestantische Rückzug in die private Innerlichkeit des Gewissens führe das Ungenügen eines solchen Freiheitsverständnisses nachdrücklich vor Augen. Denn in der Folge sei die politische Bedeutung der christlichen Freiheit in Vergessenheit geraten und ihr Sinn geradewegs halbiert worden. Kennzeichnend für die christliche Freiheit sei jedoch, dass sie sich nicht in einer innerlichen Haltung erschöpfe, sondern eine entsprechende Gestaltung des Gemeinwesens einschließe. Sie komme erst dort zu ihrem Ziel, wo sie positiv für eine Ordnung sorge, die auch allen anderen Menschen den Zugang zur Freiheit ermögliche.

Zur Begründung verweist Huber auf die biblisch-reformatorische Tradition. So habe Paulus sein Freiheitsverständnis von vornherein auf den Nächsten ausgerichtet und ihm damit eine gemeinschaftliche Dimension eingeschrieben: »Freiheit wird nicht […] als Selbstzweck verstanden, sondern auf das bezogen, was dem anderen zugute kommt. Menschen können nur in Freiheit zusammen leben, wenn sie die Freiheit des anderen genauso achten wie die eigene Freiheit« (ebd. 103). Martin Luther habe diesen Grundgedanken aufgenommen, indem er die christliche Freiheit gerade nicht einseitig als Herrschaft bestimme, sondern als Ineinander von Herrschaft und Knechtschaft zu fassen versuche. Der Christenmensch sei *zugleich* freier Herr und dienstbarer Knecht, *zugleich* niemandem und jedermann untertan. Mithin stelle die Freiheit keinen persönlichen Besitz dar; vielmehr komme sie erst im Miteinander der Gemeinschaft zu ihrer Erfüllung. Zugespitzt formuliert: Freiheit ist keine individuelle Eigenschaft, sondern ein sozialer Relationsbegriff. Sie hat es immer schon mit der Beziehung zu anderen zu tun. Diese Einsicht fasst Huber in seinem Begriff der ›kommunikativen Freiheit‹ zusammen: »Freiheit verwirklicht sich darin, daß der eine den andern als Bereicherung seiner selbst und als Aufgabe des eigenen Lebens erfährt. Sie verwirklicht sich also in Gemeinschaft und in wechselseitiger Verständigung, in communio und communicatio, deshalb kann sie ›kommunikative Freiheit‹ genannt werden« (Huber, *Folgen christlicher Freiheit* 118).

Die Ausrichtung des christlichen Freiheitsgedankens auf die gemeinschaftliche Freiheit aller lässt es für Huber geboten erscheinen, die Freiheit an die Verwirklichung entsprechender gesellschaftlicher Ordnungen zu binden. Statt den Einzelnen abstrakt für frei zu erklären – und sich selbst zu überlassen –, schließt das christliche Freiheitsverständnis die Verpflichtung ein, die politischen, sozialen und ökonomischen Bedingungen zu schaffen, derer es bedarf, damit der Einzelne seine Freiheit auch gestalten und am gesellschaftlichen Leben mitwirken kann: »Freiheit [...] verwirklicht sich in einer Ordnung, die allen den Zugang zur Freiheit ermöglicht. Die Einzelnen müssen dazu befähigt werden, ihre Gaben zu nutzen; die Teilhabe an der Gesellschaft muss ihnen offenstehen« (Huber, *Von der Freiheit* 9). Allerdings bringt Huber diesen ›positiven‹ Grundzug nun keineswegs unkritisch zur Geltung. So sehr die Freiheit auf ihre gesellschaftliche Realisierung drängt, so sehr steht doch zugleich jede realisierte Ordnung in der Gefahr, die Wirklichkeit der Freiheit zu unterdrücken. Damit rückt Huber eben jene Spannung von Freiheit und Ordnung ins Blickfeld, die bereits für Rendtorff im Zentrum des Freiheitsproblems gestanden hatte – und nicht anders als Rendtorff greift auch Huber auf den Begriff der Institution zurück, um die beiden Pole von Freiheit und Ordnung miteinander auszubalancieren. Auf der einen Seite gelten ihm die Institutionen als vorgegebene Ordnungen, deren Aufgabe darin besteht, die Ausbildung individueller Freiheit zu schützen und zu fördern: »Institutionen haben [...] gerade der Unverfügbarkeit der Person zu dienen und sie zu schützen; sie sollen einen Raum freihalten, den Menschen kraft ihrer Freiheit gestalten können« (Huber, *Folgen christlicher Freiheit* 119). Die individuelle Freiheit bedarf solcher Institutionen, um sich als Freiheit entfalten zu können. Auf der anderen Seite jedoch haben die Institutionen ihren Grund nicht in sich selbst. Sie sind vielmehr kritisch daran zu messen, ob und wie sie der Aufgabe gerecht werden. Auch wenn die Freiheit auf Institutionen angewiesen ist, empfangen doch umgekehrt die Institutionen ihre Rechtfertigung allein aus dem Bezogensein auf jene Freiheit. Damit verlieren sie ihre starre Objektivität, unterliegen fortwährender Prüfung und werden entsprechend veränderbar. Kurz gefasst: Institutionen sind der konkrete *Realisierungsgrund* von

Freiheit; zugleich bleibt die Freiheit der kritische *Geltungsgrund* von Institutionen. Das schließt eine dauerhafte Selbstbegrenzung der Institutionen ein. Ihnen obliegt die Ermöglichung und Sicherung einer Freiheit, an deren Uneinholbarkeit sie gleichwohl ihre unübersteigbare Grenze finden. Das gilt nicht zuletzt für den Ruf nach sozialer Verwirklichung der Freiheit selbst.

Huber sieht also den Kern des christlichen Freiheitsverständnisses im Gedanken einer ›kommunikativen Freiheit‹ zum Ausdruck gebracht, welche die Einsicht in das vorgängige *Gegebensein* von Freiheit mit der Wahrnehmung ihres sozialen *Aufgegebenseins* verbindet. Das besondere Augenmerk gilt dabei dem politischen Gestaltungsimpuls der Freiheit: »Wir können von den Kämpfen derer, denen die Freiheit vorenthalten und verweigert wird, nicht absehen. Wenn wir ihre Sehnsucht nach Freiheit ignorieren, beschädigen wir die Freiheit selbst« (Huber, *Von der Freiheit* 9). Im Gegenzug jedoch betont er zugleich die elementaren Ambivalenzen und Gefährdungen der Freiheit. Dem Plädoyer für die ›positive‹ Verwirklichung von Freiheit tritt so das Festhalten an ihrer ›negativen‹ Uneinholbarkeit zur Seite. In der Durchführung nimmt Hubers *Ethik der Freiheit* damit schließlich die Gestalt einer kritischen *Ethik der Institutionen* an: »Eine solche Ethik der Institutionen ist im Rahmen der Theologie notwendig. Sie beteiligt sich an der Aufgabe, den Glauben als Befreiung zum Leben auszulegen. Sie konkretisiert auf diesem Weg den unlöslichen Zusammenhang zwischen der Zusage der Befreiung, von der der Glaube herkommt, und dem freien, dankbaren Dienst, in dem er Gestalt gewinnt« (Huber, *Folgen christlicher Freiheit* 127).

5. Zur Aktualität des christlichen Freiheitsverständnisses

Freiheit ist ein Schlüsselwort nicht nur des Christentums, sondern auch der Neuzeit und Moderne. Daraus folgt *zum einen* die – sowohl sichtbare als auch hintergründige – Omnipräsenz des Freiheitsbegriffs im weitgespannten Feld des theologischen Denkens. Er sprengt jedweden Versuch seiner thematischen oder disziplinären Einhegung; umgekehrt lassen sich nahezu alle relevanten theologischen Debatten als implizite Freiheitsdebatten aufschlüsseln. *Zum anderen* ist die christliche Freiheit aufs Engste mit den Ansätzen, Problemen und auch Aporien der neuzeitlich-modernen Freiheitsdebatten verwoben. Trotz aller wechselseitigen Abgrenzungen und Verwerfungen sind christliches und neuzeitliches Freiheitsverständnis bleibend aufeinander verwiesen. So kann die Genese des neuzeitlichen Freiheitsbegriffs nur aus dem Spannungsverhältnis zur christlichen Tradition heraus angemessen verstanden werden. Im Gegenzug freilich setzt der Aufstieg des neuzeitlichen Freiheitsgedankens Christentum und Theologie unter Veränderungsdruck. Denn ungeachtet aller inhaltlichen Verbindungslinien und Bezüge stellt er eine geschichtliche Innovation dar, in deren Licht die christlichen Traditionsbestände einer kritischen Revision unterzogen und neu angeeignet werden müssen.

Für die Theologie bedeutet das: Dem Christentum eignet kein höheres Wissen im Umgang mit der Freiheit. So wenig der Glaube den Zugang zu einer supranaturalistisch gedachten Hinterwelt eröffnet, so wenig hütet die christliche Überlieferung das exklusive Wissen um eine ›wahre‹ Freiheit, die dem begrifflichen Denken prinzipiell entzogen und allen anderen Freiheiten grundsätzlich überlegen wäre. Anders formuliert: Weder erschließt sich im Glauben eine gänzlich neuartige Form von Freiheit, noch bietet das christliche Freiheitsverständnis die ersehnte Auflösung der modernen Probleme und Aporien von Freiheit. Daraus folgt keineswegs, dass christliches und modernes Freiheitsverständnis nun unterschiedslos ineinanderfallen. Wohl aber liegt die Differenz nicht auf der Sachebene, sondern vielmehr auf der Deutungsebene. Die Theologie hat die Aufgabe, die symbolischen Deutungstraditionen des Christentums in den Dienst der modernen Selbstaufklärung über die Freiheit zu stellen. Diese erweisen ihre besondere Leistungsfähigkeit dann darin, dass sie die Spannungen und Widersprüche der Freiheit *erstens* als solche präsent zu halten und *zweitens* als Quelle einer lebendigen Gestaltung von Freiheit wirksam werden zu lassen erlauben. Das ermöglicht zwar nicht, einen spezifisch ›christlichen‹ Freiheitsbegriff zu fixieren und diesen strikt gegen andere Freiheitsbegriffe abzugrenzen – schon allein deshalb nicht, weil im Verlauf der Christentumsgeschichte eine Vielzahl höchst unterschiedlicher Ansätze und Motive Eingang in das theologische Nachdenken über die Freiheit gefunden hat. Dennoch lassen sich nun vor dem Hintergrund der aktuellen Debatten einige Grundzüge und Akzente nennen, die für eine christliche Deutungsperspektive auf die Freiheit in besonderer Weise charakteristisch sind.

Das *erste Moment* bildet die Unbedingtheit und Nichthintergehbarkeit der menschlichen Freiheit. Sie lässt sich weder auf externe Bedingungen oder Ursachen zurückführen, noch ist sie einer objektivierenden Betrachtung zugänglich. Der Grund dafür liegt in der eigentümlichen Vollzugsstruktur: Es ›gibt‹ die Freiheit nicht anders als im Modus ihrer tätigen Inanspruchnahme; nur der Gebrauch von Freiheit erweist ihre Wirklichkeit. Damit ist sie zugleich konstitutiv an die Selbstdeutung und -zurechnung des handelnden Subjekts gebunden. Frei zu sein heißt, *sich selbst* als nicht mehr hintergehbaren Urheber seines Tuns zu verstehen. Freiheit kann also niemals eine objektive Tatsache sein, die *am Selbstverständnis des Subjekts vorbei* empirisch aufweisbar oder sozial herstellbar wäre.

Daraus folgt *zum einen* eine deutliche Abgrenzung gegenüber allen naturalisierenden Tendenzen im Umgang mit dem Freiheitsproblem. An vorderster Stelle sind hier die Ambitionen der Hirnforschung zu nennen, die Willensfreiheit empirisch zu widerlegen. Dabei wird aus dem Umstand, dass mentale Bewusstseinsvorgänge ein neuronales Substrat haben, auf eine kausale Determination der Willensentscheidung durch – vorgängig stattfindende – physiologische Gehirnprozesse geschlossen. Diese Argumentation verdankt sich jedoch einer Reihe begrifflicher Kurzschlüsse und Konfusionen. Der Grundfehler liegt in der Unterstellung, die Freiheit wie ein empirisch Gegebenes behandeln und dann nach ihrer Existenz oder Nichtexistenz fragen zu können. Doch auch im Blick auf die *philosophische Willensfreiheitsdebatte* ist vorsichtige Zurückhaltung angebracht. Sie kreist vornehmlich um die Frage, ob und in welcher Weise dem Menschen nicht nur die Fähigkeit zur ungehinderten *Umsetzung* seines Willens, sondern auch die Fähigkeit zur ungehinderten *Bildung* seines Willens zugeschrieben werden kann. Daraus ergibt sich die Tendenz, die Freiheit als ein anthropologisch aufweisbares Vermögen zu behandeln – und so erneut zu vergegenständlichen. Demgegenüber haftet das theologische Interesse gerade nicht an der potentiellen Fähigkeit, sondern vielmehr am faktischen Gebrauch der Freiheit: Das Augenmerk gilt den Widersprüchen, Ambivalenzen und Gefährdungen, deren sich der Mensch im konkreten Vollzug seiner Freiheit inne wird. Die Frage lautet nicht, ob der Mensch frei ist, sondern wie er sich selbst im Gebrauch seiner Freiheit versteht.

Das Moment der Unhintergehbarkeit tritt *zum anderen* allen übersteigerten Erwartungen entgegen, die Freiheit im Rahmen gesellschaftlicher Reformen oder Revolutionen *vollständig* realisieren zu können. Denn die individuelle *Unhintergehbarkeit* von Freiheit schließt zugleich ihre weltliche *Nichteinholbarkeit* ein. Zur elementaren Dialektik der Freiheit gehört es, dass sie auf gesellschaftliche Verwirklichung drängt, und doch zugleich jede konkrete Form solcher Verwirklichung wieder in der Gefahr steht, eben diese Freiheit zu gefährden. Im Zuge ihrer Realisierung tritt die Freiheit in Spannung zu sich selbst. Der Verweis auf die Unhintergehbarkeit der Freiheit hält diese Ambivalenz präsent und setzt dem Ruf nach gesellschaftlicher Realisierung eine kritische Grenze: Die Freiheit einer Gesellschaft bemisst sich daran, in welcher Weise sie der prinzipiellen Nichteinholbarkeit von Freiheit Rechnung zu tragen vermag. In christlicher Perspektive wird diese Nichteinholbarkeit durch die Verankerung im Gottesverhältnis symbolisiert. Denn im Glauben eröffnet sich die Einsicht, dass die menschliche Freiheit in der Wirklichkeit Gottes begründet ist und die empirischen Verhältnisse – so unausweichlich sie auch scheinen – über sie nicht zu entscheiden vermögen. Im Gottesgedanken findet die weltliche Uneinholbarkeit der Freiheit ihren unübersteigbaren Ausdruck. Dem christlichen Freiheitsverständnis eignet damit »eine elementare Schutzfunktion gegenüber allen innerweltlichen Versuchen, den Menschen den Zwecken der Gesellschaft zu unterwerfen« (Rendtorff, *Die christliche Freiheit als Orientierungsbegriff* 386).

Neben die Unbedingtheit der Freiheit tritt als *zweites Moment* die Betonung ihrer Endlichkeit. So nimmt der christliche Freiheitsgedanke seinen Ausgangspunkt beim Verweis auf das kreatürliche Gegebensein der Freiheit. Der Mensch hat seine Freiheit nicht aus sich selbst. Er vermag sie weder zu erwirken noch zu begründen. Stattdessen findet er sich immer schon eingespannt in ihren tätigen

Gebrauch. Das bedeutet zunächst: Die Unbedingtheit der Freiheit schließt keineswegs ihre Absolutheit ein. Vor allem der idealistischen Philosophie kommt das Verdienst zu, diese Differenz nachdrücklich eingeschärft zu haben. Indem sie die Aporien spekulativer Freiheitsbegründung aufweist, lenkt sie den Blick gerade auf die Endlichkeit der menschlichen Freiheit. Darin stimmt sie mit der christlichen Tradition durchaus zusammen. Insofern läuft der Vorwurf, mit dem neuzeitlichen Autonomiegedanken habe sich der Mensch an die Stelle Gottes gesetzt, vollkommen ins Leere. Im Gegenzug freilich bedeutet die *Endlichkeit* der Freiheit nun auch keine Einschränkung ihrer Unbedingtheit. Der symbolische Verweis auf den göttlichen Grund der Freiheit wäre missverstanden, wenn er als heteronome Fremdbestimmung des Menschen ausgelegt würde. Vielmehr spricht sich darin das Bewusstsein aus, im Gebrauch der Freiheit diese selbst immer schon voraussetzen zu müssen. Die Rede von Gott als *Grund* der Freiheit hält insofern gerade die Einsicht in ihre *Unbegründbarkeit* präsent: Sie hat keine Begrenzung der Freiheit im Sinn, sondern zielt auf die reflexive Anerkennung ihres Verdanktseins.

Das Moment der Endlichkeit reicht allerdings noch weiter. Es betrifft nicht nur das vorgängige Gegebensein, sondern auch die innere Struktur der Freiheit. Diese Struktur weist eine polare Grundspannung auf. Dabei geht es um das wechselseitige Ineinander von Freiheit und Abhängigkeit: Die Freiheit ist nicht lediglich das Andere der Abhängigkeit; vielmehr gewinnt sie nur Gestalt, indem sie selbst ein Moment von Abhängigkeit einschließt – umfasse diese Abhängigkeit nun die Einbettung in eine geschichtliche Herkunft, die innere Bestimmtheit des eigenen Willens oder das Beschränktsein durch die gegebenen Verhältnisse. Kurz gefasst: Zur Endlichkeit der Freiheit gehört die Dialektik von Freiheit und Abhängigkeit. Aus theologischer Sicht ist es daher vollkommen unzureichend, die Freiheit lediglich *negativ* als Abwesenheit von Bindung oder Zwang zu beschreiben und allein über den *Ausschluss* von Abhängigkeit zu bestimmen. Ein solcher Freiheitsbegriff erlaubt keine inhaltliche Qualifizierung ihres faktischen Gebrauchs, geht in einem bloßen Tun oder Lassen auf und ist von arbiträrer Willkür und Beliebigkeit nicht mehr zu unterscheiden. Indem ein bloß negatives Freiheitsverständnis die polare Grundspannung von Freiheit gerade ausblendet, vermag es zur phänomenologischen Einholung der Wirklichkeit von Freiheit nichts beizutragen. Dieser Einwand richtet sich vor allem gegen klassische und neuere *libertaristische* Ansätze, die Freiheit zu bestimmen, ohne auf irgendwelche – nur wieder als Hemmnisse zu deutende – Kontexte, Bedingungen oder Absichten Rücksicht zu nehmen. Er gilt aber auch einem Verständnis *christlicher* Freiheit, das diese in kurzschlüssiger Ausdeutung des Rechtfertigungsgedankens auf ein nur negatives ›Freisein von‹ beschränkt und jedwede positive Konkretion verweigert.

Kennzeichnend für das christliche Freiheitsverständnis ist *drittens* die Betonung der elementaren Selbstgefährdung menschlicher Freiheit. Dieser Punkt geht über die Dialektik von Freiheit und Abhängigkeit noch hinaus. Er zielt vielmehr auf die praktisch-ethische Dimension der Freiheit: Das menschliche Handeln steht immer schon in der Alternative von Gut und Böse; entsprechend muss auch ein Verständnis der menschlichen Freiheit dieser Alternative Rechnung tragen. Daraus erhellt zunächst ein weiteres Mal die Unzulänglichkeit bloß negativer Freiheitskonzeptionen, da sie von einer moralischen Qualifikation des Handelns gerade absehen. Es reicht also nicht aus, die Freiheit lediglich als ein spontanes Anfangen-Können zu bestimmen. Doch auch das weitergehende Verständnis der Freiheit als praktischer Selbstbestimmung ist für sich allein noch nicht hinreichend. Denn in seiner kantischen Fassung lässt es die Selbstbestimmung des Willens mit der Bestimmung zum Guten zusammenfallen. Demgegenüber gehört zum christlichen Freiheitsverständnis elementar das Wissen darum, dass der Mensch seine Freiheit auch verfehlen und sich willentlich für das Böse entscheiden kann. Die Freiheit ist insofern nicht nur ein Vermögen des Anfangen-Könnens, auch nicht nur ein Vermögen des Sich-bestimmen-Könnens, sondern darüber hinaus ein Vermögen des Sich-verstricken-Könnens. Zugespitzt formuliert: Es geht nicht allein darum, dass der Mensch im Gebrauch seiner Freiheit vor die Entscheidung zwischen Gut und Böse gestellt ist. Die entscheidende Herausforderung liegt vielmehr darin, im Verständnis der menschlichen Freiheit einzuholen, dass der Mensch auf eine ihm unbegreifliche Weise diese Entscheidung immer schon getroffen hat. In theologischer Perspektive fällt die Wirklichkeit der Freiheit zugleich mit der Erfahrung von Scheitern, Sünde und Schuld zusammen. Der Freiheitsbegriff rückt so unweigerlich in den Horizont der dogmatischen Fragen nach Wesen, Ursprung und Folgen der Sünde. Dabei kommt ihm die Funktion zu, gegen alle Distanzierungs- und Entlastungsstrategien – seien diese spekulativer, naturalistischer oder geschichtsphilosophischer Art – das im Sündenbewusstsein unmittelbar aufbrechende Wissen des Sünders festzuhalten, selbst verantwortlicher Urheber seiner Sünde zu sein. Im Blick auf das Verständnis der menschlichen Freiheit folgt daraus: Sie ist zum einen des Menschen und der Gottheit Höchstes und hat doch zum anderen eine stets gefährdete und geradezu abgründige Seite.

Ein *viertes Charakteristikum* des christlichen Freiheitsgedankens besteht schließlich in seiner betonten Ausrichtung auf die konkrete Wirklichkeit der Freiheit: »Das christliche Verständnis der Freiheit, wie es in der christlichen Aufklärung hervorgetreten ist, bindet die Freiheit an den konkreten Menschen, seine aktive Teilnahme, Fähigkeit und Bildung. Nicht das abstrakte Naturwesen Mensch ist frei, sondern der konkrete geschichtliche Mensch« (Rendtorff, *Christentum zwischen Revolution und Restauration* 31). In diesem Konkretionsgebot findet vor allem der freiheitstheoretische Ertrag der aufgeklärten Unterscheidung von öffentlicher und privater Religion seinen Niederschlag. Zur Erinnerung: Die genannte Unterscheidung verdankte sich dem Interesse, um der Mündigkeit des einzelnen Christen willen die Reichweite der kirchlichen Autorität zu beschränken. Dabei ging es nicht darum, beide Seiten in einen strikten Gegensatz auseinanderfallen zu lassen. Weder stand die Institutionalität der Kirche als solche zur Debatte, noch war mit der freien Privatreligion der Rückzug in eine bloße Innerlichkeit gemeint. Die entscheidende Pointe lag vielmehr darin, das Verhältnis zwischen Kirche und Glaube, zwischen Institution und Freiheit neu zu justieren. Statt fernerhin als Normierungsinstanz auftreten zu können, rückt die Kirche nun in den Dienst des individuellen Glaubens. Ihre Aufgabe ist es, die freie Entfaltung dieses Glaubens zu schützen und zu fördern, dem Einzelnen für seine individuellen Begabungen und Fähigkeiten Raum zu geben und ihn zur produktiven Mitgestaltung des Christentums anzuregen.

Diese Umbestimmung des Verhältnisses von Kirche und Frömmigkeit erlaubt einen entsprechenden Blick auf die Frage nach der Freiheit des Einzelnen im Horizont der modernen Gesellschaft. Auch hier lautet die Grundregel: Die sozialen Institutionen und Ordnungen haben ihr maßgebliches Kriterium an der uneinholbaren Freiheit des Einzelnen. Ihre Aufgabe besteht darin, die selbständige Entfaltung dieser Freiheit zu fördern und den Einzelnen zur mündigen Teilnahme an der gemeinsamen Gestaltung der gesellschaftlichen Wirklichkeit zu befähigen. Damit ist *auf der einen Seite* ein kritischer Impuls gesetzt. Die Reichweite gesellschaftlicher Ansprüche und Erwartungen findet ihre unüberwindliche Schranke an der Wirklichkeit einer Freiheit, deren Grund allen sozialen Verfügungsmechanismen entzogen ist. Diese Einsicht macht zugleich das unaufgebbare Wahrheitsmoment des *negativen* Freiheitsverständnisses aus: Im Begriff der Freiheit geht es nicht um Ausübung, sondern um Eindämmung von Herrschaft; sie zieht Grenzen, die niemand überschreiten darf. *Auf der anderen Seite* jedoch greift ein solches Freiheitsverständnis allein zu kurz. Es beschränkt sich lediglich darauf, die Freiheit des Einzelnen abstrakt und allgemein gegen die gesellschaftliche Ordnung zu setzen. Damit kommt aber die konkrete Wirklichkeit der Freiheit nicht in den Blick: Schließlich macht es durchaus einen Unterschied, ob jemand bloß formal frei ist oder ob ihn die konkreten gesellschaftlichen Umstände in die Lage versetzen, seine Freiheit auch ausüben und gestalten zu können. Anders formuliert: Freiheit gibt es niemals rein ›an sich‹, sondern stets nur im Gefüge bestimmter sozialer Lebensordnungen. Gerade weil sie nicht in privater Innerlichkeit aufgeht, sondern die Fähigkeit zu mündiger und aktiver Lebensführung beinhaltet, setzt sie einen Bestand an gesellschaftlichen Institutionen und Ordnungen voraus, die – ermöglichend und schützend – den Horizont für die eigene Gestaltung solcher Lebensführung abstecken. Hier liegt das berechtigte Wahrheitsmoment des *positiven* Freiheitsbegriffs: Freiheit bedeutet immer auch, über bestimmte Handlungs- und Gestaltungsspielräume verfügen zu können, und schließt die Schaffung entsprechender gesellschaftlicher Verhältnisse ein.

Im Hintergrund steht unverkennbar ein Verständnis sozialer Institutionen und Ordnungen, das diese nicht von vornherein als Gegensatz zur Freiheit auffasst: Institutionen dienen nicht der Einschränkung, sondern vielmehr der Verwirklichung von Freiheit. Selbstverständlich darf dabei die elementare Dialektik von Freiheit und Ordnung nicht übersehen werden. Freiheit ist auf Ordnungen angewiesen, um sich entfalten zu können, und gelangt nur in der Setzung von Ordnungen zu sichtbarer Gestalt. Doch zugleich stehen eben diese Ordnungen wieder in der Gefahr, sich gegen Freiheit zu wenden und ihre Entfaltung zu verhindern. Für die Frage nach der gesellschaftlichen Realisierung von Freiheit bedeutet das, entschlossen die fragile *Balance* von Institution und Freiheit in den Mittelpunkt zu rücken. Es gilt, die kritische Mahnung des negativen Freiheitsverständnisses ebenso im Blick zu behalten wie den auf institutionelle Absicherung zielenden Impuls des positiven Freiheitsbegriffs. Anders formuliert: So *unhintergehbar* die individuelle Dimension der Freiheit ist, so *unverzichtbar* ist zugleich der konkrete Bestand sozialer Ordnungen und Institutionen.

Ein angemessenes christliches Freiheitsverständnis widerspricht damit allen Tendenzen, die Freiheit zu einer bloß innerlichen Haltung zu verflüchtigen. Gerade weil Weltentnommenheit und Weltgestaltung im christlichen Glauben unauflöslich ineinander liegen, reicht es nicht aus, sich unter Berufung auf die je individuelle Gewissensfreiheit aller gesellschaftlichen Realisierungsfragen zu entschlagen. Das theologische Interesse an der Wirklichkeit von Freiheit schließt vielmehr die mühsame Aufklärung der geschichtlichen Bedingungen, gesellschaftlichen Konkretionen und ethischen Gefährdungen von Freiheit notwendig ein.

Quellen- und Literaturverzeichnis

1. Quellen

Barth, Karl: Die Kirchliche Dogmatik, Bd. I/2, Zürich 1937.
Barth, Karl: Die Kirchliche Dogmatik, Bd. II/2, Zürich 1948.
Barth, Karl: Die Kirchliche Dogmatik, Bd. III/4, Zürich 1951.
Baur, Ferdinand Christian: Lehrbuch der christlichen Dogmengeschichte, Leipzig 1867³.
Bultmann, Rudolf: Der Begriff des Wortes Gottes im Neuen Testament, in: ders.: Glauben und Verstehen. Gesammelte Aufsätze, Bd. 1, Tübingen 1933, 268–293.

Bultmann, Rudolf: Gnade und Freiheit, in: ders.: Glauben und Verstehen. Gesammelte Aufsätze, Bd. 2, Tübingen 1952, 149–161.

Fichte, Johann Gottlieb: Darstellung der Wissenschaftslehre (1801/1802), hg. von Reinhard Lauth, Hamburg 1997.

Fichte, Johann Gottlieb: Grundlage der gesamten Wissenschaftslehre, als Handschrift für seine Zuhörer (1794), hg. von Fritz Medicus/Wilhelm G. Jacobs, Hamburg 1997⁴.

Gogarten, Friedrich: Die Kirche in der Welt, Heidelberg 1948.

Gogarten, Friedrich: Verhängnis und Hoffnung der Neuzeit. Die Säkularisierung als theologisches Problem, Stuttgart 1953.

Hegel, Georg Wilhelm Friedrich: Grundlinien der Philosophie des Rechts, hg. von Johannes Hoffmeister, Hamburg 1995⁵.

Hegel, Georg Wilhelm Friedrich: Vorlesungen über die Geschichte der Philosophie, Bd. III, hg. von Eva Moldenhauer/Karl Markus Michel (Werke, Bd. 20), Frankfurt a.M. 1970.

Hegel, Georg Wilhelm Friedrich: Vorlesungen über die Philosophie der Geschichte, hg. von Eva Moldenhauer/Karl Markus Michel (Werke, Bd. 12), Frankfurt a.M. 1970.

Holl, Karl: Was verstand Luther unter Religion?, in: ders.: Gesammelte Aufsätze zur Kirchengeschichte, Bd. 1: Luther, Tübingen 1927⁵, 1–110.

Huber, Wolfgang: Folgen christlicher Freiheit. Ethik und Theorie der Kirche im Horizont der Barmer Theologischen Erklärung, Neukirchen-Vluyn 1983.

Huber, Wolfgang: Von der Freiheit. Perspektiven für eine solidarische Welt, hg. von Helga Kuhlmann/Tobias Reitmeier, München 2012.

Kant, Immanuel: Grundlegung zur Metaphysik der Sitten, hg. von Bernd Kraft/Dieter Schönecker, Hamburg 1999.

Kant, Immanuel: Kritik der praktischen Vernunft, hg. von Horst D. Brandt/Heiner F. Klemme, Hamburg 2003.

Kant, Immanuel: Kritik der reinen Vernunft, hg. von Jens Timmermann, Hamburg 1998.

Kierkegaard, Sören: Der Begriff Angst. Vorworte, hg. von Emanuel Hirsch/Hayo Gerdes (Gesammelte Werke, 11./12. Abt.), Düsseldorf 1965.

Kierkegaard, Sören: Die Krankheit zum Tode. Der Hohepriester – Der Zöllner – Die Sünderin, hg. von Emanuel Hirsch (Gesammelte Werke, 24./25. Abt.), Düsseldorf 1957.

Luther, Martin: Von der Freiheit eines Christenmenschen (1520), in: ders.: Ausgewählte Schriften, Bd. 1: Aufbruch zur Reformation, hg. von Karin Bornkamm/Gerhard Ebeling, Frankfurt a.M. 1995, 238–263.

Luther, Martin: De servo arbitrio/Vom unfreien Willensvermögen (1525), in: ders.: Lateinisch-deutsche Studienausgabe, Bd. 1: Der Mensch vor Gott, hg. von Wilfried Härle, Leipzig 2006, 219–661.

Marx, Karl: Kritik der Hegelschen Rechtsphilosophie (1843), in: ders.: Die Frühschriften, hg. von Siegfried Landshut, Stuttgart 2004⁷, 94–291.
Moltmann, Jürgen: Politische Theologie – Politische Ethik, München 1984.
Moltmann, Jürgen: Die Revolution der Freiheit, in: ders.: Perspektiven der Theologie. Gesammelte Aufsätze, München 1968, 189–211.
Moltmann, Jürgen: Theologie der Hoffnung. Untersuchungen zur Begründung und zu den Konsequenzen einer christlichen Eschatologie, München 1964.
Rendtorff, Trutz: Christentum zwischen Revolution und Restauration. Politische Wirkungen neuzeitlicher Theologie, München 1970.
Rendtorff, Trutz: Die christliche Freiheit als Orientierungsbegriff der gegenwärtigen christlichen Ethik, in: Handbuch der christlichen Ethik, Bd. 1, hg. von Anselm Hertz u.a., Freiburg i.Br. 1993, 378–388.
Rendtorff, Trutz: Emanzipation und christliche Freiheit, in: Christlicher Glaube in moderner Gesellschaft, Bd. 18, hg. von Franz Böckle u.a., Freiburg i.Br. 1982, 149–179.
Rendtorff, Trutz: Ethik. Grundelemente, Methodologie und Konkretionen einer ethischen Theologie, hg. von Reiner Anselm/Stephan Schleissing, Tübingen 2011³.
Rendtorff, Trutz: Neuzeit als ein Kapitel der Christentumsgeschichte. Über das Erbe des historischen Bewußtseins, in: ders.: Theologie in der Moderne. Über Religion im Prozeß der Aufklärung, Gütersloh 1991, 201–223.
Rendtorff, Trutz: Theorie des Christentums. Historisch-theologische Studien zu seiner neuzeitlichen Verfassung, Gütersloh 1972.
Schelling, Friedrich Wilhelm Joseph: Vom Ich als Prinzip der Philosophie (1795), hg. von Hartmut Buchner (Historisch-kritische Ausgabe, Bd. I/2), Stuttgart 1980.
Schelling, Friedrich Wilhelm Joseph: Philosophische Untersuchungen über das Wesen der menschlichen Freiheit und die damit zusammenhängenden Gegenstände, hg. von Thomas Buchheim, Hamburg 2011².
Schelling, Friedrich Wilhelm Joseph: Urfassung der Philosophie der Offenbarung, hg. von Walter E. Ehrhardt, Hamburg 1992.
Schleiermacher, Friedrich: Der christliche Glaube nach den Grundsätzen der evangelischen Kirche im Zusammenhange dargestellt. Zweite Auflage (1830/31), hg. von Rolf Schäfer (KGA I/13.1 und 13.2), Berlin 2003.
Semler, Johann Salomo: D. Joh. Salomo Semlers letztes Glaubensbekenntniß über natürliche und christliche Religion, hg. von Christian Gottfried Schütz, Königsberg 1792.

2. Sekundärliteratur

Anselm/Schleissing 2011: Anselm, Reiner/Schleissing, Stephan: Einführung. Zum Ort der »Ethik« im Werk Trutz Rendtorffs, in: Rendtorff, Trutz: Ethik, Tübingen 2011³, XI–XXII.

Axt-Piscalar 1996: Axt-Piscalar, Christine: Ohnmächtige Freiheit. Studien zum Verhältnis von Subjektivität und Sünde bei August Tholuck, Julius Müller, Sören Kierkegaard und Friedrich Schleiermacher (BHTh 94), Tübingen 1996.

Barth 1992: Barth, Ulrich: Die Christologie Emanuel Hirschs. Eine systematische und problemgeschichtliche Darstellung ihrer geschichtsmethodologischen, erkenntniskritischen und subjektivitätstheoretischen Grundlagen, Berlin 1992.

Barth 2004: Barth, Ulrich: Die subjektivitätstheoretischen Prämissen der ›Glaubenslehre‹. Eine Replik auf K. Cramers Schleiermacher-Studie, in: ders.: Aufgeklärter Protestantismus, Tübingen 2004, 329–351.

Barth 2005: Barth, Ulrich: Friedrich Schleiermacher (1768–1834), in: Graf, Friedrich Wilhelm (Hg.): KlTh, Bd. 2: Von Richard Simon bis Karl Rahner, München 2005, 58–88.

Barth 2011: Barth, Ulrich: Annäherungen an das Böse. Naturphilosophische Aspekte von Schellings Freiheitsschrift, in: Danz, Christian/Jantzen, Jörg (Hgg.): Gott, Natur, Kunst und Geschichte. Schelling zwischen Identitätsphilosophie und Freiheitsschrift, Göttingen 2011, 169–184.

Berlin 1995: Berlin, Isaiah: Zwei Freiheitsbegriffe [1958], in: ders.: Freiheit. Vier Versuche, Frankfurt a.M. 1995, 197–256.

Dörendahl 2012: Dörendahl, Roswitha: Der Ungrund der Freiheit. Zur Bedeutung der theosophischen Einflüsse Böhmes und Oetingers auf Schellings Freiheitsphilosophie, in: Hermanni, Friedrich u.a. (Hgg.): »Der Anfang und das Ende aller Philosophie ist – *Freiheit!*«. Schellings Philosophie in der Sicht neuerer Forschung, Tübingen 2012, 218–245.

Heidegger 1995: Heidegger, Martin: Schellings Abhandlung über das Wesen der menschlichen Freiheit (1809), hg. von Hildegard Feick, Tübingen 1995².

Honneth 2011: Honneth, Axel: Das Recht der Freiheit. Grundriß einer demokratischen Sittlichkeit, Frankfurt a.M. 2011.

Jaeschke/Arndt 2012: Jaeschke, Walter/Arndt, Andreas: Die Klassische Deutsche Philosophie nach Kant. Systeme der reinen Vernunft und ihre Kritik 1785–1845, München 2012.

Jüngel 1982: Jüngel, Eberhard: Evangelium und Gesetz. Zugleich zum Verhältnis von Dogmatik und Ethik, in: ders.: Barth-Studien, Gütersloh 1982, 180–209.

Jüngel 1991: Jüngel, Eberhard: Zur Freiheit eines Christenmenschen. Eine Erinnerung an Luthers Schrift, München 1991³.

Keil 2007: Keil, Geert: Willensfreiheit, Berlin 2007.

3. Literaturhinweise zum vertiefenden Studium

Bayer, Oswald: Umstrittene Freiheit. Theologisch-philosophische Kontroversen, Tübingen 1981.

Bayer, Oswald: Freiheit als Antwort. Zur theologischen Ethik, Tübingen 1995.

Danz, Christian: Gott und die menschliche Freiheit. Studien zum Gottesbegriff in der Neuzeit, Neukirchen-Vluyn 2005.

Dierken, Jörg: Selbstbewußtsein individueller Freiheit. Religionstheoretische Erkundungen in protestantischer Perspektive, Tübingen 2005.

Graf, Friedrich Wilhelm: Friedrich Gogartens Deutung der Moderne. Ein theologiegeschichtlicher Rückblick [1989], in: ders.: Der heilige Zeitgeist. Studien zur Ideengeschichte der protestantischen Theologie in der Weimarer Republik, Tübingen 2011, 265–328.

Hammann, Konrad: Der Glaube als freie Tat des Gehorsams. Herkunft, Bedeutung und Problematik einer Denkfigur Rudolf Bultmanns, ZThK 109 (2012), 206–234.

Koch, Traugott: Ethik freier Einsicht. Ein protestantischer Begriff von Ethik, in: Scheliha, Arnulf von/Schröder, Markus (Hgg.): Das protestantische Prinzip. Historische und systematische Studien zum Protestantismusbegriff, Stuttgart 1998, 203–217.

Laube, Martin: Theologie und neuzeitliches Christentum. Studien zu Genese und Profil der Christentumstheorie Trutz Rendtorffs (BHTh 139), Tübingen 2006.

Laube, Martin: Tätige Freiheit. Zur Aktualität des reformierten Freiheitsverständnisses, ZThK 109 (2012), 337–359.

Recki, Birgit: Freiheit, Wien 2009.

Schnädelbach, Herbert: Hegels Praktische Philosophie. Ein Kommentar der Texte in der Reihenfolge ihrer Entstehung, Frankfurt a.M. 2000.

Schockenhoff, Eberhard: Theologie der Freiheit, Freiburg i.Br. 2007.

Schröder, Markus: Die kritische Identität des neuzeitlichen Christentums. Schleiermachers Wesensbestimmung der christlichen Religion, Tübingen 1996.

Seebaß, Gottfried: Handlung und Freiheit. Philosophische Aufsätze, Tübingen 2006.

Slenczka, Notger: Der Freiheitsgehalt des Glaubensbegriffs als Zentrum protestantischer Dogmatik, in: Dierken, Jörg/Scheliha, Arnulf von (Hgg.): Freiheit und Menschenwürde. Studien zum Beitrag des Protestantismus, Tübingen 2005, 49–64.

Slenczka, Notger: Neuzeitliche Freiheit oder ursprüngliche Bindung? Zu einem Paradigmenwechsel in der Reformations- und Lutherdeutung, in: ders./Sparn, Walter (Hgg.): Luthers Erben. Studien zur Rezeptionsgeschichte der reformatorischen Theologie Luthers, Tübingen 2005, 205–244.

Taylor, Charles: Negative Freiheit? Zur Kritik des neuzeitlichen Individualismus, Frankfurt a.M. 1992.
Walzer, Michael: Exodus and Revolution, New York 1985.

Praktische Theologie

Christian Albrecht

Das Pathos der Freiheit. Praktisch-theologische Perspektiven

Freiheit ist einerseits kein prominentes Thema der Praktischen Theologie. Freiheit ist andererseits ihr schlechterdings zentrales und alles bestimmendes Thema.

1. Freiheit als Randthema der Praktischen Theologie

Freiheit ist einerseits kein bestimmendes, ja: kaum einmal ein explizites Thema der Praktischen Theologie. Symptomatisch dürfte sein, was ein Blick in die jüngste Auflage der RGG zutage fördert: Freiheit wird (neben den soziologischen, politischen und juristischen sowie den philosophischen und religionsphilosophischen Hinsichten) zum Thema der alttestamentlichen, neutestamentlichen, kirchenhistorischen, dogmatischen und ethischen Disziplinen der Theologie, nicht aber der Praktischen Theologie (Adriaanse u.a. 2000). Einen solchen praktisch-theologischen Unterartikel gibt es nicht – so wenig wie einen entsprechenden Unterartikel in den vorangegangenen Auflagen der RGG, in der TRE und der alten *Realenzyklopädie für protestantische Theologie und Kirche* (RE) oder auch nur einen Stichworteintrag im umfänglichen Sachregister des *Handbuchs Praktische Theologie* (Gräb/Weyel 2007). Diese Fehlanzeigen sind nicht überraschend. Sie entsprechen ganz und gar dem unmaßgeblichen Vorkommen des Freiheitsthemas in der praktisch-theologischen Theorie. Freiheit ist ein der Praktischen Theologie aus neutestamentlichen, reformationshistorischen, dogmatischen, ethischen und sozialwissenschaftlichen Kontexten zugespieltes Thema, das zwar seine Anklänge in der Praktischen Theologie gefunden, aber keine begrifflich oder auch nur funktional eigenständige Rezeption erfahren hat. Das unterscheidet den Freiheitsgedanken von anderen theologischen Zentralgedanken, die der Praktischen Theologie zwar ebenfalls aus einer oder mehrerer dieser Traditionen zuwuchsen, aber irgendwann als Schlüsselideen der Praktischen Theologie erkannt und eingesetzt wurden, indem ganze Programme der Praktischen Theologie auf sie aufgebaut werden konnten (z.B. Gemeinschaft, Gerechtigkeit, Mission, Verkündigung, Individualität usw.). Das Freiheitsthema hingegen führt ein Randdasein in der Praktischen Theologie.

Entsprechend blass bleibt die Benutzung des Freiheitsbegriffes in der Praktischen Theologie. Er wird zumeist unscharf und nur selten einmal programmatisch eingesetzt, wenngleich sein Pathos bisweilen gespürt und gezielt eingesetzt wird. Doch es wird dann eher das Hintergrundkolorit beispielsweise der paulinischen, reformatorischen oder neuzeitlich-dogmatischen Traditionen aufgerufen; eine begrifflich eigenständige praktisch-theologische Aneignung, Umbildung und Entfaltung dieser Traditionen ist kaum erkennbar.

Darum soll es in diesem ersten Abschnitt gehen, in dem verschiedene, auch formal ganz unterschiedliche Anklänge des Freiheitsthemas in der Praktischen Theologie kurz – und jeweils exemplarisch – beschrieben werden.

a) Einen vergleichsweise hohen Explizitheitscharakter gewinnt das Freiheitsthema in der Praktischen Theologie dort, wo Freiheit als Zielbegriff der kirchlichen Praxis vorkommt und insofern auch in der diese Praxis betreffenden Theorie auftaucht. Das zuerst zu nennende Beispiel ist vermutlich das prominenteste in der Praktischen Theologie. Friedrich Schleiermacher sieht in seinen Vorlesungen zur Praktischen Theologie das Ziel der Seelsorge in der Wiederherstellung der Freiheit des Gemeindegliedes, das um ein Seelsorgegespräch bittet. Schleiermacher geht dabei vom Idealbild der Mündigkeit und Selbständigkeit des Einzelnen in den Dingen des Glaubens aus, das er auch als geistige Freiheit beschreiben kann. Das Bedürfnis oder, wie Schleiermacher sagt, die Anforderung nach Seelsorge ergibt sich dann, wenn diese Selbständigkeit gestört ist, wenn Unmündigkeit an ihre Stelle getreten ist. Die Aufgabe der Seelsorge besteht insofern darin, jene Unmündigkeit aufzuheben und das Bewusstsein der Freiheit wiederherzustellen. Schleiermacher formuliert dazu folgende Grundregel für das Verständnis, die Gestaltung und das Ziel der Seelsorge: »Die geistige Freiheit und Selbständigkeit seiner Gemeineglieder soll der protestantische Geistliche voraussezen, doch muß er sie noch immer mehr zu fördern suchen indem er den einzelnen Anforderungen Genüge leistet. Der Kanon dafür wäre also: der Geistliche hat überall wo solche Anforderung an ihn geschieht sie zu benuzen, die geistige Freiheit der Gemeineglieder zu erhöhen und ihnen eine solche Klarheit zu geben, daß diese [Anforderungen] nicht mehr in ihnen entstehen« (Schleiermacher, *Praktische Theologie* 444f.). Freiheit wird hier als – gefährdete und zu stärkende – Eigenschaft des einzelnen Menschen verstanden (siehe dazu unten unter d). Das bildet den Hintergrund für die Bestimmung des Ziels der Seelsorge: Sie soll die Integration des Einzelnen in die Gemeinschaft der religiös selbständigen Individuen am Maßstab eines je konkreten und individuellen Bildes vom Leben christlicher Freiheit leisten.

Ein kurzer Seitenblick dürfte hier hilfreich sein. In einer stärker lutherisch gefärbten Sprache konnte ein gutes Jahrhundert später (und ohne den Bezug auf Schleiermacher) von dem Praktischen Theologen Otto Haendler formuliert werden, die Seelsorge habe zum »Ziel die Freiheit eines Christenmenschen«: »Rechte Seelsorge muß in dem Betreuten ständig das deutliche Empfinden wachhalten, dass er, gegebenenfalls durch Engen hindurch, von Freiheit zu Freiheit geführt wird« (Haendler, *Grundriss der Praktischen Theologie* 369f.). Gerade die direkte Nebeneinanderstellung macht sichtbar, dass die Inanspruchnahme des Freiheitsbegriffes sich jeweils eigenen Konnotationen verdankt (etwa: hier die stärker idealistischen, dort die stärker lutherisch-theologischen), die jedoch nicht explizit gemacht werden und auch nicht explizit gemacht zu werden brauchen. Denn anklingen soll der Freiheitsgedanke zur gewichtverschaffenden Begründung des Zieles einer kirchlichen Praxis – es sollen aber nicht Konsequenzen der Rezeption dieser Traditionsströme für das nähere Verständnis dieser Praxis entfaltet werden, die sie dort überhaupt nicht oder allenfalls höchst vermittelt haben.

Zurück zu Schleiermacher. Es zählt zu den zahlreichen und hier nicht weiter zu verfolgenden Pointen von Schleiermachers Seelsorgeverständnis, dass die Seelsorge von ihm nicht als Instrument des Gemeindeaufbaus bzw. der Gemeindeorganisation verstanden wird. Eben dies ist in der Folgezeit vielfach deutlich anders gesehen worden. Seelsorge ist in der zweiten Hälfte des 19. Jahrhunderts mehrheitlich verstanden worden als Aufgabe der Wiedereingliederung derjenigen, die der Kirche ferngerückt waren. In der ersten Hälfte des 20. Jahrhunderts dann dominierten Entwürfe, die die Aufgabe der Seelsorge in der Ausrichtung des Einzelnen auf den göttlichen Willen und damit als Verlängerung der Verkündigungsaufgabe der Kirche sahen. Der Widerspruch gegen diese Auffassung hat in der Seelsorgebewegung der 1970er Jahre vielfach zu einer Wiederentdeckung des Freiheitspathos in der Seelsorge geführt, die nicht zuletzt an die von Schleiermacher und Haendler eingeführte begriffliche Bestimmung des Ziels der Seelsorge anknüpfen konnte.

So nimmt auch einer der führenden Repräsentanten der Seelsorgebewegung der 1970er Jahre, Joachim Scharfenberg, als zentralen Grund seiner Konzeption der »Seelsorge als Gespräch«, die als Gegenreaktion auf autoritätsverdächtige Seelsorgeformen der zweiten Hälfte des 20. Jahrhunderts zu verstehen ist, das Pathos des Freiheitsbegriffes in Anspruch. Scharfenberg vermutet thetisch, »daß in der bisher so schwer mißachteten, besonderen Struktur des Gespräches das verborgen liegen könnte, was als das spezifisch Seelsorgerliche bezeichnet werden kann, weil das Gespräch befreien kann und zugleich diese Freiheit einzuüben vermag« (Scharfenberg, *Seelsorge als Gespräch* 10). Hier wird also zunächst das zielbestimmende Gewicht, das der Freiheitsgedanke in der Seelsorgetheorie etwa bei Schleiermacher oder bei dem von Scharfenberg mehrfach hervorgehobenen Haendler hatte, aufgerufen. Doch es zeigt sich schnell, dass Scharfenberg den Freiheitsbegriff mit noch einmal anderem Akzent einsetzt. Ob das Ziel der Seelsorge, dem »Gesprächspartner ein größtmögliches Maß an Freiheit [zu] vermitteln und gemeinsam mit ihm ein[zu]üben« (ebd. 111), erreicht worden ist, wird überprüft an der Frage, ob das Seelsorgegespräch »wirkliche Freiheit« als »wirklich neue Erfahrung« (ebd. 116,119) vermittelt bzw. ob sich im Gespräch »Freiheit im Sinne von Bewußtseinserweiterung [...] ereignen« (ebd. 114) kann. Bei Scharfenberg wird die Freiheitsidee also verbunden mit dem Gedankenreservoir der persönlichen und politischen Emanzipation der Nachkriegsgeneration aus den als autoritär empfundenen Strukturen ihrer Zeit. Damit leuchtet nun, neben dem idealistischen und dem lutherischen, ein dritter Traditionshintergrund hinter der Zielbestimmung der Seelsorge auf – und wiederum geht es kaum darum, eine explizite Rezeption zu leisten, sondern darum, eine Erkennungsmelodie zu intonieren. Der Freiheitsgedanke dient, so lässt sich zusammenfassend sagen, in allen drei Beispielen dazu, die Zielrichtung einer kirchlichen Praxis zu bestimmen; er wird allerdings nicht als eine die materialen Ausführungen leitende Programmidee verwendet, sondern eher als Hintergrundmetapher, die einen bestimmten Bedeutungskontext aufruft.

b) Eine weitere Funktion des Freiheitsgedankens in der Praktischen Theologie besteht darin, dass er als Einspruch gegen methodischen Dogmatismus ins Feld geführt werden kann. Ein Beispiel hierfür soll wiederum aus der Seelsorgelehre gegeben werden, in der die vergleichsweise heftigsten Methodendebatten geführt wurden, und noch einmal kann der Blick sich auf das Seelsorgeprogramm Joachim Scharfenbergs richten. Der im oben beschriebenen Sinne programmatisch eingeführte Freiheitsbegriff wird nämlich nicht nur zur Bestimmung des Ziels der Seelsorge eingesetzt, sondern er wird als ein solchermaßen aufgeladener Begriff zugleich zum Leitkriterium für die Auswahl der angemessenen Methode der Seelsorge. Die »grundsätzliche Frage, aus welchen Forschungsbereichen der Seelsorger methodische Anweisungen zur Gesprächsführung übernehmen kann«, bemisst sich daran, welche dieser Methoden es ihm erlauben, nicht »seinem theologischen Grundprinzip untreu zu werden, demzufolge er seinem Gesprächspartner ein größtmögliches Maß an Freiheit vermitteln und gemeinsam mit ihm einüben sollte« (ebd. 111): »Vom theologischen Prinzip der Freiheit her ergeben sich die Kriterien, die bei einer Orientierung angesichts des Methodenpluralismus auf dem Felde der Gesprächsführung helfen können« (ebd. 92). Scharfenberg überprüft verhaltenstherapeutische, klientenzentrierte und tiefenpsychologisch orientierte Ansätze der Gesprächsführung anhand der Fragestellung, in welchem Maße diese dem angestrebten Freiheitsgewinn dienlich sind.

Unausgesprochen im Hintergrund bleibt dabei das Interesse, eine Methode zu finden, die nicht nur dem Seelsorgesuchenden seine Freiheit gewährt, sondern zugleich dem Seelsorger seine Freiheit belässt – dies lässt nicht zuletzt das Plädoyer für die methodisch gewährte, größtmögliche Interventionsvielfalt erkennen.

Vor allem aber ist notierenswert, dass die in der Praktischen Theologie notorische Debatte über die Rolle sozialwissenschaftlicher Perspektiven, Einsichten, Programme, Begriffe oder Methoden in der Praktischen Theologie hier äußerst abgekürzt geführt wird, indem die nichttheologischen Methoden einem (einzigen) theologischen Auswahlkriterium entgegengestellt und an ihm geprüft werden. Dieses Auswahlkriterium wird nicht näher erläutert oder begründet; der bisherige Gang der Überlegungen erlaubt es, den Freiheitsgedanken als ein normatives Kriterium von fragloser Evidenz in Anspruch zu nehmen. Festzuhalten bleibt: Der nicht näher ausgeführte Freiheitsgedanke beugt methodischer Uniformität vor; er dient unter der Hand zugleich einem abgekürzten Verfahren der Verhältnisbestimmung zwischen theologischen und nichttheologischen Gedankengängen. Beide Leistungen kann der Freiheitsbegriff nur deswegen erbringen, weil er als Plausibilitätsgarant aufgerufen wird, der normative Geltung in Anspruch nehmen kann, ohne diesen Geltungsanspruch eigens begründen oder bewähren zu müssen (vgl. auch Scharfenberg, *Freiheit und Methode*).

c) Gelegentlich ist auch der Fall zu beobachten, dass der Freiheitsbegriff gewissermaßen sekundär in die Praktische Theologie einwandert – und zwar so, dass im Rahmen der praktisch-theologischen Rezeption einer komplexeren sozialwissenschaftlichen Theorie auch Freiheit als eines von deren Theorieelementen in die Praktische Theologie Eingang findet. Nicht dem Freiheitsgedanken selbst gilt dabei das primäre praktisch-theologische Rezeptionsinteresse, sondern einem Theorieorganismus, der unter anderem auch Erwägungen zum Freiheitsgedanken enthält – und diese ziehen dann mittelbar, nämlich im Verbund des gesamten Theorieorganismus, in die Praktische Theologie ein, sozusagen vermittels der Rezeption einer Wirtstheorie des Freiheitsgedankens.

Ein illustratives Beispiel für eine solche sekundäre oder mittelbare Einwanderung des Freiheitsgedankens in die Praktische Theologie findet sich im Bereich der praktisch-theologischen Kirchenlehre. Deren Existenz, das muss hier zur Erläuterung des Rezeptionskontextes kurz angedeutet werden, verdankt sich der grundlegenden Einsicht, dass dogmatische Ekklesiologien allein für ein konstruktives praktisch-theologisches Verständnis der Kirche nicht ausreichend sind, sondern durch Beschreibungen der Wirklichkeit des kirchlichen Lebens ergänzt werden müssen. Denn während dogmatische Kirchentheorien naturgemäß stark mit einem theologischen Idealbegriff der Kirche operieren, muss eine praktisch-theologische Kirchentheorie in sehr viel stärkerem Maße Deutungen der Realität der Kirche integrieren. Im Zusammenhang solcher Suche nach plausibel beschreibenden Interpretationen der Wirklichkeit des kirchlichen Lebens hat nun die Einsicht an Bedeutung gewonnen, dass diese Wirklichkeit des kirchlichen Lebens – unter anderem – stets als soziales Handeln begriffen werden muss, das, wie anderes soziales Handeln auch, auf elementaren anthropologischen Grundgegebenheiten basiert. Zu diesen Grundgegebenheiten gehört es, dass alles soziale Handeln getragen ist von Institutionen, die jenes Handeln strukturieren. Das ist eine der motivierenden Einsichten sozialwissenschaftlicher Institutionentheorien. Diesen sozialwissenschaftlichen Institutionentheorien nun wendet sich die Praktische Theologie zu mit dem naheliegenden und elementaren Interesse, aus deren Überlegungen ein konstruktives Verständnis der Kirche als einer religiösen Institution gewinnen zu können. Der Institutionentheorie also gilt das Rezeptionsinteresse der Praktischen Theologie: Sie wird im Zusammenhang genuiner Fragen der Praktischen Theologie entdeckt, in den ursprünglichen Entstehungskontexten aufgesucht, auf die Problemstellungen der Praktischen Theologie bezogen und auf ihre Aufgaben hin interpretiert (vgl. dazu und zum Folgenden z.B. Rössler, *Grundriß der Praktischen Theologie* 468–472; ders., *Institutionalisierung der Religion* 165–169; in Aufnahme von Gedanken des Kulturanthropologen Bronislaw Malinowski).

Im Rahmen dieser sozialwissenschaftlichen Institutionentheorien tauchen nun – ein sehr knappes Referat muss ausreichen – beispielsweise Überlegungen zu einer menschlichen Grunderfahrung auf, die der religiösen Institution zugrunde liegt. Sie kann als Erfahrung der Abhängigkeit beschrieben werden. Und die auf diese Grunderfahrung reagierende religiöse Institution hat eine leitende Idee – nämlich die Aufhebung der Abhängigkeit in ihr Gegenbild, die Freiheit. Freiheit ist mithin der institutionentheoretische Leitbegriff, unter dem die religiöse Institution die Interessen und Belange des einzelnen Menschen gegenüber seinen Erfahrungen der Abhängigkeit zum Ausdruck bringt. Damit ist der Freiheitsbegriff erreicht – nämlich im Rahmen der praktisch-theologischen Rezeption sozialwissenschaftlicher Institutionentheorien, in deren Gedankengang er eine eigene Theoriestelle einnimmt.

Natürlich trifft der solchermaßen aufgefundene Freiheitsbegriff auf sensible Wahrnehmungsfähigkeiten der Praktischen Theologie. Rasch lässt sich der auf institutionentheoretischem Reflexionswege erreichte Freiheitsbegriff mit dem reformatorischen Freiheitsgedanken verbinden, insbesondere mit den reformatorischen Einsprüchen gegen das römische Autoritätssystem, die mit der Freiheit des individuellen Gewissens begründet wurden, auf das der allein aus Gnade Gerechtfertigte sich sollte berufen können. Das berühmt gewordene protestantische Selbstverständnis der Kirche als der »Institution der Freiheit« (Rendtorff, *Institution der Freiheit*; ders., *Theologische Probleme der Volkskirche* 129; dazu Laube 2011, bes. 162f.) ließ sich von hier aus auffinden, das später einen gemäßigten, dafür offiziellen Anklang finden sollte in der kirchenamtlichen Formel von der »Kirche der Freiheit« (EKD, *Kirche der Freiheit*; vgl. auch Huber 2003).

Doch so wirkungsvoll der Freiheitsgedanke in der praktisch-theologischen Ekklesiologie geworden sein mag – es geht hier darum zu zeigen, dass er nur mittelbar einen Eingang in diese gefunden hat, nämlich auf dem Umweg über die Rezeption der Institutionentheorie und deren gedanklichen Arsenals. Das kann als exemplarisch gelten für den Umstand, dass die strukturierte, zweckbezogene Integration fremder Theorien in die Praktische Theologie, die für deren Theoriebildung ein ganz übliches Verfahren darstellt, in Bezug auf Freiheitstheorien kaum irgendwo zu registrieren ist. Diese wandern, wenn überhaupt, im Gefolge anderer Theorien in die Praktische Theologie ein – und bleiben von diesem Einwanderungskontext abhängig, ohne ein von ihm gelöstes, eigenständiges Theoriedasein in der Praktischen Theologie zu gewinnen.

d) Bisweilen dient der Freiheitsbegriff in der Praktischen Theologie auch der Abbreviatur eines christlichen Menschenbildes. Aufgerufen wird eine Sicht auf den Menschen, der allein aus Gnade gerechtfertigt und damit von der Macht der Sünde und des Todes frei ist. Als ein solchermaßen zur Freiheit bestimmter Mensch ist er derjenige, dem die Handlungen im Namen des Christentums gelten und entsprechen müssen. Formuliert wird damit zugleich ein impliziter Anspruch an religiöse und lehrmäßige Vollzüge des kirchlichen Christentums, diesem Bild des Menschen gerecht zu werden. Exemplarische Belege hierfür bietet am gehäuftesten die Religionspädagogik. Hier finden sich Grundsätze wie etwa derjenige, es habe jede religiöse Erziehung die Freiheit des Heranwachsenden zu respektieren, indem sie die Selbstbestimmung des Erzogenen fördere; es habe jede religiöse Erziehung den Sinn für die Fragilität der Freiheit des Einzelnen zu steigern, für die Möglichkeit des Eingeständnisses von Schuld und Versagen im Horizont der gottgeschenkten Freiheit usw. (Mette 2001: 617). Der Freiheitsbegriff chiffriert elementare religiöse Grundsätze und Überzeugungen des Christentums so, dass ein Bild der Adressaten christlichkirchlicher Praxis entsteht, welches zugleich Umrisse bestimmter Grundthemen oder Grundausrichtungen dieser Praxis erkennen lässt. Das mag in stärker elaborierter Weise geschehen (Nipkow, *Grundfragen der Religionspädagogik*) oder auch dann, wenn in lediglich thetischer Form im Namen der Freiheit z.B. der Respekt vor den Adressaten christlicher Altenarbeit gefordert wird (Blasberg-Kuhnke/Wittrahm 2007). Stets geht es aber um die Erinnerung der Praxis des Christentums an die gebotene Rücksicht auf die gottgegebene Unversehrbarkeit des Menschen, dem die jeweilige Praxis gilt.

e) Des Weiteren taucht die Freiheit in der Praktischen Theologie als Randthema in Fachdiskursen auf. Zu denken wäre hier beispielsweise an Erwägungen zur Willensfreiheit im Rahmen der Seelsorge und der Homiletik (Bobert 2004), zur Religionsfreiheit im Rahmen des Kirchenrechts (Dierken 2003) oder zur Pressefreiheit in der Evangelischen Publizistik (Achtelstetter u. a. 1997; Steck 2000: 441).

f) Freiheit stellt in der Praktischen Theologie bisweilen eine summarische Pathosformel zur Charakterisierung religiöser oder lehrmäßiger Vollzüge dar. So wollen überschriftsartige Formeln wie etwa diejenige vom »Gottesdienst als Fest der Freiheit« (Jüngel, *Gottesdienst als Fest der Freiheit*), vom »Religionsunterricht als Praxis der Freiheit« (Tomberg 2010), von der Seelsorge als »Aneignung der Freiheit« (Engemann 2006), von der konfliktorientierten Form kirchlicher Erwachsenenbildung als »Sprachschule für die Freiheit« (Lange, *Sprachschule für die Freiheit*) eher den Richtungssinn der jeweils nachfolgenden Ausführungen oder Beschreibungen andeuten – sie erheben nicht den Anspruch, dass den jeweils gebotenen Interpretationen ausführlich entfaltete Freiheitstheorien zugrunde lägen.

g) Schließlich findet sich der Freiheitsbegriff in der Praktischen Theologie auch als Leitbegriff in kirchenrechtlichen Zusammenhängen (Stein 1980: 21f.), z.B. im Kontext der Deutung des Pfarrerdienstrechtes. Die besondere Rechtsstellung des Pfarrberufes als eines im kirchlichen Eigenrecht gestalteten Dienstverhältnisses öffentlichen Rechts verbindet Elemente des Beamtenrechts mit Postulaten der Selbständigkeit und Weisungsfreiheit. Die Besonderheit und Absicht dieser dienstrechtlichen Konstruktion kann nun folgendermaßen beschrieben werden: »Das Pfarrerdienstrecht hat die doppelte Aufgabe, die sachgemäße Ausübung des Amtes in der Kirche zu unterstützen und dem Pfarrer Schutz in seinem Dienst zu gewähren, so daß er ihn in größtmöglicher Freiheit und zugleich in Verantwortung gegenüber Gemeinde und Kirche tun kann« (Winkler 1996: 370).

h) Eine viele der genannten Aspekte verbindende und zugleich exemplarische Illustration für die Unschärfe des Freiheitsgedankens in der Praktischen Theologie findet sich in der Homiletik Albrecht Grözingers, und zwar im Zusammenhang der Deutung von Luthers Predigtverständnis (Grözinger, *Homiletik* 55–59). Sie soll abschließend kurz vorgestellt werden, weil sie symptomatisch ist für die unbestimmt bedeutungsgeladene, zugleich blass bleibende Rolle des Freiheitsgedankens in der Praktischen Theologie. Diese Herausstellung von Grözingers Lutherdeutung ist nicht pejorativ gemeint, im Gegenteil: Sie bildet eine ganz und gar im Rahmen des Üblichen sich bewegende, vielfältige Verwendung des Freiheitsgedankens in der Praktischen Theologie ab und spiegelt zugleich noch einmal zahlreiche der oben herausgearbeiteten Aspekte wider.

Grözinger stellt seine Interpretation von Luthers Predigtverständnis unter die Überschrift »Die Entdeckung der Freiheit« (dieses wie alle folgenden Zitate ebd. 55–59). Einleitend wird das Predigtverständnis aus Luthers religiös-theologischer Grundeinsicht abgeleitet, indem festgehalten wird, Luther habe »den reformatorischen Aufbruch als eine elementare Erfahrung der Freiheit« verstanden. Dies wird mit einem Zitat aus Luthers Vorrede zur lateinischen Ausgabe seiner Schriften 1545 erläutert, das eine der zahlreichen Schilderungen des sogenannten Turmerlebnisses enthält. Grözinger zufolge habe Luther »die reformatorische Grunderfahrung der Freiheit« an einem Text gemacht, so dass diese »Grunderfahrung der Freiheit eine Erfahrung ist, die aufs Engste mit der Sprache verknüpft ist«. Es folgt ein Zitat aus den Invokavitpredigten 1522, dessen Interpretation mit folgendem Ergebnis zusammengefasst wird: »Sprachliche Kommunikation ist für Luther nur als ein Akt uneingeschränkter Freiheit denkbar«.

In der sich an diese Einleitung anschließenden Entfaltung kann Grözinger nun bereits von »Luthers Homiletik der Freiheit« sprechen. Sie konkretisiere sich in dreifacher Hinsicht: »im Selbstverständnis des Predigers, in der Bedeutung der Hörerinnen und Hörer der Predigt und im Verständnis der Sprache.« Die anschließenden Ausführungen legen dementsprechend erstens die Aufgabe des Predigers dar, »in aller Freiheit zu predigen«, und zweitens die Aufgabe der Gemeinde, »in aller Freiheit über das Gehörte zu urteilen.« Damit es zu diesem »wechselseitigen Spiel der Freiheit kommen kann, bedarf es der sprachlichen Kommunikation«, was im dritten und ausführlichsten Abschnitt beschrieben wird.

Man erkennt in diesen Ausführungen viele der oben genannten, ganz unterschiedlichen Anklänge des Freiheitsgedankens wieder. Freiheit wird als zusammenfassende Pathosformel für den Vollzug der kirchlichen Predigt eingesetzt (siehe oben f). Im Anschluss wird gezeigt, dass die Freiheit im Gefolge einer komplexen Theorie der

Rechtfertigung des Sünders allein aus Gnade gewissermaßen mittelbar in die Homiletik eingewandert ist (c). Freiheit bildet sodann eine Zielbestimmung des kirchlichen Predigthandelns (a). Freiheit wird des Weiteren als unverbrüchliche Eigenschaft zwar nicht des im kirchlichen Beruf stehenden Pfarrers, aber doch des Predigers aufgestellt (g). Freiheit kennzeichnet schließlich zwar nicht allgemein das christliche Menschenbild, aber doch das Bild der Predigthörer (d).

Gut erkennbar ist hier also noch einmal, dass der Freiheitsbegriff in der Praktischen Theologie eher eine Hintergrundmetapher ist, die dazu dient, bestimmte Bedeutungshöfe aufzurufen, dass aber von einer präzis auf Zwecke der Praktischen Theologie zugeschnittenen, planmäßigen Rezeption und Integration einer oder mehrerer Freiheitstheorien in der Praktischen Theologie nicht gesprochen werden kann. Der Freiheitsgedanke fungiert in der Regel vielmehr als eine Globalchiffre aus der impliziten Dogmatik der Praktischen Theologie, die ihr teils dazu dient, normative Sichten mit Plausibilitätsanspruch zu versehen, teils dazu verhelfen soll, für die Überzeugungskraft ihrer Beschreibungsleistungen zu werben. In dieser bedeutungsgeladenen Intonation bleibt die Freiheit aber doch ein Randthema der Praktischen Theologie.

2. Freiheit als Grundthema der Praktischen Theologie

Freiheit ist andererseits, in der Perspektive eines bestimmten Selbstverständnisses der Praktischen Theologie, ihr schlechterdings zentrales und alles bestimmendes Thema. Freiheit ist dabei nicht nur ein genuines Thema der Praktischen Theologie, es ist das Thema der Praktischen Theologie überhaupt. Am tiefsten prägend dürften die Wirkungen sowohl des lutherischen als auch des neuzeitlich-idealistischen Freiheitsgedankens in der Praktischen Theologie dort sein, wo der Begriff gar nicht vorkommt und die Sache kaum je explizit aufgerufen wird, aber für das Grundverständnis der Praktischen Theologie und für die leitende Absicht aller ihrer theoretischen Ausführungen bestimmend ist.

Man bekommt diese Perspektive, auf die nun im zweiten Abschnitt sehr kurz hingewiesen werden soll, am besten in den Blick von der oben bereits angesprochenen pastoraltheologisch-berufstheoretischen Sichtweise aus, wie sie in der kirchenrechtlichen Verwendungsweise des Begriffes angeklungen war. Als Besonderheit des Pfarrberufes war dort festgehalten worden, um es mit einer Formulierung Dietrich Rösslers noch einmal zusammenzufassen: »Die Freiheit der Amtsführung und die Unabhängigkeit von Beaufsichtigungen gehören zu den großen und unvergleichlichen Privilegien des evangelischen Pfarrers« (Rössler, *Grundriß der Praktischen Theologie* 513).

Die Tätigkeit des Pfarrers ist also dadurch ausgezeichnet, dass sie sich nicht einfach im Rückgriff auf Vorgaben des Amtes noch aus dem Reservoir der individuellen Person bewältigen lässt. Auf der einen Seite kann der protestantische Pfarrer sich nicht auf die objektiv gedachte Zuweisung von geistlichen Qualifikationen in der Weihe berufen. Auf der anderen Seite können die persönlichen Überzeugungen und Standpunkte, die er mitbringt, nicht ausreichend sein. Diese Besonderheit ist in die Auffassung des Pfarrers als Inhaber eines Berufes mit aufgenommen. Die Tätigkeit des Pfarrers als Berufstätigkeit zu verstehen, bringt unter anderem die Aufgabe des Pfarrers zum Ausdruck, zwischen den verbindlich gedachten Grundsätzen der christlichen Überlieferung und den als ebenso unabweisbar erlebten Erwartungen und Anforderungen gegenwärtiger kirchlich-religiöser Wirklichkeiten zu vermitteln. Der Beruf des Theologen ist der Brennpunkt des protestantischen Programms der Verantwortung des Pfarrers, das Leben der Christen in der Kirche in der ständigen Ausmittlung von Überlieferung und Erfahrung zu gestalten.

Das leitende Ziel aller theoretischen Entfaltungen der Praktischen Theologie kann darum darin gesehen werden, in jenen auf Dauer gestellten Vermittlungsaufgaben die Freiheit des Pfarrers im Verhältnis zu sich selbst und zu seinem Handeln sicherzustellen, also: diese Freiheit weder den Vorgaben der Überlieferung, etwa im Amtsbegriff oder im Lehrbestand, noch den Ressourcen seiner persönlichen Frömmigkeit auszuliefern, sondern ihm Selbständigkeit und Urteilsfähigkeit für jene Vermittlungsaufgaben zu überstellen. Diejenige Traditionslinie, die das Ziel der Praktischen Theologie in der Funktion der Bildung des Pfarrers sieht (und für die beispielsweise die praktisch-theologischen Entwürfe Friedrich Schleiermachers, Christian Palmers oder Dietrich Rösslers stehen), stellt den Bildungsgedanken deswegen ins Zentrum ihres Verständnisses der Praktischen Theologie, weil die Bildung jene unaufgebbare Freiheit des Pfarrers sicherstellen soll. Bildung wird zur Grunddimension aller Aufgaben der Praktischen Theologie deswegen, weil sie jene begründete Distanz zur Unmittelbarkeit herstellen soll, die für die angemessene Berufsführung des protestantischen Pfarrers notwendig ist. Der Beruf des Theologen begründet die Notwendigkeit der Freiheit und der Freiheitsgewährung, insofern Freiheit hier verstanden wird als Unabhängigkeit von den Vorgaben und den Zumutungen der Tradition, der Überlieferung, der Intuition – und als Ausdruck der Notwendigkeit, sich souverän zu diesen zu verhalten (Albrecht 2011: 113–118). Bildung wird dabei aufgefasst als dasjenige Instrument, das jene Freiheit sicherstellen kann.

Natürlich gibt es andere Traditionen eines Verständnisses der Praktischen Theologie – Traditionen, die die Aufgabe der Praktischen Theologie stärker in der Überstellung von Können und Fertigkeiten sehen, eher in der Beförderung von Wahrnehmungsfähigkeit, mehr in der Zustellung von Wissen beispielsweise. Wo aber Bildung als zentrale Aufgabe der Praktischen Theologie verstanden wird (Albrecht 2003: 1–19), da ist dies kaum trennbar verbunden mit dem Motiv, eben jene im protestantischen Konzept des Pfarrberufes angelegte und unhintergehbare Freiheit des Pfarrers zu begründen und zu erhalten.

Freiheit ist in dieser Traditionslinie insofern das stets nur implizite, aber doch als leitend identifizierbare Grundthema aller Praktischen Theologie – ihrer einzelnen Ausführungen ebenso sehr als ihres eigentlichen Grundes. Die Praktische Theologie als Ganze, in diesem Sinne verstanden, dient dazu, ihren Adressaten Freiheit zu ermöglichen als innere, begründete Unabhängigkeit von den normativen Vorgaben und autoritativen Ansprüchen der Überlieferung, der Lehrtraditionen, der gegenwärtigen Erfahrung, der Intuition, der Üblichkeiten. Deren Ansprüchen sollen aber andere als wiederum zufällige Meinungen entgegengesetzt werden können, nämlich: Gründe. In diesem Sinne ist jede Praktische Theologie, die sich dem Bildungsprogramm verpflichtet weiß, eine Umsetzung der Einsicht in die Notwendigkeit, die Freiheit des Pfarrers zu begründen und sicherzustellen.

Quellen- und Literaturverzeichnis

1. Quellen

Evangelische Kirche in Deutschland (Hg.): Kirche der Freiheit. Perspektiven für die evangelische Kirche im 21. Jahrhundert. Ein Impulspapier des Rates der EKD, hg. vom Kirchenamt der Evangelischen Kirche in Deutschland, Hannover o.J. [2006].

Grözinger, Albrecht: Homiletik (Lehrbuch Praktische Theologie 2), Gütersloh 2008.

Haendler, Otto: Grundriss der Praktischen Theologie (Sammlung Töpelmann I/6), Berlin 1957.

Jüngel, Eberhard: Der Gottesdienst als Fest der Freiheit. Der theologische Ort des Gottesdienstes nach Friedrich Schleiermacher, ZZ 38 (1984), 264–272.

Lange, Ernst: Sprachschule für die Freiheit. Ein Konzept konfliktorientierter Erwachsenenbildung, in: ders.: Sprachschule für die Freiheit. Bildung als Problem und Funktion der Kirche, hg. von Rüdiger Schloz (Edition Ernst Lange 1), München 1980, 115–132.

Nipkow, Karl Ernst: Grundfragen der Religionspädagogik, 3 Bde., Gütersloh 1975/1982.

Rendtorff, Trutz: Institution der Freiheit. Volkskirche in der Dimension des Bekenntnisses, LM 15 (1976), 18–21.

Rendtorff, Trutz: Theologische Probleme der Volkskirche, in: Lohff, Wenzel/Mohaupt, Lutz (Hgg.): Volkskirche – Kirche der Zukunft? Leitlinien der Augsburgischen Konfession für das Kirchenverständnis heute (Zur Sache Heft 12/13), Hamburg 1977, 104–131.

Rössler, Dietrich: Die Institutionalisierung der Religion (1977), in: ders.: Überlieferung und Erfahrung. Gesammelte Aufsätze zur Praktischen Theologie, hg. von Christian Albrecht/Martin Weeber (Praktische Theologie in Geschichte und Gegenwart 1), Tübingen 2006, 164–180.

Rössler, Dietrich: Grundriß der Praktischen Theologie, Berlin/New York 1994².

Scharfenberg, Joachim: Seelsorge als Gespräch. Zur Theorie und Praxis der seelsorgerlichen Gesprächsführung, Göttingen 1972.

Scharfenberg, Joachim: Freiheit und Methode, in: Becher, Werner (Hg.): Wagnis der Freiheit. Ein internationaler Kongreß für Seelsorge und Beratung, Göttingen 1981, 83–89.

Schleiermacher, Friedrich: Die praktische Theologie nach den Grundsätzen der evangelischen Kirche. Aus Schleiermachers handschriftlichem Nachlasse und nachgeschriebenen Vorlesungen, hg. von Jacob Frerichs (Friedrich Schleiermacher's sämmtliche Werke I/13), Berlin 1850.

2. Sekundärliteratur

Achtelstetter u.a. 1997: Achtelstetter, Karin u.a.: Art. Publizistik/Presse III. Evangelische Publizistik und Presse, TRE 27, Berlin/New York 1997, 704–718.

Adriaanse u.a. 2000: Adriaanse, Hendrik Johan u.a.: Art. Freiheit, RGG⁴ 3, Tübingen 2000, 304–322.

Albrecht 2003: Albrecht, Christian: Bildung in der Praktischen Theologie, Tübingen 2003.

Albrecht 2011: Albrecht, Christian: Enzyklopädische Probleme der Praktischen Theologie (Praktische Theologie in Geschichte und Gegenwart 9), Tübingen 2011.

Blasberg-Kuhnke/Wittrahm 2007: Blasberg-Kuhnke, Martina/Wittrahm, Andreas: Altern in Freiheit und Würde. Handbuch christliche Altenarbeit, München 2007.

Bobert 2004: Bobert, Sabine: Art. Wille/Willensfreiheit V. Praktisch-theologisch, TRE 36, Berlin/New York 2004, 105–107.

Dierken 2003: Dierken, Jörg: Das Religionsrecht und die Dialektik der Freiheit, ZThK 100 (2003), 64–89.

Engemann 2006: Engemann, Wilfried: Aneignung der Freiheit. Lebenskunst und Willensarbeit in der Seelsorge, WzM 58 (2006), 28–48.

Gräb/Weyel 2007: Gräb, Wilhelm/Weyel, Birgit (Hgg.): Handbuch Praktische Theologie, Gütersloh 2007.

Huber 2003: Huber, Wolfgang: Art. Volkskirche I. Systematisch-theologisch, TRE 35, Berlin/New York 2003, 249–254.

Laube 2011: Laube, Martin: Die Kirche als »Institution der Freiheit«, in: Albrecht, Christian (Hg.): Kirche (Themen der Theologie 1), Tübingen 2011, 131–170.

Mette 2001: Mette, Norbert: Art. Freiheit, LexRP 1, Neukirchen-Vluyn 2001, 612–618.

Steck 2000: Steck, Wolfgang: Praktische Theologie. Horizonte der Religion – Konturen des neuzeitlichen Christentums – Strukturen der religiösen Lebenswelt, Bd. 1, Stuttgart u.a. 2000.

Stein 1980: Stein, Albert: Evangelisches Kirchenrecht. Ein Lernbuch, Neuwied u.a. 1980.

Tomberg 2010: Tomberg, Markus: Religionsunterricht als Praxis der Freiheit (Praktische Theologie im Wissenschaftsdiskurs 7), Berlin/New York 2010.

Winkler 1996: Winkler, Eberhard: Art. Pfarrer II. Evangelisch 3. Kirchenrechtlich, TRE 26, Berlin/New York 1996, 370f.

3. Literaturhinweise zum vertiefenden Studium

Schleiermacher, Friedrich: Die praktische Theologie nach den Grundsäzen der evangelischen Kirche. Aus Schleiermachers handschriftlichem Nachlasse und nachgeschriebenen Vorlesungen, hg. von Jacob Frerichs (Friedrich Schleiermacher's sämmtliche Werke I/13), Berlin 1850.

Palmer, Christian: Evangelische Pastoraltheologie, Stuttgart 1860 u.ö.

Rössler, Dietrich: Grundriß der Praktischen Theologie, Berlin/New York 1994².

Praktische Philosophie

Gottfried Seebaß

Das Rätsel der Freiheit.
Der Freiheitsbegriff in der Praktischen Philosophie

1. Freiheit – ein fremdbeeinflusster Positivbegriff

Die Freiheitsfrage hat Menschen immer beschäftigt. Doch gerade das steht ihrer unvoreingenommenen Erörterung oft im Wege. Freiheit gilt als besonders *hoher Wert,* den niemand missen will. Folglich ist die Versuchung groß, das Wort zu *besetzen* und das in es hineinzulegen, was einem selbst als besonders wertvoll erscheint. Das geht z.T. bis zu offener Rabulistik, z.B. wenn Freiheit mit Autoritarismus bis hin zum *Kadavergehorsam* gleichgesetzt wird (vgl. James, *The Varieties of Religious Experience* 310–315), mag dies oft auch verdeckt sein durch die besänftigende Rede von *wahrer Freiheit* (»Gebundenheit an/durch x ist wahre Freiheit« u.ä.). Aber auch weniger extreme Fälle sind einschlägig. Die Produktwerbung und die ökonomische, vor allem aber politische *Propaganda* bieten zahllose Beispiele. Manche Organisationen versuchen schon durch ihre Selbsttitulierung als *freie* bzw. *liberale* zu insinuieren, dass nur sie wahre Freiheit vermitteln. Andere wollen ihre Ziele befördern, indem sie den Freiheitsbegriff in prinzipiellen Gegensatz zu all dem bringen, was sie verwerfen. Ein altes Beispiel hierfür ist die angebliche Unvereinbarkeit von Freiheit und *Sozialismus.* Ein anderes, noch gravierenderes ist der behauptete Gegensatz von Freiheit und *Gleichheit,* obwohl schon kurzes Nachdenken zeigt, dass hier ein Kategorienfehler vorliegt, da beide Begriffe auf ganz verschiedenen Ebenen liegen (Seebaß 2006: 256–259).

In der *Philosophie* ist der vor allem politisch interessierte Missbrauch des Positivwortes »Freiheit« seit langem bemerkt und kritisiert worden, z.B. von Platon (*Politeia* 557a–564b), Aristoteles (*Politik* 1310a25–38, 1317a40–1317b17) oder Montesquieu (*De l'esprit des lois* XI, 2). Auch Philosophen aber sind an der interessierten Bedeutungsverschiebung beteiligt. So haben Hegel (*Enzyklopädie* §§ 484, 514, vgl. 158f.) und Engels (*Herrn Eugen Dührings Umwälzung der Wissenschaft* 106) wahre Freiheit ungeniert mit recht verstandener »Notwendigkeit« gleichgesetzt. Und Nietzsche hat den »freien Menschen« sogar als »männlichen Krieger« definiert, der »bereit ist, seiner Sache Menschen zu opfern«, und »mit Füssen auf die verächtliche Art von Wohlbefinden [tritt], von dem Krämer, Christen, Kühe, Weiber, Engländer und andre Demokraten träumen« (Nietzsche, *Götzen-Dämmerung*; SW 6, 139f.). Aber auch moderatere Denker haben oft versucht, den Freiheitsbegriff so umzudeuten, dass er zu ihren Interessen und Überzeugungen passt. Das gilt vor allem in drei entscheidenden Hinsichten:

Erstens sind Philosophen wie Theologen seit langem bestrebt, einen Begriff von »Freiheit« zu finden, der mit der universalen *Determiniertheit* der Welt zu vereinbaren ist, ausgehend vom Glauben an eine göttliche Vorsehung oder (z.B.) von der natur- oder geschichtsphilosophischen Prämisse, dass alles Geschehen deterministischen Gesetzen folgt und durch diese komplett bestimmt wird. Zweitens haben viele Philosophen versucht, den Freiheitsbegriff so zu verengen, dass die *Willensfreiheit,* die besonders problematisch erscheint, ganz herausfällt. Systematisch wird hier argumentiert, die bloße Anwendung des Freiheitsprädikats auf den Willen enthalte einen Kategorienfehler oder führe in einen Regress. Und historisch wird geltend gemacht, der Begriff der Willensfreiheit, wenn nicht sogar des Willens selbst, sei dem klassischen Griechentum fremd gewesen und erst wesentlich später entwickelt worden, maßgeblich beeinflusst von der jüdisch-christlichen Tradition, die ihn aus theologischen Gründen (etwa zur Lösung des Theodizeeproblems) eingeführt habe. Doch weder die systematische Kritik noch die geistesgeschichtlichen Diagnosen, die das Konzept philosophisch diskreditieren sollen, halten kritischer Prüfung stand (Seebaß 1993: 29–31, 242–245; 2006: 123f., 214f., 351, 361; 2007: 79–132), sondern erweisen sich als diktiert von fremden, freiheitsexternen Vorannahmen.

Manche von diesen begründen auch eine dritte Form interessierter Bedeutungsverschiebung, d.h. die offene oder verdeckte Infiltration der deskriptiven Rede von »Freiheit« durch *präskriptive* bzw. *normative* Zusätze, um sie an etablierte *Moral-* und *Rechtsvorstellungen* anzupassen. Dazu gehört z.B. Hegels Rede vom zu sich selbst gekommenen »wahrhaft« freien Willen, der mit Notwendigkeit in der allgemeinen, rechtsförmig objektivierten »Sittlichkeit« aufgeht (Hegel, *Grundlinien der Philosophie des Rechts* §§ 7, 21–33, 142–157; *Enzyklopädie* §§ 480–487, 513–515), oder Schellings berühmt-berüchtigte Definition der Freiheit als »Vermögen des Guten und des Bösen« (Schelling, *Philosophische Untersuchungen über das Wesen der menschlichen Freiheit;* SW VII, 352). Dazu gehören aber vor allem Versuche, nicht nur (mit Kant, *Kritik der praktischen Vernunft;* AA V, 4, 29–31 u.ö.) Freiheit als Faktum aus der vorausgesetzten Geltung von Moral und Recht abzuleiten, sondern den Freiheitsbegriff auch dem Inhalt nach von der bestehenden moralischen und rechtlichen Zurechnungspraxis abhängig zu machen. Beides ist in Teilen der neueren Philosophie wie der Rechtstheorie verbreitet, wo die rechtsrelevante personale Freiheit z.T. sogar zur »staatsnotwendigen Fiktion« (vgl. Dreher 1987: 35, 53–59) deklariert oder platt erklärt wird, dem Menschen werde sein Tun »nicht darum zugerechnet, weil er frei ist, sondern der Mensch ist frei, weil ihm zugerechnet wird« (Kelsen 2000: 102).

2. Ansatz beim alltäglichen Sprachgebrauch

All diese Fälle offener oder verdeckter Fremdbeeinflussung machen es ratsam, nicht von entwickelten Freiheitskonzeptionen auszugehen, sondern sich zunächst um einen vortheoretisch unvoreingenommenen Blick auf die Sache zu bemühen. Hier bietet sich der Rekurs auf den *alltäglichen Sprachgebrauch* an, so wie es die Philosophie (spätestens) seit Aristoteles erfolgreich praktiziert. Manche Autoren, zumal Vertreter des sogenannten Wirtschaftsliberalismus, haben versucht, gerade diesen Zugang zum Freiheitsbegriff als »terminologische Falle« und »Quelle gefährlichen Unsinns« zu diskreditieren (Hayek 2005: 26). Doch dieses Verdikt ist ersichtlich von der Befürchtung diktiert, dass die so zu gewinnenden Resultate nicht zu den eigenen Wertüberzeugungen passen, und sollte uns nicht irritieren. Gewiss, auch die Alltagssprache ist nicht sakrosankt. Sie ist historisch gewachsen und änderbar. Sinnvolle Änderungen aber beruhen nicht auf stipulativer Willkür, sondern müssen sich ausweisen, nämlich *im Bezug* auf die Phänomene, um die es jeweils geht und die eben *primär* immer durch die Alltagssprache erschlossen werden.

Diese zeigt, dass der Freiheitsbegriff *kein* primär normativer, sondern ein *deskriptiver Begriff* ist, der etwas beschreiben soll, was der Fall ist oder nicht. Allerdings steht er mit Normen in signifikantem Zusammenhang (vgl. Seebaß 2007: 35-78). Denn normative Verhaltenskontrolle, wie sie humane, nicht manipulative Rechts- und Moralsysteme auszeichnet, ist nur sinnvoll bei Personen, seien es Individuen oder Kollektive, die *normativ ansprechbar* sind und *zurechenbar handeln* können. Dazu müssen sie in doppelter Hinsicht *frei* sein. Sie müssen frei sein, das normativ Verlangte aktiv intervenierend oder unterlassend herbeizuführen bzw. zu verhindern. Und sie müssen frei sein, willensbildende Überlegungen durchzuführen, sich an bestehenden Normen zu orientieren und jeweils zu entscheiden, ob sie sie befolgen oder verletzen. Personen, die diese Bedingungen nicht erfüllen, handeln normalerweise nicht zurechenbar. Normensysteme und Zurechnungspraktiken, die das ignorieren, indem sie z.B. Unerfüllbares fordern oder Personen schuldig sprechen, die zu freier Willensbildung unfähig sind (Kinder, Geisteskranke u.a.), werden als solche legitim kritisiert. Insofern erfüllt die deskriptive Ermittlung des realen Freiheitsbesitzes eine bedeutende *gesellschaftskritische Funktion,* die durch eine attributivistische Umkehrung des Fundierungsverhältnisses (à la Kelsen) konterkariert würde.

3. Der Gattungsbegriff der Freiheit

Um so wichtiger ist die Klärung der deskriptiven Freiheitsmerkmale. Festzustellen ist zunächst, dass das Wort »frei« und seine Ableitungen nicht nur auf Menschen, sondern auch auf Tiere und unbelebte Objekte bezogen werden (»Freilauf«, »freier Fall« usw.) und im allgemeinsten Sinne etwa so viel bedeuten wie »ungehindert«. Die Sprachwissenschaft hat das bemerkt, ebenso die Philosophie, insbesondere Hobbes (*Vom Menschen. Vom Bürger* 170; *Leviathan* 32f., 116, 196f.; *The questions concerning liberty, necessity, and chance* 367f., 389f.) und Schopenhauer (*Die beiden Grundprobleme der Ethik* 43f.). Der Gattungsbegriff der *Hindernisfreiheit* umfasst zahlreiche Unterarten. Dazu gehören die Begriffe der *Handlungsfreiheit* und *Zwangfreiheit*, die schon in der Antike entwickelt wurden und fast alle Formen sozialer, politischer und ökonomischer Freiheit abdecken (Glaubensfreiheit, Freizügigkeit, Zollfreiheit etc.). Handlungsfrei zu sein heißt: nicht gehindert zu sein, so zu handeln, d.h. handeln zu können, wie man will. Etwas komplexer ist der Begriff der Zwangfreiheit. Im weitesten, umgangssprachlichen Sinn ist er nahezu äquivalent mit dem Gattungsbegriff der Hindernisfreiheit (vgl. u.a. Grimm, *Deutsches Wörterbuch*, Art. Hindern IV/2, 1408–1411; Art. Zwingen XVI, 1227–1267). Enger ist die in der Philosophie dominante Aristotelische Definition, die verlangt, dass der Handlungsanfang nicht außerhalb, sondern »im Menschen« liegt und dass »es bei ihm steht«, was er tut (vgl. Aristoteles, *Nikomachische Ethik* 1110a1–1110b17, 1111a22–24, 1135a23–1135b7; *Eudemische Ethik* 1224a9–1225a37). Diese Definition ist noch immer weit und umfasst ganz verschiedene Fälle der Fremdbestimmtheit und des äußeren oder inneren Zwanges (Notlagen, Nötigung, Erpressung, Sucht etc.). Einige von diesen decken bzw. überschneiden sich mit Fällen, die heute als solche mangelnder »Willensfreiheit« aufgefasst werden. Auch hier gibt es diverse Unterarten, die eine vorurteilsfreie Erörterung des Freiheitsbegriffs nicht ignorieren darf. Konzeptuell wird dem am besten Rechnung getragen, indem man überlegungs- und willensfähige Personen (Individuen oder Kollektive) genau dann als »willensfrei« bezeichnet, wenn sie in ihrer *Willensbildung* nicht signifikant gehindert sind.

Kernstück sämtlicher Freiheitsbegriffe ist der Begriff der *Hinderung*, der sehr weit, aber mühelos spezifizierbar ist anhand der Leitfragen, (a) *wer* oder *was* gehindert wird, (b) *woran* und (c) *wodurch*. Ein Fluss z.B. »fließt frei«, wenn er in seinem natürlichen Lauf nicht durch Stauwehre und Dämme gehindert wird. Ein gelähmter oder gefesselter Mensch ist »unfrei«, weil er durch unnatürliche innere oder äußere Umstände gehindert wird, sich zu bewegen, wie er möchte. Um freiheitsrelevant zu sein, müssen Hindernisse nicht allumfassend sein (Locked-in-Syndrom vs. gelähmtes Bein) und nicht absolut verhindernd, sondern vielleicht nur behindernd (gelähmtes vs. hinkendes Bein). Der Freiheitsbegriff ist *graduierbar*, allerdings muss die Hinderung *signifikant* sein. Allen Unterarten gemeinsam ist der Gedanke, dass etwas bzw. jemand gehindert wird, so zu existieren, zu leben oder sich zu entfalten, wie es seiner »Natur« oder seinem »Wesen« entspricht. In welchen möglichen Hinsichten und Graden eine Person (Individuum oder Kollektiv) frei oder unfrei ist, bemisst sich deshalb nach zwei zentralen Kriterien: (1) den relevanten Standards der *Natürlichkeit* oder *Wesentlichkeit* und (2) dem Spielraum der *Möglichkeiten*, die für sie offen oder verschlossen sind.

Prima facie kann man sagen: Je größer die Anzahl offener Möglichkeiten, desto kleiner die Hinderung und desto größer die Freiheit. Doch Hindernisse, die nicht wesentlich sind, fallen heraus. Zahllose Möglichkeiten, die theoretisch offen sein könnten, sind (partiell oder komplett) verschlossen, ohne dass dies unsere Freiheit reduziert. Wenn ich mich z.B. eigenständig, ohne Fremdeinfluss entschieden habe, ein mir wichtiges Konzert zu besuchen, bin ich nicht unfrei, obwohl es mir damit unmöglich ist, die 80. Folge einer trivialen TV-Seifenoper oder Quizsendung anzusehen. Und auch als interessierter Fernsehzuschauer bin ich nicht vierzigmal freier, weil ich heute zwischen 80 Programmen wählen kann statt nur zwischen zwei Programmen in meiner Schulzeit. Freiheit setzt offene Möglichkeiten voraus, aber offensichtlich nur solche, die für die Betreffenden »natürlich« oder »wesentlich« sind.

4. Implikationen des Gattungsbegriffs

Klarheit über beide Kriterien und ihren Zusammenhang ist wichtig auch, um Verzerrungen nach zwei Seiten hin zu vermeiden. Zum einen geht es um konzeptuelle *Vereinheitlichung*. So macht der Rekurs auf den Gattungsbegriff klar, dass die kolloquialen Unterscheidungen zwischen »negativer« und »positiver Freiheit« oder »Freiheit von« und »Freiheit zu« auf einer Begriffsverwirrung beruhen, handelt es sich in Wahrheit doch nur um zwei Seiten ein und derselben Medaille. Wer »von« signifikanten Hindernissen frei wird, wird eben damit frei »zum« Realisieren jener Möglichkeiten, die ihm durch sie versperrt waren, und umgekehrt. Wer Freiheitsspielräume eröffnet, indem er »negativ« dafür sorgt, dass hindernde Umstände (Zäune, diskriminierende Schulgesetze o. ä.) nicht auftreten oder verschwinden, tut im Prinzip nichts anderes als jemand, der diese Spielräume durch Schaffung »positiver« Zugangsmöglichkeiten (Zauntüren oder Brücken, nichtdiskriminierende Schulgesetze etc.) sicherstellt. Entscheidend ist jeweils nicht die besondere Art der freiheitssichernden Umstände, sondern allein die Tatsache, dass der Zugang zu jenen Möglichkeiten, die für die Betreffenden wesentlich sind, nicht signifikant behindert oder verhindert wird.

Zum anderen geht es um konzeptuelle *Differenzierung*. So kann man die relevanten Hindernisse, zumal bei menschlichen Personen, nicht auf äußere Umstände reduzieren (wie Hobbes, *Vom Menschen. Vom Bürger* 170; *Leviathan* 116, 196; *The questions concerning liberty, necessity, and chance* 367f., 389f.) oder auf Eingriffe anderer Menschen (Berlin 1958: 7–16; Hayek 2005: 13f., 28f., 171–173). Denn als wesentlich für die Betroffenen können sich je nachdem, welche Situation man ins Auge fasst, Hindernisse verschiedenster Form erweisen. Menschengemachte (Zäune, Gesetze) gehören genauso dazu wie naturgegebene (Katastrophen, Krankheiten), äußere genauso wie innere, körperliche (Verletzungen, Lähmungen) wie geistige (Phobien, Affekte, intellektuelle Defekte etc.). Das bedeutendste geistige Hindernis, das auch nichtpathologisch permanent auftritt, ist mangelndes *Wissen,* das in der Philosophie von jeher als eines der Hauptkriterien persönlicher Freiheit und Zurechenbarkeit gilt (vgl. bes. Platon, *Nomoi* 860c–872c; Aristoteles, *Nikomachische Ethik* 1110b17–1111a24, 1113a15–1114b25, 1135a23–1136a9; *Eudemische Ethik* 1225b1–16). Wer nicht weiß, welche Optionen er hat, welche Mittel er einsetzen kann oder muss, um sie zu realisieren, und welche Folgen und Nebenfolgen, faktische wie normative, sie mit welcher Wahrscheinlichkeit haben, kann seine Überlegungen nicht daran orientieren, ist also in seiner Willensbildung signifikant gehindert und insofern willensunfrei. Entsprechend erkennt auch das Strafrecht Unwissenheit in Form von Tatbestands- wie Verbotsirrtum als relevante Entschuldigungsgründe an, vorausgesetzt natürlich, diese Wissensdefizite sind den Tätern nicht ihrerseits schuldhaft zuzurechnen (vgl. Seebaß 2005; 2006: 49–79).

Zahllose mögliche Wissensinhalte kennen Menschen unverschuldet und unvermeidbar nicht. Die meisten davon sind unwesentlich für sie, keineswegs aber alle. Manche freiheitsbeschränkende Wissensdefizite entspringen allein der *praktischen* (z.B. kalkulatorischen oder zeitlichen) Unfähigkeit, sie zu beseitigen, andere haben tiefere Ursachen. Epistemisch unfrei können auch Personen sein, deren intellektuelle *Begabung* nicht ausreicht, um wesentliche Zusammenhänge zu erfassen, oder die nicht das Glück hatten, in einer *sozialen Umgebung* geboren zu sein, die ihnen die nötigen Bildungschancen bot und auch Minderbegabten oder Lernunwilligen die Mittel gab, sich das Expertenwissen anderer einzukaufen. Gleiches gilt für andere freiheitsrelevante Ressourcen wie etwa körperliche Kraft und Geschicklichkeit, Charisma, politische oder wirtschaftliche Macht. Auch hereditäre und soziokulturelle Umstände, die den Betroffenen ohne ihr eigenes Zutun kontingent, schicksalhaft oder fremdinduziert vorgegeben sind, können signifikante Hindernisse sein. Wie weit Gesellschaften, zumindest solche, die sich den Prinzipien der Chancengleichheit und persönlichen Leistung verpflichtet fühlen, sich auch moralisch und rechtlich dazu verpflichten sollten, nicht persönlich verschuldete ungleiche Freiheitsverteilungen (analog zum Schuldprinzip des Strafrechts) bei der Leistungsbewertung und Sanktionierung ihrer Mitglieder differentiell zu berücksichtigen oder sogar zu kompensieren, darüber kann man streiten. Indiskutabel aber ist der Versuch mancher sogenannter »Liberalisten«, soziale Unfreiheiten dieser

Art durch interessierte Begriffsverkürzung nicht einmal mehr beim Namen zu nennen.

5. Freiheit und Determinismus als Problem

Weder der Gattungsbegriff noch eine der bislang erwähnten Arten sind *per definitionem* unvereinbar mit Notwendigkeit oder Determiniertheit. Insofern muss die Suche nach dazu passenden Freiheitskonzepten auch nicht *a limine* abwegig sein. Unter gewissen Umständen ist die Vereinbarkeit sogar trivial. Denn natürlich kann eine Handlung oder Willenshaltung, die in der Vergangenheit liegt und nicht mehr geändert werden kann, ursprünglich frei entstanden sein. Oder ein Resultat, das heute offen ist (Lottozahlen), kann später (nach der erfolgten Ziehung) fixiert und notwendig werden. Dennoch ist der Verdacht nicht falsch, dass Freiheit und Determiniertheit bzw. Notwendigkeit in einem Spannungsverhältnis stehen, das ihre Vereinbarkeit in vielen nichttrivialen Fällen zum Problem macht. In einer *deterministischen* Welt ist eben *alles,* gleichgültig aus welchen Gründen, vollständig festgelegt, folglich in ihr *ohne Alternative* und damit in einem prägnanten, zuerst von Aristoteles klar herausgearbeiteten Sinne *notwendig* (vgl. Aristoteles, *Metaphysik* 1015a34–36; erläuternd Seebaß 2006: 131f., 327–331). Nur jeweils eine der zahllosen Möglichkeiten, die in Betracht stehen, kann wirklich sein bzw. wirklich werden. Alle anderen sind ausgeschlossen, d.h. es gibt keinen *Spielraum* offener Alternativen mehr. Eines der beiden zentralen Freiheitskriterien ist hier also, wie es scheint, prinzipiell unerfüllbar. Gemessen am Kriterium offener Möglichkeiten ist der Freiheitsgrad in einem deterministischen Universum gleich Null.

Dass hier ein ernstes Problem liegt, ist früh gesehen worden und hat schon in der Antike verschiedene Reaktionen provoziert (Seebaß 2007: 117–127). Vor allem Deterministen, welche die menschliche Freiheit retten wollen, waren und sind bis heute herausgefordert zu zeigen, wie dies im Rahmen ihres Weltbilds möglich ist. Das betraf zunächst die Stoiker, später christliche Theologen und in der Neuzeit vor allem Theoretiker, die glaubten, die klassische Physik (nach Newton) liefere das Paradigma einer deterministischen Wissenschaft, die im Prinzip alles erfassen kann, auch alles menschliche Denken, Wollen und Handeln. Obwohl solche Erwartungen sich nicht erfüllt haben und inzwischen sogar, zumal im Blick auf die Quantenphysik, meist mit Skepsis betrachtet werden, gibt es bis heute Philosophen (vgl. z.B. Honderich 1988) und Wissenschaftler, auch Quantenphysiker (vgl. Dürr 2001), die deterministische Positionen vertreten oder solche zumindest für unentschieden halten (vgl. Earman 2004). Insofern hält auch die freiheitstheoretische Herausforderung an und erklärt das Interesse an relevanten Lösungsvorschlägen.

6. Unzureichende Lösungsversuche

Die radikalste Lösung wäre der komplette *Verzicht* auf das prekäre Möglichkeitskriterium. So haben Theologen wie Origenes (*Peri archon* II 9; vgl. Benjamins 1994: 113–121, 138–147) und Luis de Molina (*On Divine Foreknowledge* 24–28, 168–171; vgl. Trinkaus Zagzebski 1991: 125–152; Gaskin 1993) ingeniöse Szenarien entworfen, die zeigen sollen, dass freies Handeln *nicht* an die reale Möglichkeit gebunden ist, *anders* zu handeln. Ähnliche Szenarien sind in der neueren Philosophie entworfen worden (vgl. bes. Frankfurt 1988: 1–10; aber auch z.B. Widerker 2006). Kern der Argumente ist die These, dass eine Handlung, zu der eine Person sich (eventuell sogar indeterministisch) frei entschieden hat, auch dann frei bleibt, wenn eine übermächtige Kontrollinstanz (Gott, diabolischer Neurologe, Computer o.ä.) korrektiv interveniert hätte, falls die Person sich gegenteilig entschieden hätte. Man kann aber relativ leicht sehen, woran solche Argumente scheitern (ähnlich wie schon weniger raffiniert der Stoiker, z.B. *Stoicorum Veterum Fragmenta* II 975) und warum dieser Rettungsversuch, so ingeniös er ist, kritische Rezipienten kaum beeindruckt hat.

Andere haben das Möglichkeitskriterium beibehalten, aber versucht, ihm einen so *schwachen Sinn* zu geben, dass es mit dem Determinismus *kompatibel* ist. Eine Idee, die vor allem Naturwissenschaftler fasziniert (vgl. bes. Planck 1965: 139–168, 301–317,

334–349; und MacKay 1967), in der Philosophie aber schon länger präsent ist (z.B. Snell, *Über Determinismus und moralische Freiheit* 56–58), geht dahin, den freiheitsrelevanten Sinn der Rede vom »Möglichsein« oder »Können« *rein epistemisch* zu interpretieren, d.h. als die bloße (wie immer begründete) *subjektive* Überzeugung von Personen, sie könnten so oder anders handeln, obwohl es *objektiv* nicht so ist. Doch schon Locke (*An Essay concerning Human Understanding* II 21,10) hat an einem schlagenden Beispiel gezeigt, dass dies unserer Rede von »Freiheit« nicht entspricht, und natürlich wäre ein derartiger Subjektivismus von vornherein als »Vogel-Strauß-Politik« suspekt.

Die meisten Anhänger »kompatibilistischer« Lösungen erkennen die ontologische Signifikanz des Kriteriums an und wollen zeigen, dass es auch unter deterministischen Prämissen angebracht ist, in einem schwachen, freiheitsrelevanten Sinne davon zu reden, dass Alternativen *objektiv* »möglich« sind bzw. sein oder realisiert werden »können«. Auch dieses Vorhaben erscheint kühn, ja heroisch. Manche Denker (speziell Duns Scotus und Leibniz, vgl. Seebaß 2006: 152f., 219f.) wollten den gordischen Knoten kurzerhand durchschlagen und den freiheitsrelevanten Sinn auf den extrem schwachen der *logischen Möglichkeit* (Widerspruchsfreiheit) reduzieren. Unvereinbar sei Freiheit nur mit »Notwendigkeit«, nicht mit bloßer »Determiniertheit« oder »Gewissheit«, da deren Gegenteil weiterhin denkbar bleibe. Bezogen auf die (bei Duns und Leibniz vorausgesetzte) Freiheit Gottes bei der Wahl zwischen logisch möglichen Welten mag diese Deutung angehen. Bezogen auf die Freiheit von Menschen und anderen innerweltlichen Wesen ist sie grotesk bzw. ein Extrembeispiel für eine deterministisch interessierte Bedeutungsverschiebung, der zudem eine Verkennung des prägnanten Aristotelischen Begriffs der Notwendigkeit zugrunde liegt. Kant hat sie denn auch mit Recht (ähnlich wie vor ihm Luther, *De servo arbitrio;* WA 18, 617, 722; *Diui Pauli apostoli ad Romanos Epistola;* WA 56, 382–385) verspottet, so als könne es zu etwas Wahrem etwas »noch wahrhaft Wahreres« (*vero verius*) geben, zu etwas Determiniertem etwas »noch Determinierteres« (*determinato quicquam determinatius,* vgl. Kant, *Principiorum primorum* 400).

Der einflussreichste Vereinbarkeitsversuch ist die *konditiona-*

le Analyse des praktischen Könnens. Nach ihr lässt sich die (modalisierte) kategorische Aussage, dass eine Person so oder anders handeln *kann,* auf die hypothetische (scheinbar nicht modalisierte) Aussage zurückführen, dass sie einschlägig handeln *wird,* wenn sie es will, und nicht handeln, wenn sie es nicht will. Diese Analyse knüpft an den klassischen Begriff der Handlungsfreiheit an und hat eine Vorgeschichte (Seebaß 2006: 156, 340f.), stammt in ihrer prägnanten Form aber von Augustin, der sie entwickelt hat, um menschliche Freiheit mit einem vor allem theologisch begründeten Determinismus zu vereinbaren (Augustin, *De libero arbitrio* III 14–41; *De civitate Dei* V 9–10). Zahllose Theologen und Philosophen sind ihm gefolgt, wobei die Letzteren sich ihrer theologischen Wurzeln oft nicht mehr bewusst sind, sondern glauben, die konditionale Analyse sei eine Erfindung von George Edward Moore (vgl. Moore 2005: 68–87). Doch bei allem Respekt vor einer alten Tradition bleibt festzustellen, dass auch dieser vermeintliche Königsweg zu einer determinismusverträglichen Freiheit chancenlos ist, und das vor allem aus zwei Gründen.

Erstens ist die Analyse unvollständig, da sie den verkappten *modalen Sinn* des definitorischen Doppelkonditionals nicht explizit macht. Holt man dies nach, gelangt man entweder zu Modalbegriffen wie dem des abstrakt »naturgesetzlich Möglichen«, die kaum weniger grotesk sind als der abstrakte Begriff der logischen Möglichkeit, oder zu einer konkreten Rede vom »Möglichsein« oder »Können«, die real offene Alternativen voraussetzt und nicht mehr zu einem deterministischen Weltbild passt (Seebaß 2006: 169–190). Zweitens bleibt das Problem der *Willensfreiheit* ungelöst. Wenn eine Handlung nur relativ dazu »möglich« ist oder ausgeführt werden »kann«, dass auch die sie betreffende Willensbedingung erfüllt ist, wie steht es mit dieser Bedingung selbst? In welchem Sinne könnte z.B. der Wille, den Arm bei einer Abstimmung zu heben statt unten zu lassen, als offene Alternative gelten? Wendet man die Analyse (was formal denkbar ist) auf das betreffende Wollen selber an, ist das Problem nur auf ein Wollen zweiter Stufe verschoben, und man geriete, führe man damit fort, in einen infiniten Regress. Die Konditionalanalyse würde also selbst dann, wenn sie (*contra factum*) das Möglichkeitskriterium auf der Stufe der Handlungsfreiheit retten könnte, daran scheitern, dass sie dies für die Willensfreiheit prinzipiell nicht zu leisten vermag.

Hier liegt einer der Gründe für Interessierte, die Willensfreiheit als solche zu destruieren und geistesgeschichtlich zu diskreditieren. Aber auch Autoren, die das Problem grundsätzlich anerkennen, sind oft bestrebt, sich seiner rasch zu entledigen. Ein Weg dazu ist der abrupte *Abbruch* der Rückfrage nach den Bedingungen, von denen die Willensbildung abhängt (vgl. Frankfurt 1988: 21f., 167–174; und schon Aristoteles, *Nikomachische Ethik* 1113a16–1114b25). Besser wäre der Nachweis, dass sich die Freiheitsfrage auf der Stufe des Wollens erübrigt, etwa weil der Wille als *per se frei* zu gelten hat. Viele Philosophen (von Karneades bis Fichte und Hegel, vgl. Seebaß 2003: 64) haben die auch von Theologen aufgegriffene These vertreten, der Wille könne als ein Vermögen, dem es wesenhaft sei, sich im Wollen oder Nichtwollen zu aktualisieren, prinzipiell *nicht gezwungen* werden. Besonders plausibel ist das nicht, auch und gerade im Blick auf den engeren aristotelischen Begriff der Zwangfreiheit. Augustin hat deshalb eine *rein logische* Begründung versucht, wonach die bloße Anwendung der Konditionalanalyse aufs Wollen selbst dieses als *per se* frei erweist. Sein Versuch ist ingeniös, doch formal fehlerhaft (Rowe 1964; Seebaß 1997: 239–242), und es ist nicht ersichtlich, dass irgendein anderes, verbessertes Argument einen solchen Beweis führen könnte.

7. Indeterministisch spezifizierte Freiheitsbegriffe

Aller Heroismus nützt also letztlich nichts. Für ein deterministisches Universum ist das Möglichkeitskriterium *nicht* zu retten. Und da es sich, anders als in der Literatur z.T. behauptet, nicht einfach eliminieren lässt, scheint die Folgerung unausweichlich, dass es in einem solchen Universum *keine* Freiheit gibt, jedenfalls nicht im gewöhnlichen, nicht interessiert verbogenen oder gar rabulistisch verkehrten Sinne.

Dieses Ergebnis ist keineswegs überraschend, sondern bestätigt die Einschätzung, die wohl die meisten Menschen haben, die unvoreingenommen an diese Sache herangehen. Wir alle wissen, dass unsere Spielräume massiv eingeschränkt sind, beim Handeln wie beim praktischen Überlegen, Denken und Wollen. Viele dieser Beschränkungen empfinden wir, sofern wir sie überhaupt registrieren, nicht als Freiheitsverlust, einige aber schon. Zugleich sind wir *subjektiv* überzeugt, dass manche davon zu beseitigen sind und wir (außer unter extremsten Umständen) immer partielle Freiheitsräume behalten, so bescheiden sie sein mögen. Auch diese Überzeugung allerdings wäre *objektiv illusionär*, träfe das deterministische Weltbild zu. In einer komplett fixierten Welt ist auch der letzte Rest eines realen Spielraums verschwunden. Alles ist, bildlich gesprochen, eingespannt in ein universales kosmisches Korsett, das keine Seitenbewegungen zulässt, gleichgültig, wie es konzipiert wird: ob als interne (z.B. naturgesetzliche) Festlegung oder als externe (z.B. göttliche) Steuerung, ob als zeitlich erstreckter evolutiver Prozess oder als zeitloses vier- oder mehrdimensionales statisches »Blockuniversum«. Andere *mögliche Welten* sind denkbar, auch solche, die unserer Welt in den basalen Gesetzmäßigkeiten und vielen Einzelheiten ähnlich sind. Insofern »gibt es« Alternativen zum fixierten Geschehen, z.B. ein mögliches Heben des Arms bei einer Abstimmung statt seines innerweltlich determinierten Unterlassens. Nur gibt es all das nicht bei *uns,* sondern allenfalls in einem metaphysischen Jenseits, das uns nicht zugänglich ist und für *unsere* Freiheit absolut irrelevant.

Daher ist es nicht überraschend, dass in der europäischen Geistesgeschichte auch früh (allerspätestens seit Epikur, vgl. Seebaß 2007: 120–127) der Gedanke entstanden ist, ein angemessenes Freiheitskonzept müsse *indeterministisch* spezifiziert sein. Diese Idee war in der Philosophie zwar nie dominant, aber aus den skizzierten Gründen so naheliegend, dass selbst erklärte Deterministen auf sie verfallen sind, indem sie unter der Hand gewisse Bereiche, besonders den mentalen, ausnahmen, wie die jüngeren Stoiker mit ihrem Ergebungsprinzip (vgl. z.B. *Stoicorum Veterum Fragmenta* II 975; sowie Epiktet, *Discourses* I 17; IV 1). Stärkere, explizit oder implizit indeterministisch konnotierte Freiheitskonzepte finden sich in der Neuzeit (u.a.) bei Descartes, Reid, Kant, im deutschen Idealismus, bei Sartre und Popper, aber auch bei jüngeren Philosophen (z.B. Kane 1996). Physiker und Neurowissenschaftler haben z.T. sogar versucht, die Unbestimmtheitsrelationen der Quantenmechanik für ein indeterministisches Willensfreiheitskonzept zu nutzen. Doch konkrete, halbwegs ausgearbeitete Theorien dieser Art stehen aus (vgl. Seebaß 2003: 68).

Während es zur Blütezeit der klassischen Mechanik fast undenkbar schien, unsere Welt nicht als durchgängig determiniert zu betrachten, und diese Auffassung auch durch die Quantenphysik nicht als definitiv widerlegt gelten kann, ist ihre Ablehnung heute doch relativ leicht. Nicht hier liegt das Hauptproblem einer indeterministischen Freiheitstheorie, sondern darin, ihr negatives Freiheitskriterium durch ein positives sinnvoll zu ergänzen. Zwar *impliziert* die Negation der vollständigen Determiniertheit von etwas keineswegs, wie von Gegnern oft fälschlich behauptet, dass es deshalb »blind zufällig« ist oder dass es nicht partiell auch von Gründen und Ursachen abhängen könnte, aber sie kann diese Möglichkeiten allein auch nicht *ausschließen*. Um in seinem Wollen und Tun nicht signifikant gehindert zu sein, muss man offene Spielräume offenbar nicht nur *haben,* sondern sie in einem nächsten Schritt auch *frei ausfüllen* können. Und eine theoretisch befriedigende Explikation dieses entscheidenden Schrittes ist notorisch schwierig:

Viele Autoren haben dazu einfach nichts mehr gesagt (wie Epikur), andere haben relevante Vorschläge gemacht. Der bedeutendste geht im Ansatz vielleicht schon auf Aristoteles, zentral aber auf Kant und Reid zurück (vgl. z.B. Kant, *Kritik der reinen Vernunft;* AA III, 308–317, 362–377; *Kritik der praktischen Vernunft;* AA V, 29, 96f.; *Vorlesungen über die Metaphysik;* AA XXVIII/1, 267–271; Reid, *Essays on the Active Powers of the Human Mind* 11f., 38–40, 267–272) und ist später vor allem von Roderick Chisholm ausgearbeitet worden (Chisholm 1966; 1976: 53–88). Der infinite Regress, der durch die ereigniskausal gedeutete konditionale Analyse heraufbeschworen wird und in ihr unlösbar ist, soll hier durch die Einführung einer eigenen Form der Kausalität, die nicht auf Ereignisse (z.B. solche des Wollens oder Tuns) bezogen wird, sondern auf deren Träger (z.B. individuelle Personen), definitiv beendet werden. Das Konzept ist in sich stimmig und widersteht diversen Destruktionsversuchen (Seebaß 2003: 69f.), bleibt aber weiter klärungsbedürftig und vor allem in seiner Anwendbarkeit auf konkrete Menschen zweifelhaft. Kein Wunder deshalb, dass auch Sympathisanten sich damit noch nicht zufrieden geben wollen, Gegner des Konzepts ohnehin nicht.

8. Die konsequent deterministische Position und ihre Probleme

Angesichts dessen sollte man prüfen, ob die Lage des Deterministen freiheitstheoretisch wirklich so desolat ist, wie es zuletzt schien. Das Möglichkeitskriterium hat er verloren. Wie aber steht es mit dem Kriterium der *Natürlichkeit* oder *Wesentlichkeit*? Könnte dieses im Grenzfall nicht auch allein ausreichen? Auch eine sehr geringe Anzahl wählbarer Optionen (zwei statt 80 Fernsehprogramme, ein Programm sehen oder nicht sehen) muss ja nicht freiheitsbeschränkend sein, wenn alle wesentlichen dabei sind. Und könnte dies nicht auch für den deterministischen Grenzfall gelten, in dem es nur *eine* reale Option und objektiv *nichts* mehr zu wählen gibt? Tatsächlich liegt hier ein Ansatzpunkt, der auch schon früh erprobt wurde, nämlich in der älteren Stoa mit ihrem Walzenbild (*Stoicorum Veterum Fragmenta* II 974, 1000) und der Theorie der »natürlichen Ursachen« (Sambursky 1959: 57–65; Bobzien 1998: 234–329). Auch später sind vergleichbare Ideen öfter entwickelt worden. Könnte man etwa zeigen, dass der determinierte Gang der Dinge sich komplett oder partiell mit dem deckt, was für eine bestimmte Person wesentlich ist, ließe sich ihre Freiheit ganz oder teilweise retten. Doch was *ist* »wesentlich« für eine Person, und wer oder was *entscheidet* darüber?

Könnte man die bislang gescheiterte Idee einer Freiheit des Willens *per se* vielleicht dahin weiterentwickeln, dass *jedes* Wollen einer bestimmten Form als »*wesentlich*« für die betreffende Person gilt? Kant (*Kritik der reinen Vernunft*; AA III, 366–377) und Schopenhauer (*Die beiden Grundprobleme der Ethik* 59f., 87–97) haben diesen Weg verfolgt. Sie haben einen formalen, dispositionellen Begriff des »empirischen Charakters« eingeführt, der *ex ante* leer, *ex post* aber zu füllen ist und dann garantiert, dass sich in dem, was jedes Individuum unter den jeweils determinierenden (äußeren wie inneren) Kausalbedingungen definitiv will und willentlich tut, fortlaufend zeigt, worin sein Charakter bzw. Wesen besteht. Doch diese Patentlösung, die jede definitive Willensbildung *ex post* als trivial frei erweist, ist allein deshalb verdächtig und wird es noch mehr, wenn man sich klar macht, dass die Nivellierung des definitiven Wollens auch dessen Unterteilung in »Wesentliches« und »Unwesentliches« aufhebt. Beide Autoren haben sich mit dieser Lösung auch nicht zufrieden gegeben, sondern sie tiefer zu fundieren versucht, indem sie noch einen »intelligiblen Charakter« und eine »transzendentale Freiheit« postulierten, die das deterministisch scheinbar verlorene Möglichkeitskriterium restituieren, wenn auch nicht in unserer Welt, sondern in einem metaphysischen Jenseits (vgl. Kant, ebd.; Schopenhauer, ebd. 136–139, 214–220). Das bloße Faktum eines definitiven Wollens ist für sich eben noch *kein* Beweis seiner Wesentlichkeit, gleichgültig, wie lang und verwickelt der physische oder mentale Weg ist, auf dem es zustande kam (Seebaß 2006: 225–241).

Kann man das gesuchte Beweisziel anders erreichen? Vielleicht, aber nur mit einem weiteren Schritt in die Metaphysik. Angenommen, unser gesamtes physisches wie mentales Leben werde fortlaufend in der Zeit (oder sei bereits zeitlos) determiniert durch einen personalen *Gott* oder ein impersonales *Fatum,* die auch die Definitionshoheit darüber haben, was für uns in jeder Lage wesentlich ist. Dann muss auch die Tatsache, dass wir (in Beruf, Sport, Freundschaft u.a.) Ziele definitiv wollen, die uns deterministisch verschlossen sind, oder dass unsere Willensbildung durch Erzieher und Autoritäten, Vorgesetzte oder gar präsente Folterer manipuliert ist, nicht unbedingt heißen, dass wir nicht frei sind. Denn es könnte ja sein, dass Handlungen oder Willenshaltungen, die wir für uns »wesensgemäß« bzw. »wesenswidrig« halten, in Wahrheit (*sub specie Dei vel Fati*/»aus der Perspektive Gottes oder des Schicksals«) gerade das Gegenteil sind. Unterstellen wir dabei einen maximal freiheitsfördernden Gott, können wir sogar glauben, dass wir immer wahrhaft frei sind, so unglaublich uns das (z.B. als Versklavte oder Gefolterte) auch scheint. Oder wir können sagen, dass Gott uns zwar manchmal (oder auch öfter) Unfreiheit zumutet, dass es uns aber manchmal (oder öfter) auch nur so scheint und dass wir uns, weil wir nicht wissen, wann dies der Fall ist und wann nicht, als theologische Optimisten größtenteils frei fühlen dürfen, obwohl wir wissen, dass wir als komplett Determinierte keine reale Chance haben, etwas anderes zu wollen oder anders zu handeln, als wir es faktisch tun.

Wer bereit und fähig ist, Standards der Wesentlichkeit gänzlich von seinen eigenen Einschätzungen und Entscheidungen abzukoppeln und sich von außen vorgeben zu lassen, kann im Prinzip mit einer solchen Haltung leben. Aber es ist eine Extremposition, die dem gewöhnlichen Sinn des Wesentlichkeitskriteriums zuwiderläuft. Denn normalerweise sind es ja gerade die selbständig getroffenen Entscheidungen für jeweils eine von mehreren offenen Alternativen (z. B. Konzert statt Seifenoper), die ganz oder partiell maßgebend sind für das, was als wesentlich oder wesensgemäß für uns oder andere gelten kann. Gewiss kann man sinnvoll davon sprechen, dass z. B. die Eltern eines kleineren Kindes »besser als dieses selbst wissen«, welche Handlungen und Willensinhalte seinem Wesen entsprechen. Aber das gilt nur, solange das Kind klein ist, und auch dann, kritisch betrachtet, nur im hypothetischen Vorgriff auf seine spätere Zustimmung. Und obwohl es viele Situationen gibt, in denen Prozesse des Denkens, willensbildenden Überlegens und Handelns, die wir normalerweise als »frei« bezeichnen, in vollständig festgelegten Bahnen verlaufen, zu denen es situativ keine realen Alternativen gibt, beweist dies doch nicht, dass es auf Alternativen gar nicht ankommt. Im Gegenteil, abgesehen von einer sehr kleinen Klasse elementarer Sprach- und Rationalitätsstrukturen, die sich als prinzipiell unhintergehbar und konstitutiv für Personalität erweisen lassen, zeigt sich bei kritischer Prüfung stets, dass fixierte Muster nur als »frei« gelten, soweit sie implizit oder explizit von früheren oder künftigen, faktischen oder potentiellen freien Entscheidungen für offene Alternativen abhängen (Seebaß 2013).

Außer in sehr speziellen Bereichen oder mit starken metaphysischen Prämissen also lässt sich der Gedanke, Freiheit im gewöhnlichen, nicht interessiert verbogenen Sinne durch das Wesentlichkeitskriterium allein zu sichern, nicht aufrechterhalten. Und das gilt natürlich nicht nur für die besonders umstrittene Willensfreiheit, sondern genauso für alle anderen Freiheitsarten, einschließlich der

Handlungsfreiheit und der politischen Freiheit. Bei allen zeigt sich, *mutatis mutandis,* die gleiche Abhängigkeit vom Kriterium offener Möglichkeiten. Niemand sollte sich daher weiter der Illusion hingeben, ein natur- oder geschichtsphilosophisch, szientistisch, theologisch oder wie immer sonst begründeter Determinismus sei freiheitstheoretisch kostenlos oder ein Adiaphoron. Zur Disposition steht nicht nur der Sinn jeder normativen Verhaltenskontrolle, sondern auch unser Selbstverständnis als Wesen, die aktiven Anteil am Gang der Dinge haben, überhaupt. Die freiheitstheoretischen Kosten eines konsequent deterministischen Weltbilds sind hoch, sehr hoch und für den kritischen, reflektierten Philosophenverstand jedenfalls zu hoch.

Quellen- und Literaturverzeichnis

1. Quellen

Aristoteles: Eudemische Ethik: ders.: Werke in deutscher Übersetzung, hg. von Hellmut Flashar, Bd. 7, Berlin 1979³.
Aristoteles: Nikomachische Ethik: ders.: Werke in deutscher Übersetzung, hg. von Hellmut Flashar, Bd. 6, Berlin 1983⁸.
Aristoteles: Politik: ders.: Werke in deutscher Übersetzung, hg. von Hellmut Flashar, Bd. 9/1-4, Berlin 1991-2005.
Aristoteles: Metaphysik, hg. von Ursula Wolf, Hamburg 1994.
Augustin: *De civitate Dei*/Vom Gottesstaat, übers. von Wilhelm Thimme, München 2007.
Augustin: *De libero arbitrio*/Vom freien Willen: ders.: Opera – Werke, Bd. 9, hg. von Johannes Brachtendorf, Paderborn 2005.
Engels, Friedrich: Herrn Eugen Dührings Umwälzung der Wissenschaft, in: Karl Marx/Friedrich Engels, Werke, hg. vom Institut für Marxismus-Leninismus, Bd. 20, Berlin 1990¹⁰, 15-303.
Epiktet: The Discourses as reported by Arrian, the Manual, and Fragments, hg. von William Abbott Oldfather, 2 Bde., Cambridge 1998.
Grimm, Jacob und Wilhelm (Hgg.): Deutsches Wörterbuch, hg. von der Königlich-Preußischen Akademie der Wissenschaften zu Berlin, 16 Bde., Leipzig 1854-1961.
Hegel, Georg Wilhelm Friedrich: Enzyklopädie der philosophischen Wissenschaften im Grundrisse: ders.: Hauptwerke in sechs Bänden, Bd. 6, Hamburg 1999.
Hegel, Georg Wilhelm Friedrich: Grundlinien der Philosophie des Rechts

oder Naturrecht und Staatswissenschaft im Grundrisse: ders.: Hauptwerke in sechs Bänden, Bd. 5, Hamburg 1999.
Hobbes, Thomas: Vom Menschen. Vom Bürger (Elemente der Philosophie II/III), hg. von Günter Gawlick, Hamburg 1977.
Hobbes, Thomas: Leviathan, or the matter, form, and power of a commonwealth ecclesiastical and civil: The English Works of Thomas Hobbes of Malmesbury, hg. von William Molesworth, Bd. 3, Aalen 1966.
Hobbes, Thomas: The questions concerning liberty, necessity, and chance: The English Works of Thomas Hobbes of Malmesbury, hg. von William Molesworth, Bd. 5, Aalen 1966.
James, William: The Varieties of Religious Experience, New York 1902.
Kant, Immanuel: Kritik der praktischen Vernunft: ders.: Gesammelte Schriften (Akademie-Ausgabe), Bd. V, Berlin 1908.
Kant, Immanuel: Kritik der reinen Vernunft: ders.: Gesammelte Schriften (Akademie-Ausgabe), Bd. III, Berlin 1904.
Kant, Immanuel: *Principiorum primorum cognitionis metaphysicae nova dilucidatio*/Neue Erläuterung der ersten Prinzipien der metaphysischen Erkenntnis, in: ders.: Gesammelte Schriften (Akademie-Ausgabe), Bd. I, Berlin 1902, 385–416.
Kant, Immanuel: Vorlesungen über die Metaphysik: ders.: Gesammelte Schriften (Akademie-Ausgabe), Bd. XXVIII/1, Berlin 1970.
Locke, John: An Essay concerning Human Understanding, hg. von Peter Nidditch, Oxford 1975.
Luther, Martin: *De servo arbitrio*/Über den geknechteten Willen, in: D. Martin Luthers Werke. Kritische Gesamtausgabe, Bd. 18, Weimar 1908, 551–787.
Luther, Martin: *Diui Pauli apostoli ad Romanos Epistola*/Die Vorlesung über den Römerbrief: D. Martin Luthers Werke. Kritische Gesamtausgabe, Bd. 56, Weimar 1938.
Molina, Luis de: On Divine Foreknowledge, hg. von Alfred J. Freddoso, Ithaca 1988.
Montesquieu, Charles-Louis de: *De l'esprit des lois*/Über den Geist der Gesetze, hg. von Ernst Forsthoff, 2 Bde., Tübingen 1992.
Nietzsche, Friedrich: Götzen-Dämmerung oder wie man mit dem Hammer philosophirt, in: ders.: Sämtliche Werke. Kritische Studienausgabe, hg. von Giorgio Colli, Mazzino Montinari, Bd. 6, München/Berlin 1999, 55–160.
Origenes: *Peri archon*/Vier Bücher von den Prinzipien, hg. von Herwig Görgemanns, Heinrich Karpp, Darmstadt 1992³.
Platon: *Nomoi*/Gesetze: ders.: Sämtliche Dialoge, hg. von Otto Apelt, Bd. 7, Hamburg 2004.
Platon: *Politeia*/Der Staat: ders.: Sämtliche Dialoge, hg. von Otto Apelt, Bd. 6, Hamburg 2004.

Reid, Thomas: Essays on the Active Powers of the Human Mind, hg. von Baruch A. Brody, Cambridge/Mass. 1969.
Schelling, Friedrich Wilhelm Joseph: Philosophische Untersuchungen über das Wesen der menschlichen Freiheit und die damit zusammenhängenden Gegenstände, in: ders.: Sämmtliche Werke, hg. von Karl Friedrich August Schelling, Bd. VII, Stuttgart/Augsburg 1860, 331–416.
Schopenhauer, Arthur: Die beiden Grundprobleme der Ethik. Behandelt in zwei akademischen Preisschriften: Zürcher Ausgabe. Werke in zehn Bänden, Bd. VI, Zürich 1977.
Snell, Christian Wilhelm: Über Determinismus und moralische Freiheit, Offenbach 1789.
Stoicorum Veterum Fragmenta/Fragmente der älteren Stoiker, hg. von Hans von Arnim, 3 Bde., München 2004.

2. Sekundärliteratur

Benjamins 1994: Benjamins, Hendrik: Eingeordnete Freiheit. Freiheit und Vorsehung bei Origenes, Leiden 1994.
Berlin 1958: Berlin, Isaiah: Two Concepts of Liberty, Oxford 1958.
Bobzien 1998: Bobzien, Susanne: Determinism and Freedom in Stoic Philosophy, Oxford 1998.
Chisholm 1966: Chisholm, Roderick: Freedom and Action, in: Lehrer, Keith (Hg.): Freedom and Determinism, Atlantic Highlands 1966, 11–44.
Chisholm 1976: Chisholm, Roderick: Person and Object. A Metaphysical Study, London 1976.
Dreher 1987: Dreher, Eduard: Die Willensfreiheit, München 1987.
Dürr 2001: Dürr, Detlef: Bohmsche Mechanik als Grundlage der Quantenmechanik, Berlin 2001.
Earman 2004: Earman, John: Determinism: What We Have Learned and What We Still Don't Know, in: Campbell, Joseph K. u.a. (Hgg.): Freedom and Determinism, Cambridge/Mass. 2004, 21–46.
Frankfurt 1988: Frankfurt, Harry: The Importance of What We Care about, Cambridge 1988.
Gaskin 1993: Gaskin, Richard: Conditionals of Freedom and Middle Knowledge, PhQ 43 (1993), 412–430.
Hayek 2005: Hayek, Friedrich August von: Die Verfassung der Freiheit [1960], Tübingen 2005^4.
Honderich 1988: Honderich, Ted: A Theory of Determinism, Oxford 1988.
Kane 1996: Kane, Robert: The Significance of Free Will, Oxford 1996.
Kelsen 2000: Kelsen, Hans: Reine Rechtslehre, Wien 1960^2 (Nachdruck Wien 2000).
MacKay 1967: MacKay, Donald: Freedom of Action in a Mechanistic Universe, Cambridge 1967.

Moore 2005: Moore, George Edward: Ethics and ›The Nature of Moral Philosophy‹, hg. von William H. Shaw, Oxford 2005².
Planck 1965: Planck, Max: Vorträge und Erinnerungen, Darmstadt 1965⁶.
Rowe 1964: Rowe, William: Augustine on Foreknowledge and Free Will, RMet 18 (1964), 356–363.
Sambursky 1959: Sambursky, Samuel: Physics of the Stoics, London 1959.
Seebaß 1993: Seebaß, Gottfried: Wollen, Frankfurt a.M. 1993.
Seebaß 1997: Seebaß, Gottfried: When is an Action Free?, in: Holmström-Hintikka, Ghita/Tuomela, Raimo (Hgg.): Contemporary Action Theory, Bd. 1, Dordrecht 1997, 233–250.
Seebaß 2003: Seebaß, Gottfried: Art. Wille/Willensfreiheit, TRE 36, Berlin/New York 2003, 55–73.
Seebaß 2005: Seebaß, Gottfried: Philosophische Probleme strafrechtlicher Zurechnung, in: Carrier, Martin/Wolters, Gereon (Hgg.): Homo Sapiens und Homo Faber. Epistemische und technische Rationalität in Antike und Gegenwart. FS Jürgen Mittelstraß, Berlin/New York 2005, 359–378.
Seebaß 2006: Seebaß, Gottfried: Handlung und Freiheit, Tübingen 2006.
Seebaß 2007: Seebaß, Gottfried: Willensfreiheit und Determinismus, Bd. I: Die Bedeutung des Willensfreiheitsproblems, Berlin 2007.
Seebaß 2013: Seebaß, Gottfried: Freedom without Choice?, in: Kühler, Michael/Jelinek, Nadja (Hgg.): Autonomy and the Self, Berlin u.a. 2013, 3–22.
Trinkaus Zagzebski 1991: Trinkaus Zagzebski, Linda: The Dilemma of Freedom and Foreknowledge, Oxford 1991.
Widerker 2006: Widerker, David: Libertarianism and the Philosophical Significance of Frankfurt Scenarios, JPh 103 (2006), 163–187.

3. Literaturhinweise zum vertiefenden Studium

Honderich, Ted: Wie frei sind wir?, Stuttgart 1995.
Keil, Geert: Willensfreiheit, Berlin/New York 2007.
Pothast, Ulrich (Hg.): Seminar: Freies Handeln und Determinismus, Frankfurt a.M. 1978.
Pothast, Ulrich: Die Unzulänglichkeit der Freiheitsbeweise, Frankfurt a.M. 1987.
Seebaß, Gottfried: Art. Wille/Willensfreiheit, TRE 36, Berlin/New York 2003, 55–73.
Seebaß, Gottfried: Handlung und Freiheit, Tübingen 2006.
Steinvorth, Ulrich: Freiheitstheorien in der Philosophie der Neuzeit, Darmstadt 1987.

Politische Philosophie

Beate Rössler

»Freiheit« in der sozialen und politischen Philosophie

Die Idee der Freiheit ist eine der politisch und sozial wirkungsmächtigsten Ideen überhaupt: Im Namen der Freiheit streiten nicht nur ganz unterschiedliche politische Bewegungen, sondern auch ganz unterschiedliche politische Parteien immer wieder um Rechte oder um gesellschaftliche Macht. In der politischen und sozialen Philosophie ist denn auch der Freiheitsbegriff einer der zentralen und meist diskutierten umstrittenen Begriffe: Eine klare, eindeutige und nichtumstrittene Definition lässt sich nicht angeben (vgl. Carter 2007: XVII–XXI; Miller 2006: 1020). Sogenannte wertneutrale stehen normativ geladenen Definitionen gegenüber, und die Literatur ist kaum zu übersehen. Ich will im Folgenden versuchen, in dieses Dickicht ein paar Schneisen zu schlagen, indem ich die systematisch zentralen Debatten in der gegenwärtigen sozialen und politischen Philosophie skizziere und dabei die jeweils wichtigsten Positionen historisch kurz situiere. Ausgehend von der einflussreichen Unterscheidung von Isaiah Berlin zwischen einem sogenannten negativen und einem positiven Freiheitsbegriff will ich in den folgenden Abschnitten libertäre, liberale, republikanische und feministische Positionen vorstellen, die in den Debatten der politischen und sozialen Philosophie einen zentralen Platz einnehmen. Am Schluss werde ich noch auf die Frage nach dem Verhältnis zwischen Freiheit und Autonomie eingehen sowie auf die nach der Rolle von Freiheit und Autonomie in demokratischen, multikulturellen Gesellschaften.

Doch beginnen will ich mit einer begrifflichen Klärung. Im

Folgenden geht es nicht um die Freiheit des Willens von Personen (auch wenn Willensfreiheit mindestens im Sinne des Kompatibilismus notwendig ist für die Zuschreibung von persönlicher Freiheit und Verantwortung; vgl. dazu Habermas, *Das Sprachspiel verantwortlicher Urheberschaft*; Strawson, *Freedom and Resentment*), sondern um ihre individuelle Handlungsfreiheit, eine Freiheit, die immer schon in sozialen und politischen Kontexten situiert ist (vgl. Koller 1998: 477–484). Wenn ich im Folgenden von Freiheit spreche, meine ich also immer einen solchen Freiheitsbegriff, der sich auf die Möglichkeit bezieht, als individuelle Person in sozialen und politischen Zusammenhängen frei zu sein. Da die Möglichkeiten individueller, persönlicher Freiheit immer und direkt abhängig sind von den sozialen und politischen Umständen und Institutionen, in denen diese Freiheit gelebt werden kann, lässt sich individuelle Freiheit geradezu als (je nach Kontext) soziale oder politische Freiheit begreifen. Allerdings werden wir im Laufe der folgenden Abschnitte noch genauer erläutern müssen, dass und wie Konzeptionen persönlicher Freiheit auf soziale und politische Zusammenhänge verweisen. Individuelle Freiheit steht nämlich einerseits immer auch in enger Verbindung mit anderen fundamentalen Begriffen der sozialen und politischen Philosophie, wie etwa denen der Gleichheit, Gerechtigkeit oder Demokratie, und ist andererseits bestimmt durch die jeweiligen Konzeptionen von Staat und Gesellschaft.

1. Negative und positive Freiheit

Beginnen wir also mit der Unterscheidung zwischen negativer und positiver Freiheit: Diese begriffliche Unterscheidung trägt ihren Namen seit einem außerordentlich einflussreichen Aufsatz von Isaiah Berlin aus dem Jahre 1958, doch ist die Idee einer solchen Unterscheidung schon sehr viel älter (vgl. Berlin, *Freiheit*). Mit negativer Freiheit bezeichnet Berlin solche Freiheitskonzeptionen, die Freiheit wesentlich als die Abwesenheit von Hindernissen und Beschränkungen begreifen (darum »negativ«), wie sie etwa vorliegt in den klassischen liberalen Ansätzen von Hobbes, Locke oder Mill. Auch in zeitgenössischen Freiheitstheorien begegnen wir rein negativen Konzeptionen, wie etwa bei Hayek, der schreibt, Freiheit sei jener »Zustand der Menschen, in dem Zwang auf einige von seiten anderer Menschen so weit herabgemindert ist, als dies im Gesellschaftsleben möglich ist.« (Hayek, *Die Verfassung der Freiheit* 13) Gegenüber einem solchen, rein formalen negativen Freiheitsbegriff als Abwesenheit von Zwang (vgl. ebd. 171f.) sehen positive Freiheitskonzeptionen Freiheit darin, bestimmte Optionen zu verfolgen, bestimmte Fähigkeiten zu realisieren bzw. ein selbstbestimmtes Leben zu führen (klassisch etwa Rousseau). Positive Freiheit bedeutet folglich zunächst einmal, dass Personen die Kontrolle darüber haben, das machen zu können, was sie selbst als sinnvolle Option für sich begreifen, was Ausdruck ihres wesentlichen Selbst ist.

Für Berlin ist jedoch eine solche Konzeption positiver Freiheit höchst problematisch: Sie könne, so argumentiert er, dazu führen, dass die Frage, was eine »sinnvolle Option« ist, im Sinne kollektiver Selbstbestimmung entschieden werde und sich diese kollektive Entscheidung dann über den Willen und die negative Freiheit der einzelnen Person erhebt. In einem solchen Fall weiß nämlich die kollektive Entscheidung, was besser ist für die Person, und nicht diese selbst. Positive Freiheit beruht dann nicht auf der Autonomie des handelnden Subjekts, sondern auf der kollektiven Autonomie (vgl. Rousseau, *Vom Gesellschaftsvertrag* 76–78) und auf der Idee, dass andere besser wissen könnten, was mich frei macht, als ich selbst (vgl. Berlin, *Freiheit* 211–215; zum Verhältnis von Freiheit und Autonomie vgl. unten Abschnitt 6). Für Berlin können alle positiven Konzeptionen, die Freiheit ausschließlich in der Verwirklichung bestimmter Optionen sehen, in politisch diktatorischen oder mindestens paternalistischen Theorien enden. Deshalb ist für Berlin klarerweise die negative der positiven Konzeption überlegen. Nur die negative Freiheit ist die liberale Freiheit, die es den Personen selbst überlässt, wie sie ihre Freiheit leben wollen.

Obgleich Berlin mit seiner Unterscheidung an traditionelle Konzeptionen und unterschiedliche Interpretationen des Freiheitsbegriffs anknüpfen will, ist seine Theorie der Differenz zwischen positiver und negativer Freiheit nicht vollkommen klar und hat deshalb auch für sehr unterschiedliche Interpretationen und viel Kritik gesorgt. Eine der einflussreichsten Kritiken geht zurück auf

Charles Taylor: Wir können, so wendet er ein, über die Abwesenheit von Hindernissen – Welche sind wichtiger? Warum wollen wir gerade diese Einschränkungen nicht? – nur reden, wenn wir zugleich auch eine Vorstellung davon haben, was wir eigentlich mit der Freiheit wollen. Es ist also weder sinnvoll noch möglich, eine radikale Grenze zwischen negativer und positiver Freiheit zu ziehen; negative Freiheit verweist immer auf positive und umgekehrt, oder, in Taylors Terminologie, die negativen Gelegenheitsbegriffe (»opportunity concepts«) verweisen auf die positiven Verwirklichungsbegriffe (»enabling concepts«, vgl. Taylor, *What's Wrong with Negative Liberty?* 146–148).

Eine zweite einflussreiche Kritik stammt von Gerald MacCallum (vgl. MacCallum, *Negative and Positive Freedom*): *Jeder* Begriff von Freiheit, so sein Einwand, umfasst immer schon drei Elemente, die in den verschiedenen Konzeptionen nur in ihrem Verhältnis zueinander jeweils unterschiedlich interpretiert werden. Auch negative und positive Freiheit bleiben folglich unvollständig, wenn sie diese drei Elemente nicht gleichermaßen berücksichtigen. MacCallum verdeutlicht dies in der Formel ›X ist frei von Beschränkungen Y, um Handlungen Z zu tun‹ (vgl. ebd. 102). Während mit dem Element Y auf die (negative) Abwesenheit von Hindernissen verwiesen wird, zeigt Z, dass wir Freiheit immer schon um bestimmter (positiver) Handlungsoptionen willen konzipieren. Doch auch das dritte Element, X als das freie, wählende Subjekt, gehört in eine vollständige Freiheitskonzeption, da auch dieses Subjekt noch unterschiedlich bestimmt werden kann (Welche Fähigkeiten sind notwendig? Ist Autonomie eine Vorbedingung für Freiheit?). MacCallum behauptet also, dass es diese drei Elemente sind, die implizit oder explizit in jeder Freiheitskonzeption angenommen werden und nur zusammen einen vollständigen Begriff von Freiheit, ihrer Bedeutung und ihrem Wert für uns, ausmachen.

MacCallum selbst war der Meinung, seine Definition von Freiheit sei wertneutral, und eine wertneutrale Definition der Freiheit sei alles, was wir brauchen, wenn wir über Freiheit reden wollen. Das halte ich jedoch für einen Irrtum: Denn in jede Interpretation dieser drei Elemente werden immer schon normative Überzeugungen und Annahmen eingehen – und es sind gerade diese normativen Überzeugungen, die zu Streit führen, die die komplexen Fragen beim Freiheitsbegriff ausmachen und die zuallererst zeigen und zeigen können, warum Freiheit eigentlich wertvoll für uns ist, warum wir ihr eine solche Bedeutung in unserem persönlichen, sozialen und politischen Leben zuerkennen. Eine wertneutrale freie Wahl als solche hat keine Bedeutung für uns – wenn es eine Wahl ist zwischen fünf gleich schlechten Optionen, würden wir nicht wirklich von bedeutungsvoller Freiheit reden.

Wir können also erst einmal festhalten, dass MacCallum zwar zu Recht auf die Unterscheidung dreier Elemente im Freiheitsbegriff verweist, diese Analyse aber nicht gleichbedeutend ist mit einer wertneutralen Definition. Im Folgenden werden wir sehen, dass wir in jeder Freiheitskonzeption diese drei Elemente, wie implizit auch immer, unterscheiden können, und dass gerade ihre sehr unterschiedliche Gewichtung und Interpretation zu den wichtigsten systematischen Differenzen im Freiheitsbegriff führt.

2. Libertäre Positionen: Freiheit als negative Freiheit

Wir hatten schon gesehen, dass klassische liberale Positionen sich meist auf einen negativen Freiheitsbegriff berufen: Die bekanntesten Stammväter dieses Begriffs sind Hobbes, Locke und Mill. Bei Hobbes wird Freiheit geradezu definiert als die Abwesenheit von Hindernissen (vgl. Hobbes, *Leviathan*), und auch bei Mill ist die Freiheit des Einzelnen der Bereich, in dem er sich ohne Eingriffe – des Staates oder der Gesellschaft – bewegen kann, solange er niemand anderem schadet (Mills sogenanntes *harm principle*, vgl. Mill, *Über Freiheit*). Bei Locke (vgl. Locke, *Zwei Abhandlungen über die Regierung*) sehen wir, wie der Freiheitsbegriff an den des Eigentums gebunden wird und die Freiheit von Eingriffen in das Eigentum von Personen die Basis des Freiheitsbegriffs ausmacht. Nicht umsonst sind Hobbes, Locke und Mill Klassiker der Theorien von individueller Freiheit, die bis heute das Bild von Freiheit prägen (Wobei man allerdings darauf verweisen muss, dass Locke wie Mill auch ein Verständnis von positiver Freiheit zum Ausdruck bringen; vgl. zum Beispiel Carter 2007: 189–191, 383–391).

In der gegenwärtigen Debatte um den Freiheitsbegriff lassen sich eine Reihe von Positionen ausmachen, die direkt an diese liberalen Stammväter und deren negativen Freiheitsbegriff anknüpfen. Für diese sogenannten libertären Positionen von beispielsweise Friedrich Hayek und Robert Nozick ist kennzeichnend, dass im Vordergrund ihrer Konzeptionen die Analyse von Bedingungen der Einschränkung und des Zwangs steht. Das ist nicht überraschend: Libertäre Konzeptionen stellen die negative Freiheit ins Zentrum. Die Frage, welche Hindernisse als freiheitseinschränkend begriffen werden, differiert zwischen den Positionen. Für Hayek ist es vor allem die Freiheit des konsumierenden und produzierenden Individuums, die im Vordergrund steht: Deshalb sind staatliche Regulierungen des freien Marktes unmittelbar Freiheitshindernisse, doch lässt sich dies zur Freiheit des privaten Individuums ausdehnen, das vom Staat möglichst unbehelligt leben können muss. Für Nozick, in der Locke'schen Tradition, ist es die Freiheit des Eigentums, die den Kern der Freiheit ausmacht. Dabei ist das Eigentum an der eigenen Person und daraus folgend das Eigentum an der eigenen Arbeit und ihren Früchten ein Grundrecht. Solche Rechte schützen die individuelle Freiheit, und jeder Eingriff in diese Rechte stellt einen Eingriff in die Freiheit dar. So ist auch Nozicks bekanntes Diktum zu verstehen, dass jede Form nichtfreiwilliger Einkommenssteuer genau einen solchen Eingriff in die Freiheit der Person darstelle (vgl. Nozick, *Anarchy, State and Utopia* 150–153; Flikschuh 2008: 80f.).

Unabhängig von den Unterschieden zwischen den libertären Positionen kann man gegen sie folgende Kritik vorbringen; ich will drei Punkte nennen. Zum Ersten ist der Begriff der frei handelnden Person selbst, den sie voraussetzen und mit dem sie arbeiten, ausgesprochen einfach: Die Person folgt frei ihren Wünschen und ihrem Wollen, die Reflexion auf ihre Ziele, die Abwägung zwischen Zielen und die Einsicht in die soziale und politische Bedingtheit ihrer Ziele spielen in der Theorie keinerlei Rolle. Freiheit ist hier ganz voluntativ, als unmittelbare egoistische Wunschbefriedigung, gedacht, und es wird nicht deutlich, wie sich ein reicherer – und plausiblerer – Freiheitsbegriff im Sinne von begründetem Verfolgen reflektierter Ziele konzeptualisieren lässt. Dies ist, wie wir gleich noch sehen werden, etwa bei Rawls grundsätzlich anders, wenn er die gegenseitige Bedingtheit der freien Person und der Gesellschaft, in der sie lebt, beschreibt.

Zum Zweiten sind libertäre Positionen insgesamt nicht interessiert an der Frage der materiellen Ressourcen und deren Verteilung, die für das Verfolgen von Zielen unabdingbar sind. Wenn der Fokus ausschließlich auf der Konzeptualisierung formaler Freiheit und der Abwesenheit von Hindernissen liegt, dann rückt die Frage nach dem Zusammenhang zwischen Handlungsressourcen und Freiheit gar nicht in den Blick. Dies führt zu dem libertären Zynismus, dass Personen zwar formal vollständig frei sind, mit ihrer Freiheit aber nichts anfangen können – der Obdachlose und der Banker sind im Prinzip beide frei. Die für die Idee gleicher Freiheit notwendige Konzeptualisierung von Verteilungsgerechtigkeit ist hier gerade nicht Sache der Freiheitstheorie (vgl. Koller 1998: 489–496).

Zum Dritten billigen libertäre Positionen dem Staat nur eine minimale Funktion zu: Es ist der sogenannte Nachtwächterstaat, der ausreicht, um die formalen negativen Freiheiten von Personen zu schützen. Eine Institutionalisierung sozialer Freiheiten oder gleicher Freiheiten, die Sicherung des Verfolgens von Optionen wurden in libertären Konzeptionen ganz abgelehnt oder auf ein Minimum beschränkt.

Es sind diese drei Punkte, die als Einwände nicht nur von liberalen Positionen kritisch und zu Recht gegen libertäre erhoben werden. Die Konzeption von Freiheit ohne ein auf seine Ziele reflektierendes Subjekt, ohne ihren Zusammenhang mit Verteilungsgerechtigkeit und ohne ihre gesellschaftliche Institutionalisierung widerspricht nicht nur vielen unserer tief verwurzelten Intuitionen, sondern zeigt letztlich, dass der Versuch einer Konzeptualisierung von Freiheit als ausschließlich negativer Freiheit unbefriedigend bleibt. Dies hat schon Charles Taylor, wie wir oben gesehen haben, zu einer Kritik an solchen Positionen geführt. Wir werden im Folgenden sehen, dass es eine Reihe von anderen Freiheitstheorien gibt, die plausibler scheinen, weil sie die Analyse negativer Freiheiten mit der von Optionen und einem autonomen Subjekt zusammendenken wollen.

3. Liberale Positionen: Freiheit und Gleichheit

Liberale Positionen wie die von Rawls, Dworkin, Sen und in gewisser Weise auch Habermas zeichnet aus, dass sie den Freiheits- eng an den Gleichheitsbegriff binden; schon deshalb gehen sie über rein negative Konzeptionen von Freiheit hinaus. Zwar fragen auch sie nach den Einschränkungen von Freiheit, sind aber immer zugleich interessiert an den möglichen Konsequenzen, die solche Einschränkungen für die Gleichheit und Gerechtigkeit einer Gesellschaft haben können. Wenn man, rein formal, alles wählen kann, aber keinerlei Möglichkeiten hat, diese Wahlmöglichkeiten auch wahrzunehmen, dann hat die Freiheit, so liberale Positionen, auch keine Bedeutung, die Subjekte sind letztlich unfrei.

Die einflussreichste – und anspruchsvollste – liberale Theorie der letzten 50 Jahre ist zweifelsohne die von John Rawls, die im Folgenden deshalb etwas genauer vorgestellt werden soll. Rawls ist interessiert an einer Theorie der Gerechtigkeit; Freiheiten werden deshalb immer schon direkt in den Rahmen der Verteilungsgerechtigkeit eingebunden (vgl. Rawls, *Eine Theorie der Gerechtigkeit*).

Bekanntlich wählen wir bei Rawls in der ursprünglichen Situation hinter dem Schleier des Nichtwissens die basalen Prinzipien, die für Gerechtigkeit in der Gesellschaft (in der wir leben werden und wollen) sorgen. Das erste dieser Prinzipien sichert ein »gleiches Recht auf das umfangreichste System gleicher Grundfreiheiten [...], das mit dem gleichen System für alle anderen verträglich ist.« (ebd. 81) Zu diesen Grundfreiheiten zählt Rawls persönliche Freiheit (Schutz der körperlichen Integrität), politische Freiheiten, Eigentumsfreiheit und den Schutz vor willkürlicher Festnahme. Diese Freiheiten sind für alle Personen gleich; alle haben das gleiche Recht auf das gleiche *Set* von Freiheiten. Schon hier wird der Freiheitsbegriff folglich gebunden an den der Gleichheit. Doch Rawls geht noch einen Schritt weiter mit dem zweiten fundamentalen Prinzip, das die Gerechtigkeit der Gesellschaft sichern soll: Soziale und wirtschaftliche Ungleichheiten sind nur gestattet, wenn sie den jeweils schlechtest Gestellten zugutekommen und wenn sie mit Positionen und Ämtern verbunden sind, die jedem offen stehen.

Rawls schließt also schon mit dem zweiten Grundprinzip weitestgehend aus, dass Freiheiten rein formal als negative begriffen werden, indem er sie an die Verfügung über materielle Ressourcen bindet. Er konkretisiert seinen Begriff von Freiheit jedoch auch noch auf andere Weise. In expliziter Anknüpfung an MacCallums triadische Struktur argumentiert er, dass jeder Freiheitsbegriff immer schon eine Interpretation dieser drei Elemente und ihres Verhältnisses zueinander zum Ausdruck bringe. Auch hier geht er einen entscheidenden Schritt über die negativen Freiheitstheoretiker hinaus, wenn er postuliert, dass Freiheit in der gerechten Gesellschaft für alle den »gleichen Wert« haben müsse (vgl. ebd. 230–233). Die Frage, was Personen (positiv) frei sind zu wählen, ist von derjenigen nach der (negativen) Abwesenheit von Hindernissen nicht zu trennen. Das freie Subjekt ist für Rawls dabei das rationale, autonome, das durch die Freiheiten und deren Sicherung in die Lage versetzt wird, einen eigenen »Lebensplan«, also eigene Lebensziele, zu wählen und zu verfolgen (vgl. ebd. 445–454).

Liberale egalitäre Freiheitstheoretiker wie Rawls (und neben ihm etwa auch Dworkin in *Liberalism* und, auf andere Weise, Sen in *Rationality and Freedom* oder Habermas in *Faktizität und Geltung*) beschreiben folglich nicht nur einen reicheren Begriff des freien, wählenden, reflektierenden Subjekts, sondern berücksichtigen immer auch den Zusammenhang zwischen Freiheit und Gleichheit ebenso wie den zwischen der Freiheit und ihrer institutionellen, gesellschaftlichen Sicherung. Deshalb wird dem Staat eine ungleich substantiellere Rolle zugebilligt als in den negativen Theorien, wie wir oben etwa bei Nozick gesehen haben.

Zumindest kurz erwähnt werden sollte hier noch eine liberale Position, die vor allem in den letzten Jahren zunehmend an Aufmerksamkeit gewonnen hat: die Hegel'sche – oder neo-hegelianische – Variante des Liberalismus, die interessiert ist an einer Interpretation der Hegel'schen (Rechts-)Philosophie und in ihr einen Freiheitsbegriff analysiert, der ihn in die Nachfolge von Kants Begriff der Autonomie stellt und so auf der einen Seite an einem individuellen Begriff von Freiheit festhält, diesen aber auf der anderen Seite konstitutiv verbindet mit den Institutionen und der »Sittlichkeit« des liberalen modernen Staates. Es ist diese Variante, die in der angloamerikanischen Hegelinterpretation, aber auch in Theorien der Anerkennung, zunehmend im Vordergrund steht (vgl. Pippin 2005: 9–13; Honneth, *Das Recht der Freiheit*).

4. Republikanische Positionen: Freiheit als die Freiheit von Unterdrückung

Lässt sich mit MacCallums triadischer Formel und mit der liberalen Interpretation dieser Formel tatsächlich jede relevante Form von Unfreiheit beschreiben? Muss man nicht auf einen *dritten Freiheitsbegriff* (neben dem der negativen und der positiven Freiheit) zurückgreifen, um erfassen zu können, was mit der Freiheit und ihren Einschränkungen gemeint ist? Es sind diese Fragen, die von einer republikanischen Position aus gestellt und kritisch gegenüber dem liberalen Anspruch beantwortet werden. Ihre Vertreter verweisen auf einen dritten Begriff und stellen ihn ins Zentrum: Freiheit als die Freiheit von Beherrschung durch andere, Freiheit als die Unabhängigkeit von Willkür (*freedom as nondomination*; vgl. Skinner, *A Third Concept of Liberty* 255–261; Pettit 1999). Zwar klingt diese Freiheitsbestimmung zunächst wie die negative als Freiheit von bestimmten Hindernissen, doch behauptet die republikanische Theorie, dass die Abwesenheit von Eingriffen nicht mit der von Herrschaft durch andere gleichzusetzen ist. Wir können uns nämlich vorstellen, so argumentiert Skinner, dass der Sklave eines gutgesinnten und großzügigen Herrn (oder Herrschers, wie bei Hobbes) tatsächlich alles tun kann, was er will. Dennoch bleibt er unfrei, weil er der *möglichen* Willkür eines Anderen ausgesetzt ist: Sein Status als freie Person ist nicht gesichert, auch wenn er in all seinen Handlungen keinen Eingriffen oder Hindernissen unterliegt. Deshalb argumentieren Republikaner, dass die entscheidende Idee der Freiheit erst dann konkretisiert ist, wenn freie Personen in keinerlei Hinsicht der (möglichen) Willkür Anderer – auch nicht der Willkür einer Gesetzgebung – ausgesetzt sind. Das heißt dann auch, dass *demokratische* Rechte und Gesetze, wenn sie auf eine tatsächlich demokratisch kontrollierte Weise zustande gekommen sind, nicht als Einschränkungen oder Eingriffe in die Freiheit Einzelner begriffen werden müssen (wie noch oben bei Nozicks Minimalstaat), sondern geradezu als die Ermöglichung von Freiheit – von der Freiheit der willkürlichen Herrschaft durch andere (zu anderen republikanischen Positionen, etwa Hannah Arendt, vgl. Arendt, *Freedom and Politics*).

Zwischen egalitär-liberalen und republikanischen Positionen finden sich viele Überschneidungen. Es ist umstritten, inwieweit Republikaner tatsächlich mit einem dritten Freiheitsbegriff arbeiten oder ob man nicht die Freiheit von Willkür und Unterdrückung auch mit Hilfe der skizzierten drei Elemente beschreiben kann. Die Nähe zwischen den liberalen und den republikanischen Theorien lässt sich etwa verdeutlichen am Beispiel von Habermas: Seine Idee der »Gleichursprünglichkeit« von privater (individueller) und öffentlicher (kollektiver) Autonomie sucht nämlich die liberale Idee negativer individueller Freiheit mit der republikanischen Idee der (positiven) kollektiven Selbstbestimmung gerade zu verbinden. Wahrhaft frei sind wir nur, wenn wir nicht nur – als *Adressaten* von Rechten und Gesetzen – unser eigenes Leben selbstbestimmt leben, sondern uns zugleich immer auch als *Autoren* der Gesetze begreifen können, die uns das individuelle und gemeinschaftliche freie Leben ermöglichen (vgl. Habermas, *Faktizität und Geltung* 151–165). Die Frage nach der Rolle der Demokratie für den Freiheitsbegriff werden wir im letzten Abschnitt noch einmal aufgreifen.

5. Die feministische Kritik: Freiheit für alle Personen

Innerhalb der feministischen politischen und sozialen Philosophie finden sich ganz unterschiedliche Ansätze zur Konzeptualisierung des Freiheitsbegriffs, denen jedoch allen eines gemeinsam ist: die Frage nach den spezifischen Freiheitseinschränkungen und Behinderungen für Frauen, die Frage, wie sich die gesellschaftlichen Freiheitsspielräume für Frauen von denen für Männer unterscheiden – und die These, dass die traditionellen Theorien auf diese Fragen keine Antwort haben. Die unterschiedlichen normativen Ansätze, mit denen feministische Theorien diese Frage beantworten, will ich im Folgenden anhand von drei – zugespitzten und leicht schematisierten – Positionen skizzieren.

Eine solche Skizze muss beginnen mit dem Werk und der Theorie von Simone de Beauvoir: Denn hier kommt paradigmatisch eine Position zur Sprache, die die Unterdrückung von Frauen kritisiert, weil sie den Frauen die *gleichen* Freiheitsrechte verweigert. Ihr berühmtes Diktum, dass Frauen nicht als Frauen geboren, sondern zu Frauen gemacht werden, wirft den patriarchalen Strukturen der Gesellschaft vor, das Leben von Frauen auf bestimmte Rollen zu beschränken und ihnen die Möglichkeit zu nehmen, ihre Freiheit, das Leben zu leben, in gleicher Weise zu gestalten wie Männer (vgl. Beauvoir, *Das andere Geschlecht* 638–667). Diese Position, die vor allem auf gleiche (negative) Freiheitsrechte zielt, spielt auch in den gegenwärtigen Diskussionen noch eine große Rolle, da insbesondere im amerikanischen Feminismus die Idee der Gleichheit prominent ist (vgl. vor allem Okin, *Justice, Gender and the Family*). Jede Verschiedenheit zwischen Frauen und Männern – im Blick auf die gleiche Beteiligung am Arbeitsmarkt, Löhne, aber auch Rechte und Pflichten bei der Erziehung von Kindern – muss dann interpretiert werden als Diskriminierung und kritisiert werden im Blick auf die Forderung nach gleichen Rechten.

Eine zweite Position stellt gerade die Kritik am Begriff der gleichen Freiheit ins Zentrum: Gleichheit sei das falsche Ziel, weil dies die schlichte Orientierung an einem Ideal des männlichen Lebens bedeute und auf diese Weise Frauen gerade nicht ein eigenständiges, autonomes Leben zugestanden werde. Gleiche Arbeit und gleiche Karrieren seien häufig nicht das, wonach Frauen strebten, sondern vielmehr die Aufwertung und Anerkennung der Lebensweisen, wie different auch immer, die sie selbst gewählt haben. Da es bei dieser Position vor allem um die Frage geht, welche Optionen Frauen offen stehen sollten, ihr Leben zu leben, lässt sie sich beschreiben als Interpretation der positiven Freiheit. Dabei sind es unterschiedliche feministische Traditionen, die hier eine Rolle spielen – Theorien, die prominent für die Andersheit von lesbischen Frauen und ihrer Freiheitsentwürfe argumentierten; oder auch Carol Gilligans These einer »eigenen« moralischen Stimme von Frauen (vgl. Gilligan, *Die andere Stimme*). Doch ist allen gemeinsam der Versuch, an den

Ideen von Freiheit und Befreiung von patriarchalischen Strukturen festzuhalten, ohne damit zugleich dem Modell »gleicher als männlicher« Freiheit das Wort zu reden.

Eine *dritte* Position kritisiert an beiden Ansätzen – dem Gleichheitsansatz der negativen Freiheit und dem Differenzansatz der positiven Freiheit –, dass sie festhalten an einer Opposition von Gleichheit und Differenz, die noch immer den patriarchalen Strukturen und Freiheitsbegriffen verpflichtet sei. Stattdessen komme es darauf an, genau diese Gegenüberstellung noch in Frage zu stellen, da erst so eine wirkliche Kritik an den repressiven, tiefliegenden Strukturen der patriarchalen Gesellschaft möglich sei. Zu diesen Kritikerinnen gehören prominente postmoderne Philosophinnen wie Judith Butler, die die »Kategorie Geschlecht« als performative Kategorie interpretiert und noch das biologische Geschlecht selbst als konstruiert begreift (vgl. Benhabib, *Der Streit um Differenz*). Butler will jedoch mit der Kategorie Geschlecht zugleich einen starken Begriff von Subjekt, Autonomie und *agency* aufgeben; darin unterscheidet sie sich von dem sogenannten sozialkonstruktivistischen Ansatz beispielsweise Nancy Hirschmanns, aber auch von Positionen, die sich der Tradition der Kritischen Theorie verpflichtet wissen, wie etwa denjenigen Seyla Benhabibs oder Nancy Frasers (vgl. ebd.; Benhabib, *Selbst im Kontext*; Fraser, *Die Gleichheit der Geschlechter und das Wohlfahrtssystem*). Diese argumentieren nämlich, dass eine liberale – oder republikanische – Freiheitstheorie zwar nicht die spezifischen Einschränkungen, Diskriminierungen und Zwänge erfassen kann, denen Frauen in patriarchalen Gesellschaften ausgesetzt sind. Doch halten diese Theorien – plausiblerweise – für die feministische Analyse des Zusammenspiels von Unterdrückung, Rollenanpassung und mangelnder Autonomie gerade eine kritische, nicht nur rationalistische oder beziehungslose Konzeption von Subjekt, *agency* und Autonomie für notwendig, um so Freiheiten in liberalen Gesellschaften auch für Frauen ermöglichen und garantieren zu können. Mit welchen Problemen eine solche Theorie von reflektierendem Subjekt und Autonomie konfrontiert ist, werden wir im folgenden Abschnitt genauer sehen.

6. Freiheit und Autonomie: Das freie Subjekt

Was wollen Personen »wirklich«, wenn sie frei sind, so zu handeln, wie sie handeln wollen? Was heißt es, dass das freie Subjekt erst »wirklich« frei ist, wenn es auf verschiedene Ziele reflektieren, über verschiedene Optionen entscheiden und Hindernisse als solche erkennen kann?

In allen Theorien, die bisher vorgestellt wurden, wurde, wie schwach oder implizit auch immer, ein freies, wählendes Subjekt vorausgesetzt. Das entspricht der triadischen Analyse von MacCallum (vgl. oben). Wenn jedoch Freiheit begriffen wird als die Möglichkeit, bestimmte Ziele zu verfolgen und diese gegenüber sich und anderen begründen zu können, dann werden dem wählenden Subjekt eine Reihe von Eigenschaften und Fähigkeiten zugeschrieben, die über die Idee der Freiheit als unmittelbarer Wunschbefriedigung hinausgehen. Es ist der Begriff der Autonomie, der hier genauer erklären soll, was ein freies und reflektierendes Subjekt ist: Wenn es wirklich frei ist, dann ist es autonom.

»Autonomie« geht dabei in der neueren Literatur nicht mehr auf in einem kantischen Begriff moralischer Autonomie, sondern zielt darüber hinaus auf einen Begriff der personalen Autonomie. Theorien personaler Autonomie knüpfen meist nicht nur an Kant, sondern auch an Mill und dessen Begriff von individueller Freiheit als Selbstverwirklichung und Individualität an. Autonomie bedeutet dann ganz allgemein, dass Personen fähig sind, auf der Grundlage ihrer eigenen Überzeugungen, Wünsche, Motive und Ideale sich zu fragen und darüber zu reflektieren, wie sie leben wollen, und dann ihr Leben auch so leben zu können. Ein solcher Begriff soll auf die Möglichkeit verweisen, dass Personen tatsächlich ihre eigenen Ziele wählen und verfolgen können, und geht mit dem Postulat eines reichen Begriffs von Reflexion über einen schlicht voluntativen Freiheitsbegriff hinaus. In der Literatur ist es umstritten, welche Fähigkeiten genau dem autonomen Subjekt zugesprochen werden müssen, in welchem Verhältnis Autonomie und Verantwortlichkeit stehen, inwieweit der soziale Kontext konstitutiv ist für Autonomie als relationale und wie substantiell ein solcher Begriff konzeptualisiert werden muss (vgl. Taylor 2008). Für unseren Kontext ist jedoch ein allgemeiner Begriff personaler Autonomie hinreichend. Die Idee, dass Subjekte ohne Autonomie nicht frei sind, bringt nun eine Reihe von Problemen mit sich, von denen ich hier drei grundlegende skizzieren möchte.

Das *erste* Problem ist der sogenannte Perfektionismus: Er behauptet, dass Subjekte nur dann autonom sind, wenn sie sich für bestimmte – gute und vernünftige – Optionen entscheiden. Das autonome Subjekt ist also wirklich frei nur dann, wenn es auch die *richtige* Wahl trifft. Das heißt auf der einen Seite, dass das autonom gewählte und gelebte Leben gut nur dann sein kann, wenn die Subjekte die richtigen, sinnvollen und (moralisch) guten Ziele verfolgen. Und es billigt zum anderen dem Staat eine besondere Rolle zu: Er muss nämlich dafür sorgen, dass den Subjekten nicht nur ausreichend verschiedene, sondern auch die richtigen Optionen zur Verfügung stehen, und ist deshalb nicht mehr völlig neutral (vgl. Raz, *The Morality of Freedom* 373f.). Beides ist in liberalen Theorien offensichtlich umstritten. Doch könnte man im Sinne eines schwachen Perfektionismus dafür argumentieren, dass die Frage nach dem guten Leben von der nach dem autonomen Leben nicht eigentlich zu trennen ist und deshalb eine Reihe von Werten – sinnvolle Arbeit, Kultur, Spiel, Sozialität – auch von einem liberal-demokratischen Staat als besonders ausgezeichnet gefördert werden sollte. Wie sich Subjekte dann letztlich autonom entscheiden, ist ihre Sache, kann zu inkompatiblen Lebensentwürfen führen und dennoch auch durch Dritte kritisierbar bleiben.

Damit eröffnet sich eine *zweite* Problematik: Wie transparent ist sich das Subjekt in seinen Reflexionen eigentlich selbst, wenn es meint, autonom zu wählen und zu leben? In der Freud'schen Tradition könnte man behaupten, dass Subjekte nicht einfach nur deshalb, weil sie behaupten, das zu tun, was sie tun wollen, auch schon frei und autonom sind. Auch hier kann man argumentieren, dass autonome Wahlen kritisierbar bleiben müssen – nicht deshalb, weil andere sicher oder immer schon besser wüssten, was gut für die Person ist (wie es Berlin der positiven Freiheitstradition vorgeworfen hatte), sondern deshalb, weil wir gerade *als reflektierende Subjekte* uns dessen bewusst sind, dass unsere Reflexionen im je individuellen Fall verfälscht oder verzerrt sein können und der Aufklärung bedürfen.

Damit haben wir die *dritte* Problematik erreicht: Sie nämlich verweist auf die Gefahr, dass es nicht nur verzerrende individuelle, sondern *gesellschaftliche* Strukturen gibt, die verhindern können, dass Subjekte in ihren Möglichkeiten und Wahlen frei und autonom handeln können. Dies geht über *direkte* Freiheitshindernisse hinaus: Können wir in der Konsumgesellschaft frei wählen, welchen Stellenwert Konsum für uns hat? Können Frauen – und Männer – in der patriarchalen Gesellschaft Rollenerwartungen unterlaufen? Solche Fragen wurden in der Tradition der frühen Frankfurter Schule gestellt und mit dem Verweis auf den Begriff des »falschen Bewusstseins« negativ beantwortet, doch ist ein solcher (tendenziell paternalistischer) Begriff nicht nötig, um dennoch die Problematik als solche ernst zu nehmen. Dann nämlich sieht man, dass wir uns in der Frage, wie wir leben wollen, immer auch bewusst sein müssen, dass Autonomie und Freiheit durch soziale, kulturelle und politische Kontexte bedingt sind. Die moderne, liberal-demokratische Gesellschaft ermöglicht individuelle Autonomie, aber sie setzt sie zugleich immer auch Gefährdungen aus; Aufgabe der Sozialphilosophie ist es, diese Gefährdungen zu analysieren und zu kritisieren (vgl. Honneth, *Pathologien des Sozialen*).

Autonomie, so kann man also argumentieren, ist konstitutiv verbunden mit der Idee des guten Lebens und muss immer auch der (Selbst-)Kritik ausgesetzt bleiben. Wie autonom wir jeweils handeln und leben, ist die eine Seite der Autonomie; die andere Seite ist jedoch, dass Subjekte in liberal-demokratischen Gesellschaften das *Recht* haben, autonom zu leben – und zwar unabhängig davon, wie sie dieses freie und autonome Leben ausfüllen. Das Freiheitsrecht als Recht, autonom zu leben, ist in liberalen Demokratien fundamental; das soll nun noch in einem letzten Schritt kurz ausgeführt werden.

7. Politische Freiheit in der pluralistischen Gesellschaft

Das Gelingen von Freiheit ist angewiesen auf die Abwesenheit relevanter Hindernisse, auf die Möglichkeit, sinnvolle, eigene Ziele verfolgen, Optionen wählen zu können, und auf ein Subjekt, das diese Freiheit gebrauchen kann, also ein autonomes Subjekt. Die skizzierten Freiheitstheorien konzeptualisieren dabei immer auch die Rolle staatlicher Institutionen, die für die Regelung und Garantie individueller Freiheit notwendig sind; im Folgenden sollen diese noch kurz in drei Hinsichten zur Sprache kommen: einerseits unter der Perspektive der freien Rechtsperson, zum Zweiten unter der der politischen Institutionen und zum Dritten unter der der demokratischen Gesellschaft.

Zum Ersten sind Freiheitsrechte wesentlich, um Autonomie zu ermöglichen. Deshalb fordern Freiheitsrechte auch den Respekt vor der Autonomie der anderen Person, ihrer Lebensweise, ihrer anderen Suche nach dem guten Leben. Gerade in pluralistischen, multikulturellen modernen Gesellschaften ist dieses Problem bekanntlich besonders virulent. Denn Freiheitsrechte bedeuten, dass gegebenenfalls inkompatible Lebensweisen geschützt und respektiert werden müssen – vom Staat und von den Bürgern untereinander (vgl. Forst 1996). Deshalb sind für die Möglichkeit eines autonomen Lebens nicht nur die negativen Freiheitsrechte – wie etwa Religionsfreiheit – konstitutiv, sondern auch die positiven Freiheitsrechte, wie etwa ein Recht auf Bildung. Diese Rechte sollen in der Gesellschaft garantieren, dass Personen tatsächlich selbst entscheiden können, wie sie leben wollen; kulturelle und soziale Milieus können dabei bekanntlich die ambivalente Rolle spielen, einerseits Autonomie zu ermöglichen, andererseits zu behindern (vgl. Bader 2007: 65–125).

Das bedeutet zum Zweiten, dass die politischen und sozialen Institutionen des liberal-demokratischen Staates diese Rechte so absichern müssen, dass sie für alle Personen in gleicher Weise akzeptiert werden können, und das heißt, dass sie im Prinzip für jeden gleichermaßen zustimmungsfähig sind. Wir hatten oben schon gesehen, dass die Frage nach dem Zusammenhang zwischen Freiheit und Gerechtigkeit in den verschiedenen Theorien sehr unterschiedlich konzipiert wird; hier kommt dieser Zusammenhang noch einmal so in den Blick, dass gleichberechtigt neben den negativen und positiven Freiheitsrechten auch die politischen Partizipationsrechte für alle Subjekte in gleicher Weise Freiheit, nämlich die politische Freiheit sichern. Diesen Konnex zwischen individueller Freiheit und politischer Freiheit hatten vor allem republikanische Theorien in den Vordergrund gestellt, doch auch liberale Theorien argumentieren, dass zwischen beiden ein Verhältnis der wechselseitigen Bedingtheit herrscht. Deshalb betont etwa Forst, dass sich Bürger in der rechtlich-politischen Gemeinschaft gegenseitig dieselben Formen ethischer und politischer Autonomie gewähren müssen, und Habermas postuliert subjektive Freiheitsrechte als gleichursprünglich mit den demokratischen Teilhaberechten (vgl. Forst 1996; Habermas, *Faktizität und Geltung*).

Es ist wichtig, sich klar zu machen, dass Freiheitsrechte nicht geteilt werden können – subjektive Freiheitsrechte und politische, demokratische Freiheitsrechte sind nicht voneinander zu trennen. Die Möglichkeit, eine eigene Konzeption des Guten zu entwickeln und zu verfolgen, wird gesichert durch die Möglichkeit, sich am politischen Prozess zu beteiligen und umgekehrt – wie etwa Rawls argumentiert, wenn er diesen Zusammenhang am Beispiel der Religions-, Gewissens- und Meinungsfreiheit verdeutlicht (vgl. Rawls, *Political Liberalism* 310–315). Die Formen von Autonomie, die wir in individuellen, sozialen und politischen Kontexten leben, mögen unterschiedlich sein (vgl. wiederum Forst 1996), doch sind sie nicht teilbar. In multikulturellen Gesellschaften kann dies zu Konflikten führen. Doch wenn manchmal behauptet wird, dass ein solcher Autonomiebegriff für diese (unsere) Gesellschaften zu anspruchsvoll sei, weil er die unterschiedlichen Kulturen und deren Traditionen nicht respektiere, dann ist dies ein Missverständnis. Der demokratische Rechtsstaat garantiert nicht nur die Freiheit, religiösen oder kulturellen Traditionen zu folgen, und fordert von seinen Bürgern Respekt vor diesen. Er garantiert auf der anderen Seite auch die je individuelle Freiheit, sich von solchen Traditionen zu distanzieren, auch wenn dies konflikthaft sein kann – Freiheitsrechte sind »Trümpfe« (Dworkin) für Bürger gerade in solchen Konfliktsituationen. Abschließend lässt sich deshalb die Einsicht festhalten, dass die negativen Freiheiten, die positiven Freiheitsoptionen und das freie autonome Subjekt immer schon bedingt sind durch und eingebunden sind in einen gesellschaftlich-politischen Zusammenhang, den die Subjekte in ihrer politischen Freiheit selbst (mit-)bestimmen; so wird noch einmal deutlich, warum der Freiheitsbegriff in modernen Gesellschaften so grundlegend und zugleich umstritten ist.

Quellen- und Literaturverzeichnis

1. Quellen

Arendt, Hannah: Freedom and Politics, in: Miller, David (Hg.): Liberty, Oxford 1991, 58–79.

Beauvoir, Simone de: Das andere Geschlecht. Sitte und Sexus der Frau, Reinbek 1989.

Benhabib, Seyla: Selbst im Kontext. Kommunikative Ethik im Spannungsfeld von Feminismus, Kommunitarismus und Postmoderne, Frankfurt a.M. 1995.

Benhabib, Seyla u.a. (Hgg.): Der Streit um Differenz. Feminismus und Postmoderne in der Gegenwart, Frankfurt a.M. 1993.

Berlin, Isaiah: Freiheit. Vier Versuche, Frankfurt a.M. 1995.

Dworkin, Ronald: Liberalism, in: Hampshire, Stuart (Hg.): Public and Private Morality, Cambridge 1978, 113–143.

Fraser, Nancy: Die Gleichheit der Geschlechter und das Wohlfahrtssystem. Ein postindustrielles Gedankenexperiment, in: Honneth, Axel (Hg.): Pathologien des Sozialen. Die Aufgaben der Sozialphilosophie, Frankfurt a.M. 1994, 351–376.

Gilligan, Carol: Die andere Stimme, München 1999.

Habermas, Jürgen: Faktizität und Geltung. Beiträge zur Diskurstheorie des Rechts und des demokratischen Rechtsstaats, Frankfurt a.M. 1992.

Habermas, Jürgen: Das Sprachspiel verantwortlicher Urheberschaft und das Problem der Willensfreiheit. Wie lässt sich der epistemische Dualismus mit einem ontologischen Monismus versöhnen?, Deutsche Zeitschrift für Philosophie 54/5 (2006), 669–707.

Hayek, Friedrich August von: Die Verfassung der Freiheit, Tübingen 1971[3].

Hobbes, Thomas: Leviathan oder Stoff, Form und Gewalt eines kirchlichen und bürgerlichen Staates, hg. und eingel. von Iring Fetscher, Frankfurt a.M. 1976.

Honneth, Axel (Hg.): Pathologien des Sozialen. Die Aufgaben der Sozialphilosophie, Frankfurt a.M. 1994.

Honneth, Axel: Das Recht der Freiheit, Frankfurt a.M. 2011.
Locke, John: Zwei Abhandlungen über die Regierung, hg. von Walter Euchner, Frankfurt a.M. 1989.
MacCallum, Gerald: Negative and Positive Freedom, in: Miller, David (Hg.): Liberty, Oxford 1991, 100–122.
Mill, John Stuart: Über Freiheit, aus dem Englischen übers. von Bruno Lemke. Mit Anhang und Nachwort hg. von Manfred Schlenke, Stuttgart 1988.
Nozick, Robert: Anarchy, State and Utopia, Oxford 1974.
Okin, Susan Moller: Justice, Gender and the Family, New York 1989.
Rawls, John: Eine Theorie der Gerechtigkeit, Frankfurt a.M. 1979.
Rawls, John: Political Liberalism, New York 1993.
Raz, Joseph: The Morality of Freedom, Oxford 1986.
Rousseau, Jean-Jacques: Vom Gesellschaftsvertrag, in: ders.: Politische Schriften, Bd. 1, übers. von Ludwig Schmidts, Paderborn 1977.
Sen, Amartya: Rationality and Freedom, Cambridge/London 2002.
Skinner, Quentin: A Third Concept of Liberty, Proceedings of the British Academy 117 (2002), 237–268.
Strawson, Peter Frederick: Freedom and Resentment, in: ders.: Freedom and Resentment and Other Essays, London/New York 1974, 1–28.
Taylor, Charles: What's Wrong with Negative Liberty?, in: Miller, David (Hg.): Liberty, Oxford 1991, 141–162.

2. Sekundärliteratur

Bader 2007: Bader, Veit M.: Secularism or Democracy? Associational Governance of Religious Diversity, Amsterdam 2007.
Carter 2007: Carter, Ian u.a. (Hgg.): Freedom. A Philosophical Anthology, Oxford 2007.
Flikschuh 2008: Flikschuh, Katrin: Freedom. Contemporary Liberal Perspectives, Cambridge 2008.
Forst 1996: Forst, Rainer: Politische Freiheit, Deutsche Zeitschrift für Philosophie 44 (1996), 211–227.
Koller 1998: Koller, Peter: Grundlinien einer Theorie gesellschaftlicher Freiheit, in: Nida-Rümelin, Julian/Vossenkuhl, Wilhelm (Hgg.): Ethische und politische Freiheit, Berlin/New York 1998, 476–508.
Miller 2006: Miller, David (Hg.): The Liberty Reader, Edinburgh 2006.
Pettit 1999: Pettit, Phillip: Republicanism. A Theory of Freedom and Government, Oxford 1999.
Pippin 2005: Pippin, Robert: Die Verwirklichung der Freiheit. Der Idealismus als Diskurs der Moderne, Frankfurt a.M. 2005.
Taylor 2008: Taylor, James Stacey (Hg.): Personal Autonomy. New Essays on Personal Autonomy and Its Role in Contemporary Moral Philosophy, New York/Oxford 2008.

3. Literaturhinweise zum vertiefenden Studium

Cohen, Gerard: Capitalism, Freedom and the Proletariat, in: Miller, David (Hg.): Liberty, Oxford 1991, 163–182.

Dworkin, Ronald: Bürgerrechte ernstgenommen, übers. von Ursula Wolf, Frankfurt a.M. 1990.

Hegel, Georg Friedrich Wilhelm: Grundlinien der Philosophie des Rechts, hg. von Eva Moldenhauer/Karl Markus Michel (Werke, Bd. 7), Frankfurt a.M. 1970.

Hirschmann, Nancy: Toward a Feminist Theory of Freedom, in: Miller, David (Hg.): Liberty, Oxford 1991, 200–222.

Kant, Immanuel: Über den Gemeinspruch: Das mag in der Theorie richtig sein, taugt aber nicht für die Praxis, in: ders.: Werkausgabe, hg. von Wilhelm Weischedel, Bd. 11, Frankfurt a.M. 1977, 226–284.

Kant, Immanuel: Grundlegung zur Metaphysik der Sitten, in: ders.: Werkausgabe, hg. von Wilhelm Weischedel, Bd. 7, Frankfurt a.M. 1974, 7–102.

Mill, John Stuart: Über Freiheit, aus dem Englischen übers. von Bruno Lemke. Mit Anhang und Nachwort hg. von Manfred Schlenke, Stuttgart 1988.

Nida-Rümelin, Julian/Vossenkuhl, Wilhelm (Hgg.): Ethische und politische Freiheit, Berlin/New York 1998.

Okin, Susan Moller: Is Multiculturalism Bad for Women?, hg. von Joshua Cohen, Princeton 1998.

Pauer-Studer, Herlinde: Freiheit, in: Gosepath, Stefan u.a. (Hgg.): Handbuch der politischen und Sozialphilosophie, Berlin/New York 2008, 334–340.

Sen, Amartya: Justice: Means versus Freedoms, Philosophy and Public Affairs 19 (1990), 111–121.

Skinner, Quentin: Liberty before Liberalism, Cambridge 1998.

Steinvorth, Ulrich: Gleiche Freiheit. Politische Philosophie und Verteilungsgerechtigkeit, Berlin 1999.

Taylor, Charles: Negative Freiheit? Zur Kritik des neuzeitlichen Individualismus, Frankfurt a.M. 1992.

Van Parijs, Philippe: Real Freedom for All. What (If Anything) Can Justify Capitalism?, Oxford 1995.

Zusammenschau

Martin Laube

Tendenzen und Motive im Verständnis der Freiheit

Die Beiträge dieses Bandes zeichnen ein geradezu unübersichtlich vielstimmiges und vielschichtiges Bild des gedanklichen Ringens, das Rätsel der Freiheit zu entschlüsseln. Mag das Wort ›Freiheit‹ auch einen kraftvollen Klang haben und die Herzen höher schlagen lassen, so stürzt das Nachdenken über sie alsbald in ein verwirrendes Geflecht höchst unterschiedlicher Traditionslinien und Motive, Problemzusammenhänge und Kontroversen. Es liegt daher nahe, ein berühmtes Zitat von Augustin über die Zeit abzuwandeln: ›Was ist Freiheit? Wenn mich niemand danach fragt, weiß ich es; wenn ich es aber jemandem, der mich fragt, erklären soll, weiß ich es nicht‹ (vgl. Augustin, *Confessiones/Bekenntnisse* XI 14).

Diese Unübersichtlichkeit hat ihren Grund zum einen in der inhaltlichen Mehrdimensionalität und notorischen Vieldeutigkeit des Freiheitsbegriffes selbst. Die Beiträge legen davon ein beredtes Zeugnis ab: Sie listen die zahlreichen Bestimmungsversuche – von Unabhängigkeit und Ungehindertsein über Spontaneität und Selbstsein bis zu Emanzipation und Autonomie – auf und unterscheiden zwischen Handlungs- und Willensfreiheit, Hinderungs- und Wahlfreiheit, äußerer und innerer, endlicher und absoluter, negativer und positiver Freiheit. Zum anderen jedoch bringt die auffällige Disparatheit der an verschiedenen Orten unter verschiedenen Vorzeichen mit verschiedenen Interessen geführten Freiheitsdebatten eine zusätzliche Verschärfung mit sich. Auch dafür bieten die Beiträge dieses Bandes einen eindrücklichen Beleg. So kommt die dogmatische Bearbeitung des Freiheitsbegriffs nahezu gänzlich ohne Bezugnahme auf die geschichtlich-sozialen Rahmen-

und Realisierungsbedingungen der Freiheit aus. Obgleich sowohl in der Theologie als auch in der Philosophie das Problem der Willensfreiheit eine prominente Rolle spielt, scheinen sich beide Diskurse doch zunehmend fremd zu werden. Innerhalb der Philosophie wiederum sticht ins Auge, dass die Willensfreiheitsdebatte auf der einen und die Debatte um das politisch-soziale Freiheitsverständnis auf der anderen Seite nahezu berührungslos nebeneinander her laufen.

Im Folgenden kann es daher nicht darum gehen, die thematisch-positionelle Vielfalt im Umgang mit dem Freiheitsbegriff zu guter Letzt doch wieder zu unterlaufen und die Umrisse eines ›allgemeinen‹ Freiheitsverständnisses zu skizzieren, das die zuvor benannten Differenzen und Divergenzen faktisch wieder einebnet. Das bedeutet jedoch nicht, auf jedwede Zusammenschau verzichten und der unüberschaubaren Disparatheit das letzte Wort überlassen zu müssen. Vielmehr wird gerade im Gegenüber zu den beiden philosophischen Artikeln sichtbar, dass die theologischen Beiträge – allen Unterschieden im Einzelnen zum Trotz – sehr wohl eine relative Stabilität bestimmter Grundmotive im Freiheitsverständnis erkennen lassen. Diese relative Stabilität darf zwar nicht überbeansprucht werden; dennoch erlaubt sie es abschließend, gleichsam im Spiegel des Gegenübers zur Philosophie einige Grundzüge des christlichen Freiheitsverständnisses pointiert hervorzuheben.

1. Befreiung zur Freiheit

»Zur Freiheit hat uns Christus befreit« (Gal 5,1) – in diesem Pauluswort bündelt sich ein erstes Grundmotiv des biblisch-christlichen Freiheitsverständnisses. Freiheit ist verdankte Freiheit. Sie steht dem Menschen nicht immer schon und von sich aus zur Verfügung. Vielmehr wird sie ihm durch ein göttliches Befreiungsgeschehen erst zugeeignet, und auch dann bleibt sie stets Gabe und wird nie eigener Besitz.

Bemerkenswert daran ist *zunächst* die soteriologische Qualifikation der Freiheit. Vor allem die biblische Überlieferung deutet Befreiung und Freiwerden als heilsrelevante Ereignisse – ja mehr noch: Sie beschreibt das Heil, welches dem Menschen von Gott zuteil wird, elementar als ein Geschehen der Befreiung. Diese enge Verknüpfung von Freiheit und Heil hat ihren geschichtlichen Ursprung in der Exodus-Tradition des Alten Testaments. Sie findet im Neuen Testament bei Paulus eine christologisch gewendete Aufnahme und Zuspitzung. Die Reformation schließt mit ihrer Parole der *libertas christiana* (»christlichen Freiheit«), welche das Geschenk des Glaubens selbst als das entscheidende Freiheitsereignis begreift, an diese biblische Überlieferung an. Zwar gibt es auch im katholischen Christentum eine Traditionslinie, welche das göttliche Heil als Befreiung des Menschen auslegt (vgl. Pröpper 1985). Gleichwohl wird vor diesem Hintergrund verständlich, dass vor allem im Protestantismus der Freiheitsbegriff eine herausragende Rolle spielt. Die charakteristische Ausrichtung auf die innerliche Dimension des persönlichen Gottesverhältnisses trägt von Anbeginn die Züge eines doppelten Befreiungsgeschehens – zum einen die Befreiung von der bindenden Autorität weltlicher Mächte und Gewalten, zum anderen die Befreiung zur verantwortlichen Führung und Gestaltung des eigenen Lebens. Der enge Zusammenhang von Glaube und Freiheit hat sich tief in das protestantische Selbstverständnis eingegraben, so dass es gleichsam nur des einen Stichwortes bedarf, um die Obertöne des anderen mitschwingen zu lassen.

Die soteriologische Qualifikation der Freiheit geht *zweitens* mit einer betonten Ausrichtung auf ihren Vollzugscharakter einher. Zugespitzt formuliert: Freiheit ist kein objektiv ›Gegebenes‹, sondern realisiert sich allein im Medium des befreienden Zuspruchs und ihrer tätigen Inanspruchnahme. Die biblisch-christliche Tradition bestimmt die Freiheit gerade nicht als ein anthropologisches Vermögen, das dem Menschen gleichsam naturhaft zur Verfügung stünde und von ihm nur je und je aktualisiert werden müsste. Sie stellt insofern keine Möglichkeitskategorie dar, sondern wird allein im konkreten Vollzug Ereignis. Kurz gefasst: Freiheit ist kein statischer Zustand. Sie ist nicht einfach ›da‹, sondern geschieht je und je. Hier liegt eine markante Differenz zum philosophischen Freiheitsverständnis: In der Willensfreiheitsdebatte wird zwar darum gestritten, ob und wie von einer solchen Freiheit die Rede sein kann. Unstrittige Voraussetzung ist jedoch, dass dabei eine Fähigkeit, ein

Vermögen oder eine Disposition des Menschen zur Verhandlung steht. Die politische Philosophie wiederum versteht unter Freiheit die soziale Institutionalisierung bestimmter Handlungsspielräume oder -sphären. Auch hier liegt der Akzent mithin auf dem Vorhandensein geeigneter sozialer und rechtlicher Rahmenbedingungen, nicht aber auf dem konkreten Vollzug der durch sie ermöglichten Handlungen. Die biblisch-christliche Tradition sucht demgegenüber zum Ausdruck zu bringen, dass die Freiheit als zuhandene Eigenschaft oder Errungenschaft des Menschen nicht angemessen begriffen werden kann, sondern in ihrer kontingenten Ereignishaftigkeit dem ›feststellenden‹ Zugriff vielmehr eigentümlich entzogen bleibt.

Damit verbindet sich schließlich ein *drittes* Moment. Kennzeichnend für das christliche Freiheitsverständnis ist die mit dem Vollzugsaspekt verknüpfte Ausrichtung auf den ethischen Tätigkeitscharakter der Freiheit. Die Befreiung zur Freiheit wäre gänzlich falsch verstanden, wenn sie einseitig nur als Befreiung von einem *Tun-Müssen* verstanden würde. Ein solches, lediglich negativ-passivisches Verständnis unterschlägt, dass der biblisch-christliche Freiheitsgedanke elementar die Befreiung zu einem neuen Anfang eigener Aktivität und Lebensgestaltung einschließt. Seine Pointe erschöpft sich nicht in der Entlastung von einem *Tun-Müssen*, sondern in der Ermutigung zu einem *Tun-Können*. Anders formuliert: Gerade im tätigen Vollzug der eigenen Freiheit gelangt die göttliche Befreiung zu ihrem Ziel. Das Wort des Psalmisten »Du stellst meine Füße auf weiten Raum« (Ps 31,9) fasst diesen Richtungssinn exemplarisch zusammen. Gottes rettendes Handeln hebt darauf ab, dass der Einzelne wieder festen Boden gewinnt und selbst einen Schritt vor den anderen zu setzen vermag. Insofern wird hier – wenngleich unter ganz anders gelagerten Voraussetzungen – eine gewisse Übereinstimmung zwischen christlichem und philosophischem Freiheitsverständnis sichtbar. Denn beide betonen, dass sich die Pole von negativer *Freiheit von* und positiver *Freiheit zu* nicht verselbständigen lassen, sondern vielmehr wechselseitig bedingen. Im Blick auf den christlichen Freiheitsgedanken folgt daraus, diese Freiheit gerade nicht in einen Gegensatz zum tätigen Handeln zu bringen. Vor allem im Zuge der Auseinandersetzungen um das rechte Verständnis der Rechtfertigung hat sich gelegentlich die Tendenz eingeschlichen, um des konsequenten Ausschlusses jeglicher Werkgerechtigkeit willen die christliche Freiheit vorrangig negativ als Freiheit von einem *Tun-Müssen* guter Werke auszulegen. Doch so richtig es ist, vor der Verkehrung der Rechtfertigung in einen neuen Moralismus zu warnen, so wichtig ist es zugleich, göttliche Rechtfertigung und ethisches Handeln nicht gegeneinander auszuspielen. Die Rechtfertigung stellt das eigene Handeln nicht still, sondern setzt es vielmehr gerade im rechten Sinne frei. Konsequenter vielleicht als das Luthertum hat die reformierte Tradition diesen ethisch-aktiven Akzent des christlichen Freiheitsverständnisses zur Geltung gebracht. Im Hintergrund steht die Überzeugung, dass eben diese Neubegründung ethischer Selbständigkeit zugleich der soteriologischen Pointe des christlichen Freiheitsgedankens entspricht.

2. Endlichkeit der Freiheit

Das Verdanktsein der Freiheit schließt bereits ein zweites Grundmotiv des biblisch-christlichen Freiheitsverständnisses ein: Die menschliche Freiheit ist endliche Freiheit – nicht zuletzt deshalb, weil sie sich weder selbst begründen noch herstellen kann. Doch damit allein ist es keineswegs getan. Bei näherem Hinsehen weist die Endlichkeit eine Reihe weiterer Facetten auf: Dazu zählt *zum einen* die Begrenztheit der Freiheit. Sie kann nicht bindungs- oder schrankenlos gedacht werden, sondern setzt – um ihrer selbst willen – ein Moment der Abhängigkeit voraus. *Zum anderen* bleibt die Freiheit stets gefährdet. Gerade weil sie in einem Spannungsverhältnis zum Gegenmoment der Abhängigkeit steht, kann der Versuch ihrer Verwirklichung jederzeit in Unfreiheit umschlagen. Das führt schließlich *drittens* zu dem eigentümlich christlichen Gedanken eines Missbrauchs der Freiheit – mit der Folge, sich in ein Geflecht sündhafter Taten und ihrer Wirkungen zu verstricken, aus dem es kein Entrinnen mehr gibt.

Auffällig ist nun, dass im Blick auf diese verschiedenen Aspekte der Endlichkeit von Freiheit – allen Differenzen zum Trotz – durchaus Berührungspunkte und Anknüpfungsmöglichkeiten zur philosophischen Tradition des Freiheitsbegriffs bestehen. Anders als beim Motiv des Verdanktseins weiß auch die Philosophie von den Grenzen und den Gefährdungen der Freiheit zu reden. Allerdings wird man im Einzelnen genau hinsehen müssen, damit die Gemeinsamkeiten nicht überzogen und die je unterschiedlichen Interessen und Akzente nicht vorschnell eingeebnet werden.

Es ist *zunächst* der Tradition der idealistischen Philosophie zu danken, dass sie in ihrem Bemühen um eine gedankliche Durchdringung der Freiheit zugleich deren innere Grenze ans Licht gehoben hat. Die Betätigung der eigenen Freiheit bleibt an die Voraussetzung eines ermöglichenden Notwendigkeitsmoments gebunden. Zur Freiheit gehört ein polares Gegenmoment der Verpflichtung, Bindung oder Abhängigkeit, um sie von Willkür und Zufall unterscheiden zu können. Die biblische Überlieferung hat diesen Gedanken bereits vielfältig vorgeprägt: Wie im Alten Testament die Erinnerung an den Exodus mit der Verpflichtung auf das göttliche Gebot zusammengehört, so betont auch Paulus, dass die von Christus erwirkte Befreiung keine Bindungslosigkeit zur Folge hat, sondern vielmehr geradezu in eine neue Knechtschaft mündet (vgl. 1 Kor 7,22). Vor allem in der protestantischen Theologie des 20. Jahrhunderts ist das spannungsvolle Ineinander von Freiheit und Bindung dann zu einem zentralen Topos aufgestiegen. Zum einen spielen hier neuzeitkritische Motive eine Rolle. In diesem Sinne bringt Friedrich Gogarten das christliche Verständnis gebundener Freiheit gegen das vermeintlich neuzeitliche Ideal bindungsloser Autonomie in Stellung. Zum anderen kommt darin das Interesse zum Ausdruck, den Zusammenhang von Glaube und Handeln möglichst eng zu knüpfen. So arbeitet Karl Barth das pulsierende Ineinander von Bestimmtwerden und Selbstbestimmung im Vollzug des Glaubens heraus, um gerade die freie Tat zugleich als Ausdruck des göttlichen Gehorsams begreifen zu können. Es greift mithin zu kurz, die Freiheit einfach nur im Gegensatz zu Abhängigkeit, Bindung oder Gehorsam zu bestimmen. Vielmehr tritt hier eine innere Dialektik des Freiheitsgedankens zutage: Sie setzt um ihrer selbst willen ein Bestimmtheitsmoment voraus, das sie im Modus des tätigen Vollzugs zugleich abstößt und überholt.

Die zeitgenössische Philosophie zeigt sich gegenüber solchen dialektischen Zuspitzungen des Freiheitsthemas auf den ersten Blick überaus spröde. Bei näherem Hinsehen jedoch wird deutlich, dass in der Debatte um die Willensfreiheit eine vergleichbare Einsicht im Hintergrund steht. Denn keine ernstzunehmende Position behauptet, dass von einem freien Willen nur dann die Rede sein könne, wenn dieser Wille durch nichts bedingt wäre. Natürlich steht das menschliche Handeln unter Bedingungen; zudem ließen sich ohne eine innere Bestimmung des Willens dessen Entscheidungen nicht gegenüber Willkür oder Zufall abgrenzen. Stattdessen lautet die zentrale Frage, ob die genannten Bedingungen den Willen lediglich *disponieren* oder darüber hinaus *determinieren* (vgl. Keil 2009: 112f.).

Zur Endlichkeit der Freiheit gehört als *zweites* Moment das Wissen um ihre elementare Gefährdung. Bereits das Alte Testament zeugt vielfältig von dem Bewusstsein, dass Verheißung und Verhängnis der Freiheit eng beieinander liegen. Im Neuen Testament ist es vor allem Paulus, der mit seiner Mahnung, standhaft zu sein und sich das Joch der Knechtschaft nicht wieder auflegen zu lassen (vgl. Gal 5,1), den Sinn schärft für die dauerhafte Fragilität der Freiheit. Die christliche Ethik hat daraus weitreichende Konsequenzen gezogen: Im Laufe ihrer Geschichte war sie zumeist zurückhaltend gegenüber allzu vollmundigen und radikalen Freiheitsversprechungen. Ihre Aufmerksamkeit galt stattdessen der eigentümlichen Dialektik von Freiheit und Ordnung. Auf der einen Seite zielt die Verwirklichung von Freiheit auf die Schaffung entsprechender Ordnungen; allein in solchen Ordnungen vermag sie sichtbare Gestalt zu gewinnen. Auf der anderen Seite stehen eben diese Ordnungen in der Gefahr, sich sogleich wieder gegen die Freiheit zu wenden und ihre Entfaltung zu verhindern. Die Tradition der christlichen Sozialethik lässt sich als eine Abfolge unterschiedlicher Versuche beschreiben, dieser spannungsvollen Balance von Freiheit und Ordnung Rechnung zu tragen. Dabei ergibt sich erneut eine überraschende Nähe zur philosophischen Debattenlage – jedenfalls im Horizont der politischen Philosophie. Das Wissen um die elementare Selbstgefährdung der Freiheit findet hier seinen Ausdruck in der berühmten Unterscheidung von negativer und positiver Freiheit. Sie geht zurück auf den englischen Philosophen Isaiah Berlin (vgl. Berlin, *Zwei Freiheitsbegriffe*). Er sucht mit ihr das Problem in den Griff zu bekommen, dass alle politischen Freiheitsparolen den Keim in sich tragen, zugleich zur Legitimation von Unfreiheit missbraucht werden zu können. Aus diesem Grund schlägt er vor, zwischen einem positiven, in Beherrschung umschlagenden *Gestaltungsbegriff* und einem negativen *Abwehrbegriff* von Freiheit zu unterscheiden – und dessen angemessenen Gebrauch strikt auf die letztere, kritische Dimension zu beschränken. In den philosophischen Auseinandersetzungen um Berlins Unterscheidung wird nun häufig und mit Recht kritisiert, dass sich beide Pole nicht verselbständigen lassen. Eben darin schlägt sich eine auffällige Parallele zu dem theologischen Bemühen nieder, individuelle Freiheit und gesellschaftliche Ordnung nicht gegeneinander auszuspielen, sondern vielmehr in ihrer wechselseitigen und zugleich spannungsvollen Verschränkung zur Geltung zu bringen.

Die elementare Gefährdung der Freiheit beschränkt sich jedoch keineswegs nur auf die politisch-soziale Ebene, sondern betrifft darüber hinaus – und sehr viel direkter – die individuelle Verantwortung des Menschen für sein Tun. Damit ist *drittens* die moralisch-praktische Dimension der Freiheit erreicht: Es geht nicht lediglich um einen spontanen Akt der Selbstbestimmung; vielmehr ist die menschliche Freiheit immer schon eingespannt in den Horizont der Differenz von Gut und Böse. Das menschliche Handeln vollzieht sich in der Alternative, das Gute tun oder auch willentlich das Böse wählen zu können. Auf diese Alternative und die damit verbundenen Konsequenzen richtet sich in besonderer Weise das Augenmerk des biblisch-christlichen Freiheitsverständnisses. Freilich ist es mit der bloßen Differenz von Gut und Böse allein nicht getan. Schon im Alten Testament geht es weniger um eine abstrakte Wahl zwischen Gut und Böse als vielmehr darum, dass der Mensch nach dem Sündenfall dem Zwang zu solcher Entscheidung nicht entrinnen kann und doch zugleich mit ihr überfordert ist, weil er faktisch immer schon das Böse gewählt hat. Der Genuss von der Frucht des verbotenen Baumes symbolisiert in diesem Sinne Würde und Bürde menschlicher Freiheit gleichermaßen: Verstrickt in die Macht des Bösen, ist der Mensch gleichwohl für das eigene Tun und Handeln verantwortlich; weder der Aufgabe noch den Folgen seiner Freiheit vermag er zu entkommen. Im Neuen Testament greift Paulus diese Einsicht auf, spitzt sie aber zugleich auf den Gedanken einer ebenso unheilvollen wie unentrinnbaren Selbstverkehrung der menschlichen Freiheit zu. Verantwortung und Ohnmacht liegen hier gleichsam ineinander: Der Mensch ist unfähig, sich aus den Folgen seines eigenen Freiheitsmissbrauchs zu befreien. Die reformatorische, insbesondere lutherische Tradition hat diese Einsicht mit ihrer These von der gänzlichen Unfreiheit des menschlichen Willens nochmals radikalisiert. Allerdings gilt es hier, Missverständnisse zu vermeiden. Es geht nicht um die naturalistische Bestreitung eines anthropologischen Vermögens. Insofern sind Vergleiche mit der philosophischen oder gar neurophysiologischen Willensfreiheitsdebatte gänzlich verfehlt. Stattdessen liegt die reformatorische Pointe darin, im Aufweis der Selbstverfehlung menschlicher Freiheit die Unentrinnbarkeit der eigenen Verantwortung und die Unverzichtbarkeit des göttlichen Befreiungshandelns zugleich vor Augen zu führen. Ein kurzer Blick in die Geschichte der neuzeitlichen Philosophie zeigt nun, dass die ethisch-praktische Dimension der Freiheit zwar auch hier präsent ist, in den einschlägigen Freiheitsdebatten aber nicht im Vordergrund steht. Zudem wird die ethisch-praktische Dimension in der philosophischen Ethik zumeist in den Bahnen der kantischen Moralphilosophie bearbeitet, welche den lebensgeschichtlichen Erfahrungen des Scheiterns, des Missbrauchs und der Ohnmacht der eigenen Freiheit nur wenig Raum gewährt. Exemplarisch dafür mag die Randstellung Friedrich Wilhelm Joseph Schellings gelten. Er hatte sein Freiheitsverständnis darauf ausgerichtet, gerade die willentliche Entscheidung des Menschen für das Böse zu begreifen. Seine Überlegungen stoßen jedoch weitgehend nur im Umkreis der Theodizee-Debatte und ihrer ›free will defense‹ auf Interesse. Vielleicht zeigt sich hier eine spezifische Eigenart des biblisch-christlichen Freiheitsverständnisses: Gleichsam im ergänzenden Gegenzug zur Betonung ihres *heilsamen Verdanktseins* liegt das Augenmerk nicht allein auf der *geschöpflichen Endlichkeit*, sondern mehr noch der *faktischen Verkehrung* menschlicher Freiheit.

3. Ambivalenz der Freiheit

Die theologischen Beiträge haben je auf ihre Weise deutlich gemacht, dass die Freiheit keinen einfachhin gegebenen oder einlinig erfassbaren Sachverhalt darstellt. Zum einen kann sie nicht in objektivierender Betrachtung vergegenständlicht und für ein empirisches Faktum ausgegeben werden. Die Realität der Freiheit lässt sich vielmehr nur durch ihre jeweilige Inanspruchnahme erweisen; sie ist mithin nicht ablösbar von der Deutungsperspektive des sich als frei verstehenden Subjekts. Zum anderen entzieht sie sich einer eindeutigen begrifflichen Fixierung. Ihr eignet eine eigentümliche innere Dialektik, die in verschiedenen Spannungsverhältnissen zutage tritt: Sie setzt alternative Handlungsmöglichkeiten voraus und realisiert sich doch nur durch Ausschluss solcher Möglichkeiten. Abhängigkeit und Bindung markieren nicht einfach nur den Gegensatz zur Freiheit; vielmehr sind beide Seiten in dialektischer Polarität aufeinander bezogen. Schließlich gelangt die Freiheit zu sichtbarer Gestalt allein in sozialen Ordnungen, die jedoch sogleich wieder in Unfreiheit umschlagen können.

Im Hintergrund lauert allerdings noch eine weitergehende Ambivalenz, die bisher nur am Rande gestreift worden ist. Denn sowohl von theologischer als auch von philosophischer Seite wurden Freiheit und Befreiung zur Freiheit ebenso umstandslos wie uneingeschränkt als etwas Erstrebenswertes dargestellt. »Freiheit ist unser und der Gottheit Höchstes« (Schelling, *Urfassung der Philosophie der Offenbarung* 79) – dieser Leitspruch Schellings gilt nicht nur für das Selbstverständnis des neuzeitlichen Freiheitsbewusstseins, sondern ebenso für den Rekurs auf die reformatorische Glaubens- und Gewissensfreiheit. Allenfalls bei der Erörterung der elementaren Selbstgefährdung, welche dem menschlichen Freiheitsgebrauch eingeschrieben ist, klang vorsichtig an, dass die stolzen Freiheitsparolen auch eine Schattenseite haben können: Freiheit ist nicht nur eine Gabe, sondern auch eine Aufgabe. Mit dem Genuss der verbotenen Frucht im Paradies erkennt der Mensch, dass er seiner eigenen Freiheit nicht entrinnen kann. Der Zwang, selbstverantwortlich zwischen Gut und Böse entscheiden zu müssen, gehört zu seinem Menschsein. Anders formuliert: In Sachen der Freiheit gibt es keine Entlastung. Ihre Unvertretbarkeit impliziert nicht nur ein zusprechendes *Können*, sondern bedeutet zugleich ein verpflichtendes *Müssen*.

Vor allem die Soziologie hat dieses Janusgesicht der Freiheit im Zuge ihrer moderngesellschaftlichen Individualisierungsdiagnosen aufmerksam registriert. Der in den westlichen Industriegesellschaften seit den 1970er Jahren nochmals an Schubkraft gewinnende Individualisierungsprozess wäre zwar gänzlich falsch verstanden, wenn er lediglich als Freisetzung des Einzelnen aus vorgegebenen Ordnungen, Bindungen oder Zwängen gedeutet würde. Dennoch ist er unzweifelhaft mit einem enormen Zuwachs an individuellen Wahl- und Entscheidungsmöglichkeiten verbunden. Gerade die Lust an der neuen Optionenvielfalt kann auf der Gegenseite allerdings auch in eine drückende Entscheidungslast umschlagen: Die Individuen »haben einen größeren Spielraum der Wahl. Sie können in weit höherem Maße für sich entscheiden. Aber sie *müssen* auch in weit höherem Maße für sich entscheiden. Sie *können* nicht nur, sie *müssen* auch in höherem Maße selbständig werden. In dieser Hinsicht haben sie keine Wahl« (Elias 1991: 167). Die moderne *Freiheit der Wahl* geht also bei näherem Hinsehen mit einem paradoxen *Zwang zur Wahl* einher. In der Folge kann sich schließlich gar eine *Qual der Wahl* einstellen: »Bei jeder getroffenen Entscheidung bleibt das beunruhigende Gefühl zurück, eventuell doch die falsche Wahl getroffen, eine vielleicht aussichtsreichere Alternative nicht ergriffen, eine vielversprechendere Möglichkeit nicht genutzt zu haben« (Schroer 2001: 421). Was zunächst als erstrebenswertes Ideal erschien, nimmt damit die Gestalt einer permanenten Überforderung an. Der Zuwachs an individuellen Entscheidungsmöglichkeiten bedeutet nicht nur, dass der Einzelne unter verstärkten Entscheidungs*druck* gerät; er bedeutet zugleich, dass das Entscheidungs*risiko* zunimmt und ihm die einmal getroffenen Entscheidungen unvertretbar als die seinen zugerechnet werden.

Die Eröffnung von Freiheit kann also nicht nur als ermutigende Zusage erfahren, sondern auch als drohende Überlastung empfunden werden. Von dieser ambivalenten Schattenseite der Freiheit war in den vorliegenden Beiträgen – zumindest explizit – kaum die Rede. Doch zum Gesamtbild des gegenwärtigen Freiheitsbewusstseins gehört auch die Beobachtung, dass in wachsendem Maße sie selbst Überdruss und Unbehagen zu bereiten beginnt: Fast möchte man meinen, das Problem der heutigen Zeit sei nicht ein *Zuwenig*, sondern ein *Zuviel* an Freiheit.

Freilich lässt sich diese Beobachtung ohne größere Schwierigkeiten in den Rahmen der bisherigen Überlegungen einfügen. So ist das christliche Grundmotiv einer Befreiung zur Freiheit nur dann recht verstanden, wenn es auch die Befreiung von einem überlastenden Imperativ der Freiheit einschließt. Freiheit in christlichem Verständnis bedeutet ein *Können*, niemals ein *Müssen*. Mithin entfaltet das christliche Freiheitsverständnis dort, wo es mit dem Anspruch solchen *Müssens* konfrontiert wird, ein selbst wieder freiheitskritisch zugespitztes Potential: Die im Glauben erschlossene Gabe der Freiheit befreit zugleich von dem Missverständnis, diese Freiheit nun gleichsam aus sich selbst heraus ins Werk setzen und verwirklichen zu müssen. Vor allem die Tradition des reformierten Protestantismus hat diesem Aspekt besondere Aufmerksamkeit gewidmet. Indem sie das göttliche Gesetz nicht nur als überführenden Peiniger, sondern zugleich als hilfreichen Wegweiser versteht, sucht sie zur Geltung zu bringen, dass der christliche Zuspruch der Freiheit die motivierende Kraft und den orientierenden Rahmen für ein entsprechendes Leben in dieser Freiheit bereits einschließt. Der für die reformierte Tradition charakteristische enge Zusammenhang von Rechtfertigung und Heiligung, Glaube und Handeln wäre damit als Ausdruck eines gesetzlichen Moralismus gerade missverstanden. Im Hintergrund steht vielmehr das strikt gegenläufige Interesse, den heilsam entlastenden Charakter der im Glauben erschlossenen Freiheit auch auf dem Gebiet der praktischen Lebensführung festzuhalten. Im Anschluss an diese Traditionslinie ist Karl Barth dann sogar noch einen Schritt weiter gegangen: Er lässt in seinem Freiheitsverständnis menschliche Selbstbestimmung und göttliches Bestimmtwerden geradewegs ineinander fallen, um so herauszustellen, dass sich der Glaubende *von Gott* dazu befreit und bekräftigt erfährt, dem göttlichen Gebot und Willen *selbständig* zu entsprechen.

Erneut finden sich also Autorität und Freiheit in einem dialektischen Spannungsverhältnis miteinander verbunden. Sie stehen nicht einfach gegeneinander oder schließen einander aus; vielmehr sind sie im Modus pulsierender Widerspannung aufeinander bezogen. Zudem gelangt dieses spannungsvolle Ineinander nur im je aktuellen Ereignis des Glaubens zur Wirklichkeit – und bleibt so einer ›feststellenden‹ begrifflichen Vermittlung entzogen. Barth leitet damit auf einen charakteristischen Grundzug des christlichen Freiheitsverständnisses zurück: Die im Glauben geschenkte Freiheit ist kein zuständlich Gegebenes, sondern realisiert sich in einem je konkreten Akt der Befreiung. Sie überholt alle Versuche ihrer begrifflichen Fixierung, bleibt aber eben deshalb zugleich stets instabil und ambivalent. Der entlastende Zuspruch kann unter der Hand in einen belastenden Anspruch umschlagen, die Verheißung von Freiheit zugleich als Bedrohung erscheinen, die Auflösung alter Abhängigkeiten nur wieder neue Abhängigkeiten begründen. Aus diesem Grund bedarf die alle Grenzen sprengende *Dynamik der Freiheit* der ständigen Begleitung durch eine kritisch-aufklärende *Reflexion der Freiheit,* damit sie als Freiheit frei bleiben kann.

Quellen- und Literaturverzeichnis

1. Quellen

Augustin: *Confessiones*/Bekenntnisse: Corpus Christianorum. Series Latina, Bd. 27, Turnhout 1981.
Berlin, Isaiah: Zwei Freiheitsbegriffe [1958], in: ders.: Freiheit. Vier Versuche, Frankfurt a.M. 1995, 197–256.
Schelling, Friedrich Wilhelm Joseph: Urfassung der Philosophie der Offenbarung, hg. von Walter E. Ehrhardt, Hamburg 1992.

2. Sekundärliteratur

Elias 1991: Elias, Norbert: Die Gesellschaft der Individuen, Frankfurt a.M. 1991.
Keil 2009: Keil, Geert: Willensfreiheit und Determinismus, Stuttgart 2009.
Pröpper 1985: Pröpper, Thomas: Erlösungsglaube und Freiheitsgeschichte. Eine Skizze zur Soteriologie, München 1985.
Schroer 2001: Schroer, Markus: Das Individuum der Gesellschaft. Synchrone und diachrone Theorieperspektiven, Frankfurt a.M. 2001.

Autoren

Christian Albrecht, geb. 1961, ist Professor für Praktische Theologie an der Evangelisch-Theologischen Fakultät der Ludwig-Maximilians-Universität München.

Uwe Becker, geb. 1961, ist Professor für Altes Testament an der Theologischen Fakultät der Friedrich-Schiller-Universität Jena.

Friedrich Wilhelm Horn, geb. 1953, ist Professor für Neues Testament an der Evangelisch-Theologischen Fakultät der Johannes Gutenberg-Universität Mainz.

Martin Laube, geb. 1965, ist Professor für Systematische / Reformierte Theologie an der Theologischen Fakultät der Georg-August-Universität Göttingen.

Martin Ohst, geb. 1957, ist Professor für Historische und Systematische Theologie am Fachbereich Geistes- und Kulturwissenschaften der Bergischen Universität Wuppertal.

Beate Rössler ist Professorin für Praktische Philosophie an der Fakultät für Geisteswissenschaften der Universität Amsterdam.

Gottfried Seebaß, geb. 1945, ist emeritierter Professor für Praktische Philosophie am Fachbereich Philosophie der Universität Konstanz.

Der Bandherausgeber dankt der Autorin und den Autoren für ihre Beiträge. Sein Dank gilt darüber hinaus Frau Hanna Marie Hansen, Frau Claudia Kühner und Herrn Robert Schnücke für die Unterstützung bei der redaktionellen Bearbeitung des Bandes sowie Herrn Dr. Claus-Jürgen Thornton für die Erstellung der Register.

Göttingen, Juli 2014   Martin Laube

Personenregister

Abraham 51, 55
Adam 33, 70, 71, 73, 74, 78
Ambrosius von Mailand 68, 85
Antiochos IV. 30, 34
Arendt, Hannah 243
Aristoteles 80, 81, 152, 212, 213, 215, 217 f., 219, 221, 223, 225
Artaxerxes 31
Augustin 11 f., 67–77, 78, 79, 80, 82, 83, 84, 85, 92, 97, 104, 111, 222, 223, 255

Barth, Karl 14, 165–169, 170, 171, 260, 266 f.
Baur, Ferdinand Christian 126 f.
Beauvoir, Simone de 244
Benedikt von Nursia 96
Benhabib, Seyla 245
Berlin, Isaiah 217, 233, 234 f., 247, 262
Bernhard von Clairvaux 80
Berno von Cluny 88
Bonifaz VIII. (Papst) 93
Bultmann, Rudolf 13, 22, 41 f., 155, 160–162
Butler, Judith 245

Caelestius 74
Calvin, Johannes 108 f., 111
Chisholm, Roderick 225
Chlodwig 86
Cyprian 84

David 87
Descartes, René 224
Duns Scotus, Johannes 81, 221
Dworkin, Ronald 240, 241, 250

Elisabeth I. von England 93
Engels, Friedrich 212
Epiktet 43, 224
Epikur 224, 225
Erasmus von Rotterdam 100, 109, 111
Esra 31

Fichte, Johann Gottlieb 13, 63, 142, 145–147, 223
Forst, Rainer 250
Fraser, Nancy 245
Freud, Sigmund 247

Gelasius I. (Papst) 86
Gilligan, Carol 244
Gogarten, Friedrich 129–131, 133, 260
Gottschalk der Sachse 82
Gregor VI. (Papst) 89
Gregor VII. (Papst) 90, 92
Gregor von Rimini 82 f.
Grözinger, Albrecht 202–204

Habermas, Jürgen 234, 240, 241, 243, 250
Haendler, Otto 14, 195 f.
Hayek, Friedrich August von 214, 217, 235, 238
Hegel, Georg Wilhelm Friedrich 13, 125 f., 127 f., 133, 142, 151–154, 212, 213, 223, 241
Heinrich III. 89 f.
Heinrich IV. 92
Hirschmann, Nancy 245
Hobbes, Thomas 215, 217, 234, 237, 242

Holl, Karl 128 f.
Honneth, Axel 151, 153, 163, 242, 248
Huber, Wolfgang 14, 165, 174–178
Humbert von Silva Candida 90

Ignatius von Loyola 97
Innocenz III. (Papst) 93
Innocenz X. (Papst) 93

Jacobi, Friedrich Heinrich 142
James, William 211
Jansen, Cornelius 83
Johannes Cassian 96
Jones, F. Stanley 42, 49
Josia 87
Julian von Aeclanum 74
Jüngel, Eberhard 121, 165, 202
Justin 65 f.
Justinian I. 87

Kant, Immanuel 13, 106, 140 f., 142, 143–145, 147, 150, 151, 156, 157, 183, 213, 221, 224, 225, 226, 227, 241, 246, 263
Karl der Große 87
Karneades 223
Kelsen, Hans 213, 214
Kierkegaard, Sören 13, 155, 158–160
Konstantin der Große 84, 87

Leibniz, Gottfried Wilhelm 221
Leo I. (Papst) 86
Leo X. (Papst) 102
Locke, John 221, 234, 237, 238
Ludwig der Fromme 87
Luther, Martin 2, 12, 83 f., 97–106, 107, 108, 109, 111 f., 125 f., 127, 128 f., 139 f., 176, 202–204, 221

MacCallum, Gerald 16, 236 f., 241, 242, 246
Malinowski, Bronislaw 199

Mann, Thomas 59
Markion von Sinope 65, 66
Marx, Karl 127 f., 133
Melanchthon, Philipp 108, 110 f.
Metz, Johann Baptist 137
Mill, John Stuart 234, 237, 246
Molina, Luis de 220
Moltmann, Jürgen 135–137
Montesquieu, Charles-Louis de 212
Mose 22, 26, 30, 48 f., 65, 106
Mußner, Franz 41

Nietzsche, Friedrich 212
Nipkow, Karl Ernst 201
Nozick, Robert 238, 241, 243

Optatus von Mileve 85
Origenes 66 f., 220

Palmer, Christian 206
Patterson, Orlando 2
Paulus (Apostel) 2, 10 f., 39–42, 43–54, 56, 61 f., 70, 72, 84, 89, 97, 101, 120, 176, 256, 257, 260, 261, 263
Pelagius 74
Petrus (Apostel) 86, 89, 90
Petrus Lombardus 80
Pius IX. (Papst) 94
Pius V. (Papst) 93
Platon 65, 212, 217
Popper, Karl 224

Rawls, John 17, 239, 240 f., 250
Reid, Thomas 224, 225
Rendtorff, Trutz 14, 131–134, 165, 169–174, 175, 184, 200
Rössler, Dietrich 199, 205 f.
Rousseau, Jean-Jacques 235

Salomo 87
Sartre, Jean-Paul 224

Scharfenberg, Joachim 14, 196–198
Schelling, Friedrich Wilhelm Joseph 1, 2, 13, 141, 142, 147–150, 213, 263, 264
Schleiermacher, Friedrich Daniel Ernst 13, 14, 155, 156–158, 194–196, 206
Schockenhoff, Eberhard 7
Schopenhauer, Arthur 215, 226, 227
Semler, Johann Salomo 132 f.
Sen, Amartya 240, 241
Seneca d. J. 47
Simplician 72
Skinner, Quentin 242
Sokrates 47
Sölle, Dorothee 137

Taylor, Charles 236, 239
Tertullian 63, 66
Theodosius I. 85, 87
Thomas von Aquin 80 f., 83
Thomas Bradwardina 83
Thomas von Celano 96
Tyconius 85

Vollenweider, Samuel 41–43, 49

Weiß, Johannes 41
Wilhelm von Aquitanien 88
Wilhelm von Ockham 81
Wyclif, John 83

Xenophon 47

Zwingli, Ulrich 108, 111

Sachregister

Abhängigkeit und Freiheit 122, 134, 156–158, 171, 182, 200, 259, 260
Adams Fall → Sündenfall
»Ägypten« als Chiffre für Unfreiheit 9, 28, 29
Allwirksamkeit/Allmacht Gottes und menschliche Freiheit 10, 11, 13, 34 f., 67, 79–84, 109–112, 138 f., 142, 155, 158
Alternativen 4, 16, 32, 183, 219–222, 224, 228, 262, 264 f.; siehe auch → Entscheidungsfreiheit, → Handlungsoptionen
– Ausschluss von ~ 4, 219, 264, 265; siehe auch → Entscheidungszwang
Alternativlosigkeit 219, 227 f.; siehe auch → Notwendigkeit
Ambivalenz der Freiheit 4, 6, 13, 122 f., 142, 155, 158, 166, 178, 181, 264–267
Armut als Freiheit 96
Askese als Freiheit 12, 64, 65, 95–97
Autonomie (Selbstbestimmung), individuelle 1, 3 f., 17, 60, 67, 121, 125 f., 143–145, 235, 241, 246–248; siehe auch → Willensbildung
– ~ als Bindungslosigkeit 124, 129, 260
– ~ und Bestimmtwerden von Gott 166 f., 168 f.
– ~ und Bewusstsein unbedingter Abhängigkeit 126

– ~ und Spontaneität 143, 145, 147, 150, 151, 183, 262
– innere ~ und äußere Heteronomie 153
– moralische ~ 144, 246
– personale ~ 246 f.
Autonomie (Selbstbestimmung), kollektive 17, 235, 243
Autonomie, politische 21, 22, 23, 26, 29–31; siehe auch → Freiheitskampf, → Unabhängigkeit, staatliche

Bauernaufstand 107
Befreiung, politisch-soziale 1, 9, 21 f., 24, 25, 26–32, 40, 119, 135–137, 175, 245
Befreiung, religiöse → Erlösung
Befreiung von Religion 124, 127
Befreiungstheologie 26, 29, 175
– lateinamerikanische ~ 29, 137, 175
Begrenzung der Freiheit 33; siehe auch → Dekalog, → Gebot
– Sünde als Grenzüberschreitung 33 f.
Begrenztheit der Freiheit → Endlichkeit der Freiheit
Bibelwissenschaft und Freiheit 132
Bildung (Wissen, Einsicht, Erkenntnis) und Freiheit 15, 16, 64, 206, 217 f.
Bindung und Freiheit → Verpflichtungscharakter der Freiheit
Böse, das 68 f., 147 f.; siehe auch → Gut und Böse
– das ~ als Nichtsein 69

- das ~ als Unterordnung des Universalwillens unter den Eigenwillen 149 f.
- Herkunft des ~n 11, 68

Bruderethos im Alten Testament 9, 24 f.

Cluny 88 f.

Dekalog 9, 28, 35, 48 f., 56, 106
Demokratie und Freiheit 17, 234, 242 f., 247 f., 249 f.
Denkmöglichkeit und Denknotwendigkeit von Freiheit 143 f.
Determinismus und Freiheit 4, 16, 34 f., 64–67, 73, 109, 119, 142, 212, 219–222, 223 f., 226–229, 261
- Determiniertheit der Welt 16, 212, 219, 225; siehe auch → Notwendigkeit
- Determiniertheit des Willens 180, 220; siehe auch → Willensunfreiheit
- Heilsdeterminiertheit 64–67, 222; siehe auch → Prädestination

Dialektik der Freiheit 7, 13 f., 122 f., 126 f., 130 f., 134, 158, 164 f., 169–171, 181, 260 f., 264
Diskriminierung 244
Dominikaner 80, 83
Dordrecht, Nationalsynode (1618/19) 112
dualistische Anthropologie 64 f.

Eigentumsfreiheit 237 f., 240
Eigenwille vs. Universalwille 148–150
Emanzipation 2, 3, 7, 45 f., 54, 121, 128, 130, 132–134, 136, 255
- ~ des Staates von der Kirche 104 f.
- ~ von autoritären Strukturen 197; siehe auch → Feminismus
- Freiheit als individuelle ~ der Frömmigkeit von der Kirche 125, 132 f., 184
- Freiheit als individuelle ~ von der Herrschaft der Religion 124, 127 f., 132

Endlichkeit/Begrenztheit der Freiheit 10, 13 f., 138, 146, 156–158, 181 f., 259–263
Entdifferenzierungsformel 45
Entscheidungsalternativen 32, 183 f., 262, 264
Entscheidungsfreiheit 32 f., 34 f., 53, 66, 67, 72, 73, 74, 80, 100, 109, 11 f., 122, 220; siehe auch → Wahlfreiheit, → Willensfreiheit
- Schwächung durch den Sündenfall 11, 70, 78
- Stärkung durch die Gnadenmittel der Kirche 70, 73, 78 f.

Entscheidungsunfähigkeit 33, 53
Entscheidungszwang 10, 262, 265
Erbsünde 71, 82, 110, 158
Ereignischarakter der Freiheit 160–162
Erlösung
- Befreiung des Glaubenden (von Gesetz, Sünde, Tod, Vergänglichkeit) 2, 10–13, 41 f., 43 f., 46, 50, 52 f., 54, 55, 61, 66, 74, 97 f., 120, 129, 137, 139, 155, 160, 162, 178, 201, 256–258
- Befreiung der Schöpfung 44, 53 f., 135 f.
- Befreiung zur Verantwortung 3, 9, 11, 12, 25, 28, 51 f., 178, 257 f.
- Erkenntnis als Befreiung des göttlichen Lichtfunkens 65
- ~ als Befähigung zu gottgefälligem Leben 70, 80 f.

Erwählungshandeln Gottes und menschliche Freiheit 72, 74 f.,

111, 166 f.; siehe auch → Prädestination
Exodus als Befreiungsgeschehen 2, 9, 22, 24, 25, 26–29, 30, 119, 257, 260

Feminismus und Freiheit 18, 233, 243–245
Frankfurter Schule 248
Franziskaner 81, 83, 96
Französische Revolution 124, 135, 142
Freiheit, äußere vs. innere 3 f., 12, 154, 255
- äußere ~ → Freiheitsrechte, → Grundrechte, → Zwangfreiheit
- innere ~ → Unabhängigkeit, individuelle
Freiheit, endliche vs. absolute 121, 165, 255; siehe auch → Endlichkeit der Freiheit, → Selbstgefährdung der Freiheit
Freiheit, negative vs. positive 4, 17, 121, 164, 176, 217, 233, 234–237, 258 f., 261 f.
- negative Freiheit 4 f., 152, 176, 182 f., 185, 237–239, 244; siehe auch → Hindernisfreiheit, → Willkür, → Zwang, → Zwangfreiheit
- positive Freiheit 4 f., 185, 236, 244, 259; siehe auch → Alternativen, → Handlungsoptionen
Freiheit, transzendentale vs. praktische 143 f., 147, 227
Freiheitskampf 21, 30 f., 40, 107, 127 f., 136, 178
Freiheitsmissbrauch 60, 65, 70 f., 149, 259, 262 f.
Freiheitsrechte 6, 17, 59 f., 108, 126, 240, 244, 248, 249–251
- negative ~ 17, 152, 244, 249; siehe auch → Gewissensfreiheit, → Glaubensfreiheit →

Meinungsfreiheit, → Religionsfreiheit
- positive ~ 3, 17, 240, 249
Freiheitsvermögen, menschliches
- Freiheit als (unverlierbarer) Besitz/menschliches Vermögen 10, 61, 257 f.
- Freiheit als (Schöpfungs-)Gabe 33 f., 34 f., 65 f., 74, 81, 155, 181; siehe auch → Geschenkcharakter
- Freiheit als Heilsgabe → Erlösung
Freizügigkeit 215
Fremdbestimmung → Heteronomie
Fremdherrschaft 9, 30
Fron 26 f.

Gebot, göttliches, und Freiheit 32–35, 55 f.; siehe auch → Dekalog, → Gesetz, → Liebesgebot
Gebrauch der Freiheit 17, 65–67, 71, 74, 106, 146, 148, 154, 157 f., 158 f., 180–183, 264
Gefährdung der Freiheit 16, 164, 173, 178, 181, 184, 186, 195, 248, 259 f., 261 f.
Gehorsam und Freiheit 12, 61, 72, 76, 85, 96 f., 101, 161, 167 f., 169, 260
Gerechtigkeit und Freiheit 11, 44, 52, 61, 234, 240, 249 f.
- Verteilungsgerechtigkeit und Freiheit 239, 240
Geschenkcharakter/Verdanktsein der Freiheit 11 f., 14, 43, 50, 55, 61, 76, 109, 131 f., 159, 162 f., 174, 182, 201, 256 f., 259 f., 263, 267; siehe auch → Verpflichtungscharakter
Gesellschaft/Staat/Ordnungen
- ~ als Einschränkung/Behinderung individueller Freiheit 17,

133, 152, 164, 185 f., 237 f., 248, 249, 261
- ~ als Voraussetzung/Garant von Freiheit 17, 59, 152, 164, 177 f., 185 f., 240 f., 242 f., 247 f., 249, 261; siehe auch → Freiheitsrechte

Gesetz und Freiheit
- Freiheit vom mosaischen Gesetz 2, 10, 41 f., 44, 48 f., 50 f., 52 f., 61, 66, 108
- Gesetz Christi und Freiheit 47 f., 61
- Liebesgebot als »Gesetz der Freiheit« 55 f.
- Torastudium als Freiheit 48

Gesetzgebung, kirchliche 91; siehe auch → Kirchenrecht, → Sanktionen
Gewissen 47, 98, 110, 125 f., 127–129, 176
Gewissensfreiheit 94, 102 f., 126, 136, 186, 200, 250, 264
Gewissensunfreiheit 127 f.
Glaube und Freiheit 2, 71, 88, 99 f., 101, 102, 103 f., 106, 107, 139, 160, 162, 257
Glaube und Tätigsein 140, 165 f., 259, 266
Glaubensfreiheit 102, 109–112, 123, 136, 215, 264; siehe auch → Gewissensfreiheit, → Religionsfreiheit
Gleichheit und Freiheit 6, 17, 211, 218, 234, 240–242, 244 f.
- Chancengleichheit 218

Gotteskindschaft und Freiheit 2, 43, 44, 51–54
Grundrechte/Grundfreiheiten 6, 238, 240; siehe auch → Freiheitsrechte

Gut und Böse
- Erkenntnis von ~ 33
- Freiheit als Vermögen des Guten und Bösen 147–151, 213
- Wahl/Entscheidung zwischen ~ 32, 183 f., 262, 264

Handlungsanfang 215; siehe auch → Spontaneität
Handlungsfreiheit 3 f., 5, 16, 121, 215, 222, 229, 234
Handlungsoptionen 4, 16, 185, 216, 225, 226, 236, 244, 264; siehe auch → Alternativen
- freie Wahl von ~ 4, 16, 249
- Realisierungsmöglichkeit von ~ 66, 217 f., 221, 235 f., 240
- »sinnvolle Optionen« 235, 247; siehe auch → Wesentlichkeitskriterium

Handlungsziele
- Abwägung zwischen verschiedenen ~n 66, 238, 246 f.
- Ausgleich zwischen unterschiedlichen ~n 153 f., 174
- Freiheit als ungehinderte Verfolgung von selbstgesetzten ~n 4, 16, 151, 152 f., 238 f., 241, 246, 249; siehe auch → Hindernisfreiheit

Heteronomie (Fremdbestimmung) 129, 145, 153, 168, 182, 215
Hindernisfreiheit/Abwesenheit von Hindernissen 15 f., 180, 215, 217, 234, 236, 237, 242, 249, 255
Hinderung (Begriff) 216
Hirnforschung 7, 180
Homiletik und Freiheit 201, 202–204

Ich-Gefangenschaft 29
Ich-Setzung als Freiheit 145–147
Idealismus, deutscher 1, 13, 141, 147, 150, 151–154, 182, 204, 224

Sachregister

Indeterminismus und Freiheit 223–226
Individualismus(kritik) 103, 128, 129, 171, 265
Individualität 140, 171, 246
Institutionen → Gesellschaft
Investiturstreit 92 f.

Jesuiten 83, 96
Jobeljahr 23–25

Kadavergehorsam 96, 211
Karolingische Reformen 87 f.
Kirche und weltliche Gewalt 12, 85–89, 92 f., 105
– Zwei-Gewalten-Lehre 12, 93
Kirchenfreiheit 12, 84–97, 101, 105
Kirchenrecht 95, 202, 205
Knechtschaft (siehe auch → Sklaverei)
– Christ als freier Herr und dienstbarer Knecht 2, 104, 139, 176
– Christ als Knecht/Sklave Christi 10, 11, 44, 46, 47, 53, 54, 66, 260
– Glaube als Selbstknechtung 127
– Israels ~ in Ägypten 2, 9, 24, 26, 28, 119
– ~ der Sünde und des Gesetzes 10, 44, 51, 55, 61, 66, 261
– ~ des eigenen Glückseligkeitsverlangens 98
– soziales Elend als ~ 135 f.
– Vergänglichkeit als ~ 44, 53
Kodex Hammurapi 23 f.
»kommunikative Freiheit« 176, 178
Konkordienformel 110
Kritische Theorie 245

liberale Theologie 41, 131, 169
Liberalismus 16 f., 136, 152, 210, 218, 234 f., 237, 238, 239, 240–242, 243, 245, 247 f., 250

Libertarismus 17, 183, 237–239
libertas christiana 2 f., 12, 120 f., 124, 163, 257
libertas ecclesiastica 86, 88, 90; siehe auch → Kirchenfreiheit
Libertinismus 45, 64, 65
Liebesgebot 51, 71, 92, 107
– als »Gesetz der Freiheit« 55 f.
Lollarden 83

Machtbeschränkung und Machtausübung 5, 17; siehe auch → Freiheit, negative vs. positive
Makkabäerbücher/Makkabäeraufstand 10, 21, 30 f.
Marktregulierung 238
Meinungsfreiheit 250
Menschenrechte 136; siehe auch → Freiheitsrechte, → Grundrechte
Moderne
– Selbstverständnis als Zeitalter der Freiheit 2, 6, 124
Moderne und (protestantisches) Christentum 8, 13, 120 f., 124, 178 f.
– Kontinuitätsmodell 8, 13, 120, 124, 125–127
– Gegensatzmodell 8, 13, 120, 124, 127–131
– Spannungsmodell 13, 120, 124, 131–134
– Überbietungsmodell 8, 13, 134–137
Möglichkeitskriterium der Freiheit 4, 16, 59, 216, 219, 220–222, 223, 226 f., 229, 240, 264; siehe auch → Handlungsoptionen, → Wesentlichkeitskriterium der Freiheit
Mönchtum 63, 77, 87, 88 f., 96
– als *die* Lebensform christlicher Freiheit 12, 79, 95 f., 97

- als anderen Lebensständen gleichwertige Lebensform 104
Mündigkeit, religiöse 184, 194 f.; siehe auch → Privatreligion

Natürlichkeitskriterium → Wesentlichkeitskriterium der Freiheit
Nominalismus → *via moderna*
Norm und Freiheit 6, 15, 45, 51, 54, 61, 76, 106, 132, 153 f., 206, 213 f., 236 f.
- Kirchenfreiheit und Normierung durch die Kirche 91 f.
Notwendigkeit und Freiheit 138 f., 146, 212, 219, 221, 260

Ockhamismus → *via moderna*
Ohnmacht der Freiheit 158–160

patriarchalische Gesellschaftsstrukturen 18, 244 f., 248
Pfarrberuf und Freiheit 205–207
Pfarrerdienstrecht 202
Prädestination 66, 70, 72, 76, 78, 80 f., 110–112
- Ablehnung der ~ zum Bösen 78, 110
- doppelte ~ 11, 75, 82, 110 f.
- ~ und menschliche Freiheit 34 f., 66, 80, 111, 166
- Vorherbestimmung vs. Vorherwissen Gottes 66, 70, 72, 78, 110
Präszienz (Vor[her]wissen Gottes) 66, 70, 72, 74, 78, 110
Pressefreiheit 202
Privatreligion, freie, vs. öffentliche Religion 132 f., 135, 184

Realisierung von Freiheit → Vollzugscharakter der Freiheit
Reformation und Freiheit 2, 12, 97–106, 120, 123, 135, 174 f. 257

- protestantisches Christentum als Religion der Freiheit 2, 125, 131, 135
- Reformation als Bindung des Gewissens 128 f.
- Reformation als Freiheitsgeschehen und Beginn der Neuzeit 125 f.
- Reformation und Revolution 135
Religionsfreiheit 30 f., 94 f., 201, 249, 250; siehe auch → Gewissensfreiheit, → Glaubensfreiheit
- ~ vs. Kirchenfreiheit 94 f.
Religionskritik 127 f.
Religionspädagogik und Freiheit 15, 201
Remonstranten 112
republikanische Freiheitspositionen 17, 242 f., 245, 250

Säkularisation 104
Sanktionen/Zwangsmittel
- kirchliche ~ 85, 91, 92 f., 95
- vom Staat geforderte ~ 86, 102
Schadensprinzip (»harm principle«) 237
Schicksal 136, 218, 227
Seelsorge und Freiheit 14, 194–198, 201
Selbstbestimmung → Autonomie
Selbstdisziplinierung und Freiheit
- Askese als Freiheit 95–97
- Befreiung zu sittlicher Lebensführung 62 f., 67, 78, 81
- Begierdelosigkeit/Triebfreiheit als Freiheit 10, 43, 56
- Verzicht als Freiheit 12, 46 f., 96
Selbstgefährdung der Freiheit 4, 5, 14, 123, 142, 151, 183, 259, 261, 264
Selbsttätigkeit 33, 126, 141, 143 f., 156, 158 f., 161; siehe auch → Spontaneität

Sachregister

Selbstverwirklichung 63, 72, 76, 106, 121, 153 f., 159, 246
Semipelagianer 78
Sklavengesetzgebung 22, 23, 24 f.
Sklaverei und Freiheit 21–25, 28, 39, 40, 43, 45 f.; siehe auch → Fron, → Knechtschaft
- ~ als Metapher 44, 50 f., 52
Souveränität/absolute Freiheit Gottes 11, 61, 72 f., 75, 122, 139, 165–167
Spontaneität 3, 121, 158 f.
- Freiheit als Anfangen-Können 141, 143, 147, 150, 183, 215
- ~ und Selbstbestimmung 143, 145, 147, 150, 151, 183, 262
Stoa 10, 21, 34, 41, 43, 60, 61, 108, 219, 220, 224, 226
Stufenethik 63, 76
Subjektivitätsprinzip 125, 141, 151 f.
Sünde 184 (siehe auch → Erbsünde)
- Glaube als Befreiung von den Mächten der ~ 2, 10 f., 13, 41, 44, 52 f., 61, 120, 137, 155, 160, 201
- ~ als Knechtschaft/Unfreiheit des Sünders 13, 44, 52, 54, 55, 56, 61, 137, 155
- ~ als Überschreiten der Grenzen der Freiheit 33 f.
- ~ als Verkehrung des Selbstseins 158
- ~ und freier Wille 11, 63, 78, 82, 138
- ~ und göttliches Gebot 53, 107 f.
- Taufe und ~ 11, 52, 62, 63, 73, 74, 79, 101
- Wesen und Ursprung der ~ 33, 138, 184; siehe auch → Sündenfall

Sündenfall (Adams Fall) 33, 66, 70 f., 74, 78, 111, 159, 262
Synergismus 63, 67, 78, 110
- Ausschluss jedes ~ 100

Tathandlung 145
Taufe
- als Befreiung aus allen Unheilszusammenhängen (Absterben des alten Menschen) 11, 44, 52
- als Vergebung aller bisherigen Sünden und Befähigung zu gottgefälligem Leben 62 f., 67, 74, 78, 81
- als Zuspruch der sich lebenslang realisierenden Freiheit 101
Theokratie 30, 87, 89, 92, 93
Toleranzgedanke 102 f., 112

Unabhängigkeit, individuelle 3, 41, 46 f., 206, 255; siehe auch → Askese
- äußere ~ 3, 11, 43, 153 f., 175, 242; siehe auch → Befreiungstheologie, → Freiheitskampf
- innere ~ 4, 10, 42, 43, 54, 143, 153 f.; siehe auch → Stoa, → Verzicht
Unabhängigkeit, staatliche 21, 30, 59 f.
Unbedingtheit der Freiheit 146, 155, 180, 182
Uneinholbarkeit der Freiheit 8, 13 f., 122 f., 140, 146 f., 163, 173, 178, 181, 185
Unfreiheit → Abhängigkeit, → Gewissensunfreiheit, → Knechtschaft, → Sklaverei, → Willensunfreiheit, → Zwang
Ungleichheit und Freiheit 240
Unhintergehbarkeit der Freiheit 14, 141, 161, 180 f., 186, 206
Unigenitus (Bulle) 83

Unmündigkeit und Freiheit 194 f.

Verdanktsein der Freiheit → Geschenkcharakter der Freiheit
Verpflichtungscharakter der Freiheit 9, 28, 61, 62 f., 122, 149, 164, 177, 260, 265
- Freiheit als Gabe und Aufgabe 9, 27 f., 94, 173 f., 178, 264 f.
- Freiheit und Bindung 1, 10 f., 28, 44, 46 f., 53, 54, 61, 122, 128, 130 f., 260, 264
- Freiheit und Verantwortung 54, 162, 163–178, 202, 262 f.
Verzicht 7, 12, 46 f., 96; siehe auch → Selbstdisziplinierung
via moderna (Ockhamismus) 81, 82, 83
Vollzugscharakter der Freiheit 6, 14, 122, 143, 146, 151, 158, 163–178, 180, 184, 257, 267; siehe auch → Gebrauch der Freiheit
Vorherbestimmung → Prädestination

Wahlfreiheit 5, 33, 65 f., 70, 109–112, 255, 265
- ~ zwischen Gut und Böse 32, 65 f., 148–151, 183 f., 262, 264
Wahlmöglichkeit → Alternativen, → Handlungsoptionen
Wahlzwang 10, 262, 265
Weisungsfreiheit 202
Wesentlichkeitskriterium (Natürlichkeitskriterium) der Freiheit 16, 216, 226–228, 235
Widersprüchlichkeit → Ambivalenz der Freiheit
Wille Gottes 35, 73, 74, 95–101, 108, 110; siehe auch → Dekalog, → Gebot, göttliches, → Liebesgebot

- Freiheit als Unterordnung unter den/Einung mit dem Gotteswillen 96, 97, 100, 103, 106
- Gnaden-/Heilswille 11, 75 f., 78, 110, 112
- Kodifizierung des Gotteswillens im Gesetz 74, 108
- Selbstbestimmung Gottes 166; siehe auch → Erwählungshandeln Gottes
- ~ und menschlicher Wille 78, 81, 100
Wille, menschlicher
- Ausrichtung des ~ns auf Gott hin 10, 11, 12, 70, 72 f., 75, 99 f., 103; siehe auch → Synergismus
- Eigenwille vs. Universalwille 148–150
- Unfähigkeit des ~ns zum Guten 11, 69
- ~nsbegriff 35, 212
Willensbildung/-bestimmung 138, 143 f., 147, 180, 183, 214, 215, 223, 227, 261
- Selbstbestimmung des Willens zum Guten 109, 147, 183
- Selbstbestimmung des Willens zum Guten oder zum Bösen 147–150, 183
Willensfreiheit
- philosophische ~sdebatte 212, 222 f., 225, 226, 228, 256, 257 f., 261
- Sünde als zurechenbarer Missbrauch der ~ 65, 70 f.; siehe auch → Freiheitsmissbrauch
- ~ als Fähigkeit zur praktischen Selbstbestimmung 4, 5, 7, 109, 144 f., 147–150; siehe auch → Entscheidungsfreiheit, → Wahlfreiheit, → Willensunfreiheit
- ~ als Fähigkeit zur religiösen Selbstbestimmung 32 f., 35, 65 f., 78 f., 82, 109; siehe auch →

Sachregister

Entscheidungsfreiheit, → Wahlfreiheit, → Willensunfreiheit
- ~ und göttliche Allwirksamkeit 11, 79–84, 109–112, 138 f., 158; siehe auch → Prädestination
- ~ als Illusion (Hirnforschung) 7, 180, 263

Willensunfreiheit (siehe auch → Determinismus und Freiheit)
- dogmatisch: Unfreiheit des Sünders angesichts der Gnade Gottes 13, 78, 137, 138 f., 155, 263
- neurophysiologisch 7, 180
- praktisch-philosophisch: als Resultat signifikanter Hinderung an Willensbildung 215, 218

Willkür
- Freiheit als Unabhängigkeit von ~(herrschaft) 242 f.
- individuelle ~ vs. Freiheit 4, 10, 43, 54, 59, 143, 144, 150, 182, 260 f.
- Schutz vor willkürlicher Festnahme als Grundfreiheit 240

Willkürherrschaft 59, 243
Wirtschaftsliberalismus 213

Zufall 4, 122, 143, 225, 227, 260, 261
Zurechenbarkeit und Freiheit 4, 63, 66, 139, 144, 180, 213 f., 217 f., 265
Zwang
- Abwesenheit von ~ als Freiheit 12, 43, 176, 182, 235, 238
- Bindung an Christus als befreiender ~ 47
- Entscheidungszwang 10, 262, 265
- Freiheit als ~ und Last 7, 129, 262, 264–266

Zwangfreiheit 3, 10, 94, 131, 215, 223, 235, 245, 265; siehe auch → Hindernisfreiheit
Zwangsmittel → Sanktionen
Zwei-Gewalten-Lehre 12, 93
Zwei-Regimenten-Lehre 105

Schriftauslegung

Herausgegeben von Friederike Nüssel

Als Zeugnis von Gottes Heilshandeln mit dem Menschen gilt die Bibel den christlichen Kirchen und Gemeinschaften als zentrale Quelle für alle Fragen des Glaubens, der Lebensführung und Gottesdienstpraxis. Um solche Fragen verbindlichen Antworten zuzuführen, wurden analog zum Judentum auch im Christentum frühzeitig Methoden der Schriftauslegung entwickelt. Die Aufgabe einer methodisch kontrollierten Auslegung der Schrift in sich wandelnden geschichtlichen Kontexten führte schließlich zur Ausdifferenzierung der theologischen Disziplinen. Die Beiträge des Bandes führen in die Grundfragen und aktuellen Herausforderungen der Schriftauslegung ein. Die Autoren zeigen zum einen, wie die theologischen Disziplinen in Bezug auf die komplexe Aufgabe der Schriftauslegung ineinandergreifen, und machen zum anderen deutlich, warum eine wissenschaftlich fundierte Auslegung der Schrift für das Christentum unabdingbar ist.

Mit Beiträgen von:
Christian Albrecht, Albrecht Beutel, Volker Henning Drecoll, Jan Christian Gertz, Jörg Lauster, Karl-Wilhelm Niebuhr

2014. IX, 270 Seiten
(UTB S / Themen der Theologie 3991/8).
ISBN 978-3-8252-3991-6
Broschur

Mohr Siebeck
Tübingen
info@mohr.de
www.mohr.de

Jesus Christus
Herausgegeben von Jens Schröter

Die Beiträge des Bandes behandeln in verständlicher Form Person und Wirken Jesu aus der Sicht der verschiedenen theologischen Disziplinen. Die großen Schriftencorpora des Alten Testaments werden als Deutungsraum des Wirkens Jesu in den Blick genommen, es wird nach dem Verhältnis von Wirken Jesu und Entstehung der Christologie gefragt, es werden Linien der von ihm ausgegangenen Wirkungen durch die Kirchengeschichte gezogen. Aus systematisch-theologischer Perspektive erörtern die Autoren die durch Jesus Christus eröffnete neue Gottesbeziehung, aus praktisch-theologischer Sicht fragen sie nach Formen der Aneignung der Person Jesu im Lichte des christlichen Glaubens. Der religionswissenschaftliche Beitrag beleuchtet Zugänge zu Jesus in anderen Religionen. Die Person Jesu Christi als Zentrum des christlichen Glaubens wird so im vorliegenden Band auf der Höhe des aktuellen Forschungsstandes und in auch für Nicht-Theologen zugänglicher Weise in eine umfassende theologische Perspektive gerückt.

2014. Ca. 330 Seiten
(UTB S / Themen der Theologie 9).
ISBN 978-3-8252–4213-8
Broschur

Mohr Siebeck
Tübingen
info@mohr.de
www.mohr.de